青年法学学术著作
资助出版项目

青年法学学术著作
资助出版项目

担保物权竞存论

The Priority of Security Interests in Conflict

曹明哲 著

法律出版社
LAW PRESS·CHINA
—— 北京 ——

图书在版编目（CIP）数据

担保物权竞存论 / 曹明哲著. -- 北京 : 法律出版社, 2025. -- ISBN 978-7-5244-0052-3

Ⅰ. D923.24

中国国家版本馆 CIP 数据核字第 2025J4X115 号

担保物权竞存论
DANBAO WUQUAN JINGCUNLUN

曹明哲 著

策划编辑 徐 菲
责任编辑 徐 菲
装帧设计 李 瞻

出版发行 法律出版社
编辑统筹 法律出版社
责任校对 张翼羽
责任印制 胡晓雅
经 销 新华书店

开本 710 毫米×1000 毫米 1/16
印张 24.75 **字数** 315 千
版本 2025 年 8 月第 1 版
印次 2025 年 8 月第 1 次印刷
印刷 河北虎彩印刷有限公司

地址:北京市丰台区莲花池西里 7 号(100073)
网址:www.lawpress.com.cn
投稿邮箱:info@lawpress.com.cn
举报盗版邮箱:jbwq@lawpress.com.cn

销售电话:010-83938349
客服电话:010-83938350
咨询电话:010-63939796

书号:ISBN 978-7-5244-0052-3
定价:99.00 元

凡购买本社图书,如有印装错误,我社负责退换。电话:010-83938349

青年法学学术著作出版基金
资助出版说明

法律出版社作为全国规模最大的法律专业出版机构，一直秉承“为人民传播法律”的理念，与学术界共同推动法学研究的繁荣与发展。2018 年 5 月，法律出版社设立青年法学学术著作出版基金，用于资助法学学术著作出版和奖励优秀法学图书，旨在支持优秀法学学术著作出版，扶持具有较大潜力的青年学者。

经过法律出版社学术委员会委员推荐、专家匿名评审和法律出版社编辑委员会评审，共有 5 部作品获得法律出版社第五届（2022－2023 年）青年法学学术出版基金资助。

期待更多年轻法律人的优秀学术作品！

法律出版社

2024 年 6 月

序

随着我国金融担保实践的蓬勃发展,同一财产之上担保物权竞存的情形日益常见,由此引发的争议在司法实践中也愈发频繁。在担保权实现之时,担保权人就标的物变价款优先受偿,往往会与其他权利人产生争夺。确定这些权利人之间的顺位,既是解决标的物变价款合理分配的实践需求,也是权利人预估交易风险并作出理性商事判断的前提。确定性和可预测性是担保交易的两大基本原则,而同一财产上竞存权利人的优先顺位规则正是担保交易法的核心内容。现代担保交易制度必须制定明确的规则,使潜在债权人在交易之初就能够以可靠、及时且符合成本效益的方式判定其担保权的优先顺位。

同一标的物上担保物权与相关权利的竞存及其顺位,不仅涉及复杂的法律适用问题,更涉及交易安全、物权法定、权利保护等价值的碰撞。正因如此,担保物权竞存的优先顺位规则自然成为《民法典》担保制度的重要内容。在优化营商环境的政策目标之下,《民法典》完善了担保交易的相关规则,例如,最具革命性的变化之一是形成了由一般规则和特别规则共同构成的担保物权优先顺位规则体系,确立了根据取得对抗第三人效力的时间先后判断竞存权利之间优先顺位的一般规则，这一规则的适用不以相关权利人的善意为前提；采取登记对抗主义的非典型担保权，如所有权保留交易中出卖人对标的物的所有权、融资租赁交易中出租人对租赁物的所有权等，均准用该一般规则；动产抵押权和动产质权之间根据登记、交付的时间先后确定其顺位，同样不考虑权利人的善意或恶意；购买价金担保权超优先顺位规则是优先顺位体系中的特别规则，体现了法律上的特定政策考量，可一体适用于所有动产担保交易，且应优先于一般规则适用。

不过，从《民法典》的现有规则来看，担保物权竞存优先顺位规则尚未达到现代担保交易法所要求的明晰化程度，规则模糊之处仍有不少，因而更需要裁判实践的进一步检验；我国担保法制混合继受的特点也客观上增加了担保物权竞存优先顺位规则解释适用上的难度。因此，担保物权竞存这一主题犹如一颗隐匿于繁星之中的明珠，虽光芒内敛，却蕴含着无尽的学术价值与实践意义。明哲博士的著作《担保物权竞存论》即聚焦于这一前沿且关键的担保法问题，直击担保物权领域最为核心的命题，以深邃的学术洞察、严谨的逻辑架构及对司法实务的精准把握，恰逢其时地回应了《民法典》时代担保法制的研究需求。

《担保物权竞存论》是明哲"十年磨一剑"的成果。明哲于 2013 年攻读民商法硕士学位时，即以动产担保物权竞存作为硕士论文选题进行了初步研究。2015 年至今，他在北京市第一中级人民法院、北京市高级人民法院从事商事审判与金融审判工作，他对民商事诉讼、执行、破产程序中的担保物权竞存问题进行了持续研究。2019 年开始攻读民商法博士学位后，他将不动产之上抵押权与相关权利的冲突作为博士论文选题展开了深入研究。这期间，明哲还通过撰写《中国担保法裁判综述与规范解释》，以及参与中国法学会部级法学研究课题"担保法实施状况调研"、最高人民法院司法研究重大课题"公司担保法律问题研究"、中国人民大学科学研究基金研究品牌计划基础研究项目"中国民法典担保法立法研究"、北京市社会科学基金重大规划项目“民法典担保制度体系研究”等，进一步对担保物权竞存的有关问题进行整合研究。他的40余篇相关研究成果分别在《东方法学》《法律适用》《中国政法大学学报》《证券法苑》《判解研究》《人民司法》等期刊发表，获得了学术界和实务界的认可与好评。

《担保物权竞存论》展现了明哲较高的学术水准、严谨的学术态度与创新精神。本书具有以下特点：一是鲜明的问题意识。明哲不仅理论功底扎实，而且具备十余年商事审判一线工作经验，他的研究注重将民商法学理与司法实践紧密结合，注重研究“真问题”，本书充分展现出他深厚的理论驾驭能力与司法洞察力。二是系统全面的梳理。担保物权竞存出现在各类型的交易中，有关担保物权竞存顺位的规则亦分散于民商事法律法规中。本书贯穿民法与商法、打破实体法与程序法的壁垒，将担保物权竞存形态及其规则进行了全面梳理，是目前国内少有的对该主题作整合研究的专著，对不少疑难和前沿问题进行了深入论证，提出了令人眼前一亮的观点。尽管本书内容丰富且涉及面广，明哲对担保物权竞存的研究仍体现出极强的逻辑性与体系性，本书在主线上坚持《民法典》确立的一般规则与特别规则共同构成的优先顺位体系，立足动产与不动产作为担保物的异同，对担保物权竞存有关问题进行了独具特色的分类，令人耳目一新，且内容多而不乱，论证前后呼应，各章节之间紧密相关。三是严谨细致的论证。明哲的研究兼具本土意识与国际视野：他一方面立足解释论，深入分析民商事法律规范，融合大量司法案例；另一方面广泛查阅整理国内外相关文献，研究比较法规范。此外，他还大胆采用跨学科的研究方法，将经济学、社会学等多学科的理论资源与研究方法引入研究，为解决复杂法律问题提供了全新视角与思路。

本书不仅是明哲个人学术生涯的重要里程碑，更是《民法典》时代担保法研究领域的一份珍贵礼物。作为一名投身于司法实务工作的年轻学者，明哲以其扎实的学术功底和丰富的实践经验，为法学理论与司法实践的结合提供了极具示范意义的范例。本书不仅为担保法理论研究者提供了宝贵的学术资源,也为司法实务工作者提供了极具价值的参考指引。在这里,我隆重将这本兼具理论锐度与实践厚度的专著推荐给大家。在推荐之余,也想借此谈谈这部著作的出版意义！本书的出版是明哲学术旅程中的一个“小总结”。无论是在校学习、还是毕业后从事商事审判工作,明哲始终秉持学术初心,尤其是在繁忙工作之余勤于思考、笔耕不辍。作为他的导师,我倍感欣慰,在凝结他十余年研究结晶的专著即将付梓之际,向他表示热烈祝贺;同时也感谢所有为这部专著的出版付出辛勤努力的编辑与工作人员,是你们的共同努力让这部优秀的学术成果得以呈现在广大读者面前。

本书的出版更是明哲学术旅程中的一个“新起点”。担保物权竞存会随着交易实践而演变出各类新形态,引发各种新问题,本书仅是对其中部分问题进行梳理、总结和分析,内容仍有进一步丰富的空间,作者对争议问题的论证可更细致,观点亦可进一步推敲。希望本书能够在担保法研究领域绽放光彩,期望明哲不驰于空想、不骛于虚声,步履不停、思考不止,更期待明哲在未来的司法实务工作与法学研究中不断探索、勇攀高峰,取得更加丰硕的成果。

是为序。

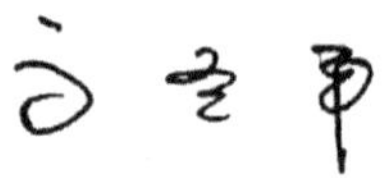

2025 年 4 月 16 日于北京傲城尊邸寓所

法律文件全称简称对照表

类别	全称	简称
法律	《中华人民共和国民法典》(2020 年 5 月 28 日第十三届全国人民代表大会第三次会议通过)	《民法典》
	《中华人民共和国民事诉讼法》(2023 年 9 月 1 日第十四届全国人民代表大会常务委员会第五次会议修正)	《民事诉讼法》
	《中华人民共和国企业破产法》(2006 年 8 月 27 日第十届全国人民代表大会常务委员会第二十三次会议通过)	《企业破产法》
	《中华人民共和国农村土地承包法》(2018 年 12 月 29 日第十三届全国人民代表大会常务委员会第七次会议第二次修正)	《农村土地承包法》
	《中华人民共和国税收征收管理法》(2015 年 4 月 24 日第十二届全国人民代表大会常务委员会第十四次会议第三次修正)	《税收征收管理法》
	《中华人民共和国合同法》(1999 年 3 月 15 日第九届全国人民代表大会第二次会议通过)	《合同法》
	《中华人民共和国物权法》(2007 年 3 月 16 日第十届全国人民代表大会第五次会议通过)	《物权法》
	《中华人民共和国担保法》(1995 年 6 月 30 日第八届全国人民代表大会常务委员会第十四次会议通过)	《担保法》

续表

类别	全称	简称
司法解释	《最高人民法院关于适用〈中华人民共和国民法典〉有关担保制度的解释》(法释〔2020〕28号)	《担保制度司法解释》
	《最高人民法院关于适用〈中华人民共和国民法典〉物权编的解释(一)》(法释〔2020〕24号)	《物权编司法解释一》
	《最高人民法院关于适用〈中华人民共和国民法典〉合同编通则若干问题的解释》(法释〔2023〕13号)	《合同编通则司法解释》
	《最高人民法院关于商品房消费者权利保护问题的批复》(法释〔2023〕1号)	《商品房消费者权利保护批复》
	《最高人民法院关于审理建设工程施工合同纠纷案件适用法律问题的解释(一)》(法释〔2020〕25号)	《新建工司法解释一》
	《最高人民法院关于适用〈中华人民共和国企业破产法〉若干问题的规定(三)》(法释〔2019〕3号,法释〔2020〕18号修正)	《企业破产法司法解释三》
	《最高人民法院关于审理融资租赁合同纠纷案件适用法律问题的解释》(法释〔2014〕3号,法释〔2020〕17号修正)	《融资租赁司法解释》
	《最高人民法院关于审理城镇房屋租赁合同纠纷案件具体应用法律若干问题的解释》(法释〔2009〕11号,法释〔2020〕17号修正)	《房屋租赁合同解释》
	《最高人民法院关于审理商品房买卖合同纠纷案件适用法律若干问题的解释》(法释〔2003〕7号,法释〔2020〕17号修正)	《商品房买卖司法解释》
	《最高人民法院关于审理独立保函纠纷案件若干问题的规定》(法释〔2016〕24号,法释〔2020〕18号修正)	《独立保函司法解释》
	《最高人民法院关于适用〈中华人民共和国民事诉讼法〉的解释》(法释〔2015〕5号,法释〔2020〕20号修正,法释〔2022〕11号第二次修正)	《民诉法解释》
	《最高人民法院关于人民法院办理执行异议和复议案件若干问题的规定》(法释〔2015〕10号,法释〔2020〕21号修正)	《执行异议和复议规定》
	《最高人民法院关于人民法院网络司法拍卖若干问题的规定》(法释〔2016〕18号)	《网络拍卖规定》
	《最高人民法院关于人民法院民事执行中查封、扣押、冻结财产的规定》(法释〔2004〕15号,法释〔2020〕21号修正)	《查扣冻规定》
	《最高人民法院关于人民法院民事执行中拍卖、变卖财产的规定》(法释〔2004〕16号,法释〔2020〕21号修正)	《拍卖变卖规定》
	《最高人民法院关于贯彻执行〈中华人民共和国民法通则〉若干问题的意见(试行)》[法(办)发〔1988〕6号]	《民通意见》
	《最高人民法院关于适用〈中华人民共和国担保法〉若干问题的解释》(法释〔2000〕44号)	《担保法解释》
	《最高人民法院关于建设工程价款优先受偿权问题的批复》(法释〔2002〕16号)	《建设工程价款优先受偿权批复》

续表

类别	全称	简称
司法文件	《全国法院破产审判工作会议纪要》(法〔2018〕53号)	《破产会议纪要》
	《全国法院民商事审判工作会议纪要》(法〔2019〕254号)	《九民会纪要》
	《全国法院审理债券纠纷案件座谈会纪要》(法〔2020〕185号)	《债券会议纪要》
其他文件	《中华人民共和国民事强制执行法(草案)》(2022年6月21日至24日十三届全国人大常委会第三十五次会议审议)	《民事强制执行法(草案)》①
	《中华人民共和国不动产登记法》(征求意见稿)(自然资源部2022年10月30日公布并向社会各界征求意见)	《不动产登记法》(征求意见稿)
	《最高人民法院关于审理执行异议之诉案件适用法律问题的解释(一)》(向社会公开征求意见稿)(最高人民法院2019年11月29日向社会各界征求意见)	《执行异议之诉解释》(征求意见稿)

①全国人民代表大会宪法和法律委员会于2024年6月17日向委员长会议提交了关于终止审议《中华人民共和国民事强制执行法(草案)》的报告,并获通过。该草案现已终止审议。

目　　录

第一章

担保物权竞存概论

第一节　研究概念、现状与意义

一、担保物权竞存的概念界定

（一）权利冲突与担保物权竞存

资源有限性与人们需要无限性的矛盾是社会最基本的矛盾，[1]资源的有限性使社会对资源进行充分与有效的利用，故权利冲突现象时有发生。以民事权利为例，在既往理论研究与司法实践中，因“一物数卖”“一屋数租”而产生的法律问题尤其是其中的权利次序问题，曾成为民法学界讨论的热点，反映出的就是民事权利冲突这一主题。权利冲突的发生以及这一现象日渐常态化大抵有以下原因。首先，权利类型日趋丰富，当事人之间基于交易需求创设内容各异的权利，法律规则不断完善亦为当事人提供更多权利保障。其次，司法程序日益完备。权利的实现需要通过法律程序尤其是诉讼、执行与破产程序，一些程序本身就是专用于解决权利冲突的，比如用以化解申请执行人、被执行人与案外人在执行标的上的权利冲突的专用程序即为案外人执行异议、案外人执行异议之诉、许可执行之诉等；破产程序更是解决有限的破产财产上存在的诸多债权人权利冲突的特定程序，这些司法程序规则的不断完善为权利冲突的呈现与化解提供了平台。最后，融资方式多样化。就担保物权而言，法律所允许、鼓励与承认的担保方式日益多样化，一个物之上可以存在多个担保物权，权利冲突的情形就越发多见。

就有关担保物权这一具体领域的权利冲突而言，学者常采“竞存”这一表述方式。所谓担保物权的竞存，一般是指并存于同一财产上的数个担保物权之间的效力冲突。关于担保物权的竞存，就概念所涉问题，早期存在的争议主要是将这种担保物权发生效力冲突的现象称为“竞存”“并存”，抑

[1] 参见刘世廷：《资源有限性与人类需要无限性的矛盾——人类社会基本矛盾的现代透视》，载《科学社会主义》2006年第6期。

或“竞合”，以及同一物上同种担保物权之间的效力冲突和不同种类的担保物权的效力冲突之间所对应的概念是否不同。[1] 这一概念争论并无实质意义，但无论如何，所需要解决的实质问题是债务人以同一财产担保数个债权而引发的担保物权之间的效力冲突，对此没有任何争议。本书使用“竞存”这一表述。

(二)广义与狭义担保物权竞存的区分

担保物权的竞存在含义上亦有狭义与广义之分。如曹士兵先生在论及抵押权竞存时指出：同一物上设立了数个物权或准物权的，构成物权竞合，各权利之间的次序直接影响权利的价值，一般由法律确定各竞合物权之间的优先顺序；狭义的抵押权次序指同一抵押物上数个抵押权之间的顺序，广义的抵押权次序则指同一抵押物上数个物权（含优先权）之间的顺序。[2] 比较法上，日本学者近江幸治教授将抵押权与相关权利的冲突称为“抵押权关系人论”，即“围绕着抵押物所设定的抵押权，出现许多利害关系人”[3]。这里的“关系人”概念更为宽泛，包括抵押权人、承租人、买受人等。《欧洲示范民法典草案》第 9－4：101 条有关担保物权竞存顺位规则，指的是同一财产之上，数个担保物权之间及担保物权与其他定限物权之间的优先顺位，不仅限于担保物权之间的竞存。[4] 本书所研究的是以担保物权为中心的权利竞存，所使用的为担保物权竞存的广义概念，即同一担保物上一种担保物权与其他担保物权、利用权、准物权、优先权等权利之间的竞存。

(三)“并联式竞存”和“串联式竞存”的区分

根据发生原因及展开路径的不同，担保物权的竞存大抵可分为两种类

---

[1] 参见高圣平：《担保法论》，法律出版社 2009 年版，第 256 页；刘保玉：《论担保物权的竞存》，载《中国法学》1999 年第 2 期。

[2] 参见曹士兵：《中国担保制度与担保方法》（第 4 版），中国法制出版社 2017 年版，第 276 页。

[3] [日]近江幸治：《担保物权法》，祝娅等译，法律出版社 2000 年版，第 95～96 页。

[4] 参见欧洲民法典研究组、欧盟现行私法研究组编著：《欧洲示范民法典草案：欧洲私法的原则、定义和示范规则》，高圣平译，中国人民大学出版社 2012 年版，第 379 页。

型。学者在论及担保物权竞存时经常会涉及这样的情形：例如，在成立留置权之后，留置权人将留置物作为担保物，为自己的债权人再设定担保物权，此时会发生留置权与担保物权之间的冲突；又如，质权人将质物作为担保物为自身的债权人设定质权，从而发生质权与质权的冲突等。[1] 而债务人以同一担保财产为不同的债权人设定担保物权或者其他权利，从而发生的担保物权竞存则与前述情况不同。

正如有学者指出的，担保物权竞存存在“并联式竞存”和“串联式竞存”两种可能。前者是指物的所有权人创设多个冲突担保物权的情形，后者则是指前面的担保物权人为后面的担保物权人创设担保物权的情况。“串联式竞存”下，后一担保物权具有优先性，因此时担保物权的设定完全是基于当事人意思自治，后一担保物权建立在前一担保物权的基础之上，是对前一担保物权效力的限制。所以在此“串联式竞存”下，优先顺位应依照“后来居上”原则，研究此种权利冲突类型的意义并不是很大。[2]

本书赞同上述将两种不同的担保物权竞存形态称为“串联式竞存”和“并联式竞存”。两种情形下的优先顺位确定标准并不相同，本书将研究范围限定为“并联式竞存”，即同一担保财产的所有人为不同的债权人设定担保物权、利用权、准物权或者同一担保财产上产生优先权，进而发生担保物权竞存的情形。本书未将“串联式竞存”纳入研究范围是基于两方面考量。其一，作为重要担保类型的抵押权，其最重要的特点之一即为不移转标的物占有即可设定，这就意味着转抵押等情形发生较少，即便发生，由于不动产抵押登记的存在与其非移转占有的特性，当事人之间的权利义务关系也较为清晰。其二，“串联式竞存”和“并联式竞存”的顺位规则标准并不一致，如动产担保领域因转质、转抵押等情形而产生担保物权竞存，此时的顺位判断

---

[1] 参见刘保玉：《论担保物权的竞存》，载《中国法学》1999年第2期；李明发、郑峰：《论抵押权与质权竞存时的顺位确定》，载《学术界》2011年第4期。

[2] 参见孙鹏等：《担保物权法原理》，中国人民大学出版社2009年版，第100页。

主要涉及担保物权的善意取得、承诺转质和责任转质的问题，在善意取得场合，为维护交易安全、保护第三人信赖利益，善意取得的担保物权的顺位应优先于在先的其他担保物权，故当事人之间的权利义务关系亦较为清晰。[1]考虑到本书研究体系的完整性、逻辑的一致性，仅将研究范围限定为“并联式竞存”。

综上，本书所述的担保物权竞存，是指同一担保财产因所有人为不同的债权人设定权利或基于法定原因产生权利，从而发生权利冲突的情形。

（四）动产与不动产担保物权竞存的区分

以担保物权竞存涉及的标的物类型为视角，担保物权竞存大抵有两条主线，即不动产担保物权竞存与动产担保物权竞存，二者各具特色。近年来，随着营商环境优化政策目标的推进，动产担保物权的规则逐渐完善。《民法典》第 415 条规定了抵押权与质权竞存时的优先顺位规则，第 416 条引入了“购买价金担保权”（purchase money security interests，PMSI）此一“超级优先权”，[2]第 404 条新增动产抵押中的正常经营活动买受人规则等，以及买卖合同所有权保留、融资租赁等均采登记对抗主义的制度安排，使得动产担保物权竞存情境下的顺位规则更为立体和全面。

不动产抵押权的竞存亦不容忽视，而且不动产之上更容易发生权利冲突，主要原因有四。第一，不动产价值较大，必然会出现不动产上“权利堆叠”“权利冲突”的现象，以此将不动产本身的价值完全发挥。第二，不动产的固定性与不动产抵押权不需要移转占有即可设定的特点，导致在不动产之上容易发生“权能分割”。第三，不动产抵押的“优先担保品质”导致不动产抵押大量存在。德国学者指出，土地登记簿所具有的公示性，使得不动产担保物权具有其他物权所不具有的优势，融资交易的相对方在交易前，能够

---

[1] 参见李勇德：《典型动产和权利担保物权顺位规则研究》，载《财经法学》2023 年第 6 期。

[2] 该制度在我国被称为“购置款抵押权”“购置价款抵押权”“购置价款担保权”“购买价金担保权”“价金担保权”，本书采用“购买价金担保权”这一称谓。

通过土地登记簿知晓标的土地的所有权情况、土地之上其他权利负担情况。而且，由于土地登记簿的公信力，其上所彰显的内容一般与实际情况相一致，即便存在不一致的情况，查询登记簿之人基于对登记簿的信赖，其权利也会得到法律的保护。[1] 一般而言，能够最大限度达到债权人担保目的的方式就是设立不动产担保物权。[2] 第四，有关不动产的规则仍然是物权规则的核心，物权制度的体系构造是以不动产（主要指土地）为核心构筑起来的。从《民法典》物权编 258 个条文看，不动产物权规则占据多数且为核心，动产物权规则某种程度上成为不动产物权规则的补充内容，这是因为不动产尤其是土地仍然是最重要的生产资料。[3]

不过，不动产抵押权与动产担保物权在各自发生权利竞存时的顺位规则及其内在逻辑并不一致，本书将在后文述及。

二、实定法规则现状与研究现状

（一）规则现状

无论是《担保法》（现已失效）、《物权法》（现已失效），还是《民法典》，担保物权与担保物权之间、担保物权与其他权利之间的竞存问题以及相应的顺位规则是其中的重点与核心，原因在于清晰的顺位规则能够为各方在融资时提供参考。担保物权竞存最直观地反映民事权利的冲突问题，担保物权本身即具有“顺位”“优先”“次序”等关键词烙印。

《民法典》之前的《担保法》与《物权法》关于担保物权竞存的规则，条文分散不统一，如《担保法》第 54 条、《物权法》第 199 条规制抵押权之间的竞

〔1〕 参见[德]鲍尔、施蒂尔纳：《德国物权法》（下册），申卫星、王洪亮译，法律出版社 2006 年版，第 9 页。

〔2〕 参见[德]鲍尔、施蒂尔纳：《德国物权法》（下册），申卫星、王洪亮译，法律出版社 2006 年版，第 8～10 页。

〔3〕 参见李国强：《财产法体系的解释：〈中华人民共和国民法典〉的财产法逻辑》，北京大学出版社 2022 年版，第 149 页。

存,《物权法》第239条、《担保法解释》(现已失效)第79条规制抵押权、质权和留置权之间的竞存等。这些规则的核心标准不尽一致,有的依据登记判断优先顺位,有的依据特殊政策考量确定权利的优先性,有的权利则恒久优先,未形成判断担保物权竞存时优先顺位的体系性标准,其中的一些规则是值得商榷的。

但是,《民法典》对此进行了完善,在诸多层面完善、丰富了担保物权竞存时的顺位规则。比如,有关不动产多重抵押各抵押权人之间的优先顺位,第414条在延续《物权法》规则的基础上,还增加了第2款,明确了其参照适用的作用,即可以登记的担保物权发生权利冲突时,优先顺位规则可以参照第414条第1款;第415条完善了质权与抵押权竞存时如何确定优先顺位的规定,吸收了《九民会纪要》相关有益规则;第416条新增购买价金担保权的规定;《民法典》对《物权法》有关抵押权与租赁权竞存时的规则既有修改又有延续。除此之外,《民法典》拓展了不动产物权的权利种类,尤其是在有关他物权的种类方面新增了居住权;在农村土地承包经营权方面,为了解决农民融资成本高、融资难度大的问题,开展了"三权"分置的土地改革,释放了土地融资潜力,《农村土地承包法》将改革的制度成果予以固定,《民法典》吸收既有成果,删除了不能抵押耕地的规则。与《民法典》一同施行的《担保制度司法解释》也涉及诸多担保物权竞存规则,如第16条借新还旧交易中的担保物权竞存优先顺位规则、第51条"房地分离"抵押的顺位规则、第52条预告登记顺位保证效力规则等。

《民法典》之外的特别法中,存在诸多关于担保物权竞存时的顺位规则。例如,《企业破产法司法解释三》第2条对破产程序中为继续营业而融资的相关问题作出细化规定,其中的第2款明确指出,破产重整中新设担保物权与既有担保物权竞存时顺位关系可依照《民法典》第414条确定,但其是否妥当亦有争议。此外,《执行异议和复议规定》第28条、第29条,是关于不动产(房屋)买受人期待权与不动产的争议发生冲突时的协调规则,《九民会纪要》第125条和第127条又对此予以完善,上述规则须进一步从解释论角度进行整合研究。

（二）研究现状

既往关于担保物权竞存的研究,存在以下特点。第一,单一类型担保物权竞存研究较多。如只研究不动产抵押权之间的竞存、不动产抵押权与租赁权之间的竞存等。第二,特别法上的担保物权竞存关注不足。特别法中、特定交易中的担保物权竞存顺位规则大量存在,往往游离在民法体系之外,尚待加强对这些类型与规则的整合研究,典型如破产重整融资中的担保物权竞存问题,主要是破产法学界对此进行研究。[1] 第三,精细化研究不足。如破产重整融资中的担保物权竞存顺位问题、因不动产抵押权效力扩张而生的担保物权竞存问题等,鲜见研究。目前,关于不动产抵押权与租金质权之间的担保物权竞存问题,已引发学界与实务界的讨论;[2]对因担保物权收益延伸引发的担保物权竞存问题的研究日渐增多;[3]不动产抵押权与商品房消费者物权期待权之间的顺位关系也多在执行领域被关注,在民法体系内进行系统研究的较少,且实务界人士研究较多。[4] 第四,不动产与动产未分离研究。不动产抵押权的竞存与动产担保物权的竞存不同,二者构造上不同、登记效力也不同,这也是动产抵押权往往被称为"特殊抵押权"的原因,但是不少研究并未完全区分二者。

---

[1] 参见丁燕:《破产重整企业债权融资的异化及其解决》,载《华东政法大学学报》2019年第4期;丁燕:《论破产重整融资中债权的优先性》,载《法学论坛》2019年第3期。

[2] 参见李志刚等:《房屋抵押与租金质押并存时的租金权利冲突与顺位》,载《人民司法》2019年第7期。

[3] 参见庄加园:《动产担保物权的默示延伸》,载《法学研究》2021年第2期;纪海龙:《动产担保权益延伸的合意路径》,载《现代法学》2022年第3期;庄加园:《附着物担保权冲突之解决方案》,载《南大法学》2024年第1期。

[4] 参见王毓莹、史智军:《案外人权利救济制度之相关疑难问题辨析——以全国法院第九次民商事审判工作会议纪要为视角》,载《法律适用》2020年第7期;冉克平:《〈民法典〉视域中不动产买受人的法律地位——以"执行异议复议"的修改为中心》,载《武汉大学学报(哲学社会科学版)》2021年第3期。

目前,就担保物权竞存进行体系研究的典型有崔建远教授,其在《土地上的权利群研究》一书中,以"权利群"这一概念充分体现了权利冲突、权利竞存的特征,对土地上的权利形态与冲突进行了系统研究,其在第五章"地权群的效力冲突及其协调"中分九节讨论了九种权利冲突类型。[1] 曹士兵先生在其著作《中国担保制度与担保方法》中专门将"抵押权的次序"作为一节,其中区分了两种类型的抵押权冲突,一个是广义抵押权竞存,另一个是狭义抵押权竞存,并且据此分析了抵押权与抵押权、租赁权、留置权、优先权以及其他非典型担保物权之间的权利竞存。[2] 苏永钦先生则将物权的冲突与竞存问题称为"物权堆叠",并分析了物权堆叠产生的原因、处理物权堆叠的原则等。[3]

三、研究方法与研究意义

(一)研究方法

第一,规范分析方法。本书研究的法律规范文本包括但不限于《民法典》等9部法律、20余部司法解释(司法文件)的相关规范,并且《民事强制执行法(草案)》、《不动产登记法》(征求意见稿)的相关条文也在分析时有所涉及。第二,实证研究方法。担保物权竞存是一个极富实践性的话题,体现在诉讼、执行与破产各阶段,本书特别注重利用实证方法,所研究的每一问题基本都对应着司法实践的具体案件。第三,比较法研究方法。"不断发展的地区与全球经济一体化使人们强烈认识到:法律规则的差异也会导致无效率、产生交易费用,在担保交易中尤其是这样。"[4]担保作为商事交易中

---

〔1〕 参见崔建远:《土地上的权利群研究》,法律出版社2004年版,第315~352页。
〔2〕 参见曹士兵:《中国担保制度与担保方法》(第4版),中国法制出版社2017年版,第276~280页。
〔3〕 参见苏永钦:《寻找新民法》,台北,元照出版有限公司2008年版,第423~457页。
〔4〕 [德]马蒂亚斯·赖曼、莱因哈德·齐默尔曼编:《牛津比较法手册》,高鸿钧等译,北京大学出版社2019年版,第1034页。

债权的保障手段,具有一定普遍性。本书对一些国家的同类问题进行梳理研究,进行类型化比较,相关问题的研究涉及了约15个国家和地区的法律和有关规定。第四,系统研究方法。担保物权竞存不仅涉及实体法,还涉及程序法如《民事诉讼法》等;除了涉及司法裁判,还涉及不动产登记、动产和权利担保登记;不仅关涉抵押权人,还关涉债务人(抵押人)、租赁权人、居住权人、买受人等不同交易形态中的权利主体,需要从整体、全局、跨部门的视角进行观察研究。第五,价值分析方法。尽管权利冲突的表现形式多种多样,但归结起来,权利冲突的实质是利益的冲突和价值的冲突。[1] 担保物权竞存问题涉及物权法定、契约自由、债权保护、交易安全等多元价值冲突,需要在价值分析和利益衡量基础上进一步分析。

(二)研究意义

本书旨在梳理整理一般法与特别法上的各类担保物权竞存形态,形成分析结论。在创新方面,一是"系统研究",对散见于特别法以及司法实践中的担保物权竞存形态进行系统研究。二是"具体问题的创新研究",比如在不动产抵押权与动产担保物权的竞存方面,国内理论界与实务界尚未有充分的研究,本书总结了两种案型,分别是不动产抵押权与租金质权的竞存、不动产抵押权与融资租赁出租人所有权的竞存,前者是基于不动产抵押权效力及于法定孳息而产生,后者则是基于不动产抵押权效力及于添附物而产生。在不动产抵押权与租金质权的竞存方面,本书通过实践案例的分析,就《民法典》第412条作出了系统解释;在不动产抵押权与融资租赁出租人所有权的竞存方面,本书介绍了联合国《贸易法委员会担保交易立法指南》与《美国统一商法典》有关规定,并结合我国立法现状作出解释。三是"理论实践相结合",担保物权竞存问题多体现在司法实践中,本书在一些问题上充分收集了司法实践中的案例,进行了案例分析、整理与研究。四是"程序

---

[1] 参见刘作翔:《权利冲突的几个理论问题》,载《中国法学》2002年第2期。

法与实体法相结合”，打破民事实体法与程序法的壁垒，如在不动产抵押权与建设工程价款优先受偿权竞存的问题上，从第三人撤销之诉的视角进行了分析；在担保物权与税收优先权的冲突上，聚焦司法拍卖程序和破产债权确认程序等；在商品房消费者物权期待权与不动产抵押权之间的冲突方面，聚焦执行异议之诉；破产重整融资中，新设担保物权与既有担保物权的优先顺位问题，除依照《民法典》所确定的一般顺位规则处理之外，还需要考量破产程序尤其是破产重整程序的特殊性。

第二节　担保物权竞存与物权优先效力

担保物权竞存与物权优先效力息息相关，梳理物权优先效力的基本理论能够为担保物权竞存顺位的分析提供深层次的理论基础。

一、物权优先效力的内涵

物权之下各类型不同，不过，既然在理论归纳上同属物权，那么不同的物权类型就会具有一些相同的效力。[1] 学说上，曾经有“两效力说”“三效力说”“四效力说”等不同的物权优先效力理论，[2]不过这只是民法学问题中的“纯粹民法学问题”，涉及对同一法律现象的理论归纳，即对于排他效力、追及效力、优先效力、物权请求权之间的关系、边界、含义所进行的理论分类与总结，而非涉及真正的价值判断。换言之，物权优先效力或者称物权优先原则，仅仅是在观察法律规范中有关物权与物权、物权与债权关系的规则之后，再进行理论上的加工、抽象、总结，最终形成的理论成果，这种理论概括成果并不带有价值取向。[3] 《物权法》起草时即有是否应在《物权法》

[1] 参见刘家安：《物权法论》（第2版），中国政法大学出版社2015年版，第38页。

[2] 参见钱明星：《论物权的效力》，载《政法论坛》1998年第3期。

[3] 参见王轶：《民法典如何对待物权法的结构原则》，载《中州学刊》2019年第7期。

中规定物权优先效力的争议,即便法律没有明文规定物权优先效力,但是实际上它存在于整个《物权法》之中。[1] 物权具备优先效力这一点是无法被否认的,这与法律是否规定无关。[2]

所谓物权优先效力,有学者认为仅仅指的是物权与债权冲突时谁更优先,如果债权指向物权的标的物或者物权成立于债权的标的物之上,那么一般而言,债权劣后于物权,物权优先于债权,此为物权优先效力。但是,持不同观点的学者则认为,除前述情形外,物权与物权之间的相关效力也在物权优先效力的含义之内。通说认为,物权的优先效力分为物权对债权的优先效力以及物权相互之间的效力。[3] 物权优先效力具有两个方面的内容。一方面,两个或者两个以上的物权并存于一个标的物上之时,设立在前的物权具有优先于设立在后物权的效力;另一方面,如果物权的标的物同时也是债权指向的标的物,则物权具有优先于债权的效力。[4] 与前述相同,物权优先效力究竟包含几个层面也不涉及具体的价值判断结论,本书采纳学界对物权优先效力的通说,将物权的优先效力分为"物权对内优先效力"与"物权对外优先效力"。

二、物权对内优先效力及其限制

物权对内优先效力又被称为物权之间的优先效力,其所指向的是多个物权同时存在于一个标的物的情境下,何者更优先。[5] 在此之下,理论上还有更为细致的划分,可分为兼容物权间的效力、不兼容物权间的效力。按照物权种类不同分为三种情况:一是所有权与他物权的冲突,由于他物权是对所有权的限制,所以一般认为他物权优先于所有权;二是担保物权之间的冲

---

〔1〕 参见王利明:《物权法研究》(第4版)(下卷),中国人民大学出版社2016年版,第40~41页。
〔2〕 参见王利明:《物权法研究》(第4版)(下卷),中国人民大学出版社2016年版,第49页。
〔3〕 参见崔建远:《物权法》(第2版),中国人民大学出版社2011年版,第36~38页。
〔4〕 参见陈华彬:《物权法论》,中国政法大学出版社2018年版,第74页。
〔5〕 参见梅夏英、高圣平:《物权法教程》(第3版),中国人民大学出版社2015年版,第27页。

突，一般认为按照担保物权成立时间先后确定优先性；三是担保物权与用益物权之间的冲突，一般认为此时可比照担保物权之间冲突的优先规则，设立在先者优先。[1]

物权对内优先效力首先是解决多个物权并存于同一物之上谁更优先的问题。此时一般是按照设立时间先后确定，即“时间在先、权利在先”[2]。其次则是设立在先的物权可限制在后设立的物权。[3] 因此，也可以说“时间在先、权利在先”具有两个层面的含义：在先权利人可以优先享受权利；后成立的物权受到先成立的物权的限制。[4]

成立在先的物权为何具有此种优先效力？主要原因在于物权的公示。基于法律行为而设立的物权，除当事人意思表示一致之外，同时需要将设立权利为不特定第三人所表征，令不特定第三人了解。正是由于物权设立通过公示方法已经为其他权利人所知悉，确定在先设立物权的优先效力就具有了正当性。[5] 与物权不同，债权的设立可以任意重叠（overlapping），并且这些债权之间是平等的。基于物权的支配性、排他性，即便存在内容可相容的多个物权，也不能被称为重叠，而是一种堆叠（stacking），所以堆叠的权利之间需要清楚确定各自次序和位置。[6]

原则上，当若干物权同时存在于同一物上时，物权之间的优先性应当按照法律规定和物权成立的时间先后确立。但是，在某些情况下，基于社会公共利益等因素的考虑，法律可以规定，一些较晚产生的物权优先于一些较早产生的物权。[7] 由于公益或社会政策，某些物权被明确规定不具有优先

---

〔1〕 参见王泽鉴：《民法物权》（第2版），北京大学出版社2010年版，第49页。
〔2〕 陈华彬：《物权法论》，中国政法大学出版社2018年版，第75页。
〔3〕 参见陈华彬：《物权法论》，中国政法大学出版社2018年版，第75页。
〔4〕 参见谢在全：《民法物权论》（上册），中国政法大学出版社2011年版，第26页。
〔5〕 参见刘家安：《物权法论》（第2版），中国政法大学出版社2015年版，第41页。
〔6〕 参见苏永钦：《寻找新民法》，北京大学出版社2012年版，第405页。
〔7〕 参见王利明：《物权法研究》（第4版）（下卷），中国人民大学出版社2016年版，第48页。

性。[1] 一般来说,两种性质相同的物权在同一物上之时,先设定的物权优先于后设定的物权,但也有例外,如所有权受到他物权的限制,融资型担保物权受到费用型担保物权的限制,设立在先的物权受到优先权(先取特权)的限制等。[2] 在担保物权领域,理论谈及较多的是费用型担保物权优先于融资型担保物权,前者担保因标的物的保值增值而产生的债权,后者担保因融资而产生的债权。为了保障为标的物提供服务、技术或者使标的物增值而产生的债权,法律往往对此种担保物权给予特别保护,进而优先于一般意义的担保物权。[3]

担保物权作为物权之一种,也具有物权的对内优先效力。一方面,担保物权竞存顺位判断遵循"时间在先、权利在先"的原则,这也为《民法典》第414条所确定;另一方面,先成立的担保物权压制后成立的担保物权。此外,并不遵循"时间在先、权利在先"的典型有建设工程价款优先受偿权等,其中内含着特殊的政策考量。

三、物权对外优先效力及其限制

物权对债权的优先效力,又称物权对外优先效力,是指在同一标的物上同时存在物权和债权时,无论其设立时间的先后,债权均劣后于物权,物权都具有优先于债权的效力。[4] 如果债权附有担保物权,则针对担保物的变价款,担保物权人优先于普通债权人受偿;如果债务人破产,则担保物权人在破产程序中也优先于普通债权人受偿,其权利转变为别除权;如果担保物被毁损、征收等,则针对由此产生的补偿费、赔偿金等,担保物权人同样也比普通债权人优先受偿。[5]

---

[1] 参见陈华彬:《物权法论》,中国政法大学出版社2018年版,第78页。
[2] 参见傅鼎生:《傅鼎生讲物权法》,上海人民出版社2017年版,第11页。
[3] 参见谢在全:《民法物权论》(上册),中国政法大学出版社2011年版,第26~27页。
[4] 参见梅夏英、高圣平:《物权法教程》(第3版),中国人民大学出版社2015年版,第28页。
[5] 参见刘保玉:《物权法学》,中国法制出版社2007年版,第37页。

理论上,不少学者指出物权优先效力中的“物权优先于债权”并不准确。权利之间比较的前提是权利都设定于同一物之上,“物权优先于债权”意味着债权也可以在物上成立,但是这与物权、债权特性不符。不少学者指出,除了典型的行为之外,物以及智力成果也是债权的客体,但是这并不准确,债权与物没有直接相关性。[1] 因此,“物权优先于债权”不可能存在。不过,债权虽不直接设立于物上,不直接指向物,但是一旦这些物属于物权的客体,那么就会发生物权与债权的冲突,这是不可回避的,此时,“物权优先于债权”就是有意义的。[2] 正是基于此,有学者指出,虽然“物权优先于债权”这个口诀有一定错误,但是并不影响学者间的沟通和对话,即便“物权优先于债权”是一个伪命题,也仍然不失为经典的表述。[3]

所以,一般意义上,债权人的给付指向某特定物,此一物上也存在物权时,物权与债权成立先后不影响物权对债权的优先性。[4] 比如债权人对债务人的特定物享有担保物权,其在受偿时就优先于一般债权,但是,一旦有特定公共政策和社会公共利益考量,法律就会规定物权劣后于某些债权,如“买卖不破租赁”等。[5]

担保物权作为物权之一种,也具有物权对外优先效力。除非法律特别规定,否则,无论担保物权成立是在先还是在后,在受偿时均优先于债权。[6] 不过,担保物权不总是对债权优先,基于一些政策考量,也有一些债权优先于担保物权,担保物权的优先效力会受到限制,比如“商品房消费者物权期待权”与“税收优先权”等限制担保物权。

---

〔1〕 参见温世扬、廖焕国:《物权法通论》,人民法院出版社2005年版,第54页。
〔2〕 参见申卫星:《物权法原理》(第2版),中国人民大学出版社2016年版,第94页。
〔3〕 参见傅鼎生:《傅鼎生讲物权法》,上海人民出版社2017年版,第17页。
〔4〕 参见陈华彬:《物权法论》,中国政法大学出版社2018年版,第76页。
〔5〕 参见谢在全:《民法物权论》(上册),中国政法大学出版社2011年版,第28页。
〔6〕 参见王泽鉴:《民法物权》(第2版),北京大学出版社2010年版,第48页。

四、担保物权优先效力与担保物权竞存的关系

担保物权的优先效力只有在权利冲突、权利竞存中才能得以体现。作为一种价值判断，只有在物权与其他权利的冲突、对比中，才能确定物权的优先效力。[1] 换言之，物权优先效力天然与权利冲突、权利竞存相关。若权利设立在不同的标的物之上，此时所谓的优先效力不具备任何意义，从此一层面看，优先效力指向在同一客体上的不同权利之间的次序，优先效力是对这一现象的描述。[2] 物权优先效力对于权利竞存而言意义重大，是解决权利竞存的保障和基础。[3] 他物权是所有权中若干权能分离之后形成的为法律所认定的权利，理论上这些权利类型存在“冲突的基因”，在没有纠纷之时，这种竞争和冲突关系仅仅是想象和潜在的，但是权利人行使权利不能获得满足，想象的冲突会变为现实的冲突，此时必须有确定孰先孰后的规则或者协调权利冲突的规则。[4] 故担保物权的优先效力天然与权利竞存相关。

担保物权的优先效力与权利竞存均最终指向“权利顺位”。如果同一物上有多个物权，必定要确定次序，[5]所以，物权优先效力的本质就是对与物权相关的权利冲突进行协调，确定各自的次序。[6] 研究物权优先效力，就是在物权与物权、物权与债权存在于一个标的物之上时，研究某一物权究竟应处于哪个位置。[7] 物权优先效力本质上是权利冲突发生在同一物上之时权利的顺序问题。[8]

---

〔1〕 参见王利明：《物权法研究》（第 4 版）（下卷），中国人民大学出版社 2016 年版，第 45 页。
〔2〕 参见王利明：《物权法研究》（第 4 版）（下卷），中国人民大学出版社 2016 年版，第 45 页。
〔3〕 参见王利明：《物权法研究》（第 4 版）（下卷），中国人民大学出版社 2016 年版，第 49 页。
〔4〕 参见申卫星：《物权法原理》（第 2 版），中国人民大学出版社 2016 年版，第 95 页。
〔5〕 参见傅鼎生：《傅鼎生讲物权法》，上海人民出版社 2017 年版，第 16 页。
〔6〕 参见崔建远：《物权法》（第 2 版），中国人民大学出版社 2011 年版，第 35 页。
〔7〕 参见冉克平：《物权法总论》，法律出版社 2015 年版，第 172 页。
〔8〕 参见冉克平：《物权法总论》，法律出版社 2015 年版，第 172 页。

第三节　担保物权竞存典型类型与篇章安排

就担保物权竞存的类型，如前所述，以不同的标准可以有不同的划分，结合前述论证，本书更倾向于契合司法实践的案件类型，兼采担保物权竞存发生原因与权利类型两个标准，以担保物权竞存发生原因为脉络、以权利类型为纲目，归纳担保物权竞存典型类型。具体有以下六种。

一是不动产抵押权之间的竞存。此是因为不动产的重复抵押、多重抵押而生的竞存，抵押权竞存，是整个担保物权竞存中最为常见的类型，本书将第二章称为“不动产抵押权竞存论”。二是动产担保物权之间的竞存。动产担保物权的设定基本遵循登记对抗主义，其法律构造与不动产抵押权的登记生效主义全然不同，而且《民法典》就动产担保物权进行一定程度变革，故动产担保物权竞存亦独具特色，本书将第三章称为“动产担保物权竞存论”。三是动产担保物权与不动产抵押权的竞存。这主要缘于不动产抵押权效力的扩张，产生不动产抵押权与租金质权、融资租赁出租人所有权的竞存，本书将第四章称为“动产担保物权与不动产抵押权竞存论”。四是担保物权与利用权的竞存。由于设立不动产抵押权不需要移转抵押物，抵押人除了具备再次出抵权之外，还可以在不动产之上设立利用权。利用权是一个理论概念，包括《民法典》所新增的不动产用益物权即居住权，也包括属于债权的租赁权，本书将第五章称为“担保物权与利用权竞存论”。五是担保物权与所有权的竞存。担保物权属于他物权，因此无所谓担保物权与所有权竞存问题。此处所谓担保物权与所有权的竞存，是指担保物转让情形下，受让人所有权与担保物权人的权利之间的关系，即担保物权人能否向受让人主张实现担保物权，抑或受让人能否获得无物上负担的所有权。因此，更准确地说，这属于担保财产转让过程中发生的权利竞存，本书将第六章称为“担保物权与所有权竞存论”。六是担保物权与法定优先权的竞存。在我国法律中,基于特殊政策目标,有一类权利被称为法定优先权,其也会与担保物权产生权利竞存,典型如税收优先权、拆迁安置中被拆迁人特种债权等,本书在第七章将这些散见于特别法中的竞存情形进行梳理,并将第七章称为“担保物权与法定优先权竞存论”。

除此之外,还有两部分内容阐述。其一,担保物权竞存时的顺位确定后,并非一成不变,既有因约定变动,也有因法定变动,这在抵押权顺位中体现得较为明显。本书以抵押权顺位变动为例详细阐述,将第八章称为“竞存顺位变动论”。其二,担保责任的范围,又称担保的范围、担保债务的范围,是指担保人在主债务人不履行债务时,向债权人承担的履行义务的限度。在担保物权竞存情形下,担保范围的大小直接关系不同顺位担保物权人、其他债权人的受偿范围,担保范围的认定格外关键,其与担保物权竞存密切相关,本书将第九章称为“竞存关联论”。

第二章

不动产抵押权竞存论

第一节　“先登记者优先”顺位规则释论与应用

一、不动产多重抵押竞存顺位一般规则释论

多重抵押是担保物权竞存中最为常见的类型,因抵押权属于价值权,抵押权的设立不必移转占有,故除法律另有规定外,同一物上可以存在多个抵押权。[1] 两个以上抵押权人对同一抵押财产享有抵押权并不鲜见,这也引发了多个抵押权之间的优先次序问题。[2] 理论上,抵押权的次序也是一种利益,甚至是一种权利,学者称为次序权。[3] 在交易实践、司法实践中,多个抵押权存在于同一物上已经成为常态,也正因如此,多重抵押的顺位规则至为重要。因为优先次序决定了如何分配抵押物变价收益。[4] 一项权利之所以有价值,主要原因就是其优先顺位,尤其是在强制执行中,顺位决定着同一财产上相互冲突的权利之间谁能更优先受偿。

就不动产多重抵押的顺位规则而言,为了保护交易安全以及不特定第三人的权利,同时达到便利有序的目的,公示抵押权的状况成为规则的必然选择。[5] 一般而言,不动产抵押权多重抵押中抵押权人先后顺位的确定以登记时间先后为标准。先到先得规则的合理性在于:一是当事人起点相同;二是作为竞争对象,勤勉者获得利益应当被认为是正当的。[6] 在我国法律上,依照登记时间先后确定抵押权人优先顺位的规则确立于《物权法》第199条,《民法典》第414条予以延续,本书称为“先公示(登记)者优

---

〔1〕 参见崔建远:《物权编如何设计抵押权顺位规则》,载《法学杂志》2017年第10期。

〔2〕 参见刘保玉:《物权法学》,中国法制出版社2007年版,第326页。

〔3〕 参见申卫星:《物权法原理》(第2版),中国人民大学出版社2016年版,第327页。

〔4〕 参见[美]罗杰·H.伯恩哈特、安·M.伯克哈特:《不动产》,钟书峰译,法律出版社2005年版,第300页。

〔5〕 参见崔建远:《物权编如何设计抵押权顺位规则》,载《法学杂志》2017年第10期。

〔6〕 参见[日]道垣内正人:《法学之门:学会思考与说理》(第4版),张挺译,北京大学出版社2021年版,第5页。

先”规则。这一规则可追溯至罗马法，即成立在先，质权优先的原则。不过其也有例外。[1] 比较法上，大部分国家也均是以公示时间先后为确定不动产之上多个权利优先顺位的标准。如《德国民法典》第 879 条[2]，《瑞士民法典》第 972 条[3]，《日本民法典》第 373 条[4]，《意大利民法典》第 2845 条、第 2852 条、第 2853 条[5]；《法国民法典》也采取以登记时间先后确定优先顺位的规则，[6]对于同一不动产享有抵押权的数个抵押权人，抵押登记的

---

〔1〕 参见[意]阿尔贝托·布尔代塞：《罗马物权法》（第 4 版），翟远见译，中国政法大学出版社 2022 年版，第 163～164 页。

〔2〕 《德国民法典》第 879 条规定：(1)对同一土地设定的数个权利的顺位关系，在此数个权利登记于土地登记簿的同一分册时依登记的顺序确定。此数个权利登记于不同的分册的，在较早日期登记的权利具有优先顺位；在同一日期登记的权利，具有相同的顺位。(2)即使依第 873 条为取得权利而有必要成立的合意，在登记之后始成立，顺位关系仍然依登记确定。对顺位关系作出背离性规定的，需要登记于土地登记簿。参见杜景林、卢谌：《德国民法典——全条文注释》（下册），中国政法大学出版社 2015 年版，第 710 页。

〔3〕 《瑞士民法典》第 972 条规定，物权因其登记于土地登记簿的主簿而设定，并依该登记确定其顺位及设定日期。物权的效力，溯及至土地登记簿中所记载的日期，但申报时未附法定证书者，或者暂时登记后未及时补充法定证书者，不在此限。参见《瑞士民法典》，戴永盛译，中国政法大学出版社 2016 年版，第 331 页。

〔4〕 《日本民法典》第 373 条规定，在同一不动产上设定数个抵押权时，其抵押权的顺位，依登记的先后。参见王融擎编译：《日本民法：条文与判例》（上册），中国法制出版社 2018 年版，第 264 页。

〔5〕 《意大利民法典》第 2845 条规定，在同一财产上的属同一顺序的已登记的抵押权之间根据相应总额按比例进行登记。第 2852 条规定：即使是为附条件的债权进行的登记，但抵押权的顺序自其登记时起存在。该规定同样适用于根据已存在关系可能产生的诸债权。第 2853 条规定：登记的顺序号决定着它们的顺序。但是，如果数个人为取得同一个不动产的登记而同时提交设定文件，则这些登记都在同一号码下进行，且由管理人在寄发给每一个申请人的受理通知中进行注明。参见《意大利民法典(2004 年)》，费安玲等译，中国政法大学出版社 2004 年版，第 759 页。

〔6〕 《法国民法典》第 2425 条规定，无论是法定的抵押权、裁判上的抵押权还是约定的抵押权，债权人之间抵押权的顺位，仅自债权人按照法律规定的形式和方式在抵押权登记处进行登记之日起确定。同一日就同一不动产申请的数起抵押权登记，依据载明最早日期的证书申请的登记，视为取得在先顺位，无论在第 2453 条所指的登记簿上进行登记时的顺序如何。但是，在第 2386 条第 2 款所指情况下进行的第 2383 条所指的分别概括财产登记以及第 2400 条第 1 项、第 2 项、第 3 项所指的法定抵押权的登记，其顺位视为先于同一日进行的任何裁判上的抵押权和约定的抵押权登记而产生的顺位。如同一日就同一不动产依据第 2 款所指的载有相同日期的证书进行数起抵押权登记，或者为持有第 3 款所指的抵押权与优先权的申请人的利益进行的数起抵押权登记，无论在前述登记簿上进行登记的顺序如何，各项登记均取得相同的顺位。参见《法国民法典》，罗结珍译，北京大学出版社 2010 年版，第 534 页。

时间先后决定了各自的顺位。[1] 就我国《民法典》第414条,可从以下角度理解。

第一,《民法典》第414条相比较《物权法》第199条的原规则,有一“删”一“增”。“增”即增加了《民法典》第414条的参照适用性特征,第2款明确具备登记能力的担保物权之间的竞存,可以适用《民法典》第414条第1款。这主要是为担保物权的功能主义铺垫,其将抵押权顺位规则扩展至其他可以登记的担保物权,实际上指向的是非典型担保可以参照适用《民法典》第414条第1款。所谓“减”即删除了已登记的抵押权顺序相同之时,债权人之间按照债权比例受偿的规则。该规则被删除的主要原因在于,不动产统一登记制度建立与施行已久,而且《民法典》施行后动产和权利担保的统一登记随之完善,不同担保物权人于同日到不同登记机关办理抵押登记的情形将基本不再出现,所以该规则已缺乏适用基础和事实前提。[2] 即便是在同一个登记机关,也能够确定不同抵押权人的先后顺位,按照受理时间先后确定即可,所以此时也不存在顺序相同。《民法典》第414条将已登记的抵押权顺序相同之时,债权人之间按照债权比例受偿的规则予以删除。[3] 不过,这一删除可能导致相关问题的解决欠缺明确法律依据,[4] 因为顺位相同的原因不仅限于登记时间相同,还可能因为共有或准共有。对此可依照《民法典》第310条,参照共有的相关原理解决。例如,在附担保公司债券模式下,原则上各个债券持有人在担保物权的优先顺位上是同一的,并无优先顺位

---

〔1〕 参见尹田:《法国物权法》(第2版),法律出版社2009年版,第518页。

〔2〕 参见刘保玉:《民法典担保物权制度新规释评》,载《法商研究》2020年第5期。

〔3〕 参见林文学:《不动产抵押制度法律适用的新发展——以民法典〈担保制度司法解释〉为中心》,载《法律适用》2021年第5期。

〔4〕 如有观点认为,《民法典》第414条删去了抵押登记顺位相同的,按照债权比例清偿的规定。但立法者没有考虑到实践中存在“住房公积金组合贷”这一特殊抵押,《民法典》的这一变化导致实践对于“住房公积金组合贷”中各抵押权人的清偿比例产生了困惑。参见《清华大学法学院、东卫律师事务所成功举行“民法典担保部分司法解释意见稿专家研讨会”》,载微信公众号“中国民商法律网”2020年12月10日,https://mp.weixin.qq.com/s/b6JyGYWO0zYekLkEdWN2Yw。

的先后之分，在裁判中法院应判决债券持有人按照债券持有比例对担保财产拍卖、变卖所得价款优先受偿，《债券会议纪要》第 18 条规定的“受托管理人仅代表部分债券持有人提起诉讼的，人民法院还应当根据其所代表的债券持有人份额占当期发行债券的比例明确其相应的份额”即属此理。[1]

第二，顺位规则的法定性与顺位的变动性。不动产多重抵押时的优先顺位规则具有一定的法定性特征，这意味着当事人间的协议不能够改变甚至排除适用《民法典》第 414 条，当事人所作出的约定如果违背《民法典》第 414 条，则无法产生法律效力。[2] 抵押权一经登记，则其顺位必须依照法定原则予以确定，当事人不得以其约定对抵押权顺位确定的法定标准加以否定或者排除。[3] 需要注意的是，依据《不动产登记暂行条例实施细则》第 67 条规定，如果当事人之间另行约定了各自抵押权的顺位，则不动产登记机构应从其规定办理登记。上述规则并没有否定顺位规则的法定性，这里的所谓当事人约定，主要是指当事人可以就抵押权顺位进行变更、放弃、让与，而且当事人需办理登记，因此这与抵押权顺位规则的法定性并不矛盾，反而凸显了不动产登记的法定性。就抵押权顺位的放弃、变更、让与以及顺位是否可得升进等问题，本书在第八章“竞存顺位变动论”中详述，此处不缀。

第三，抵押登记与抵押合同订立。抵押权顺位规则与登记有关，其与抵押合同成立时间先后无关，即便某债权人签订抵押合同于前，并且约定设立先次序的抵押权，只要其他后签订抵押合同的当事人先为登记，该债权人也不能主张抵押权的次序优先。[4]

第四，债务履行期与顺位规则。不动产多重抵押中，同一物上设立的多

---

〔1〕 参见曹明哲：《附担保公司债券中担保物权的法律构造——兼论〈新担保司法解释〉第 4 条》，载《海南金融》2021 年第 8 期；高圣平、陈南成：《委托代持担保物权的法律效力》，载《苏州大学学报（法学版）》2024 年第 2 期。

〔2〕 参见崔建远：《物权：规范与学说——以中国物权法的解释论为中心》（下册），清华大学出版社 2011 年版，第 80 页。

〔3〕 参见尹田：《物权法》（第 2 版），北京大学出版社 2017 年版，第 538 页。

〔4〕 参见孙鹏等：《担保物权法原理》，中国人民大学出版社 2009 年版，第 185 页。

个抵押权所担保的债权清偿期限不同,因此处于在先顺位抵押权所担保的债权未到期,但处于在后顺位抵押权所担保的债权已到期的情形并不罕见,当然也有可能出现相反的情形。理论上一般认为,多个抵押权中只要其中一个抵押权所担保的债权已到期,债权人即可主张实现抵押权。具体而言,如果处于在先顺位的抵押权所担保的债权还没有届清偿期,则抵押物变价后,针对变价款,应提存处于在先顺位的抵押权所担保债权的相应数额,也即需要保证处于在先顺位的抵押权所担保债权优先实现,在此之后,先到期的后顺位抵押权人才可以再行受偿。[1] 通过提存的方式,将抵押物变价后的部分款项优先满足在先顺位的抵押权人,在后顺位的抵押权人可以就提存剩余后的变价款受偿。[2] 司法判决或者裁定主文上应作出相应说明,可表述为"申请人×××对变价后所得款项超出顺位在先的×××担保债权的部分,在×××元的范围内优先受偿"。[3]

第五,登记时间的确定。不同抵押权人在同天申请不动产抵押登记,应以何种方式确定其登记时间的先后?就登记实践而言,作为准不动产(特殊动产)的船舶、航空器,登记的办理需要按照当事人"登记申请日期"的先后进行。[4] 不动产系按照"受理时间"的先后顺序依次办理登记。[5] 申请与

---

〔1〕 参见尹田:《物权法》(第2版),北京大学出版社2017年版,第539页。

〔2〕 参见王利明:《物权法研究》(第4版)(下卷),中国人民大学出版社2016年版,第1199页。

〔3〕 如浙江省高级人民法院2020年12月10日印发的《关于审理实现担保物权案件若干问题的解答》第12条对裁定表述以及执行等作出规定:"同一财产上设有多个担保物权,登记在先的担保物权尚未实现的情形下,后顺位的担保物权人先行申请实现担保物权的,裁定主文应当如何表述?执行裁定时应当如何处理?答:在裁定主文的表述上,由于先顺位担保物权所担保的主债务是否已清偿、是否已到期等问题无法在本案中一并查明,故主文可表述为:'对被申请人×××的×××担保财产准予采取拍卖、变卖等方式依法变价,申请人×××对变价后所得款项超出顺位在先的×××担保债权的部分,在×××元的范围内优先受偿'。……"

〔4〕 《中华人民共和国船舶登记条例》第24条规定,同一船舶设定2个以上抵押权的,船舶登记机关应当按照抵押权登记申请日期的先后顺序进行登记,并在船舶登记簿上载明登记日期。登记申请日期为登记日期;同日申请的,登记日期应当相同。《中华人民共和国民用航空器权利登记条例》第14条规定,同一民用航空器设定两项以上抵押权的,国务院民用航空主管部门应当按照抵押权登记申请日期的先后顺序进行登记。

〔5〕 如《不动产登记暂行条例实施细则》第67条。

受理系分别从抵押权人与登记机构的角度对同一事实的描述，申请一般即意味着受理，理论上讲，先申请的一般先登记，所以在登记程序上为了确保公平，防止行贿等违法行为导致后申请的先登记，《不动产登记暂行条例实施细则》第67条规定按照受理时间先后办理登记，所谓的受理时间，就是不动产登记机构受理当事人申请的时间，是登记机构向申请人出具的书面告知书上记载的时间。[1] 不过，在时间先后的计时单位方面，可采用小的计时单位，并在登记簿上标记登记申请到达登记机关的具体时间。[2]

第六，物上代位与抵押权顺位。物上代位是担保物权的重要特征。担保物权的物上代位性及代位物的提存规定于《民法典》第390条。抵押权也具有物上代位性，基于此，抵押权人同样可以基于原抵押权顺位就相应的代位物优先受偿。《担保制度司法解释》第42条第1款即明确规定，抵押权依法设立后，抵押财产毁损、灭失或者被征收等，抵押权人请求按照原抵押权的顺位就保险金、赔偿金或者补偿金等优先受偿的，人民法院应予支持。其第2款对抵押权人提出了通知义务，因此抵押权人及时知晓担保财产灭失等情事至关重要，担保人应当将此信息及时告知抵押权人，但第2款并未规定抵押人的信息告知义务，这就导致抵押权人系因未获抵押人通知，对抵押物灭失等情事未能知晓，却承担了不利的后果，抵押人反倒因其未尽信息告知义务而获利，这不仅有失公平，而且会对抵押人产生反向激励。[3]

第七，一般规则及其例外。尽管《民法典》第414条以及其所蕴含的“先登记者优先”规则至为明确，不过在具体的不动产抵押权竞存场景中，尚需具体判断分析。以下，就“先登记者优先”规则的具体运用及其例外进行阐述分析，包括“房地分离”抵押的竞存顺位、借新还旧中多重抵押竞存顺位；

[1] 参见国土资源部不动产登记中心（国土资源部法律事务中心）编：《不动产登记暂行条例实施细则释义》，北京大学出版社2016年版，第177～178页。

[2] 参见常鹏翱：《物权法的基础与进阶》，中国社会科学出版社2016年版，第323～324页。

[3] 参见司伟：《民法典时代的担保物权物上代位制度完善再思考》，载《法治研究》2024年第2期。

建设工程价款优先受偿权也是一种特殊和法定“不动产抵押权”,其与意定抵押权的竞存顺位关系可以从实体法与程序法视角分别观察。

二、“房地分离”抵押的顺位之辨

在我国法律中,“房”与“地”之间的关系坚持所谓“房地一体”原则,建设用地使用权与其上的建筑物,应当在交易过程中同时被处分。所谓同时处分,是指处分人应一并移转建筑物与建设用地使用权的所有权,〔1〕《民法典》亦坚持此一原则。〔2〕 同时,《民法典》第395条在《物权法》的规定的基础上进行了修改,在抵押财产类别方面明确指出,无论是建设用地使用权还是其上的建筑物、其他土地附着物,都是可以被抵押的财产,并且是独立的抵押财产。

在抵押以及登记实践中,出现了债务人先后分别将建筑物与建设用地使用权抵押给不同的债权人的情形,而在实现抵押权时,引发了不同抵押权人在建筑物与建设用地使用权变价款上的优先顺位争议。就此争议,历来存在两种观点,分别是“重复抵押说”与“分别受偿说”。《九民会纪要》第61条对此作出规定,抵押人将其享有的建筑物和建设用地使用权分别抵押给两个不同的债权人时,两个抵押权均合法有效,优先顺位依据《物权法》第199条(《民法典》第414条第1款),即登记的时间先后确定,即采纳了“重复抵押说”的观点。〔3〕 《担保制度司法解释》第51条第3款规定延续“重复抵押说”。〔4〕 司

〔1〕 参见王利明:《物权法研究》(第4版)(下卷),中国人民大学出版社2016年版,第917页。

〔2〕 在《民法典》第357条、第397条、第398条等均有体现。

〔3〕 《九民会纪要》第61条规定:“根据《物权法》第182条之规定,仅以建筑物设定抵押的,抵押权的效力及于占用范围内的土地;仅以建设用地使用权抵押的,抵押权的效力亦及于其上的建筑物。在房地分别抵押,即建设用地使用权抵押给一个债权人,而其上的建筑物又抵押给另一个人的情况下,可能产生两个抵押权的冲突问题。基于‘房地一体’规则,此时应当将建筑物和建设用地使用权视为同一财产,从而依照《物权法》第199条的规定确定清偿顺序:登记在先的先清偿;同时登记的,按照债权比例清偿。同一天登记的,视为同时登记。应予注意的是,根据《物权法》第200条的规定,建设用地使用权抵押后,该土地上新增的建筑物不属于抵押财产。”

〔4〕 《担保制度司法解释》第51条第3款规定,抵押人将建设用地使用权、土地上的建筑物或者正在建造的建筑物分别抵押给不同债权人的,人民法院应当根据抵押登记的时间先后确定清偿顺序。

法文件和司法解释认为“房地分离”抵押是不动产多重抵押的一种情形，根据不动产抵押权优先效力一般原则及其所体现的“先登记者优先”规则，先设立的抵押权优先于后设立的抵押权。但是，即便《九民会纪要》第61条和《担保制度司法解释》第51条第3款作此规定，仍有观点对此持反对意见，认为应采“分别受偿说”。[1] 并且，在《九民会纪要》起草中对于“重复抵押说”与“分别受偿说”存在反复，其中的条文即便采“重复抵押说”，也与正式条文的“重复抵押说”存在些许不同。[2] 因此，就房地分别抵押时各抵押权人的优先顺位，仍有研究之必要。

（一）“重复抵押说”及其理论基点

在“房”“地”被分别抵押的情况下，实现抵押权时，各个抵押权人也应按照登记的先后顺序受偿，被称为“重复抵押说”。[3] 该说得到部分司法实践

---

〔1〕 参见高圣平：《担保法前沿问题与判解研究》（第4卷），人民法院出版社2019年版，第236～239页。

〔2〕 如2019年8月6日最高人民法院民事审判第二庭向全社会公开征求意见的《九民会纪要》征求意见稿第61条，该条虽然在整体上采“重复抵押说”，但与目前的“重复抵押说”存在不同，该条曾经规定：“‘房随地走、地随房走’是我国《物权法》及相关法律的基本规则。但实践中，建筑物和建设用地使用权分离抵押的情形也不鲜见，主要包括建筑物或者建设用地使用权仅一项财产设定抵押，以及建筑物或者建设用地使用权分别抵押给两个不同的债权人两种情形。不论何种情形，根据《物权法》第一百八十二条之规定，在当事人对抵押财产未作特别约定的情况下，应当认为房地一并抵押。也就是说，仅以建筑物设定抵押的，抵押权的效力及于其占用范围内的建设用地使用权；仅以建设用地使用权设定抵押的，抵押权的效力也及于其上的建筑物；建筑物或者建设用地使用权分别抵押给两个不同的债权人的，两个抵押权均属合法有效，其抵押范围均包括建设用地使用权和建筑物。在房地分别抵押场合，应当依照《物权法》第一百九十九条之规定确定清偿顺序：登记在先的先清偿；同时登记的，按照债权比例清偿。但《物权法》第一百八十二条允许当事人对担保财产作出特别约定，如抵押合同仅以建设用地使用权设定抵押，并且明确约定不包括其上建筑物的，应当认为抵押权仅及于建设用地使用权；反之亦然。”

〔3〕 持此观点的参见朱晓喆：《房、地分离抵押的法律效果——〈物权法〉第182条的法律教义学分析》，载《华东政法大学学报》2010年第1期；赵晋山、王赫：《不动产登记样态对强制执行的影响与塑造》，载《法律适用》2018年第15期；张双根：《论房地关系与统一不动产登记簿册　兼及不动产物权实体法与程序法间的交织关系》，载《中外法学》2014年第4期；王利明：《物权法研究》（第4版）（下卷），中国人民大学出版社2016年版，第1883页；程啸：《担保物权研究》，中国人民大学出版社2017年版，第223页；何志：《担保法疑难问题阐释》，中国法制出版社2011年版，第203页；曹士兵：《中国担保制度与担保方法》（第4版），中国法制出版社2017年版，第256页。

的支持，如有地方的司法文件指出，如果当事人一方面以其建筑物为债权人设定抵押权，另一方面以建筑物范围内的建设用地使用权为另一债权人设定抵押权，并且都办理登记，此时两个抵押合同的效力虽不受影响，但是，抵押权的效力同时及于国有建设用地使用权及其建筑物和其他土地附着物，所以两个抵押权人之间的顺位依照《担保法》第 54 条确定。[1] 司法裁判也有观点采此说。[2]

首先，持"重复抵押说"论者认为其更符合立法本意。《民法典》第 397 条第 2 款使用的是"视为一并抵押"，这就不仅意味着在抵押权实现时要将建筑物与建设用地使用权一并拍卖，还意味着抵押权人有权就建筑物和建设用地使用权变价所得价款优先受偿。[3] "房""地"分别登记的情形在《物权法》制定时就存在，立法者非常清楚这一点，却仍在《物权法》第 199 条第 1 项中规定了登记优先规则。因此，不能将"登记的先后顺序"仅理解为同一登记机构的登记先后顺序，而应当理解为在同一或不同的登记机构的先后顺序。[4] 从全国人大常委会法工委的阐述看，《物权法》第 182 条第 2 款的制定初衷就是为了解决实践中的"房地分离"抵押问题，如果当事人没有按照《物权法》第 182 条第 1 款规定将"房"与"地"一并抵押，"视为"当事人已经将未抵押的"房"或"地"一并抵押了；这就是说，即便是当事人分别抵押，也仅针对抵押财产的其中之一办理了抵押登记，而没有针对另一抵押财产办理登记，在实现抵押权时，另一未抵押的"房"或"地"也应一并变价作为抵押财产，无论是"房"或"地"，均为如此。[5]

其次，"分别受偿说"欠缺实践性。有强制执行司法实务人士表示，"分

---

[1] 参见《山东省高级人民法院关于审理以建筑物及土地使用权设定抵押如何确定合同效力问题的通知》。

[2] 参见湖北省孝感市中级人民法院民事判决书，(2016)鄂 09 民终 470 号。

[3] 参见程啸：《担保物权研究》，中国人民大学出版社 2017 年版，第 223 页。

[4] 参见程啸：《担保物权研究》，中国人民大学出版社 2017 年版，第 224 页。

[5] 参见胡康生主编：《中华人民共和国物权法释义》，法律出版社 2007 年版，第 400 页。

别受偿说”所指出的按照“房”与“地”的评估价格来确定抵押权人在拍卖款中所占的比例并不具备可实施性，由于客观原因，不动产的拍卖成交价格往往与评估价格之间存在不小的差距，而且这里的前提还是假设不动产拍卖成交价格是市场公允价格。由于法律所规定的“房地一体”，“房”与“地”分别转让可能欠缺真实市场，所以评估价格会因缺少现实基础和市场基础而有失妥当。在这样的背景下，“分别受偿说”主张的当事人按照评估价格确定的比例而分别受偿，并不现实也不公平。[1] 从评估现状看，建筑物与建设用地使用权不仅在物理上结合在一起，而且在确定价值时也难以在客观上分别确定，所以，二者无法分别确定各自的价格。[2]

最后，“房地一体”抵押乃法律公开的拟制性规定，一经公开视为当事人应予知晓。《民法典》第 397 条第 2 款(《物权法》第 182 条第 2 款)的推定，是不能够被推翻的推定，当事人间不能以意思自治排除该规则的适用，与当事人是否同意无关。[3] 法律已经向社会公示了“房地一体”规则，当事人认为自己仅抵押的是“房”或“地”的这种“预期”和“期待”不会得到法律的认可，如果这种“预期”和“期待”导致自身权益受损，那么也是自身过错所致，不适用善意第三人保护制度，设立抵押权之前，当事人就应当到登记部门进行查询，避免出现风险危及自身利益。[4]

(二)“分别受偿说”及其理论基点

“房”“地”分别抵押时，当事人意思表示明确，所以抵押权人仅对自身抵押合同中所涵盖的抵押物有抵押权，对于未被包含在抵押合同范围内的抵押物并不享有抵押权，也不享有法定抵押权；但是，基于“房地一体”规则，在

---

〔1〕 参见赵晋山、王赫：《不动产登记样态对强制执行的影响与塑造》，载《法律适用》2018 年第 15 期。

〔2〕 参见王利明：《物权法研究》(第 4 版)(下卷)，中国人民大学出版社 2016 年版，第 1180 ~ 1181 页。

〔3〕 参见王利明：《物权法研究》(第 4 版)(下卷)，中国人民大学出版社 2016 年版，第 1182 页。

〔4〕 参见曹士兵：《中国担保制度与担保方法》(第 4 版)，中国法制出版社 2017 年版，第 257 页。

当事人实现抵押权之时，二者必须一并处分，建筑物与建设用地使用权应当一体变价，针对变价款，不同抵押权人依照各自抵押权所及抵押财产在变价款中的具体比例而受偿。[1] 此观点被称为"分别受偿说"。该说亦有司法实践的支持。如有地方的司法文件指出，建设用地使用权与其上的建筑物不可以单独作为抵押财产，抵押时二者均为抵押财产；故如果当事人将二者分别抵押并且办理了抵押登记，此时应当优先保护对其中一个抵押财产享有第一顺位的抵押权人，登记在后的第二顺位的抵押权人后实现抵押权。两个抵押权人分别仅针对"房"或"地"享有优先受偿权。[2] 司法裁判也有观点采此说。[3]

"分别受偿说"着眼点在以下几个方面。首先，价值判断上，"重复抵押说"不尊重当事人意思自治，有强迫得利之感。"分别受偿说"尊重了当事人的意思自治和交易安排，但按照"重复抵押说"的观点，对"房"或"地"享有优先顺位的抵押权人，因为法律的拟制而退为劣后顺位的抵押权人，很难说公平公正。[4] "重复抵押说"对"房地一体"原则的贯彻落实是僵化和简单的，忽视当事人意思表示，正当性、合理性不足。[5] "重复抵押说"使得其中

---

〔1〕持此观点的参见司伟、肖峰：《担保法实务札记》，中国法制出版社 2019 年版，第 387～388 页；刘保玉主编：《担保法原理精要与实务指南》，人民法院出版社 2008 年版，第 380 页；高圣平、严之：《房地单独抵押、房地分别抵押的效力——以〈物权法〉第 182 条为分析对象》，载《烟台大学学报（哲学社会科学版）》2012 年第 1 期；杨永清、曹英：《房屋和土地没有同时抵押时抵押登记的效力》，载《人民司法》2002 年第 3 期；官邦友：《房屋与土地权利主体不一致时，房地产抵押合同的效力及相关权利人的利益保护——兼评四川华通汽车集团公司与中国农业银行成都市总府支行、四川盛世集团有限责任公司借款合同纠纷案》，载《法律适用》2004 年第 2 期；黄琳、姚宝华：《统一的房地分离抵押裁判规则的构建——谈物权法第一百八十二条的理解与适用》，载《人民司法》2013 年第 5 期；衷向东、李凤章：《论房地单独抵押的效力》，载《中国土地》2004 年第 8 期。

〔2〕如《四川省高级人民法院关于担保合同纠纷案件若干法律问题指导意见》第 9 条。参见最高人民法院民事审判第二庭编：《商事审判指导》2007 年卷，人民法院出版社 2018 年版，第 154 页。

〔3〕参见江苏省泰州市中级人民法院民事判决书，（2015）泰中商终字第 00335 号。

〔4〕参见高圣平、严之：《房地单独抵押、房地分别抵押的效力——以〈物权法〉第 182 条为分析对象》，载《烟台大学学报（哲学社会科学版）》2012 年第 1 期。

〔5〕参见黄琳、姚宝华：《统一的房地分离抵押裁判规则的构建——谈物权法第一百八十二条的理解与适用》，载《人民司法》2013 年第 5 期。

一个甚至多个抵押权人最终获得的利益可能超出其在交易初始、交易合同中所确定的最大利益，获得了超额利益。不动产多重抵押时的顺位至关重要，这一超额收益可能令后顺位的抵押权人优先受偿权落空，与抵押合同约定不符、与公平原则相悖。[1]

其次，“重复抵押说”不利于再融资，“分别受偿说”更有利于促进融资。在“重复抵押说”之下，由于“房”与“地”必须一并抵押，这就导致抵押财产减少，压缩房地抵押的选择空间，债权人尤其是银行债权人在不能获得第一顺位抵押权之时，会提高贷款利率甚至减少贷款，最终会影响不动产抵押融资市场，社会融资规模也会受到不利影响。[2]

最后，“分别受偿说”与“房地一体”不矛盾，“分别受偿说”并不违反“房地一体”。如前所述，我国的“房地一体”原则是指建设用地使用权与地上物一并处分的原则，[3]其实质是要求建设用地使用权与其上的地上物，在权属上应同属一人，只要在实现抵押权的时候，由同一买受人受让建设用地使用权与其上的地上物即可，这就满足了法律所规定的“房地一体”原则。[4] 也就是说，无论是“房”随“地”走，还是“地”随“房”走，规范的对象都不是抵押权的设定行为，而是抵押财产的实现，即法律并不禁止当事人分别抵押“房”与“地”，但是最终抵押财产拍卖、变卖时，权利主体需要同时受让或者拥有建设用地使用权及其上的地上物。[5] 法律政策目标在抵押权实现时就可得

---

〔1〕 参见王闯：《规则冲突与制度创新（中）——以物权法与担保法及其解释的比较为中心而展开》，载《人民法院报》2007年6月27日，第6版。

〔2〕 参见黄琳、姚宝华：《统一的房地分离抵押裁判规则的构建——谈物权法第一百八十二条的理解与适用》，载《人民司法》2013年第5期。

〔3〕 参见申卫星：《物权法原理》（第2版），中国人民大学出版社2016年版，第260页。

〔4〕 参见高圣平、严之：《房地单独抵押、房地分别抵押的效力——以〈物权法〉第182条为分析对象》，载《烟台大学学报（哲学社会科学版）》2012年第1期。

〔5〕 参见王闯：《规则冲突与制度创新（中）——以物权法与担保法及其解释的比较为中心而展开》，载《人民法院报》2007年6月27日，第6版；司伟、肖峰：《担保法实务札记》，中国法制出版社2019年版，第387～388页。

以贯彻。[1] 故在解释上,《民法典》第397条第2款的规定应只适用于"房"或"地"单独抵押的情形,[2]也就是只适用于抵押人将建设用地使用权或者建筑物抵押给一个债权人的情形,在"房地分离"抵押的顺位确定中无适用余地。

(三)"分别受偿说"的理论容纳性和解释力更强

尽管"重复抵押说"与"分别受偿说"各有其理由与着眼点,但是本书认为,"分别受偿说"更具解释优势,除上述理由外,还有如下理由。

第一,"分别受偿说"能够实现法律内部的逻辑一致。"重复抵押说"与"分别受偿说"产生争议的根源在于,一方面《民法典》确认土地(建设用地使用权)与其上的建筑物都是可以抵押的财产,另一方面又要求交易中的"房地一体"。如前所述,建设用地使用权与其上建筑物都是物权的客体,并且具有登记能力,所以在这个层面,就"房""地"的关系而言,是一种分离主义模式,但是这种分离主义与比较法中的分离主义并不相同,独具特色,集中表现为"房随地走、地随房走",也就是在交易中,"房"与"地"需要同时、一并移转。[3] 有学者直言,问题的根源不在于多重登记机构,而在于实体法律的规定,过去的登记机构分离至多也只是放大了问题。[4] 上述两种观点导致在"房""地"分别抵押问题上的逻辑不一致,前者为"分别受偿说"提供理论根据,后者则为"重复抵押说"提供基础。从这个角度讲,"分别受偿说"所提供的解释更能兼顾两个方面。一方面,与《民法典》规定的建设用地使用权与建筑物均为独立的抵押财产相符;另一方面,在抵押权实现时,建设用地使用权与建筑物一并处分,在归属主体上保持一致,使"房地一体"原则也

---

[1] 参见陈现杰:《土地使用权与地上建筑物分别抵押的效力问题》,载《人民法院报》2003年9月16日,第7版。

[2] 参见高圣平、严之:《房地单独抵押、房地分别抵押的效力——以〈物权法〉第182条为分析对象》,载《烟台大学学报(哲学社会科学版)》2012年第1期。

[3] 参见王利明:《物权法研究》(第4版)(下卷),中国人民大学出版社2016年版,第916页。

[4] 参见张双根:《论房地关系与统一不动产登记簿册 兼及不动产物权实体法与程序法间的交织关系》,载《中外法学》2014年第4期。

得以贯彻。[1] 因此该理论的容纳性更强。

第二,"分别受偿说"能够解释更多的交易类型。举其典型。典型一为当事人明确约定单独抵押情形。"房地分离"抵押大量发生在"房""地"分别登记的背景下,不少学者也指出"房""地"分别抵押的优先顺位问题或是一个历史问题,随着不动产统一登记制度的施行而不再存在。但是值得注意的是,即便在不动产统一登记的背景下,由于建设用地使用权与建筑物仍然是被法律所承认的独立物权客体和抵押物,这就意味着当事人间仍然有单独抵押的需求,不动产统一登记并不能扼杀此一需求,在当事人明确单独抵押某一客体的情形下,使债权人可就"房""地"总变价款受偿,确有强迫得利之嫌。这也是为何最高人民法院曾经在《九民会纪要》的征求意见稿中考虑到当事人单独抵押的情形,为"重复抵押说"设定例外,《九民会纪要》的征求意见稿曾经规定,由于《物权法》第 182 条不禁止当事人对抵押财产安排作出特别约定,所以如果当事人在抵押合同中明确仅以建设用地使用权设定抵押,而不以其上的建筑物为抵押物,此时应当认为抵押权的效力仅及于合同所确定的建设用地使用权,当事人仅约定以建筑物抵押也是如此。这实际上是采纳了"分别受偿说"的规定,在当事人之间有明确特别约定,仅仅以建设用地使用权或者其上建筑物为抵押财产时,为了贯彻"房地一体"原则,在实现抵押权时必须将两者同时拍卖,但是可分别计价,抵押权人只针对自己抵押权所及的抵押财产优先受偿。[2] 最高人民法院在有关《民法典》物权编的释义中也指出,《民法典》第 397 条只是任意性规范、备用规范,只需要在抵押权实现的变价过程中,将建筑物及建设用地使用权一并变价

[1] 参见黄琳、姚宝华:《统一的房地分离抵押裁判规则的构建——谈物权法第一百八十二条的理解与适用》,载《人民司法》2013 年第 5 期。

[2] 参见林文学:《不动产抵押制度法律适用的新发展——以民法典〈担保制度司法解释〉为中心》,载《法律适用》2021 年第 5 期。

即可。[1] 因此,"分别受偿说"可以解释更多的交易类型与案件类型。不过,从《担保制度司法解释》第 51 条第 3 款规定看,《担保制度司法解释》已经排除了当事人约定单独抵押的合意空间。[2]

典型二为"房"与"地"的有处分权人不一致情形。实践中,建筑物以及占用范围内的建设用地使用权的处分权人并不一致,此时,在实现其抵押权时,应就建筑物与建设用地使用权一并变价,但抵押权人仅就其中部分变价款享有优先受偿权,[3] 因为抵押人只拥有部分财产的处分权。因此,《担保制度司法解释》第 51 条第 3 款的解释结论系以建筑物及其占用范围内的建设用地使用权的权利主体相同为前提,其显然无法解释此一情形,凸显了"重复抵押说"的解释缺陷。

第三,"分别受偿说"亦能解释不动产统一登记制度。在"房""地"分别登记下,建筑物的抵押登记与建设用地使用权的抵押登记分别归属不同机构,由此在不动产登记簿上无法准确反映"房地一体"原则下的不动产物上权利负担。但是,在不动产统一登记后,不动产登记簿的设置将在程序与实体上使"房""地"互为体现。持"重复抵押说"观点的论者认为,不动产统一登记下即当然采此观点。

在不动产统一登记下,就不动产登记的登记簿设置,在理论上存在"房""地"分别设置登记簿和"房""地"统一设置一个登记簿的观点分歧。前者认为,按照"房地一体"原则的要求,建设用地使用权的权利主体应与其上建筑物的权利主体一致,依照此原则来确保土地登记簿和建筑物登记簿之间

---

〔1〕 参见最高人民法院民法典贯彻实施工作领导小组主编:《中华人民共和国民法典物权编理解与适用》(下),人民法院出版社 2020 年版,第 1053 页。

〔2〕 这里解释的基础在于,抵押人仅以建设用地使用权设定抵押权时,其效力当然及于地上建筑物;抵押人仅以建筑物设定抵押权时,其效力也当然及于建设用地使用权。如此,两个抵押权所及的标的财产均为建筑物和建设用地使用权(同一财产),据此即可直接适用《民法典》第 414 条第 1 款第 1 项,依登记的时间先后确定其优先顺位。参见高圣平:《〈民法典〉房地一体抵押规则的解释与适用》,载《法律适用》2021 年第 5 期。

〔3〕 参见高圣平:《〈民法典〉房地一体抵押规则的解释与适用》,载《法律适用》2021 年第 5 期。

的关联，从而实现真正的“房地一体”原则。[1] 由于我国实行“房地一体”原则，所以在涉及不动产的交易中，“房”与“地”应当一并交易，尽管如此，还是应区分“房”与“地”的登记簿，这一方面是因为有不少需要进行登记的地上建筑物，另一方面是因为建筑物的登记内容本就复杂和完整，具有相对的独立性。[2] 其中一个登记簿中的权利变化同步记载并反映到另一个登记簿中即可。[3] 后者认为，尽管在我国法律中，土地、建筑物、海域等是互相独立的物，但是它们在法律上必须一体化处理。出于理顺二者关系的现实考虑，我国应当设立以宗地或宗海为基础的统一的不动产登记簿来记载土地、房屋、林海、海域等各类不动产及其物权归属。只有这样，记载于同一不动产之上的相关权利信息才能够被全面、集中、准确地反映出来。对于交易相对方而言，能够获知不动产之上的信息；对于政府而言，也能够较好地实现统计财产、税收征缴、耕地保护等政策目标。[4] 基于对我国现实的考虑以及对厘清土地与建筑物之间的关系的目的的考量，设立一个统一的登记簿以显示不动产上的权利类型、信息、层级等是更优选择。[5]

目前，我国不动产登记簿的编制单位是宗地、宗海，[6] 就此，无论是“房”“地”共享一个登记簿还是“房”“地”分别设立登记簿，不动产登记簿上均会显示建筑物与建设用地使用权的物上负担。但是本书认为，在不动产统一登记制度下，无论是统一登记簿还是分离登记簿，单独以建设用地使用权或者建筑物进行抵押时，建设用地使用权与建筑物二者的“关联关系”完

---

〔1〕 参见程啸等：《不动产登记暂行条例及其实施细则的理解与适用》，法律出版社2016年版，第88页。

〔2〕 参见孙宪忠主编：《不动产登记条例草案建议稿》，中国社会科学出版社2014年版，第35页。

〔3〕 参见张双根：《论房地关系与统一不动产登记簿册 兼及不动产物权实体法与程序法间的交织关系》，载《中外法学》2014年第4期。

〔4〕 参见程啸等：《不动产登记暂行条例及其实施细则的理解与适用》，法律出版社2016年版，第88～89页。

〔5〕 参见常鹏翱：《不动产登记法》，社会科学文献出版社2011年版，第64页。

〔6〕 《不动产登记暂行条例实施细则》第6条指出，不动产登记簿的编制单位是宗地或者宗海，一宗地或者一宗海范围内的全部不动产单元编入一个不动产登记簿。

全可以通过技术手段在登记簿中予以体现,登记簿对另一抵押权人显示的信息不一定是在其前面有在先顺位的抵押权人,可以是存在另一抵押权人与其分享"房""地"变价款,这并不违反不动产统一登记制度。因此,"分别受偿说"也不与不动产统一登记制度矛盾。

三、借新还旧中的多重抵押顺位

关于借新还旧时的担保责任,《担保法解释》第39条针对保证责任作出规定,主要区分新贷与旧贷是否为同一保证人以及保证人是否知道(应当知道)借新还旧来确定保证人是否承担责任。《担保制度司法解释》第16条第1款基本延续了《担保法解释》第39条的思路。首先,如果新贷与旧贷均有担保人,且担保人为同一人,则担保人仍应当承担担保责任,此时并不会造成担保人的不利。其次,在旧贷没有担保或旧贷与新贷的担保人不是同一人的情况下,新贷的担保人不知道或不应当知道主合同当事人借新还旧的,担保人不承担责任。其理由在于,此时的借新还旧是债权人与债务人协议变更了主合同的贷款用途,未征得担保人的同意,担保人担保的可能是一笔坏账,对担保人不公,[1]担保人不应承担担保责任。若新贷担保人知道或者应当知道是以贷还贷的,担保责任不能免除,此时没有对担保人特别保护的必要。

由于《担保法解释》第39条仅仅规定借新还旧对保证责任的影响,而未规定对物的担保的影响,因此在司法实践中就《担保法解释》第39条是否适用于物的担保产生争议。《担保制度司法解释》第16条第1款将规则统一适用于物的担保与人的担保。但是同时,物的担保相较于人的担保特殊之处在于,其同时涉及登记,如有不动产抵押权的情形,故《担保制度司法解释》第16条第2款又针对借新还旧对物的担保的影响作出规定。

---

〔1〕参见刘言浩编著:《担保法典型判例研究》,人民法院出版社2002年版,第175页。

《担保制度司法解释》第16条第2款的规则源于《九民会纪要》第57条，后者规定旧贷因清偿而消灭的，担保物权亦消灭，贯彻消灭上的从属性；同时也规定，如果当事人约定继续为新贷提供担保，贷款人以旧贷上的担保物权尚未进行涂销登记为由，主张对新贷行使担保物权的，人民法院予以支持。其主要理由在于抵押人“仅须对新贷承担担保责任，对其并无不公”[1]，而且标的物既然存在登记状态，已对第三人形成公示，亦于交易安全无危害。《担保制度司法解释》第16条第2款虽然未延续《九民会纪要》第57条的规定，但是其通过顺位规则表明，在旧贷的物上保证人同意继续为新贷提供担保且未涂销登记时，担保物权不仅不会消灭，而且还优先于新贷订立前设立的担保物权。当然，《九民会纪要》与《担保制度司法解释》的上述规定并非没有争议，无论是在《九民会纪要》的起草过程中，[2]还是在《担保制度司法解释》征求意见过程中，该问题一直存在观点分歧。

与《担保制度司法解释》第16条第2款相反的观点认为，在旧贷的物上保证人同意继续为新贷提供担保且尚未涂销登记时，订立新的贷款合同前担保人又以该担保物为其他债权人设定担保物权，其他人的担保物权应优先于新贷债权人的担保物权。因为按照担保物权消灭上的从属性原理，主债权消灭，担保物权消灭，以新贷偿还旧贷，主债权（旧贷）消灭，故旧贷担保物权应消灭。采登记生效主义的担保物权设立，与当事人是否涂销登记以及是否同意继续为新贷提供担保无关，新贷上的担保物权未办理登记即未设立。因此，《担保制度司法解释》第16条第2款违反了《民法典》第414条登记在先、顺位在先的规定，违反了《民法典》第214条所示不动产物权的变动自记载于不动产登记簿时发生效力的原则，[3]与《九民会纪要》《担保制

---

[1] 最高人民法院民事审判第二庭编著：《〈全国法院民商事审判工作会议纪要〉理解与适用》，人民法院出版社2019年版，第355页。

[2] 该条在《九民会纪要》中的演变，参见高圣平：《担保法前沿问题与判解研究》（第4卷），人民法院出版社2019年版，第117～118页。

[3] 参见崔建远：《论保证规则的变化》，载《中州学刊》2021年第1期。

度司法解释》本身所贯彻的从属性理念不符，存在评价冲突，客观上造成了担保物权顺位的固定，与我国通说所采取的顺位升进主义立场相矛盾。[1]

本书认为，《担保制度司法解释》的上述规定有其政策考量。借新还旧在金融机构尤其是商业银行贷款中较为常见，其在客观上达到了延长借款期限即展期的目的，但是受制于部门规章以及金融监管政策的规定，展期往往受到时间以及次数的诸多限制，[2]金融机构为符合监管要求，只能采取借新还旧的措施在合规的前提下保障借款人的资金流通。金融机构广泛利用贷款借新还旧、债券发新还旧等措施，将其作为缓解企业流动性压力的重要措施，如果规定借新还旧中新贷担保物权的劣后顺位，将对当前借新还旧的秩序产生不利影响，抑制借新还旧的适用，最终影响借款人的融资。基于上述政策考量，本书建议，或可将《担保制度司法解释》第 16 条第 2 款的顺位规则的适用限缩在金融机构的借新还旧范围内，因为在民间借贷中并不存在展期的次数与时间的法定限制。[3]

此外，《担保制度司法解释》第 16 条第 2 款所确定的担保物权竞存顺位规则亦可扩张适用，在不动产抵押权与租赁权等利用权的竞存中（详见本书第五章），亦可据此确定二者的优先顺位，如在订立新的贷款合同前，抵押人又将抵押财产出租给他人，旧贷的抵押权人在顺位上优先于承租人。

---

〔1〕 参见高圣平：《民法典担保从属性规则的适用及其限度》，载《法学》2020 年第 7 期。

〔2〕 例如，《贷款通则》第 12 条规定："……短期贷款展期期限累计不得超过原贷款期限；中期贷款展期期限累计不得超过原贷款期限的一半；长期贷款展期期限累计不得超过 3 年。国家另有规定者除外。借款人未申请展期或申请展期未得到批准，其贷款从到期日次日起，转入逾期贷款帐户。"《汽车贷款管理办法》第 6 条规定："汽车贷款的贷款期限（含展期）不得超过 5 年，其中，二手车贷款的贷款期限（含展期）不得超过 3 年，经销商汽车贷款的贷款期限不得超过 1 年。"

〔3〕 当然，就《担保法解释》第 39 条是否可以适用于金融借款之外的民间借贷素有争议，《最高人民法院公报》2021 年第 1 期所刊登的"卞某某与许某、徐州利峰木业有限公司等民间借贷纠纷案"即为此种争议的典型案件，该案指出借新还旧的相关规则可以适用于民间借贷。参见江苏省高级人民法院民事判决书，(2018) 苏民再 291 号。

第二节 预告登记在不动产多重抵押中的作用

一、预告登记的顺位保证效力

一般而言,不动产多重抵押"先登记者优先"的顺位规则中,"登记"指向的是抵押本登记,不过,预告登记也同样具有顺位保证的效力。

《民法典》第221条规定了预告登记制度。理论上认为,预告登记实质上就是一类特殊的担保,是通过不动产登记的功能,使债权可以以物权的方式获得保障。预告登记在效力和效果方面具备物权的性质,但是进行预告登记的请求权本身欠缺物权效力,这种请求权之所以获得物权的效力正是因为预告登记的公示作用。[1] 学说上一般认为预告登记的效力有三个层面,分别是保全效力、顺位保证效力和破产保护效力,[2] 与本书主题相关的主要是其中的顺位保证效力。预告登记的顺位保证效力是指当发生一定权利冲突时,虽然预告登记也已经推进至本登记,不过此时并不以本登记时间确定不动产物权的顺位,而是以预告登记的时间确定不动产物权的顺位,进而预告登记达到了保证物权顺位的作用。[3] 所以,使预告登记所保全的请求权获得在顺位上的优先性是预告登记的实质。[4] 抵押预告登记办理后,在具备条件时转为抵押登记,抵押权自办理预告登记起设立。[5]

在比较法方面,有预告登记机制的国家一般也都同时确立了预告登记在顺位方面的这种保全功能。比如根据《德国民法典》第883条第2款、第3款,[6] 被预告登记之权利,待进行登记后,按照预告登记之时点确定优先顺

---

[1] 参见孙宪忠:《中国物权法总论》(第3版),法律出版社2014年版,第383页。
[2] 参见孙宪忠:《中国物权法总论》(第3版),法律出版社2014年版,第384~385页。
[3] 参见尹田:《物权法》(第2版),北京大学出版社2017年版,第178页。
[4] 参见孙宪忠:《中国物权法总论》(第3版),法律出版社2014年版,第384页。
[5] 参见刘保玉:《物权法学》(第2版),中国法制出版社2022年版,第466页。
[6] 参见台湾大学法律学院、台大法学基金会编译:《德国民法典》,北京大学出版社2017年版,第785页。

位，也就是说，权利的顺位就是假设不进行预告登记而径行进行本登记时所确定的那个顺位。[1] “如果权利为履行被担保的请求权登入土地登记簿，则登入该权利应回溯至登入预告登记之时。”[2]《瑞士民法典》第959条、第961条亦有规定。[3] 预告登记在日本被称为假登记，是为了确定将来进行本登记时获得优先顺位而进行的登记，进而获得法律的承认。[4] 假登记的功能在于保存权利的顺位，不至于在将来进行本登记时顺位劣后，并且具备一定的警示作用，在登记内容上与本登记相同。[5] 虽然假登记本身不具有完全的对抗效力，但是，在其后——充分具备改为本登记的条件时——一旦将假登记改为本登记，则顺位的确定系依照假登记，相应地，假登记至本登记之间的各类权利处分和登记，均在顺位上劣后于本登记的权利。[6]

我国法中的预告登记是否具有顺位保证效力存在争议。有学者认为，预告登记的顺位保证效力并没有在现行法中得以确认，现行法仅仅是规定了预告登记的担保效力。[7]《民法典》第214条规定，以登记作为公示方法的不动产物权，物权变动就是在记载于登记簿时才发生效力，没有但书和例外规则，这就说明本登记的时间才是物权变动的时间，故从这一点看，我国法律中的预告登记并不具有所谓的顺位保证效力。换言之，若要确定抵押权的顺序，预告登记无法作为依据。[8] 但是，也有不少学者提出相反观点，

---

〔1〕参见[德]鲍尔、施蒂尔纳：《德国物权法》（上册），张双根译，法律出版社2004年版，第438～439页。

〔2〕[德]乌尔斯·彼得·格鲁贝尔：《德国物权法概述与实体土地法》，王强译，中国政法大学出版社2016年版，第162页。

〔3〕《瑞士民法典》第959条规定，对人性权利，例如先买权和买回权、购买权、用益租赁权和使用租赁权，就其预告登记，法律有明文规定者，得在土地登记簿中办理预告登记。前述权利，经预告登记后，对嗣后任何人取得的权利，有对抗效力。第961条规定，预告登记不妨碍后顺位权利的登记。参见《瑞士民法典》，戴永盛译，中国政法大学出版社2016年版，第327页。

〔4〕参见[日]我妻荣：《新订物权法》，罗丽译，中国法制出版社2008年版，第86页。

〔5〕参见[日]我妻荣：《新订物权法》，罗丽译，中国法制出版社2008年版，第89页。

〔6〕参见[日]我妻荣：《新订物权法》，罗丽译，中国法制出版社2008年版，第90～91页。

〔7〕参见席志国：《中国物权法论》，中国政法大学出版社2016年版，第144页。

〔8〕参见崔建远：《物权：规范与学说——以中国物权法的解释论为中心》（下册），清华大学出版社2011年版，第807页。

认为我国法律中的预告登记同样具备顺位保证效力。[1] 不动产物权变动的时间以本登记时间为准并不代表否定了预告登记的顺位保证效力，预告登记的这种作用已经在我国不动产登记规则中得以体现，而且承认预告登记的这种作用可以发挥财产的最大功效。[2] 此外，还有观点指出，即便承认抵押预告登记的顺位保证效力，其实际作用和意义也不大。[3]

根据我国《不动产登记暂行条例实施细则》第 85 条第 1 款，不动产预告登记主要适用于不动产（商品房等）预售、不动产买卖和不动产抵押、以预购商品房设定抵押权，以及法律、行政法规规定的其他情形。其中，以预购商品房设定抵押权情形中较多适用预告登记。《城市房地产抵押管理办法》(2001 年修改)第 3 条第 4 款规定了预购商品房贷款抵押的基本模式，即在支付首期商品房价款后，买房人将其购买的商品房叙作抵押，为银行设定抵押权进行贷款，银行将首付款之外的剩余价款支付给出卖人，买房人之后向银行还贷。与之相配套的就是预购商品房抵押预告登记，在其中，银行是抵押权人，买房人也就是预购人是抵押人。商品房预购能够推行的重要制度保证就是预购商品房抵押预告登记。通过对实践的考察，有学者指出，绝大部分的预告登记都体现为预抵押登记这一种类。[4] 因此，以下主要结合预购商品房抵押阐述预告登记的顺位保证效力。

二、预告登记效力的限制处分模式与相对无效模式

预告登记能够保障债权实现的主要原因在于预告登记之后，预告登记义务人（不动产权利人）的处分行为会受到相应的限制。具体而言，根据限制的程度与效力，主要有相对无效模式与限制处分模式两种。

---

〔1〕 参见王利明等：《中国物权法教程》，人民法院出版社 2007 年版，第 469 页。

〔2〕 参见程啸：《论抵押权的预告登记》，载《中外法学》2017 年第 2 期。

〔3〕 参见常鹏翱：《预购商品房抵押预告登记的法律效力》，载《法律科学（西北政法大学学报）》2016 年第 6 期。

〔4〕 参见陈亚菁：《预告登记的实践适用及法律效力》，载《中国房地产》2013 年第 5 期。

（一）相对无效模式

相对无效模式的主要立法例是德国法。依据《德国民法典》第883条第2款的规定，预告登记的法律后果为相对无效模式。即便是进行了预告登记，也不妨碍债务人再对不动产进行处分，债务人仍然可以自由处分其权利，只不过这种处分行为不对预告登记的保护对象发生法律效力。因此，这种模式中债务人的处分行为相对无效。[1] 预告登记不会强大到冻结土地登记簿，恰恰相反，即便是预告登记之后，也可以不顾预告登记而任意处分，只是这种处分也要在土地登记簿中记载。根据《德国民法典》第883条第2款，在预告登记登入土地登记簿后进行的变更物权状况的任何处分，在阻碍实现所预告登记请求权的限度内无效。总之，存在相对的（仅对于预告登记权利人应予推定的）处分无效。[2] 一方面，预告登记不会阻碍登记簿的登记，也不对权利人处分权利造成影响和制约，预告登记后，权利人仍然有权处分不动产，根据登记权利人请求，不动产登记机关的登记行为也不会构成登记错误；另一方面，一旦债务人的这种处分对预告登记权利人造成了权利损害或者妨碍，就会归于无效，无论这种处分是法院抑或破产管理人所作出的，处分或者交易相对方不能因处分而获得对应的不动产物权。[3] 其中主要的考虑是，如果为了一个尚未到期的请求权去剥夺处分权，无法发挥财产的社会流通作用，也不尽公正。[4]

（二）限制处分模式

我国法律目前适用的模式则属于限制处分模式。《物权编司法解释一》第4条规定，预告登记后，债务人在没有经过预告登记权利人许可的情况下，为转让不动产所有权等物权的行为或者设立居住权、地役权、抵押权、建设用

---

〔1〕参见[德]鲍尔、施蒂尔纳：《德国物权法》（上册），张双根译，法律出版社2004年版，第418页。

〔2〕参见[德]乌尔斯·彼得·格鲁贝尔：《德国物权法概述与实体土地法》，王强译，中国政法大学出版社2016年版，第142～143页。

〔3〕参见程啸：《论抵押权的预告登记》，载《中外法学》2017年第2期。

〔4〕参见金可可：《预告登记之性质——从德国法的有关规定说起》，载《法学》2007年第7期。

地使用权等其他物权的行为，均不能发生物权效力。该条是针对《民法典》第221条第1款所作的解释。根据上述规定，预告登记后，未经预告登记权利人同意的处分行为不发生物权效力。现实的登记规则也使上述法律规则得以落地，排除了债务人进行处分的可能性。[1] 根据现有登记规则，[2] 只要是在不动产预告登记的生效期间，没有得到预告登记权利人认可，登记机构不会办理处分不动产权利的登记业务。此时的登记申请并不满足法律、司法解释等规范性文件的要求，与不动产登记规则不符，登记机构不应受理。[3] 所以，预购商品房不是预购人能够任意处分的财产。[4] 我国法律所采取的此种限制处分模式对分析不动产多重抵押的优先顺位具有重要的影响。

三、预购商品房抵押预告登记下的担保物权竞存类型

以担保物权竞存的类型化视角观察，预购商品房抵押预告登记顺位保证效力可以发挥作用的情形大致有两种。

情形一：在商品房预购人为银行设定预购商品房抵押预告登记后，预购人为融资需要，为另一债权人再行设定预购商品房抵押预告登记或者不动产抵押登记，由此发生抵押权之间的竞存。不动产登记实践中登记机构常产生的困惑是，此时是否还能够继续为商品房预购人办理抵押预告登记；如果办理了，那么不同的抵押权之间是否应区分顺位的先后。[5]

理论上，可以按照预告登记顺位保证效力的法理予以解决，即根据抵押预告登记的时间先后确定抵押权之间的顺位，抵押权人在办理抵押登记之后，其设立时间回溯到抵押预告登记办理的时间，因此先办理抵押预告登记

---

〔1〕 参见常鹏翱：《预购商品房抵押预告登记的法律效力》，载《法律科学（西北政法大学学报）》2016年第6期。

〔2〕 参见《不动产登记暂行条例实施细则》第85条第2款。

〔3〕 参见秦璨：《预购商品房预告登记的房屋是否可以设立抵押》，载《中国房地产》2014年第13期。

〔4〕 参见杨玉琴：《浅谈已办理预告登记的预购商品房再抵押》，载《中国房地产》2014年第7期。

〔5〕 参见金绍达：《预购商品房抵押的预告登记有没有顺位》，载《中国房地产》2019年第22期。

的抵押权人获得优先顺位。[1] 在《民法典》第406条第1款确立了抵押物转让新规之后,抵押权人对抵押物有追及效力,也就更没有必要否定预告登记之后的物权变动,预告登记时间在先,顺位就在先,如果受让人受让的所有权负有抵押权,受让人也可以行使涤除权的方式获得无负担的所有权,此时,预告登记的顺位保证效力得以完全体现。[2] 换言之,在《民法典》第406条之下,一般而言,抵押人再转让抵押财产或者在抵押财产上再设定抵押权是其权利,抵押权人不能阻止,故办理预告登记后,债权人也不能阻碍抵押人的处分行为,包括转让抵押物和再次设定抵押,这恰恰体现了预告登记的顺位保证效力,当事人办理预告登记只是为了取得优先于其他权利人的优先顺位,而不是为了阻碍抵押人对标的物的处分。[3]

但是上述仅仅是预告登记顺位保证效力的理论假设和推导。如前所述,我国预告登记后的法律效果采限制处分模式,在办理预告登记后,在不动产登记簿上再行登记实际上是有障碍的,虽然理论上无障碍,但是债务人处分不动产的行为是受到严格限制的。[4] 与德国法不同,当事人预告登记之后,不动产物权变动会发生"冻结"的效果,事实上就是禁止债务人于预告登记之后任意为处分。[5] 由于商品房预购人不拥有对预购商品房的处分自由,所以在办理预购商品房抵押预告登记之后,预购商品房就不能再成为预购商品房抵押预告登记、抵押登记的标的物。所以,从这个角度讲,抵押预告登记的顺位保证效力并没有太多实际意义。[6] 在此种情形下,顺位保证

---

〔1〕 参见常鹏翱:《预购商品房抵押预告登记的法律效力》,载《法律科学(西北政法大学学报)》2016年第6期。

〔2〕 参见李玉林:《〈民法典〉预告登记制度的司法适用——以效力问题为中心》,载《法律适用》2021年第8期。

〔3〕 参见林文学:《不动产抵押制度法律适用的新发展——以民法典〈担保制度司法解释〉为中心》,载《法律适用》2021年第5期。

〔4〕 参见程啸:《论抵押权的预告登记》,载《中外法学》2017年第2期。

〔5〕 参见尹田:《物权法》(第2版),北京大学出版社2017年版,第177页。

〔6〕 参见常鹏翱:《预购商品房抵押预告登记的法律效力》,载《法律科学(西北政法大学学报)》2016年第6期。

的效力大打折扣,可能仅存在于理论假想中。

情形二:建设工程竣工后,由于现房可以办理抵押登记,因此购房人可能将现房为另一债权人设定不动产抵押权。由于预告登记有失效的法定事由(《民法典》第221条第2款),此时,如果商品房购房人不配合银行去办理抵押的本登记,银行即便进行了抵押权的预告登记,也同样会面临失效的风险。但是,这种风险已经被法律规定所化解。根据当前不动产登记实务部门的实践,许多地方采取了"合并登记"模式,即预购商品房预告登记转房屋所有权登记、预购商品房抵押预告登记转抵押登记不再分步办理,二者可一并办理。比如,原国土资源部《不动产登记操作规范(试行)》(资规〔2016〕6号,现已失效)第1.10.1条对此作出规定,[1]这种实践操作也得到了《担保制度司法解释》的肯认,司法解释起草中注意到了实践中部分地区采取的一定条件下抵押预告登记自动转为抵押登记的做法,只要不动产登记机关已经办理建筑物所有权首次登记,就应当认定抵押预告登记具备抵押登记的条件。[2] 因此,在上述情形下,预告登记抵押权就可以仍处于顺位优先的位置。

四、预告登记顺位保证效力发挥作用的场景

(一)登记错误情形

由上可以看出,囿于我国预告登记法律效果的限制处分模式与不动产登记实践,经预告登记的预购商品房抵押权其实难以与其他不动产抵押权

---

〔1〕《不动产登记操作规范(试行)》第1.10.1条规定,"符合以下情形之一的,申请人可以一并申请。申请人一并申请的,不动产登记机构应当一并受理,就不同的登记事项依次分别记载于不动产登记簿的相应簿页。1预购商品房预告登记与预购商品房抵押预告登记;2预购商品房预告登记转房屋所有权登记与预购商品房抵押预告登记转抵押权登记……"此外,早在2008年《上海市房地产登记条例》(现已失效)的第59条即规定,预购商品房在办理移转登记后,如果商品房上存在抵押预告登记,则抵押预告登记一并转为抵押(本)登记。参见章诗迪:《民法典视阈下抵押权预告登记效力再探讨——中国光大银行股份有限公司上海青浦支行诉上海东鹤房地产有限公司、陈思绮保证合同纠纷案评析》,载《苏州大学学报(法学版)》2020年第4期。

〔2〕参见最高人民法院民事审判第二庭:《最高人民法院民法典担保制度司法解释理解与适用》,人民法院出版社2021年版,第457页。

真正发生竞存。但是这是否意味着预告登记的顺位保证效力完全是纸上谈兵？本书认为不然。实践中会出现登记错误的情况，在预购商品房抵押预告登记后，虽然依照当前的登记规则，登记机构不可能再为当事人办理抵押权的预告登记[1]，不过一旦这些本不应该办理的抵押预告登记或抵押登记在现实中得以办理，则此时预告登记的顺位保证效力仍然能够发挥其作用，[2]预告登记的顺位保证效力有助于解决当事人之间纠纷。[3] 值得注意的是，《担保制度司法解释》第 52 条对抵押预告登记的法律效力作出解释，明确了抵押预告登记的优先受偿效力、破产保护效力以及顺位保证效力。[4]

(二)预告登记与预查封(查封)同时存在

除此之外，本书认为，抵押预告登记顺位保证效力发生作用的另一情形

---

[1] 《不动产登记暂行条例实施细则》第 85 条第 2 款和第 3 款规定，预告登记生效期间，未经预告登记的权利人书面同意，处分该不动产权利申请登记的，不动产登记机构应当不予办理。预告登记后，债权未消灭且自能够进行相应的不动产登记之日起 3 个月内，当事人申请不动产登记的，不动产登记机构应当按照预告登记事项办理相应的登记。

[2] 在实践中已经出现了类似案件，虽然不是预告登记，但是是与预告登记具有类似效力的网签。该案中，法院指出：网签备案的主要目的是避免一房二卖，维护房屋交易的安全性，其制度设计起初针对的主要对象是开发商预售商品房的情形。因此，从网签制度的设立看，虽然其初始目的是防止一房二卖，但实质上其性质相当于合同备案。换言之，已经网签了的商品房，原物权人对该商品房物权的处分登记在登记机关是受到限制的。该案中，宝泽公司与杜某某之间的房屋买卖合同经过了网签，因此，该商品房的物权设定登记是受到限制的，在未经网签合同另一方当事人同意情形下，上诉人再在该商品房上为宝泽公司与郭某办理抵押登记，显然与网签制度设立，限制网签合同中原物权所有人处置其物权的制度目的相悖，在办理该案抵押登记中未尽到审慎的审查义务，一审法院撤销其作出的抵押登记并无不当。参见重庆市第五中级人民法院行政判决书，(2020)渝 05 行终 800 号。

[3] 参见王利明：《论民法典物权编中预告登记的法律效力》，载《清华法学》2019 年第 3 期。

[4] 《担保制度司法解释》第 52 条规定：当事人办理抵押预告登记后，预告登记权利人请求就抵押财产优先受偿，经审查存在尚未办理建筑物所有权首次登记、预告登记的财产与办理建筑物所有权首次登记时的财产不一致、抵押预告登记已经失效等情形，导致不具备办理抵押登记条件的，人民法院不予支持；经审查已经办理建筑物所有权首次登记，且不存在预告登记失效等情形的，人民法院应予支持，并应当认定抵押权自预告登记之日起设立。当事人办理了抵押预告登记，抵押人破产，经审查抵押财产属于破产财产，预告登记权利人主张就抵押财产优先受偿的，人民法院应当在受理破产申请时抵押财产的价值范围内予以支持，但是在人民法院受理破产申请前一年内，债务人对没有财产担保的债务设立抵押预告登记的除外。

就是预告登记与预查封(查封)同时存在的情形。[1] 预购商品房可以成为预查封的对象,[2]因此可能发生的担保物权竞存情形是,预购商品房购房人在为银行办理预购商品房抵押预告登记后,因其自身其他债务而被其债权人预查封或者查封了同一标的物,进而发生银行抵押权与其他债权人查封债权之间的权利冲突。

就此应首先明确司法查封的作用。就查封的作用,从比较法看,不少国家的法律都规定,查封可以使查封债权人直接获得担保物权,如德国法[3]、法国法等。《德国民事诉讼法》将上述权利称为扣押抵押权,指出扣押状态是扣押抵押权的构成前提,同时也不能缺少如债权存在、扣押物属于债务人财产等担保物权的实体法要件。[4] 法国有所谓裁判抵押权制度,债权人在依据裁判获取登记后,就获得了抵押权的顺位,法国民事执行程序法中创设了这种新型抵押形式,即保全性裁判抵押权。有学者指出,按照目前的程序规则,人民法院对不动产采取查封措施以后,就已经赋予了债权优先效力和对抗效力,通过查封登记不动产而获得债权担保,本质上就是一种"抵押

---

〔1〕 查封与预查封在限制标的物转让的效力上基本是相同的,在预查封期间,一旦房地产权属登记在被执行人名下,则预查封就自动转为查封。参见姚宝华:《轮候查封疏议》,载《法律适用》2022年第8期。故本书以下不区分查封与预查封。

〔2〕《最高人民法院、国土资源部、建设部关于依法规范人民法院执行和国土资源房地产管理部门协助执行若干问题的通知》第15条规定,"下列房屋虽未进行房屋所有权登记,人民法院也可以进行预查封:(一)作为被执行人的房地产开发企业,已办理了商品房预售许可证且尚未出售的房屋;(二)被执行人购买的已由房地产开发企业办理了房屋权属初始登记的房屋;(三)被执行人购买的办理了商品房预售合同登记备案手续或者商品房预告登记的房屋"。

〔3〕 如《德国民事诉讼法》第804条和第867条。《德国民事诉讼法》第804条规定:"(1)扣押后,债权人在扣押物上取得质权。(2)在与其他债权人的关系上,扣押质权使债权人得到与因契约取得动产质权时同样的权利;破产时,扣押质权优先于不动产质权与优先权。"第867条规定:"……(1)担保抵押权,依债权人的申请,登记于土地登记簿;此项登记应将有执行力的名义明确记载。抵押权经登记而成立。应由债务人负担的登记费用,也应由土地负担。"参见《德国民事诉讼法》,丁启明译,厦门大学出版社2016年版,第178~179页、第207页。

〔4〕 对于德国扣押抵押权的介绍,以及扣押抵押权的构成要件系采公法说还是私法说等方面的阐述,参见[德]弗里茨·鲍尔等:《德国强制执行法》(上册),王洪亮等译,法律出版社2019年版,第621~624页。

权”,只不过欠缺抵押权之名而已。[1] 查封债权人事实上对查封标的物享有优先权,与一般债权人有所区分,当事人之间在标的物之上的权利也具有了相应的顺位。[2] 因此,采取保全措施的债权已非普通债权可比,具有优先于在后受让人、在后意定担保物权人、在后保全或执行债权人的效力,此与意定担保物权类似,亦与比较法上的裁判抵押权无本质区别。[3] 查封债权人获得优先受偿的根源在于,在执行程序与破产程序分立的设定下,执行程序作为“个别的债务清偿程序”,优先主义几乎是当然的逻辑推论,如若执行程序也适用债权平等主义,则无异于在破产程序之外再造一个破产程序。[4] 值得注意的是,从我国《民事强制执行法(草案)》来看,司法查封对权利的作用与担保物权登记接近,如该草案第 104 条明确查封应当登记,第 107 条第 1 款明确查封的效力及于从物和天然孳息,与担保物权的效力基本相似(抵押权是抵押物在扣押后才及于孳息),第 107 条第 2 款也贯彻“房地一体”原则,第 107 条第 3 款明确查封不动产适用物上代位,第 141 条规定多个查封的顺位按照时间先后确定。

因此,办理预告登记的抵押权与查封债权之间的竞存就类似于不动产多重抵押,即产生二者何者优先的问题。当然,解决此问题的一个前置问题是,当抵押预告登记具备办理抵押登记的条件时,存在预查封情形,还能否办理或者推进抵押登记?一种观点认为,存在预查封时,不动产登记机构不能办理不动产登记手续。[5] 另一种观点则认为,如果仅仅是在商品房抵押

---

〔1〕 参见于海涌:《法国保全性裁判抵押权制度研究——兼论我国不动产查封制度的完善》,载《清华大学学报(哲学社会科学版)》2006 年第 3 期。

〔2〕 参见刘哲玮:《论民事司法查封的效力》,载《国家检察官学院学报》2019 年第 4 期。

〔3〕 参见李宇:《保理法的再体系化》,载《法学研究》2022 年第 6 期。

〔4〕 虽然司法查封可以产生担保物权,这一优先受偿权虽不等同于清偿,但本质上类似于对债务事后提供担保,所以应当受到破产撤销权的限制。参见马强伟:《论查封债权人的优先受偿地位及其效力限制》,载《法学》2023 年第 1 期。

〔5〕 参见《最高人民法院、国土资源部、建设部关于依法规范人民法院执行和国土资源房地产管理部门协助执行若干问题的通知》第 22 条。

预告登记的情形之下，在商品房抵押预告登记后办理的预查封登记不对商品房抵押预告登记转抵押权首次登记产生影响。[1] 在实践中，人民法院与不动产登记机构产生观点分歧，人民法院对预购商品房进行预查封，不动产登记机构将预购商品房抵押预告登记转为了抵押登记，人民法院认为不动产登记机构属于擅自处分查封财产，要求不动产登记机构纠正。[2]

本书赞同第二种观点。按照预告登记的顺位保证效力，抵押预告登记的目的并不是要阻碍抵押人对标的物进行处分，抵押预告登记仅是在暂时不能办理登记情形下，当事人为确保将来获得抵押权而采取的一种措施，在当事人能够办理抵押登记时，其就能够获得比其他担保物权人、债权人优先的顺位，故即便预告登记后，债务人处分了不动产，只要符合办理抵押本登记的条件，预告登记权利人就能够要求不动产登记机构办理抵押登记，该抵押权从办理预告登记之日起设立。[3] 所以，如果人民法院查封或者预查封了不动产，其上存在不动产抵押预告登记的，不动产登记机构将预告登记转为抵押登记，不会对查封或预查封的效力产生任何影响，也不会对申请执行人、查封债权人的权利造成影响，而且预告登记记载于登记簿中，无论是人民法院还是债权人都可以知晓。[4] 申请执行人通过不动产登记簿所具备的公示公信功能，可以获知执行标的上存在抵押预告登记，在满足相应条件时即可转为抵押登记，且会与自己的权利发生冲突，之后的权利顺位劣后、财产分配顺序劣后甚至债权无法得到满足等都为申请执行人自身应承担的风险。[5] 因此，预查封登记与抵押预告登记之间不是相斥的关系，只要发挥预告登记的顺位保证效力，以二者登记时间的先后确定各自的顺位，无论是预

〔1〕 参见原国土资源部《不动产登记操作规范(试行)》第14.1.6条。

〔2〕 参见沈晓冬：《抵押预告登记和预查封登记的冲突与协调》，载《中国房地产》2014年第13期。

〔3〕 参见最高人民法院民事审判第二庭：《最高人民法院民法典担保制度司法解释理解与适用》，人民法院出版社2021年版，第455页。

〔4〕 参见程啸：《论抵押权的预告登记》，载《中外法学》2017年第2期。

〔5〕 参见石佳友、王一鸣：《预告登记在强制执行中的效力》，载《宁波大学学报(人文科学版)》2021年第4期。

查封登记还是抵押预告登记，各自的功能都能得到实现，各方当事人的诉求也都得以平衡和保护。〔1〕 抵押预告登记和预查封登记都有公信力，因此在同一标的物上同时存在预告登记的抵押权和预查封之时，债权人之间的顺位依照登记时间确定即可，〔2〕虽然这一结论欠缺法律的明确规定，但本质上是顺位规则法理的必然结论。〔3〕

（三）《物权编司法解释一》第4条的解释

综上所述，预告登记的顺位保证效力并非“纸上谈兵”，在预售商品房抵押预告登记场合，虽然受制于预告登记后的限制处分模式，多重抵押的权利冲突难以发生，但是在登记错误以及预购商品房抵押预告登记与司法预查封（查封）同时发生时，顺位保证效力仍有其重要作用。

此外，应反思的是我国法律对预告登记的限制处分模式。不少观点指出，至少在预告登记之后，限制债务人的抵押行为不尽合理，因为抵押权的设立不需要移转占有，所以同一标的物上当然可以存在多个抵押权，债务人当然具有再次出抵权。〔4〕 抵押预告登记的财产应该与本登记的财产一样，都可以再次在之上设立其他物权。〔5〕 不动产权利人在申请办理抵押预告登记之后，还能够为他人再行设立抵押权，不动产登记机构应予以办理。〔6〕 解释论上，抵押预告登记并不能够排除在后设定抵押，《物权法》第20条第1款所规定的“处分”应作限缩解释，不包括设定抵押；同样，也应对《民法典》第221条第1款的规定作限缩解释，只要债务人对抵押物的处分行为不影响

〔1〕 参见沈晓冬：《抵押预告登记和预查封登记的冲突与协调》，载《中国房地产》2014年第13期。
〔2〕 参见李红梅、滕跃：《论抵押预告登记的法律效力》，载《中国房地产》2012年第11期。
〔3〕 参见常鹏翱：《预购商品房抵押预告登记的法律效力》，载《法律科学（西北政法大学学报）》2016年第6期。
〔4〕 参见程啸：《论抵押权的预告登记》，载《中外法学》2017年第2期。
〔5〕 参见罗亚文：《论抵押权预告登记制度的独立性建构——兼评“民法典担保制度司法解释”第52条》，载《学术交流》2022年第2期。
〔6〕 参见尹田：《物权法》（第2版），北京大学出版社2017年版，第177页。

抵押本登记的设立,则该中间处分行为应为有效。[1] 在立法论上,《物权法》《担保法》等单行法在《民法典》颁布之后就已经失效,《物权编司法解释一》主要是建立在《物权法》基础上,故《物权编司法解释一》有关预告登记的规定应结合《民法典》的规则进一步修改,为预告登记后债务人的处分权利"松绑"。[2]

五、《不动产登记法》(征求意见稿)相关规则评析

《不动产登记法》(征求意见稿)吸收既有司法实践和登记实践,对预告登记的效力作出了更为全面的规定,主要集中在第94条、第97条、第105条。第94条对预告登记效力作出了较为全面的规定,共有五款。

第94条第1款规定,"预告登记生效期间,未经预告登记的权利人书面同意,处分该不动产权利申请登记的,不动产登记机构应当不予办理"。此规定仍然延续了既有的预告登记限制处分模式,与《不动产登记暂行条例实施细则》第85条第2款保持一致。但如前所述,至少对于设定抵押权来说,无禁止的必要,[3]故该条应予以修正。

第94条第2款规定,"预告登记后,债权未消灭且自能够进行相应的不动产登记之日起九十日内,当事人申请不动产登记的,不动产登记机构应当按照预告登记事项以及登记顺位办理相应的登记。当事人以预购商品房办理抵押预告登记的,办理不动产首次登记后,抵押权自办理抵押预告登记之日起设立",明确承认了预告登记的顺位保证效力,比《担保制度司法解释》第52条更进一步,值得肯定。顺位保证效力为抵押预告登记的本质要求,是

---

[1] 参见司伟:《执行异议之诉:原理与实务》,法律出版社2022年版,第101~102页。

[2] 参见章诗迪:《民法典视阈下抵押权预告登记效力再探讨——中国光大银行股份有限公司上海青浦支行诉上海东鹤房地产有限公司、陈思绮保证合同纠纷案评析》,载《苏州大学学报(法学版)》2020年第4期。

[3] 参见程啸等:《不动产登记暂行条例及其实施细则的理解与适用》(第2版),法律出版社2017年版,第511页。

解决很多实践问题的基础,同时该规则的确立能够保护交易安全以及不特定第三人的权利,使标的物上各权利得到有序安排,《不动产登记法》(征求意见稿)第94条第2款值得赞同。

第94条第3款规定:“因买卖不动产等原因已经办理预告登记的不动产,不得以预告登记义务人作为被执行人对该不动产进行查封或者拍卖、变卖。”该规定并不妥当。首先,第94条第3款与预告登记的效力相违背。如前所述,抵押预告登记的目的并非确保权利人取得不动产所有权,只要能够在符合条件时转化为抵押登记并对抵押物优先受偿即可,这也是抵押预告登记具有顺位保证效力、优先受偿效力的意义所在。因此,即便抵押物上除了抵押预告登记之外尚有其他权利登记,也丝毫不会对抵押预告登记以及抵押权人产生影响,其按照法律所赋予的顺位优先受偿即可。其次,第94条第3款赋予预告登记过强的效力。其实际上排除了预告登记标的物上的权利冲突,这与实践相违背,尤其是债务人对数个债权人负有清偿义务时,第94条第3款使其他权利人无法对标的物采取强制措施,预告登记被“抬上”了很高的地位,这与其本质不符。最后,第94条第3款与现行司法解释有关规范不符。根据《拍卖变卖规定》第28条,连已经现实登记的抵押权都无法对抗处分性强制执行措施,举重以明轻,更何况是预告登记的抵押权。[1] 综上,第94条第3款的规定并不妥当,如不对该款进行修改,则在解释上,应对该款作限缩解释,即不包括抵押权的预告登记。

第94条第4款规定:“人民法院受理破产申请后,债务人占有的已经办理不动产转移预告登记、预购商品房预告登记的不动产不属于破产财产;该不动产能够进行相应的不动产登记的,预告登记权利人可以通过管理人取回。”此款明确了预告登记的破产保护效力,有利于保障预告登记人权利。

第94条第5款规定:“抵押权预告登记后,抵押人破产的,预告登记权利

〔1〕 参见程啸等:《不动产登记暂行条例及其实施细则的理解与适用》(第2版),法律出版社2017年版,第536~537页。

人享有优先受偿权。”此款沿袭了《担保制度司法解释》第 52 条第 2 款，明确了预告登记的优先受偿效力。尽管上述规定符合抵押预告登记的法理，但是若无其他制度保障，则徒法难以自行。首先，在商品房预购的背景下，如前所述，抵押预告登记权利人为银行，抵押人实际为购房者，依照《不动产登记法》（征求意见稿）第 94 条第 5 款，在购房人破产时，银行具有优先受偿权。但是依照《企业破产法》，能够进入破产程序的只有企业法人，自然人购房者无法进入破产程序，我国自然人破产程序尚未进入破产法律体系，而实践中商品房预购所指向的主要是自然人购房者。因此，在无自然人破产法律制度的前提保障下，《不动产登记法》（征求意见稿）第 94 条第 5 款的宣示意义大于实质意义。其次，若该条所意欲规范的不是自然人购房者，而是开发商与银行，则意味着在开发商破产时，银行作为预告登记权利人，对办理抵押预告登记的房产具有优先受偿权，但是，商品房开发商为融资，将建设用地使用权、在建工程向银行进行抵押融资的模式是在建工程抵押，为《城市房地产抵押管理办法》（2001 年修改）第 3 条第 5 款所确认，而在建工程抵押登记为抵押本登记，而非预告登记。因此，《不动产登记法》（征求意见稿）第 94 条第 5 款与之所欲规范的情形有错位。在我国个人破产制度为立法所确认后，该条或许能进一步发挥作用。

第 97 条第 3 款规定：“预购商品房办理房屋所有权转移登记时，不动产登记机构应当将预购商品房抵押权预告登记转为房屋抵押权登记。”这也涉及前述提及的预告登记的顺位保证效力。相比较《不动产登记暂行条例实施细则》第 78 条第 2 款，主要的变化在于删除“当事人应当申请”，而表述为“不动产登记机构应当”，变被动为主动，延续既有做法的同时，吸收了《担保制度司法解释》第 52 条的精神，采“合并登记”模式，值得赞同。

第 105 条第 2 款规定：“……预查封登记转为查封登记的，不影响不动产上已设定的抵押权预告登记转抵押权首次登记的效力。”明确抵押预告登记后，即便不动产被人民法院查封或预查封，也不妨碍抵押预告登记转为抵押登记，[1]贯彻了抵押预告登记的顺位保证效力，该规定可解决人民法院与不动产登记机构过去在这一问题上的争议。

第三节　建设工程价款优先受偿权对抵押权的限制

一、实体法视角：承包人抵押权不同模式的比较及分析

在不动产抵押权与建设工程价款优先受偿权的优先顺位关系上，依据2002年《建设工程价款优先受偿权批复》（现已失效）第1条，建设工程价款优先受偿权恒优先于不动产抵押权，这样的规定主要考虑到平衡建筑产业发展与承包人利益。[2] 不过这一司法解释在《民法典》施行后即被废止，[3] 但《新建工司法解释一》第36条还是延续了前述司法解释的规定，明确承包人享有的建设工程价款优先受偿权优先于抵押权和其他债权；2023年《商品房消费者权利保护批复》第1条亦予以延续。

在《民法典》编纂过程中，不乏有学者提出应将建设工程价款优先受偿权进行登记，这是其可以限制抵押权优先效力的前提。[4] 但是最终《民法典》并未采取此模式，主要是考虑到建筑产业的复杂性、建设工程纠纷案件中错综复杂的利益关系，这些因素交织在一起导致建设工程合同领域的许多问题仍存在较大争议，基于慎重考虑，此次立法未对相关争议问题作出简单规定，相关问题的解决还有待理论的继续深入研究和司法实践经验的积累。[5] 在《民法典》编纂过程中，也曾考虑过对建设工程价款优先受偿权的

---

〔1〕 参见程啸等：《不动产登记暂行条例及其实施细则的理解与适用》（第2版），法律出版社2017年版，第435页。

〔2〕 参见汪治平：《建设工程价款优先受偿权的若干问题》，载《人民司法》2002年第8期。

〔3〕 《最高人民法院关于废止部分司法解释及相关规范性文件的决定》中废止了《建设工程价款优先受偿权批复》。

〔4〕 参见王利明：《我国民法典物权编中担保物权制度的发展与完善》，载《法学评论》2017年第3期。

〔5〕 参见黄薇主编：《中华人民共和国民法典物权编释义》，法律出版社2020年版，第694页。

登记进行规定，但因未能达成共识而未作出规定。[1]

但对建设工程价款优先受偿权的登记规则构造以及与抵押权的顺位关系的研究不应因《民法典》颁布而止步，后《民法典》时代，建设工程价款优先受偿权应如何构造、如何与抵押权进行排序等，仍然值得深思。以下拟通过考察二者顺位关系的不同模式，为二者优先顺位的构造与解释提供参考。

（一）抵押权与建设工程价款优先受偿权顺位关系的不同模式

1. 德国、瑞士的法定抵押权模式

《德国民法典》废除了可在债务人总财产和不动产上行使的优先权，只能在特定的动产上零散地看到它的存在；而且优先权被转换为法定质权，使债权与标的物在空间上建立联系，尽量满足公示原则的要求。用益租赁人、动产承揽人等的法定质权只可在自己占有的物上成立。[2]《德国民法典》第648条第1款规定工程物承揽人可请求定作人设定工作物承揽抵押权。[3] 该款赋予承揽人以债法上的请求权，以要求在定作人之建设用地上给予保全抵押权为内容。其正当化理由在于，定作人具有先为给付之义务，并且因建筑给付而使土地获得增值。[4]

在德国，建筑物是土地的构成部分，不是独立的不动产，自19世纪末起，缺乏资金的企业投机性购买土地，请建筑公司在该土地上修筑建筑物，然后出售或出租该建筑物的做法盛行一时，一旦缺乏资金的投机企业破产，作为土地构成部分的建筑物会被其上的物权（特别是抵押权）吸收，这使轻信投

---

〔1〕 参见黄薇主编：《中华人民共和国民法典物权编解读》，中国法制出版社2020年版，第1047页。

〔2〕 参见［日］我妻荣：《我妻荣民法讲义Ⅲ：新订担保物权法》，申政武等译，中国法制出版社2008年版，第47页。

〔3〕 《德国民法典》第648条第1款规定，建筑物或建筑物个别部分之承揽人，因契约所生之债权，得请求就定作人之建筑土地，设定保全抵押权。工作未完成者，承揽人就相当于已给付劳务部分之报酬，及报酬所不包含之费用，请求设定保全抵押权。参见台湾大学法律学院、台大法学基金会编译：《德国民法典》，北京大学出版社2017年版，第606页。

〔4〕 参见杜景林、卢谌：《德国民法典——全条文注释》（上册），中国政法大学出版社2015年版，第538页。

资企业信用的建筑公司遭受重大损害。德国在1909年制定的特别法对此予以关注。其中心议题是,为确立建筑资金的提供人和建筑公司的优先地位而赋予其法定抵押权,会动摇近现代抵押权制度的根本原则。因此德国立法者认为,虽然在形式上肯定了一种法定抵押权,但事实上只是肯定了一种可设立抵押权的请求权,真正的抵押权仍需依登记而设立。至于其顺位,在德国可溯至预备(预告)登记时。总之,登记是必须履行的程序。在技术上做了上述的调整后,登记作为不动产担保制度中的大原则才保住了自己的地位。[1]

但是此种承揽人在债法上的请求即保全抵押之请求权常常并不具有实益。原因在于,定作人意欲设置工作物的土地通常已经作为信贷担保而用于融资。这意味着,为建筑承揽人提供土地保全抵押的权利已经为时过晚。[2] 德国学者通常认为,承揽人仅仅是依法获得了请求定作人登记其抵押权的权利而已,如果定作人不配合登记,则承揽人只能通过诉讼这一途径维护其权益,如此不足以保护承揽人;且即使承揽人事后被登记为抵押权人,其权益亦会因定作人已先向金融业者融资,并用土地为其提供担保,而无法获得保障。鉴于此,1986年,由联邦司法部部长所召集之破产法修正委员会曾明确提出建议,为了确保承揽人债权的实现,应规定其不经登记即可获得抵押权,而且应赋予承揽人以撤销权,即其有权撤销金融业者先于其设立的抵押权,以此督促金融业者对承揽人所获融资是否运用于承揽工作物进行适当监督。上述建议最终未被德国立法者采纳,2002年1月1日修订实施之德国新债法,并未就原本关于承揽人抵押权之规定而做任何变动。[3]

---

〔1〕 参见[日]我妻荣:《我妻荣民法讲义Ⅲ:新订担保物权法》,申政武等译,中国法制出版社2008年版,第61~62页。

〔2〕 参见杜景林、卢谌:《德国民法典——全条文注释》(上册),中国政法大学出版社2015年版,第538页。

〔3〕 参见郑冠宇:《民法物权》,台北,新学林出版股份有限公司2011年版,第560页。

《瑞士民法典》将《德国民法典》中的法定质权认定为留置权,此外还有一种独立的可被称为法定抵押权的制度(第836~841条),[1]其中第837条即规定了承揽人之法定抵押权,且大抵以登记为必要。[2] 除租税等公法上的债权不经登记也可成立,并优于其他所有的债权(《瑞士民法典》第836条)以外,该权利依登记而成立,顺位也依登记确定,因此不会给其他债权带来无法预测的损害。在瑞士法中,不动产的卖主、共同继承人、家庭财产的共有人、建筑及手工业者、承揽人等可享有此种权利。[3]

2. 法国的不动产优先权模式

首先,关于不动产优先权与法定抵押权的关系。在法国法中,不动产担保物权有两个重要的类型。一是不动产法定抵押权,是指基于制定法的规定所产生的不动产抵押权。当制定法明确规定债权人对债务人的某种不动产享有抵押权时,则债权人对债务人的此种不动产享有的抵押权就属于不动产法定抵押权。[4] 二是不动产优先权,又称不动产先取特权,是指债权人根据制定法的规定对债务人所有不动产或者特定不动产所享有的债权优先于其他债权人的债权而获得实现的权利,又可细分为一般优先权和特别优先权。前者是指债权人在债务人所有不动产上享有优先权;后者是指仅仅在债务人特定的不动产之上,债权人才享有优先权。[5]

不动产特别优先权的特点在于,其在公示之后具有溯及力,即其获得对抗第三人效力的时间可以溯至公示之前,也就是债权产生之日,公示(登记)仅仅是一种保全权利的方式,只要在法律所规定的期限内完成即可。有学者指出,不动产特别优先权一旦公示,就享受法律所给予的"优惠待遇",[6]

---

[1] 参见《瑞士民法典》,于海涌、赵希璇译,法律出版社2016年版,第298~300页。

[2] 参见谢在全:《民法物权论》(中册)(第5版),中国政法大学出版社2011年版,第914页。

[3] 参见[日]我妻荣:《我妻荣民法讲义Ⅲ:新订担保物权法》,申政武等译,中国法制出版社2008年版,第47~48页。

[4] 参见张民安:《法国民法》,清华大学出版社2015年版,第529页。

[5] 参见张民安:《法国民法》,清华大学出版社2015年版,第535页。

[6] 参见于海涌:《法国不动产担保物权研究》(第2版),法律出版社2006年版,第196~197页。

不动产特别优先权具有溯及既往的特点、具有一定的隐蔽性，与法定抵押权截然不同。

法国法中不动产法定抵押权与不动产优先权经历了一系列的改革。1804 年的《法国民法典》创设了大量优先权，1955 年关于不动产公示改革的法律采取了一系列措施，“一般法定抵押权”替代了“不动产一般优先权”，法定抵押权的类型、范围得到扩大。当前，法国有关不动产优先权的立法改革仍然在进行中，理论界在推动以“特别法定抵押权”取代“不动产特别优先权”。法国担保制度改革委员会于 2005 年 3 月 31 日即提交相关改革草案，建议废除不动产优先权，以“特别法定抵押权”取而代之，实际上就是取消“不动产特别优先权”在登记之后可以溯及既往取得对抗第三人效力的这种“优惠”。但是，2006 年 3 月 23 日通过施行的法国担保法改革草案并没有完成这样的改革，但是可以预料，“特别法定抵押权”取代“不动产特别优先权”只是时间问题。[1]

其次，关于建筑师和承包方优先权。建筑师和承包方具有优先权的正当性在于，他们的劳动所创造的价值体现在了不动产之上，是看得见的价值，而不动产的价值增加又使得其他债权人的债权得以满足，所以，建筑师和承包方的优先权优先于不动产之上已经登记的抵押权，符合法理与情理。[2]

在程序上，如果建筑师和承揽人、泥瓦工以及其他建筑者期待获得法律所赋予的这种优先权，需要经过证实现场状况的笔录和验收笔录两个笔录的登记。实现优先权时，第一个笔录登记之日是优先权顺位确定的依据，第一个笔录由建筑物所在地的大审法院依职权指定的鉴定人在建设工程开始之前制作，起到了确认所有权人宣告拟建工程现场状况的作用，第二个笔录

---

〔1〕 关于法国不动产法定抵押权与优先权改革的详细介绍，参见李世刚：《法国担保法改革》，法律出版社 2011 年版，第 152～164 页。

〔2〕 参见于海涌：《法国不动产担保物权研究》（第 2 版），法律出版社 2006 年版，第 51 页。

是在建设工程竣工以后6个月内由指定鉴定人制作的验收笔录。[1] 不过，有学者指出，这类优先权很少为建筑师和承揽人、泥瓦工以及其他建筑者所用，法国有观点认为这类优先权已经不合时宜，建议取消。主要原因大抵是程序烦琐，这类优先权只能在建设或者修缮的不动产之上产生，建筑师和承揽人、泥瓦工以及其他建筑者为了获得这类优先权，必须在建设工程实施之前、建设工程验收时制作相应笔录并登记；即便已经开始推进这些程序，其债权是否真正具有清偿上的困难也不确定，这些事由影响了优先权作用的发挥。[2]

3. 日本的不动产建设工程优先权模式

日本民法中的优先权，基本上效仿法国法，这主要是因为日本民法由《波瓦索纳德民法草案》而来，但是在不动产上，多少考虑到了公示原则。[3]《日本民法典》物权编中，优先权（第八章）为单独之一章，类别上有保存、工事、买卖三种不动产优先权。[4] 依据《日本民法典》第338条，不动产建设工程优先权应在建设工程开始前进行登记[5]，因此不动产的优先权以登记为要件，就此而言，它似乎最符合公示原则的要求，但是《日本民法典》第339条规定，依前两条规定登记之优先权，得先于抵押权行使。[6] 故已经存在的不动产抵押权在顺位上劣后于因保全不动产和不动产施工产生

[1] 参见于海涌：《法国不动产担保物权研究》（第2版），法律出版社2006年版，第200页。

[2] 参见于海涌：《法国不动产担保物权研究》（第2版），法律出版社2006年版，第51页。

[3] 参见[日]我妻荣：《我妻荣民法讲义Ⅲ：新订担保物权法》，申政武等译，中国法制出版社2008年版，第48页。

[4] 《日本民法典》第325条规定，享有因下列原因所生之债权者，就债务人之特定不动产，享有先取特权，分别是不动产保存、不动产工程、不动产买卖。参见王融擎编译：《日本民法：条文与判例》（上册），中国法制出版社2018年版，第239页。

[5] 《日本民法典》第338条规定，为保存不动产工程先取特权之效力，应于工程开始前登记其费用之预算额。于此情形，工程费用超过预算额时，就其超过额，先取特权不存在。因工程所生之不动产增加额，应于加入分配之时，由法院选任之鉴定人评估。参见王融擎编译：《日本民法：条文与判例》（上册），中国法制出版社2018年版，第245页。

[6] 参见王融擎编译：《日本民法：条文与判例》（上册），中国法制出版社2018年版，第245页。

的优先权,成为公示原则的重要例外情形。[1]

就其中登记行为的定位的认定,日本学者持两种不同的观点。一种观点认为属于生效要件,另一种观点认为属于对抗要件。我妻荣持第二种观点,即虽然民法在此特别使用"保存效力"的表述,但是找不到将其视为不动产登记一般理论的例外的充分的理由。法国民法通说一方面强调以施工前的登记为要件,另一方面又肯认迟延的登记仍具有对抗后成立抵押权的效力。[2] 因此,在已登记的不动产建设工程优先权与不动产抵押权竞存的情况下,抵押权劣后。买卖的不动产优先权和不动产抵押权之间竞存时,系按照登记时间先后确定优先顺位。[3] 不动产优先权已完成登记,则当其与抵押权发生竞合时,不动产的优先权必然优先于抵押权,而当不动产优先权与抵押权竞合时,就适用一般原则(依登记的先后顺序决定顺位)。[4] 尽管日本民法中的优先权制度模板是法国民法,不过,日本的一些特殊情形也使制度发挥的作用打了折扣,近江幸治也指出,日本不动产优先权手续严格,使其实践中几乎难以使用。[5]

（二）建设工程价款优先受偿权登记构造下与抵押权的顺位关系

1. 建设工程价款优先受偿权不同模式的比较

前述关于不动产承揽人优先权规定与改革,其共同点在于均考虑了"登记"的作用,只不过在"登记"的作用上有所差别。就《德国民法典》《瑞士民法典》的规定而言,登记具有设权的效力,其与抵押权之间的

---

[1] 参见[日]我妻荣:《我妻荣民法讲义Ⅲ:新订担保物权法》,申政武等译,中国法制出版社2008年版,第59~60页。

[2] 参见[日]我妻荣:《我妻荣民法讲义Ⅲ:新订担保物权法》,申政武等译,中国法制出版社2008年版,第92~93页。

[3] 参见[日]近江幸治:《担保物权法》,祝娅等译,法律出版社2000年版,第52页。

[4] 参见[日]近江幸治:《民法讲义Ⅲ:担保物权》(第3版),徐肖天译,上海社会科学院出版社2023年版,第61页。

[5] 参见[日]近江幸治:《担保物权法》,祝娅等译,法律出版社2000年版,第38页。

顺位关系依照登记的时间确定；就《法国民法典》《日本民法典》而言，登记具有一定程度“保存”和溯及既往的效力，即登记能够确保不动产承揽人优先权在顺位上先于抵押权，因此规制上采取了设立优先权的方式。

同时，前述关于建设工程价款优先受偿权的不同模式，其背景与变化方向略有不同。就《德国民法典》《瑞士民法典》而言，其从消除隐性担保、彰显公示原则的角度，从立法之初就未赋予不动产承揽人较强的优先效力，也正因如此，德国1986年由联邦司法部部长所召集之破产法修正委员会曾明确提出建议，其重点包括为使承揽人获得确实之保障，应使其在未为抵押权之登记前已享有抵押权。而《法国民法典》则有所不同，其本身即有大量不动产优先权与不动产法定抵押权，这决定了其改革的方向是不断消除隐性担保对交易安全与不特定第三人的威胁，恰恰与《德国民法典》逆向。就混合继受的日本法而言，《日本民法典》既规定了如《法国民法典》一样的优先权，并设专章规定，又明确了不动产建设工程优先权应登记，凡经登记即优先于不动产抵押权。

2. 增加建设工程价款优先受偿权的登记

学者指出，依照物权基本原理，经登记方具有优先效力，建设工程价款优先受偿权对第三人影响颇大，但《民法典》第807条不仅未作出登记的规定，反而使建设工程价款优先受偿权因《新建工司法解释一》第36条获得优先于抵押权的效力，可能被恶意利用进而损害抵押权人利益。[1] 前述不同模式的描述中，登记多被当作建设工程价款优先受偿权的公示方式，实现保护不特定第三人、抵押权人交易安全的目的。不过就我国法律而言，对于是否要求建设工程价款优先受偿权登记，存在不同的观点。一

---

〔1〕 参见崔建远：《论建设工程价款优先受偿权》，载《法商研究》2022年第6期。

种观点认为，应构建建设工程价款优先受偿权的登记制度。[1] 另一种观点则认为，没有必要构建建设工程价款优先受偿权的登记制度。从我国建设工程价款优先受偿权的制度构造以及实践来看，建设工程价款优先受偿权的登记实益不大。因为要想发挥其公示作用，给银行等债权人提供充分的交易信息，需要在债权人与发包人发生交易之时，就已有优先受偿权的登记，但这实际上是不可能的。在实践中，建设工程价款的预算和决算往往不一致，发包人是否拖欠以及拖欠多少建设工程价款，需要在建设工程竣工后通过双方决算才能确定，只有这时才能确定优先受偿的额度，才能登记准确的优先受偿权，这种登记才能起到应有的公示作用。也就是说，只有在建设工程竣工且决算后，才能登记优先受偿权，但这种登记对贷款银行等债权人来说为时已晚，因为为了融资，发包人在建设工程建造过程中就需要以该在建工程为抵押标的向银行等贷款人申请贷款，或在满足预售条件后进行商品房预售。显然，在优先受偿权恒定地优先于约定抵押权且前者的登记时点无论如何都晚于后者的前提下，无法解决因权利信息不透明而产生的交易风险问题，故而，承包人的建设工程价款优先受偿权不应为可登记的财产权。[2] 在《民法典》编纂过程中，有类似观点也指出，建设工程价款的数额确定时间具有不确定性，在确定建设工程价款数额后进行登记，可能存在建设工程价款登记时间晚于抵押登记时间的问题，使对承包人优先保护的目的落空；进行预定数额的预先登记，又存在实际数额超出预定数额时不能得到保护的问题。因此，对于登记能否作为建设工程价款优先受偿权获得优先顺位的依据有待进一步研究。[3]

本书认为，应将建设工程价款优先受偿权改造为登记模式。第一，

---

〔1〕 参见王淑华：《工程价款优先受偿权之预告登记制度构建》，载《法学论坛》2008年第2期。

〔2〕 参见常鹏翱：《论可登记财产权的多元化》，载《现代法学》2016年第6期。

〔3〕 参见黄薇主编：《中华人民共和国民法典物权编释义》，法律出版社2020年版，第700页。

从立法层面避免并控制隐性担保产生的弊端是大趋势，要求建设工程价款优先受偿权进行登记乃广泛采取之方式，尽管登记是否具有溯及力并不相同，但均发挥了登记作用。基于现代担保物权制度对于公示原则的强调，应要求建设工程价款优先受偿权进行登记。在立法论上，基于维护交易安全的需要，应使建设工程价款优先受偿权以及其担保债权的范围等内容得以公示。[1] 第二，虽然先为登记的建设工程价款数额并不准确，但是其至少具有一定警示和提示作用，相比完全不登记而言，其优势明显；至于登记数额与最终决算的数额不一致的问题，有多种解决方案供选择，如以登记为准、在不超过登记数额的范围内以实际决算为准等，均可以为建设工程承包人提供优先受偿方面的保护。第三，从手段与目的合乎比例的角度，建设工程价款优先受偿权虽系对建设工程承包人的保护，但其他利益相关方则需要容忍其隐蔽性所带来的弊端。随着建设工程、建筑市场其他制度的逐渐完善，以具有隐蔽性的建设工程价款优先受偿权来保护承包人，似有手段与目的不相匹配的问题。建设工程价款优先受偿权的设立是为了保护建筑行业从业者取得报酬，不过当前是否还有这种必要性可能存在疑问。[2] 当前，农民工工资的问题已有不少法律制度给予强力支撑，如保障农民工工资支付制度、建筑市场信用管理制度、总包单位先行清偿制度等，[3] 在"工具"数量较为充足的背景下，是否还有必要赋予不需要登记的建设工程价款优先受偿权以优先顺位

---

[1] 参见李建星：《〈民法典〉第807条（建工价款的优先受偿权）评注》，载《南京大学学报（哲学·人文科学·社会科学）》2021年第4期。

[2] 参见李建星：《〈民法典〉第807条（建工价款的优先受偿权）评注》，载《南京大学学报（哲学·人文科学·社会科学）》2021年第4期。

[3] 如2021年8月17日人力资源和社会保障部、住房和城乡建设部等发布的《工程建设领域农民工工资保证金规定》，其中的工资保证金将专项用于支付为所承包工程提供劳动的农民工被拖欠的工资。

即成疑问。[1]

3. 不动产登记法的配套规则

虽然《民法典》未就建设工程价款优先受偿权采用登记模式，但是不动产登记法可对此作出规定，以特别法优于一般法的形式存在。故建设工程价款优先受偿权的登记还需要有相应的登记制度与之配套。

其一，登记性质方面。在建设工程价款优先受偿权采用登记模式的情形下，是采生效主义还是采对抗主义，日本学界存在争议。《日本民法典》的相关争议尚可理解，因为其物权变动采登记对抗主义，故并无特别的理由变更物权变动一般原则。就不动产登记法规则设计而言，登记对抗主义的构造更为合理，可以较好地平衡各方利益。一方面，不需要登记即生效的建设工程价款优先受偿权可以激励创造行为，发包人的责任财产情况不影响承包人的建设行为，是为效率的体现；另一方面，因承包人的建设行为是增值和创造财富的行为，令其具备优先受偿权具有较强的正当性，是为公平的体现。[2]《合同法》(现已失效)第286条规定的权利的性质，既是法定抵押权也是优先权，为保护交易安全，宜引进登记制度，但采登记对抗主义即可，不宜采登记生效主义。[3] 故此，从立法论角度，在建设工程价款优先受偿权采用登记模式时，其与不动产抵押权之间的顺位关系自应依照登记时间之先后而定，而不再是前者恒优先。

其二，登记方式方面。《日本民法典》要求在新建建筑物之前进行登记，可将此称为"预为抵押权登记"，就其与"预告登记"的区别，谢在全先生指出，"预为抵押权登记"系就将来完成之不动产预先为暂时之抵押登记，与预告登记固然类似，但预告登记仅得以业已完成之建筑物即已具独立性之不

---

〔1〕 参见高印立：《论建设工程价款优先受偿权的清偿顺位》，载《北京仲裁》2021年第1辑。

〔2〕 参见谢哲胜：《民法物权》，台北，三民书局股份有限公司2007年版，第327页。

〔3〕 参见黄健彰：《承揽人抵押权登记之效力——登记生效或登记对抗》，载《中原财经法学》2011年第25期。

动产为之，就此而言，上述预为抵押权登记似不能径以预告登记同视。[1] 本书认为，预为抵押权登记与预告登记差别不大，在预售商品房抵押预告登记为法律所明定之下，建设工程价款优先受偿权的预告登记应无法律障碍和实践障碍，不动产登记法可在预告登记的财产类型中增加建设工程价款优先受偿权。

其三，登记程序方面。参照《不动产登记暂行条例实施细则》第76条申请在建建筑物抵押权首次登记所需材料，当事人申请建设工程价款优先受偿权登记，应提交主债权合同、享有建设用地使用权的不动产权属证书、建设工程规划许可证等。由于建设工程价款优先受偿权法定担保物权的性质，当事人不必提交抵押合同。根据《不动产登记暂行条例实施细则》第66条第1款，不动产抵押登记的办理，需要抵押人与抵押权人共同申请。因此，建设工程价款优先受偿权的登记应亦为承包人与发包人共同申请。

其四，担保债权数额登记方面。就承包人预为抵押权登记后，于建筑物完成时，承包人是否应再为抵押权进行登记，有观点认为，由于此项登记具有保全承包人抵押权之特性，足以使承包人于建筑物完成时取得抵押权，享有与预为抵押权登记时相同之次序，自应从速转换为抵押登记为宜，免两次相同程序之劳烦，故应认为，建筑物完成后办理第一次所有权登记时，将之转换为抵押登记，不必再请求为抵押登记。[2] 本书认为，就不动产登记法规则设计而言，建设工程承包人不申请二次登记的，不必要求其二次登记。一方面，如前所述，就预告登记而言，根据当前不动产登记实务部门的实践，许多地方采取了"合并登记"模式，即预购商品房预告登记转房屋所有权登记、预购商品房抵押预告登记转抵押登记不再分步办理，二者可一并办理；另一方面，建设工程结束后，如建设工程价款数额等有所变更，可以依不动产变更登记操作，而且所担保债权数额、建设工程价款数额多数还需要司法的认

[1] 参见谢在全：《民法物权论》（中册）（第5版），中国政法大学出版社2011年版，第921～922页。
[2] 参见谢在全：《民法物权论》（中册）（第5版），中国政法大学出版社2011年版，第922页。

定,可以依照法院判决确定建设工程价款数额。

二、程序法视角:第三人撤销之诉中的利益平衡

实体与程序的制度交织往往产生新的问题,实体权利的争议也应有在诉讼程序中得以解决的路径。不动产抵押权与建设工程价款优先受偿权的竞存还可以从程序法的视角进行观察与分析。《民事诉讼法》《民诉法解释》中所规定的第三人撤销之诉、执行异议之诉等使建设工程价款优先受偿权与不动产抵押权之间的关系变得更为复杂。

实践中一种典型的情形是,建设工程承包人就建设工程价款的优先受偿权取得生效调解书或者判决书,就同一建设工程的建筑物享有不动产抵押权的债权人亦取得生效裁判。依照《建设工程价款优先受偿权批复》或《新建工司法解释一》第36条的规定,处于劣后顺位的不动产抵押权人认为确认建设工程价款优先受偿权的生效裁判存在错误的,可提起第三人撤销之诉。但是,此类案件在司法实践中存在一些争议问题,本部分以66件生效案件为研究对象,对于第三人撤销之诉中建设工程价款优先受偿权与不动产抵押权之间的相关争议问题进行系统研究,以期明晰在第三人撤销之诉的框架程序中不动产抵押权人的救济路径以及不动产抵押权与建设工程价款优先受偿权间的利益平衡。

依照《民事诉讼法》第59条第3款的规定,不动产抵押权人提起第三人撤销之诉需要符合6个方面的条件:一是主体条件,只能是《民事诉讼法》第59条前两款规定的第三人;二是程序条件,第三人因不能归责于本人的事由未参加诉讼;三是实体条件,有证据证明发生法律效力的裁判、裁定、调解书部分或者全部内容错误;四是结果条件,损害其民事权益;五是时间条件,自知道或者应当知道其民事权益受到损害之日起6个月;六是管辖法院,向作

出生效判决、裁定、调解书的法院起诉。[1] 此外,基于制度之间的关联,抵押权人提起的第三人撤销之诉还与执行异议、再审程序产生关联,本书将前述6个条件之外的条件称为关联条件。司法实践中,上述7个条件并非均是争议焦点。在本部分所研究的66件案件中,有27件案件的争议焦点集中在主体条件方面,且争议和分歧极大;有1件案件的争议焦点集中在时间条件方面,[2]法院以不动产抵押权人提起第三人撤销之诉超过6个月为由驳回抵押权人的起诉,在其他案件中,法院均未以该要件为驳回不动产抵押权人的理由;有5件案件涉及结果条件;管辖法院、程序条件未成为争议焦点;而就实体条件而言,由于抵押权人提起第三人撤销之诉就是因生效裁判存在错误,这种错误便主要集中在关于建设工程价款优先受偿权的实体问题上,每个案件几乎都有涉及;[3]此外,还有4件案件涉及与执行异议和再审的关系问题。借由司法实践的观察,主体条件、结果条件、关联条件成为此类案件争议的焦点,以下对此分别进行阐述。

(一)抵押权人提起第三人撤销之诉的主体资格要件判断

1. 裁判分歧

不动产抵押权人是否属于适格的原告,为此类案件中争议最大的问题。法院对于不动产抵押权人的主体资格判断,有四种不同观点。观点一,不动

---

[1] 参见最高人民法院民事诉讼法修改研究小组编著:《〈中华人民共和国民事诉讼法〉修改条文理解与适用》,人民法院出版社2012年版,第104页。

[2] 参见浙江省高级人民法院民事裁定书,(2017)浙民申410号。

[3] 不动产抵押权人提起第三人撤销之诉时,往往提出建设工程价款优先受偿权并不满足法定要件,由此便涉及建设工程价款优先受偿权的实体条件。在本书所研究的案例中,关于建设工程价款优先受偿权的实体问题主要集中在以下4个方面:第一,建设工程价款优先受偿权的行使期间与起算点,有36件案件均涉及该问题,约占总案例数量的55%;第二,建设工程价款优先受偿权的范围,有21件案件涉及此问题,约占案例数量的32%;第三,承包人放弃建设工程价款优先受偿权的效力,有8件案件涉及此问题;第四,承包人的建设工程价款优先受偿权能否以调解书的方式确认,有8件案件涉及此问题。相关问题与本部分主题关联性不大,不再详述。相关问题参见最高人民法院民事审判第一庭编著:《最高人民法院建设工程施工合同司法解释(二)理解与适用》,人民法院出版社2019年版,第431页。

产抵押权人不属于适格原告,法院应裁定驳回起诉。法院认为,抵押权人既不是涉案建设工程的发包方也不是承包方,建设工程案件的处理结果并不涉及不动产抵押权人与债务人之间的法律关系,因此抵押权人不属于有独立请求权的第三人,抵押权人与建设工程案件并无法律上的利害关系。[1] 观点二,不动产抵押权人为适格原告并属于无独立请求权第三人。该观点认为,符合法定条件之时,建设工程价款优先受偿权即可成立,并且直接影响到抵押权人的利益,所以抵押权人具有法律上的利害关系并属于《民事诉讼法》第59条的第三人。[2] 观点三,不动产抵押权人为适格原告并属于有独立请求权第三人。[3] 观点四,未详细论及或未论及不动产抵押权人的主体资格,直接对建设工程价款优先受偿权案件中涉及的实体问题(实体条件)进行阐述。持此种裁判路径的案件虽然没有就不动产抵押权人的主体资格问题进行阐述,但是对于实体问题的直接判断已经表明对不动产抵押权人提起第三人撤销之诉的肯定。

综合上述裁判路径可以看出,法院对于不动产抵押权人是否属于《民事诉讼法》第59条第1款、第2款的第三人存在较大的裁判分歧。事实上,这样的分歧源于《民事诉讼法》第59条既有的理论和实践争议。

2.“第三人”的争议

第三人撤销之诉的原告资格问题一直存在争议,主要原因在于,理论与实践就《民事诉讼法》所规定的第三人的概念和类型的观点存在较大分歧。有学者对理论上有关第三人的概念与分类的学说进行了爬梳,并指出法学理论上对此的观点不一以及司法实践裁判标准各有不同,是我国当前第三

---

〔1〕 参见最高人民法院民事裁定书,(2017)最高法民终13号。相同观点参见最高人民法院民事裁定书,(2016)最高法民终302号;重庆市高级人民法院民事裁定书,(2018)渝民终41号。

〔2〕 参见最高人民法院民事裁定书,(2016)最高法民终193号。相同观点参见最高人民法院民事裁定书,(2017)最高法民终38号;福建省高级人民法院民事裁定书,(2014)闽民撤字第3号。

〔3〕 参见重庆市第五中级人民法院民事裁定书,(2016)渝05民撤5号。

人参加诉讼制度的现实状况。[1] 因此对于第三人的判断标准，理论上与实践中未达成共识，第三人尤其是无独立请求权的第三人难以被明确并类型化，[2] 何为“法律上的利害关系”难以把握。[3]

从法律适用的三段论来看，将第三人的概念与类型作为判断第三人撤销之诉原告的大前提的方法论其实并无不妥。只不过，作为大前提的“第三人”，其内涵和外延缺乏确定性，而由于第三人撤销之诉的原告的确定与第三人的范围具有高度关联性，所以第三人范围的理论和实践争议也自然延伸到了第三人撤销之诉中。[4] 由于作为逻辑推演大前提的第三人的概念与类型存在不确定性，因此在判断是否构成第三人时可能存在“过分偏重理论上或概念的逻辑推演”的情况，[5] 理论界有不少观点开始采用一种更为宽泛的标准来认定第三人撤销之诉中的第三人。

比如有一种观点认为，应结合具体场景具体判断。如应兼顾为受虚假诉讼影响情形下的被害人提供救济途径、为受到判决效力影响的第三人提供程序保障、维护法院生效裁判稳定性，在此基础上，结合更加具体的司法实践场景讨论究竟何种类型的案外第三人有可能成为第三人撤销之诉的适格原告。[6] 还有观点从第三人撤销之诉是为受生效裁判不利影响的第三人提供救济的角度出发，认为应将生效裁判是否损害了民事权益作为第三人的判断标准，至于该当事人是否属于“前两款规定的第三人”，不妨采取相对

---

[1] 参见刘君博:《第三人撤销之诉原告适格问题研究——现行规范真的无法适用吗?》，载《中外法学》2014 年第 1 期。

[2] 参见最高人民法院修改后民事诉讼法贯彻实施工作领导小组编著:《最高人民法院民事诉讼法司法解释理解与适用》(下)，人民法院出版社 2015 年版，第 777 页。

[3] 参见吴兆祥、沈莉:《民事诉讼法修改后的第三人撤销之诉与诉讼代理制度》，载《人民司法》2012 年第 23 期。

[4] 参见吴泽勇:《第三人撤销之诉的原告适格》，载《法学研究》2014 年第 3 期。

[5] 参见王亚新:《第三人撤销之诉原告适格的再考察》，载《法学研究》2014 年第 6 期。

[6] 参见王亚新:《第三人撤销之诉原告适格的再考察》，载《法学研究》2014 年第 6 期。

宽容和有弹性的审查标准,[1]即采用一种"逆推逻辑",站在事后救济程序的角度,判断该案外人是否会受裁判效力影响而成为有独立请求权第三人或无独立请求权第三人,进而判断是否具有提起第三人撤销之诉的"诉的利益"。[2]

当然,为了避免此种事后救济论和"逆推逻辑"所带来的将第三人范围扩大的可能,也应以是否具有实体法上的请求权依据为判断标准,若案外人的对世权受到生效裁判的影响且没有其他救济途径,就可以初步判断其具有提起第三人撤销之诉的原告主体资格。如果其依据的是债权,应根据具体的法律规范判断债权人是否享有相应的优先权或撤销权,再进一步确认是否具备资格。[3]

前述裁判实践与理论的分歧表明,直接以第三人的概念推导不动产抵押权人是否具有针对建设工程价款优先受偿权人提起第三人撤销之诉的主体资格,并非具有说服力的方式。由此才有观点提出前述的方式,即扩大第三人撤销之诉的主体范围。事后救济论的方法对于判断原告资格的确更为实用和明确,这种方法论也有利于对第三人的保护。[4]

3. 抵押权人具备主体资格

具体至本部分论题,在不动产抵押权人对建设工程价款优先受偿权人提起第三人撤销之诉时,不动产抵押权人应为适格原告,除了前述判断是否构成第三人的事后救济论之外,从实体法的角度看,还有如下理由。

第一,从实体权益看,不动产抵押权人会受到建设工程价款优先受偿权

---

〔1〕 参见吴泽勇:《第三人撤销之诉的原告适格》,载《法学研究》2014年第3期。

〔2〕 参见张兴美:《第三人撤销之诉原告适格问题研究》,载《法学杂志》2016年第6期;刘君博:《第三人撤销之诉原告适格问题研究——现行规范真的无法适用吗?》,载《中外法学》2014年第1期。

〔3〕 参见郑金玉:《我国第三人撤销之诉的实践运行研究》,载《中国法学》2015年第6期。

〔4〕 参见罗恬漩:《论虚假诉讼受害人的救济:兼探讨第三人撤销之诉适用》,载《交大法学》2017年第2期。

生效裁判的影响。建设工程价款优先受偿权人的绝对优先顺位,使后顺位的不动产抵押权人的优先受偿范围受到直接影响,一旦生效裁判错误扩大了建设工程价款优先受偿权的受偿范围,则后顺位的不动产抵押权人将受到不利影响。

第二,从建设工程价款优先受偿权的私密性来看,应对受其"压制"的不动产抵押权人提供救济。建设工程价款优先受偿权的优先性源自政策考量,而担保物权的优先性源自公示原则,[1]在这样的构造下,才有抵押权之间的竞存顺位规则(《民法典》第414条)的产生,即以公示为优先顺位的判断标准,兼顾公平与交易安全。但建设工程价款优先受偿权具有私密性,这种私密性在保护建设工程承包人的同时,也产生负外部性,为损害后顺位的不动产抵押权人权益提供了可能,比如容易发生当事人虚构或增加欠付建设工程价款数额并借助生效法律文书取得不当利益的情形。[2] 正是基于建设工程价款优先受偿权的私密性,有别于担保物权须经登记方可获得优先性的基本理论,才有观点提出应建立建设工程价款优先受偿权的登记制度。[3] 而对于无须登记即具有优先性的建设工程价款优先受偿权,应有对其进行限制的条件和制度,在法律规定第三人撤销之诉的条件下,该制度即可成为规制建设工程价款优先受偿权的制度,不动产抵押权人自然可提起第三人撤销之诉。

第三,从建设工程价款优先受偿权的"优先性"角度,不动产抵押权人有可类推适用的实体法依据。建设工程价款优先受偿权的性质一直存在争

---

〔1〕 参见谢在全:《民法物权论》(上册),中国政法大学出版社2011年版,第46页。

〔2〕 参见陈东强:《建设工程价款优先受偿权的行使与规制》,载《山东法官培训学院学报》2018年第5期。

〔3〕 参见汪治平:《建设工程价款优先受偿权的若干问题》,载《人民司法》2002年第8期;张钧:《论建设工程优先权的成立与登记》,载《当代法学》2003年第6期。

议,[1]但无论对其进行何种性质归纳,均有"优先受偿"这一特性,基于该特性,其就在一定意义上具有物权的性质,只不过这种"物权"是特殊的、基于法律规定而生的。建设工程价款优先受偿权具有从属性、不可分性、物上代位性,其属于法定担保物权,应纳入法定担保物权体系。[2] 故物权理论的相关规则可适用于建设工程价款优先受偿权。也正是基于此,亦有观点指出,建设工程价款优先受偿权的实现可以适用担保物权实现程序。[3] 基于此,建设工程价款优先受偿权与不动产抵押权之间的竞存就可以理解为是两个担保物权之间的竞存。《民法典》物权编中,对于竞存的有先后顺位的抵押权,第409条第1款规定抵押权顺位或者担保债权的变更应经受到影响的其他抵押权人的同意,不得对其他抵押权人产生不利影响;第410条第1款规定,因债务人与抵押权人的协议而受到损害的其他债权人可以请求撤销该协议。据此,建设工程价款优先受偿权与抵押权之间的顺位关系,可以类推适用《民法典》物权编关于抵押权之间的顺位关系的规定。若建设工程价款优先受偿权人本应优先受偿的债权范围是1000万元,当事人通过诉讼的方式确认优先受偿的债权范围为2000万元,此种情形实际就是《民法典》物权编前述规定所预设的变更债权数额的情况。故不动产抵押权人的利益应具有类似的救济途径。

第四,若一律以不动产抵押权人非适格原告为由驳回起诉,将导致在建设工程价款优先受偿权方面存在争议的法律问题始终无法得以呈现及解决。从司法实践的裁判案件看,正是由于此类案件发生并进入实体审理程序,在建设工程价款优先受偿权方面的争议问题才得以显现,并借由司法裁

---

〔1〕 参见王建东:《评〈合同法〉第286条》,载《中国法学》2003年第2期;张巍:《建设工程承包人优先受偿权之功能研究》,载《北大法律评论》2005年第2期。

〔2〕 参见崔建远:《论建设工程价款优先受偿权》,载《法商研究》2022年第6期。

〔3〕 参见刘璐:《实现担保物权案件特别程序的适用范围——从实体法与程序法交错的视角》,载《山东社会科学》2015年第5期。

判以及司法解释予以明晰。若一律以第三人概念的逻辑推演路径裁定驳回起诉,不利于裁判实践中问题的解决。

因此,不动产抵押权人应具有针对建设工程价款优先受偿权人提起第三人撤销之诉的主体资格,人民法院应当进行初步的实体审理,而不应直接裁定驳回起诉。这一观点也得到了最高人民法院第 150 号指导案例的确认。[1]

(二)抵押权人民事权益是否受到损害的要件判断

在不动产抵押权人对建设工程价款优先受偿权人提起第三人撤销之诉中,另外一个争议问题是如何判定不动产抵押权人的民事权益是否受到损害,这种损害的证明程度应达到何种标准。

司法实践中存在不同观点。一种观点认为,不动产抵押权人的权益损害必须是现实损害。只有在执行程序中才能确定抵押权人究竟是否会受到影响,所以,在诉讼程序中,抵押权人与生效裁判的利害关系仅仅是一种事实上的利害关系,而非法律上的利害关系;[2]抵押权人仅是认为存在损害其权益的可能性,而并未有足够充分的证据证明其权益已经受到损害,故应承担举证不能的败诉责任;[3]针对同一建筑物的建设工程价款优先受偿权优先于抵押权仅系法律对于两种优先权优先级的确定,并不影响抵押权对于其他债权的优先性,上述建设工程价款债权及优先受偿权的确认亦不影响借款债权、抵押权的成立。[4] 另一种观点则认为,不动产抵押权人有证据证

〔1〕 最高人民法院第 150 号指导案例"中国民生银行股份有限公司温州分行诉浙江山口建筑工程有限公司、青田依利高鞋业有限公司第三人撤销之诉案"明确指出,"建设工程价款优先受偿权与抵押权指向同一标的物,抵押权的实现因建设工程价款优先受偿权的有无以及范围大小受到影响的,应当认定抵押权的实现同建设工程价款优先受偿权案件的处理结果有法律上的利害关系,抵押权人对确认建设工程价款优先受偿权的生效裁判具有提起第三人撤销之诉的原告主体资格"。

〔2〕 参见重庆市高级人民法院民事裁定书,(2018)渝民终 41 号。

〔3〕 参见浙江省绍兴市中级人民法院民事判决书,(2017)浙 06 民终 996 号。

〔4〕 参见江苏省盐城市中级人民法院民事裁定书,(2016)苏 09 民撤 2 号。

明自己的民事权益有受到损害的可能性和危险性即已足够。如法院认为，不以已然造成抵押权人实际受偿金额的减少为必要条件，只要客观上抵押权人有受到损害的危险性即可；[1]根据抵押物评估确定的价格来看，剩余抵押物价值已经无法覆盖抵押权人的债权，据此可以认为抵押权人属于具有法律上利害关系的第三人。[2]

第二种观点更为妥当，即应认为不动产抵押权人只需要证明生效裁判存在错误、该生效裁判有损害抵押权的危险性和可能性即可。其一，第三人撤销之诉本身具有纠错的功能，在不动产抵押权人有证据证明生效裁判存在错误，且现有证据能够证明建设工程拍卖、变卖的价款不足以清偿抵押的债权的，不动产抵押权受不利影响即为已满足条件，无须待建设工程进入拍卖、变卖环节。其二，顺位利益本身就是一种利益，若生效裁判错误认定本不应存在的建设工程价款优先受偿权，就是对抵押权顺位利益的侵害，优先顺位与劣后顺位在清偿范围、执行程序等方面存在较大的差别，由于生效裁判的错误导致抵押权人顺位劣后即表明抵押权人已经受到实质损害，尤其是在变价款不能完全清偿所有债权人的债权之时。其三，若待不动产抵押权人的债权实际无法受到清偿之时，才允许抵押权人提起第三人撤销之诉，则有放纵错误生效裁判之嫌，且彼时再回转救济，将增加救济成本，不利于救济债权人。

（三）抵押权人执行异议与第三人撤销之诉、再审的关系判断

《民诉法解释》第301条规定了案外人异议、第三人撤销之诉、申请再审的关联，[3]即案外人对驳回执行异议裁定不服的，应提起再审，不能提起第

---

〔1〕参见最高人民法院民事判决书，(2016)最高法民终174号。

〔2〕参见最高人民法院民事裁定书，(2017)最高法民终38号。

〔3〕《民诉法解释》第301条规定，第三人提起撤销之诉后，未中止生效判决、裁定、调解书执行的，执行法院对第三人依照民事诉讼法第二百三十四条规定提出的执行异议，应予审查。第三人不服驳回执行异议裁定，申请对原判决、裁定、调解书再审的，人民法院不予受理。案外人对人民法院驳回其执行异议裁定不服，认为原判决、裁定、调解书内容错误损害其合法权益的，应当根据民事诉讼法第二百三十四条规定申请再审，提起第三人撤销之诉的，人民法院不予受理。

三人撤销之诉,[1]虽然理论上也可提起第三人撤销之诉。[2] 在司法实践中,有裁判即贯彻此观点,[3]《九民会纪要》第122条也持此观点。[4] 但是,相反观点认为,《民诉法解释》第301条的前提是相关异议属于《民事诉讼法》第238条的案外人异议,否则,即不应适用《民诉法解释》第301条对当事人救济途径的限制性规定;而抵押权人主张优先受偿权的异议是否属于案外人异议尚不能确定,故应当尊重抵押权人对程序的选择,应受理抵押权人提起的第三人撤销之诉。[5]

本书赞同后一种观点。对于抵押权人或者其他担保物权人,其提起的执行异议是不是一种真正的"案外人执行异议"尚有争议,[6]担保物权人是否可以提起执行异议和执行异议之诉,担保物权人提起执行异议是否应按照执行行为异议处理等存在不确定性,这导致是否适用《民诉法解释》第301条的大前提"案外人异议"也存在不确定性。此时存在两种不同的解决方案:一是将抵押权人的执行异议认定为《民事诉讼法》第238条的案外人异议,适用《民诉法解释》第301条;二是不将抵押权人的执行异议认定为《民事诉讼法》第238条的案外人异议,不适用《民诉法解释》第301条。相比较

---

[1] 参见最高人民法院修改后民事诉讼法贯彻实施工作领导小组编著:《最高人民法院民事诉讼法司法解释理解与适用》(下),人民法院出版社2015年版,第810页。

[2] 参见司伟:《案外人对优先受偿权人依据生效判决之执行提出异议的诉讼救济程序》,载《人民法院报》2018年8月1日,第7版。

[3] 参见广西壮族自治区高级人民法院民事裁定书,(2015)桂立民撤字第2号。相同情况与相同观点的还可参见吉林省通化市中级人民法院民事裁定书,(2018)吉05民初6号;重庆市第五中级人民法院民事裁定书,(2016)渝05民撤5号。

[4] 《九民会纪要》第122条规定:"案外人申请再审与第三人撤销之诉功能上近似,如果案外人既有申请再审的权利,又符合第三人撤销之诉的条件,对于案外人是否可以行使选择权,民事诉讼法司法解释采取了限制的司法态度,即依据民事诉讼法司法解释第303条的规定,按照启动程序的先后,案外人只能选择相应的救济程序:案外人先启动执行异议程序的,对执行异议裁定不服,认为原裁判内容错误损害其合法权益的,只能向作出原裁判的人民法院申请再审,而不能提起第三人撤销之诉;案外人先启动了第三人撤销之诉,即便在执行程序中又提出执行异议,也只能继续进行第三人撤销之诉,而不能依《民事诉讼法》第227条申请再审。"

[5] 参见最高人民法院民事裁定书,(2016)最高法民终193号。

[6] 参见刘颖:《民事执行中案外担保权人的救济路径》,载《环球法律评论》2022年第5期。

而言,后者对于当事人的保护更为有利。前者中,执行异议概念不确定所产生的后果与成本由当事人负担;而后者中,这种不确定性所产生的成本和后果由司法机关承担。后者不仅有利于保护当事人,也不会浪费司法资源,因为无论是第三人撤销之诉还是再审,均是纠正生效裁判的错误,抵押权人提起执行异议被驳回又提起第三人撤销之诉并不会造成制度的重复启动,在救济的路径上当事人只是选择了第三人撤销之诉而已,并不会造成司法资源的浪费。

前述通过对司法裁判的观察,就第三人撤销之诉中建设工程价款优先受偿权与不动产抵押权之间的相关问题进行了研究,并借助不同的研究方法得出以下结论。第一,通过实证研究方法,发现实践中有关制度构成条件的争议所在,不动产抵押权人对建设工程价款优先受偿权人提起第三人撤销之诉的案件中,主体条件、结果条件、关联条件等成为争议的焦点。第二,采用实体与程序相结合的方法,建设工程价款优先受偿权具有担保物权的特性,借鉴实体法中的相关规则,不动产抵押权人应具有针对建设工程价款优先受偿权人提起第三人撤销之诉的主体资格。第三,采用实用主义的方法,放弃第三人概念的逻辑推演,转而以事后救济的角度证成第三人撤销之诉的原告资格,具有合理性。第四,采用成本分析的方法,虽然抵押权人先提起了"案外人异议",又提起第三人撤销之诉,但是此时可不适用《民诉法解释》第 301 条要求抵押权人必须只能提起再审。

第四节 本章小结

不动产多重抵押中,不动产抵押权竞存顺位根据登记时间先后而定,《民法典》第 414 条确立了"先登记者优先"的顺位规则。"先登记者优先"的顺位规则体现在预告登记中,虽然受制于我国法律适用的预告登记的限制处分模式,预告登记顺位保证效力大打折扣,但是在登记错误以及预购商品房抵押预告登记与司法预查封(查封)同时发生时,仍能体现出其意义。在“房地分离”抵押场景下,有司法规则采“重复抵押说”,认为“房地分离”抵押属于多重抵押之一种;但是“分别受偿说”的理论容纳性更强,一方面,其与《民法典》第395条第1款规定的建设用地使用权与建筑物均为独立的抵押财产相符;另一方面,其也使“房地一体”原则得以贯彻,只需在抵押权实现时,将建设用地使用权与建筑物一并处分,即可以达到归属主体的一致。

不动产多重抵押中,基于对特定行为的鼓励、对特定秩序的维护、对特定群体的保护等价值目标,“先登记者优先”的顺位规则会被颠覆。例如,建设工程价款优先受偿权非经登记即可优先于抵押权,即“不登记者优先”,其在适用要件等方面应受到限制;从不同国家关于不动产承揽人优先权的适用模式与改革看,其共同点在于均考虑了登记的作用,只不过登记的作用有所差别。立法论上,建设工程价款优先受偿权的登记制度应在不动产登记法中确立,以实现各方的利益平衡。在金融借款借新还旧交易中,既有司法规则突破担保物权消灭上的从属性,造成“后登记者优先”以及顺位固定。

对不动产抵押权竞存的研究还可基于程序法视角。顺位劣后的不动产抵押权人针对建设工程承包人提起第三人撤销之诉即为典型,不动产抵押权人应具备提起第三人撤销之诉的原告资格,这是理性推理产生的结论,非基于对“第三人”概念的机械推导。第三人撤销之诉这一视角使不动产抵押权竞存顺位规则更为丰富和立体。

第三章

动产担保物权竞存论

2021 年 9 月,世界银行宣布终止原有的“营商环境”(Doing Business, DB)项目;2023 年 5 月,世界银行发布了新营商环境评估的《方法论手册》(B-READY Methodology Handbook)、《说明及指南》(B-READY Manual and Guide),并将新营商环境评估项目命名为“商业就绪”(Business Ready, B-READY)。在《方法论手册》中,“金融服务”指标取代了“营商环境”项目中的“获得信贷”指标,“金融服务”指标包括动产担保交易与登记系统的运营,“动产担保物权的优先顺位与权利实现”仍属于考察指标,《方法论手册》将对经济体的动产担保法做如下考察:(1)在破产程序之外,动产担保物权是否具有优先性;(2)对每种可能出现的竞存,经济体是否能够提供确定的顺位规则;(3)经济体是否允许动产担保物权的庭外实现或者流担保契约。[1]

国际示范法层面,就动产担保物权竞存顺位,多采功能主义理念,不再对担保物权类型进行分割,而是统一规定动产担保物权竞存时的优先顺位,再通过个别例外以补充优先顺位规则。如《欧洲示范民法典草案》第 9 –4:101 条规定:(1)同一财产之上,数个担保物权之间及担保物权与其他定限物权之间的优先顺位由相关时间之先后而确定,但另有例外规定的除外。(2)“相关时间”,是指:(a)就担保物权而言,如果登记了,是依本卷第三章第三节的登记时间,或是担保物权依本卷第三章其他规则的规定而取得对抗效力的时间,以两者间较早者为准;(b)就其他定限物权而言,是设立时间。(3)已取得对抗效力的担保物权优先于未取得对抗效力的担保物权,即使后者设立的时间在先。

[1] See *Business Ready Methodology Handbook*, World Bank Group, 2023, p. 314.

(4)两个或更多未取得对抗效力的担保物权之间依其设立时间确定其优先顺位。(5)所有权保留交易的标的物之上依善意取得规则取得的担保物权,或同一财产上不顾在先权利负担而依善意取得规则取得的担保物权,优先于所有权保留交易或在先的担保物权,但第9-4:108条(优先顺位的改变)另有规定的除外。[1] 此外,《贸易法委员会担保交易立法指南》关于担保物权的优先权部分,作如下规定,由同一担保人在同一担保财产上设立的竞存的担保物权之间的优先顺位,按照如下标准确定:(1)在通过登记通知才产生对抗效力的担保物权之间,依登记的先后顺序确定优先顺位,担保物权的设立时间不加考虑;(2)在通过登记以外的其他方式公示才产生对抗效力的担保物权之间,依产生对抗效力的先后顺序确定优先顺位;(3)在以登记方式取得对抗第三人效力的担保物权和以非登记方式取得对抗第三人效力的担保物权之间,优先权顺序按登记(无论担保物权是何时设定的)或取得对抗第三人效力的先后顺序确定,以先发生者为准。

我国《民法典》动产担保物权的物权变动采登记对抗主义,[2] 此与不动产抵押权采登记生效主义不同,故对动产担保物权竞存顺位的判断围绕登记对抗主义的范围展开。此外,《民法典》在动产担保物权方面也进行了功能主义的变革,亦直接关涉动产担保物权竞存顺位判断。

---

〔1〕 参见欧洲民法典研究组、欧盟现行私法研究组编著:《欧洲示范民法典草案:欧洲私法的原则、定义和示范规则》,高圣平译,中国人民大学出版社2012年版,第379页。

〔2〕 需要说明的是,《民法典》对于权利质权的设计沿用《物权法》,一方面是受到立法惯性的影响,另一方面是权利担保并没有必须改采登记对抗主义的刚需,不存在类似于正常经营活动买受人规则的处理,而且《民法典》第414条第2款可以将仅仅适用于抵押权的竞存顺位规则的适用对象变为所有可以登记的担保物权,这就无形中淡化了权利质权物权变动模式选择的实际影响。但是权利质权的法律逻辑还是动产担保登记对抗主义的逻辑,与不动产抵押权不同。这一方面的论述,参见龙俊:《物权变动模式的理想方案与现实选择》,载《法学杂志》2019年第7期。

第一节 “先公示者优先”竞存顺位一般规则

一、《民法典》“形散而神聚”的担保功能主义

(一)《物权法》时代的动产担保物权

动产担保的制度设计主要体现为形式主义(formalistic)和功能主义(functionalistic)两种,前者区分担保物权的不同类型并分设不同的规则,后者将具有担保功能的担保方式适用于统一的规则,不从形式上区分担保物权,[1]这种理念体现在《美国统一商法典》、《贸易法委员会担保交易立法指南》、《动产担保交易示范法》以及《欧洲示范民法典草案》等中。[2] 此前,在世界银行营商环境调查与评估中,我国在“获得信贷”的二级指标“合法权利力度”指数方面得分不高,[3]该指数主要评估被调查经济体调整担保交易的法律是否有利于借贷双方将动产和权利作为担保品,指数设计参考前述比较法中的担保功能主义。世界银行专家认为,我国没有建立功能统一的动产担保制度,不存在统一的优先权规则,融资租赁、应收账款转让、所有权保留等具有担保功能的交易形式不必遵守担保交易的公示和优先权规则。[4]

具体而言,《民法典》之前,我国动产担保制度主要存在以下方面的问题。其一,融资租赁交易、所有权保留交易、让与担保交易等与担保制度隔绝。之前,融资租赁、所有权保留都是在典型的有名合同之中,不考虑与担保制度的关联,因为融资租赁交易、所有权保留交易涉及的是所有权,而担

---

〔1〕 参见王利明:《担保制度的现代化:对〈民法典〉第388条第1款的评析》,载《法学家》2021年第1期。

〔2〕 各国动产担保模式的介绍,参见高圣平:《动产担保交易制度比较研究》,中国人民大学出版社2008年版,第17~68页。

〔3〕 关于详细的问卷与得分、失分情况,参见罗培新:《论世行营商环境评估“获得信贷”指标得分的修法路径——以我国民法典颁布为契机》,载《东方法学》2020年第1期。

〔4〕 参见[加]伊莱恩·麦凯克恩:《获得信贷便利度相关指标分析》,载《中国金融》2019年第7期。

保物权是债权人在他人财产之上设定的定限物权，与所有权不同。但是，考察上述交易，其实其中的所有权功能已经发生了“异化”，所有权起着担保租金债权、担保买卖价金债权的作用，所有权实际上、实质上起着担保的作用。其二，缺乏优先顺位规则。在实践中，往往出现多个债权人对同一担保品存在担保权益的情形。但是对此问题的规制，过去只有《物权法》第199条有关多重抵押的顺位规则，没有其他有关动产和权利担保之间的顺位规则，如抵押权与质权竞存如何排序、权利质权之间竞存如何排序等。其三，动产担保登记机构“九龙治水”。在《物权法》时代，不同种类的动产担保所对应的登记机构不同，各个登记机构的登记规则、要求的登记材料也不统一，没有普及电子化登记，给当事人融资带来极大的不便。虽然2019年10月公布的《优化营商环境条例》第47条第2款明确规定推动建立统一的动产和权利担保登记公示系统。[1] 但是该规则较为笼统，而且当时《物权法》仍然有效，这就会产生规则之间的冲突。

（二）“先公示者优先”顺位规则的确立

基于优化营商环境的政策目标，[2]结合我国立法传统，《民法典》对前述担保功能主义的立法模式有所采纳，[3]形成了现在的“动产和权利担保”体系。[4]

就动产担保物权竞存优先顺位，一般情形下，系依据取得对抗第三人效力的时间确定，即“先公示者优先”；至于特殊规则，须考虑到被担保债权、标

〔1〕《优化营商环境条例》第47条第2款规定，“国家推动建立统一的动产和权利担保登记公示系统，逐步实现市场主体在一个平台上办理动产和权利担保登记。纳入统一登记公示系统的动产和权利范围另行规定”。

〔2〕参见王晨：《关于〈中华人民共和国民法典（草案）〉的说明》，载《人民日报》2020年5月23日，第6版。

〔3〕参见高圣平：《动产担保交易的功能主义与形式主义——中国〈民法典〉的处理模式及其影响》，载《国外社会科学》2020年第4期。

〔4〕参见龙俊：《民法典中的动产和权利担保体系》，载《法学研究》2020年第6期。

的物、公示方式等本身的特殊性,由此进行具体的政策考量。[1] 实际上,《物权法》第 199 条对于多重抵押权顺位的规定与世界银行所倡导的规则的核心意旨相符合,即先登记的优先于后登记的、已登记的优先于未登记的。《民法典》第 414 条增加了第 2 款“其他可以登记的担保物权,清偿顺序参照适用前款规定”将这一规则参照适用于其他可以登记的担保物权,从而使本条成为所有担保物权优先顺位的一般规则。可登记的“担保物权”不仅包括动产抵押权和权利质权,还包括合同编所有权保留、融资租赁中的所有权,合同编的第 768 条中的多重保理优先顺位规则也是该规则本质的体现。当然,担保物权的公示方法除了登记之外,尚有占有、控制等公示方式,如动产质权是将占有作为公示方式,因此《民法典》第 415 条也规定,动产抵押权与动产质权在同一物上同时存在时,按照登记、交付的时间先后确定清偿顺序,也就是按照公示的时间先后排序。

除此之外,《民法典》第 641 条第 2 款、第 745 条赋予所有权保留出卖人所有权与融资租赁出租人所有权以登记能力,并采登记对抗主义模式,这与《民法典》第 403 条动产抵押权登记对抗规则趋同;借助《民法典》第 414 条第 2 款,《民法典》就动产担保物权竞存形成了统一的优先顺位规则。以融资租赁为例,融资租赁出租人所有权与可登记意定担保物权竞存的,准用《民法典》第 414 条的规定;当融资租赁出租人所有权与动产质权竞存时,类推适用《民法典》第 415 条的规定;融资租赁出租人所有权与留置权并存的,参照适用《民法典》第 456 条的规定,即留置权优先于所有权。[2]

“竞存动产担保物权之间的优先顺位规则总是与动产担保物权的登记对抗效力关联在一起,因为优先顺位的确定是以相关权利取得对抗效力的时间先后为一般判断标准”[3],因此动产担保中登记对抗的内涵与外延成为

---

〔1〕 参见高圣平:《民法典动产担保权优先顺位规则的解释论》,载《清华法学》2020 年第 3 期。

〔2〕 参见范佳慧:《论融资租赁交易中的权利冲突与利益实现》,载《法学家》2023 年第 5 期。

〔3〕 高圣平:《民法典动产担保权登记对抗规则的解释论》,载《中外法学》2020 年第 4 期。

优先顺位规则的核心。但是,《民法典》关于动产担保的登记对抗的规定仍然存在尚不明确之处,影响着动产担保物权竞存时的权利顺位判断。例如,未登记的动产担保效力如何尚存疑问,未登记"不得对抗善意第三人"中的"第三人"指向哪些第三人,《民法典》均未予明确,理论与实践多有争议。此外,由于《民法典》缺乏动产担保交易的共同规则,动产抵押规则发挥着动产担保一般规则的功能,在学理上可以提炼为一般规则。[1] 有关动产抵押竞存的优先规则应如何适用于所有权保留、融资租赁交易等具有担保功能的交易,尚存疑问。由于《民法典》兼采形式主义与功能主义,各自所对应的"形式担保观"与"实质担保观"方法论在相同问题上或产生价值判断结论的冲突。[2] 例如,在"形式担保观"下,所有权保留交易中的出卖方所有权不可能与其他担保物权产生竞存,而在"实质担保观"下,所有权被功能化并产生与后顺位担保物权的竞存;[3] 又如,在"形式担保观"下,所有权保留交易与购买价金担保权的规则产生冲突,不妥当解决将架空所有权保留交易制度,因此,法律适用思路的选择至关重要。《担保制度司法解释》对功能主义进行了进一步扩展,进而使动产担保物权竞存的优先顺位规则进一步体系化。

二、司法解释对顺位规则的扩展与补充

(一)顺位规则的扩展

《担保制度司法解释》在优先顺位规则方面,继续贯彻以"公示先后"确定担保物权竞存时权利的顺位,继续深化功能主义。其一,在未登记动产抵

[1] 参见谢鸿飞:《动产担保物权的规则变革与法律适用》,载《国家检察官学院学报》2020 年第 4 期。

[2] 除有关顺位问题外,"形式担保观"与"实质担保观"还对融资租赁、所有权保留等在破产程序中的效力产生影响,囿于主题此处不赘。参见曹明哲:《论非典型担保在破产程序中的法律效力——基于裁判实践的类型化分析》,载《中国政法大学学报》2024 年第 4 期。

[3] 参见谢鸿飞:《〈民法典〉实质担保观的规则适用与冲突化解》,载《法学》2020 年第 9 期。

押权法律效果上,《担保制度司法解释》第 67 条明确规定,所有权保留交易与融资租赁交易中,出卖人、出租人所有权未经登记不得对抗的"善意第三人"的范围及其效力参照该解释的第 54 条,登记对抗规则统一适用于所有动产担保交易。其二,在正常经营活动买受人规则方面,《担保制度司法解释》第 56 条亦将所有权保留交易与融资租赁交易纳入其中。早在《民法典》编纂过程中,即有观点指出,创设所有权保留登记制度的同时应例外规定正常经营活动买受人规则。[1] 其三,在购买价金担保权方面,《担保制度司法解释》第 57 条将之拓展至所有权保留交易与融资租赁交易。对于所有权担保交易,《民法典》未将担保功能主义逻辑贯彻到底,将会产生法律适用的冲突,《民法典》一经颁布,不少学者主张对《民法典》第 416 条扩张适用以化解冲突。[2] 值得注意的是,融资租赁中存在售后回租这一交易类型,售后回租交易本身并没有增加承租人的责任财产,与购买价金担保权的本质不符,因此,虽然基于功能主义理念,融资租赁出租人所有权亦可适用购买价金担保权,但应排除售后回租这一交易类型。其四,《担保制度司法解释》第 59 条关于仓单的多重质押以及多重保理、应收账款质押、应收账款转让的竞存均予以贯彻"先公示者优先"顺位规则。总之,《担保制度司法解释》进一步遵循功能主义,所有权保留交易、融资租赁交易、保理交易与动产担保一体适用相同的优先顺位规则。[3]

(二)顺位规则的补充

《民法典》第 403 条规定,"……未经登记,不得对抗善意第三人"。就善意第三人的含义,可分为第三人的客观范围与主观范围。就上述两个要素,

---

[1] 参见李宇:《民法典分则草案修改建议》,载《法治研究》2019 年第 4 期。

[2] 参见刘保玉、张烜东:《论动产融资租赁物的所有权登记及其对抗效力》,载《中州学刊》2020 年第 6 期;高圣平:《〈民法典〉视野下所有权保留交易的法律构成》,载《中州学刊》2020 年第 6 期。

[3] 参见纪海龙:《世行营商环境调查背景下的中国动产担保交易法》,载《法学杂志》2020 年第 2 期。

自动产抵押的物权变动采登记对抗主义以来，理论上与实践中就存在较大争议，在《民法典》未予以明确的前提下，《担保制度司法解释》第54条对“善意第三人”的争议作出表态。

1.“善意第三人”的客观范围

《担保制度司法解释》第54条将该范围明确为抵押财产受让人、承租人、胜诉（已裁定保全或采取执行措施）债权人与破产财产抵押权人，其中抵押财产受让人属于物权人，后三者属于特定债权人。

在抵押人转让抵押财产的情形之下，学者多认为受让人属于动产抵押权未登记而不得对抗的“第三人”。[1] 由于“登记对抗并非意在确认物权的对世效力，而是处理担保物权的享有与有利害关系的不同主体间的利益冲突”[2]，因此登记对抗并不解决抵押财产受让人是否取得物权的问题，受让人是否取得物权尚需从《民法典》第406条抵押财产转让的规则中寻求依据与结论。《民法典》第406条改变了《物权法》第191条限制抵押物转让的规则，因此，未登记动产抵押权人与买受人之间的关系应结合《民法典》第406条的规定重新进行体系解释。在买受人依法取得标的物所有权且为善意时，买受人取得无抵押权负担的抵押财产，未登记动产抵押权不得与之对抗；在买受人为恶意时，其取得附有抵押权负担的所有权，未登记的动产抵押权人可依照《民法典》第406条第1款向买受人主张动产抵押权。[3]

就承租人与未登记动产抵押权人的关系，《担保制度司法解释》第54条第2项将之与第1项的买卖做了等同处理，理由大抵在于租赁权在我国属于“物权化”的权利，《民法典》第725条延续“买卖不破租赁”的规则，第405条

---

〔1〕 参见龙俊：《动产抵押对抗规则研究》，载《法学家》2016年第3期；庄加园：《动产抵押的登记对抗原理》，载《法学研究》2018年第5期；郭志京：《也论中国物权法上的登记对抗主义》，载《比较法研究》2014年第3期。

〔2〕 张家勇：《体系视角下所有权担保的规范效果》，载《法学》2020年第8期。

〔3〕 参见高圣平、叶冬影：《民法典动产抵押物转让规则的解释论》，载《比较法研究》2020年第4期。

亦予以体现,这些规则赋予了租赁权对抵押权的对抗效力。值得注意的是,《民法典》第405条删除了《物权法》第190条“先抵押后出租”时二者优先顺位的规定,主要系因为此时应适用动产抵押登记对抗的一般规则,无须作单独规定。[1] 因此,如果第三人明知租赁物上存在抵押权,那么抵押权人可以优先于该承租人实现自己的担保物权,但如果第三人是善意的,则不能对抗。[2] 恶意的承租人不能对抗在先设立的未登记的动产抵押权,对于租赁而言,虽然立法对其提供部分物权化的保护,但其毕竟不同于物权本身,故而应当对其对抗抵押权的效力作严格规定和解释。[3] 此外,《担保制度司法解释》第54条第2项也特别强调了将抵押财产“移转占有”,与《民法典》第405条对《物权法》第190条的修改精神一致,目的是减少不真实和未实际履行的租赁合同对抵押关系的影响。[4]

争议较大的是未登记动产抵押权人与一般债权人之间的关系。较为典型的一种观点认为,未登记的抵押权人恒优先于一般债权人。[5] 相反观点认为,即使是债权,只要“取得某种物的支配关系”,也是动产抵押不登记不得对抗的。[6] 《担保制度司法解释》第54条第3项、第4项将债权人限缩为胜诉(已裁定保全或采取执行措施)债权人与破产财产抵押权人等特定债权人。比较法上,《欧洲示范民法典草案》第9-3:101条第1款等亦采纳了此方案。[7] 就对抵押财产采取强制措施的胜诉(已裁定保全或采取执行措施)债权人,未登记动产抵押权人不能与之对抗的理由大抵有二:一方面,查

[1] 参见黄薇主编:《中华人民共和国民法典物权编释义》,法律出版社2020年版,第507页。

[2] 参见王利明:《担保物权制度的现代化与我国〈民法典〉的亮点》,载《上海政法学院学报(法治论丛)》2021年第1期。

[3] 参见王乐兵:《动产担保优先顺位的立法构造与适用解释》,载《法学家》2022年第2期。

[4] 参见杨立新:《民法典物权编规定的抵押权新规则解读》,载《法学论坛》2020年第4期。

[5] 参见王泽鉴:《“动产担保交易法”上登记之对抗力、公信力与善意取得》,载王泽鉴:《民法学说与判例研究(重排合订本)》,北京大学出版社2015年版,第1481页。

[6] 参见龙俊:《中国物权法上的登记对抗主义》,载《法学研究》2012年第5期。

[7] 参见欧洲民法典研究组、欧盟现行私法研究组编著:《欧洲示范民法典草案:欧洲私法的原则、定义和示范规则》,高圣平译,中国人民大学出版社2012年版,第366~367页。

封、扣押债权在一定意义上具有“担保物权”的特性,被裁定保全或采取执行措施的债权已非普通债权可比,而具有优先于在后受让人、在后意定担保物权人、在后保全或执行债权人的效力,此与意定担保物权类似,亦与比较法上的裁判担保物权无本质区别,〔1〕查封、扣押的执行措施代表着公示,其自然优先于未登记动产抵押权;另一方面,则是为了消除“隐性担保”对交易安全的负面影响,防范倒签合同并虚构担保损害第三人利益的道德风险,〔2〕与《民法典》消除“隐性担保”以保障交易安全的思路一致。〔3〕 在破产程序中,就未登记动产抵押权是否具有优先受偿效力,持肯定观点者认为,即便动产抵押权未登记,其也优先于一般债权;〔4〕持否定观点者认为,如果未登记动产抵押权人可就标的物优先受偿,将导致出现破产债权人“零清偿”的局面,因此未经登记的动产抵押权人只能和普通债权人一样平等受偿。〔5〕 基于破产法所具有的集体清偿属性,可赋予破产管理人撤销权。〔6〕 考虑到破产程序是一种概括执行程序,〔7〕更强调债权人公平受偿,在动产抵押权没有登记公示的情况下,容易出现抵押人与某一债权人恶意串通倒签动产抵押合同的情形,〔8〕不应赋予未登记动产抵押权在破产程序中的优先受偿效力。准

---

〔1〕 参见李宇:《保理法的再体系化》,载《法学研究》2022 年第 6 期。

〔2〕 参见朱虎:《民法典动产和权利担保的变革》,载《人民法院报》2020 年 7 月 30 日,第 5 版。

〔3〕 参见刘贵祥:《民法典关于担保的几个重大问题》,载《法律适用》2021 年第 1 期。

〔4〕 参见许德风:《破产法论——解释与功能比较的视角》,北京大学出版社 2015 年版,第 403 ~ 404 页。持肯定观点的裁判可参见辽宁省高级人民法院民事判决书,(2019)辽民终 1722 号;湖南省益阳市中级人民法院民事判决书,(2014)益法民二终字第 199 号。

〔5〕 参见曹士兵:《中国担保制度与担保方法》(第 4 版),中国法制出版社 2017 年版,第 276 页;李文涛、龙翼飞:《“不登记不得对抗第三人”规则中“第三人”范围的界定》,载《法学杂志》2012 年第 8 期。

〔6〕 参见张玉海:《登记对抗主义下未登记抵押权在抵押人破产时的效力》,载《法律科学(西北政法大学学报)》2016 年第 5 期。

〔7〕 参见韩长印:《破产程序的财产分配规则与价值增值规则——兼与个别执行制度的功能对比》,载《法商研究(中南政法学院学报)》2002 年第 3 期。

〔8〕 参见最高人民法院民事审判第二庭:《最高人民法院民法典担保制度司法解释理解与适用》,人民法院出版社 2021 年版,第 473 页。

此,“参与分配制度弥补了有限破产主义的不足”[1],与破产程序具有类似功能的参与分配应同理,故未登记动产抵押权亦不得对抗参与分配债权人。

2.“善意第三人”的主观范围

《担保制度司法解释》第54条有所区分,抵押财产受让人、承租人具备善意要件方可对抗未登记的动产抵押权人;胜诉(已裁定保全或采取执行措施)债权人与破产财产抵押权人则不需要具备善意要件。这样的区分是合理的,原因在于登记对抗与所有权取得、设定担保与移转所有权有所不同,抵押权的设立仅为确定清偿顺位,不排斥抵押动产负担其他权利,抵押财产受让情形则可能导致原有物上负担消灭,故后者中的第三人要负有更高的注意义务,[2]“即使动产抵押未登记,也无保护恶意第三人之根据”[3]。因此,基于权利义务相平衡的观念,大抵上凡是否定此前动产担保物权存在的第三人,主观上必须是善意,并不否定此前动产担保物权存在的第三人,主观上无须是善意。[4]《民法典》第414条第1款第2项“抵押权已经登记的先于未登记的受偿”,以及第415条抵押权与质权竞存的优先顺位规则,均已经表明,在动产担保物权竞存优先顺位的判断中,并不考虑后担保物权人的恶意与善意,由于胜诉(已裁定保全或采取执行措施)债权人、破产财产抵押权人的情境与设定担保物权的情形相当,因此也不再要求具备善意要件。

正是基于上述不同情形下对第三人主观要件的要求不同,有不少学者指出,《民法典》第414条与第403条各有分工,前者仅适用于动产担保物权之间的竞存,后者则适用于动产担保物权人与买受人、承租人之间的权利冲突。[5]不过本书认为,在动产担保物权之间竞存时,只需将《民法典》第403

---

[1] 肖建国主编:《民事执行法》,中国人民大学出版社2014年版,第301页。

[2] 参见庄加园:《动产抵押的登记对抗原理》,载《法学研究》2018年第5期。

[3] 王洪亮:《动产抵押登记效力规则的独立性解析》,载《法学》2009年第11期。

[4] 参见高圣平:《民法典动产担保权登记对抗规则的解释论》,载《中外法学》2020年第4期。

[5] 参见龙俊:《民法典中的动产和权利担保体系》,载《法学研究》2020年第6期;类似见解参见最高人民法院民法典贯彻实施工作领导小组主编:《中华人民共和国民法典物权编理解与适用》(下),人民法院出版社2020年版,第1078~1079页。

条的“善意”做扩大解释，采“善意恶意不区分说”，即可实现《民法典》第403条与第414条、第415条在优先顺位规则上的统一与一致。下一节，本书将以动产抵押权与动产质权的竞存为例，详细阐述在动产担保物权竞存中，《民法典》第403条中“善意”的含义。

三、动产和权利担保登记的变革与展望

竞存的动产担保物权之间的优先顺位有赖于统一登记制度的构建与完善，相关登记情况应为当事人在动产担保交易之时所查询的内容。《民法典》删除了以往《物权法》关于动产和权利担保登记机构的规定，随后，《国务院关于实施动产和权利担保统一登记的决定》指出，从2021年1月1日起，全国范围内实行动产和权利担保统一登记，生产设备、原材料、半成品、产品抵押登记改由中国人民银行征信中心承担，同时，应收账款质押、存款单质押、融资租赁、保理等交易的登记也由中国人民银行征信中心办理。

（一）动产和权利担保登记的有限统一

《民法典》施行后，动产和权利担保登记只是有限统一，机动车、船舶、航空器抵押，债券质押，基金份额质押，股权质押，知识产权中的财产权质押仍然由相应的监管部门负责。就上述这些特殊动产和权利担保登记未在统一登记之列，其主要原因大抵在于，特殊动产的登记系基于行政管理，已运行多年，其采行“物的编成主义”。就登记方式而言，有“物的编成主义”与“人的编成主义”之分，相应的当事人申请模式为“文件登记制”和“申报登记制”。不动产登记中，登记簿以标的物为基础而编制，采行“物的编成主义”；而动产融资统一登记公示系统采行“人的编成主义”，登记簿以担保人为基础而展开。在“文件登记制”下，除提交登记申请外，双方还需要提交基本交易文件供登记机关审查，以确认登记簿记载内容的准确性和合法性；在“申报登记制”下，当事人只需提交记载当事人身份和被担

保财产的担保申报书,登记机关不详细核对动产担保物权的具体内容。因此,特殊动产的登记与动产融资统一登记公示系统难以合并对接,暂时不做变动。

显然,在分离登记体系下,当事人无法仅通过一次查询获知相应的权利负担和信息,交易当事人无法仅通过一次登记完成权利公示。更重要的是,这会产生特殊动产抵押登记与融资租赁登记的冲突,即融资租赁公司在开展以机动车为租赁物的融资租赁交易时,既可以在登记车辆的公安机关交通管理部门就车辆办理抵押登记,也可以在中国人民银行征信中心动产融资统一登记公示系统办理融资租赁登记,此时就会产生权利竞存。

如A融资租赁公司就机动车办理了登记车辆的公安机关交通管理部门抵押登记但没有在中国人民银行征信中心办理融资租赁登记,B融资租赁公司在中国人民银行征信中心办理了融资租赁登记但未在登记车辆的公安机关交通管理部门办理抵押登记。有观点指出,在同一机动车分别由不同的出租人办理了融资租赁登记、车辆抵押登记并产生权利竞存的情况下,可能需要结合两家融资租赁公司办理登记的时间、是否存在再次转让机动车的情形等因素进行综合判断。[1] 为了避免这一极端情况,融资租赁公司在机动车融资租赁交易时,应优先考虑同时办理机动车抵押登记、中国人民银行征信中心融资租赁登记。[2]

不过,从示范法建议看,《贸易法委员会担保交易立法指南》并不建议采用此方式,“或许建立这样的制度比较可取,即在一般担保物权登记处登记的担保物权自动转发供在专门登记处登记,反之亦然,而不是要求此类情况下的担保物人在两类登记处登记。这样,登记人只需在一般担保物权登记

---

〔1〕 参见袁雯卿、许建添:《机动车抵押登记与中登网融资租赁登记冲突,谁享有优先权?》,载微信公众号“金融争议观察”2023年7月17日,https://mp.weixin.qq.com/s/AuagUV_cj_itSpg-gTONKDg。

〔2〕 参见许建添、袁雯卿:《融资租赁法律实务20讲》,法律出版社2023年版,第23页。

处或在相关的专门登记处作一次登记。查询人只需在专门登记处进行查询,因为其将不仅披露担保物权而且将披露其他权利。但是,这种办法要求两种登记制度相互协调,并将给登记处和登记人带来额外负担"[1]。故从立法论考量,特殊动产的担保登记公示系统应予以完善,具体可仍由主管部门负责,同时,与中国人民银行征信中心建立电子链接,将特殊动产担保登记数据导入动产融资统一登记公示系统。这一设想的实现需要完成现有特殊动产的担保登记公示系统的电子化改造。

(二)动产和权利担保登记的持续变革

值得关注的是,在《民法典》施行后,动产和权利担保登记公示系统的变革一直在进行中。依据《民法典》、《优化营商环境条例》以及《国务院关于实施动产和权利担保统一登记的决定》等文件,出台《动产和权利担保统一登记办法》,《应收账款质押登记办法》同时废止,进一步明确动产和权利担保登记和查询规则,规范中国人民银行征信中心动产融资统一登记公示系统运行。此后,中国人民银行积极推动北京、上海、重庆、杭州、广州、深圳6个试点地区的机动车、船舶、知识产权担保信息共享工作;从2022年5月30日开始,相继实现北京和重庆的机动车、船舶、知识产权担保登记信息的统一查询;自2022年9月26日起,中国人民银行征信中心动产融资统一登记公示系统开始提供全国范围著作权质权登记信息的统一查询服务;自2024年7月6日起,中国人民银行征信中心动产融资统一登记公示系统开始提供全国船舶抵押登记信息统一查询服务。此外,2022年9月20日,《中国银保监会、中国人民银行关于推动动产和权利融资业务健康发展的指导意见》对金融机

[1] United Nations Commission on International Trade Law, *UNCITRAL Legislative Guide on Secured Transactions*, United Nations, 2010, p. 122.

构落实动产和权利担保登记作出进一步规定。[1]

在这些变革下,对照世界银行“动产和权利担保登记公示系统的运营”指标要求,我国可以在该指标中获得满分,但动产融资统一登记公示系统应继续完善。如规定担保物权人对交易相对人系统外查询的法定回复义务,减少交易相对人的信息查询成本;在担保合同与担保登记的描述不一致时,应当基于不利于担保物权人的原则进行解释,倒逼担保物权人如实登记;等等。[2]

第二节 动产抵押权与动产质权的竞存顺位

《民法典》第415条规定了动产抵押权与动产质权竞存的顺位规则,即按照登记、交付的时间先后确定优先顺位,即“先公示者优先”。此为《民法典》物权编较《物权法》新增的规则。不过,在此之前,《九民会纪要》第65条第1款规定:“同一动产上同时设立质权和抵押权的,应当参照适用《物权法》第199条的规定,根据是否完成公示以及公示先后情况来确定清偿顺序:质权有效设立、抵押权办理了抵押登记的,按照公示先后确定清偿顺序;顺序相同的,按照债权比例清偿;质权有效设立,抵押权未办理抵押登记的,质权优先于抵押权;质权未有效设立,抵押权未办理抵押登记的,因此时抵

[1] 例如,《中国银保监会、中国人民银行关于推动动产和权利融资业务健康发展的指导意见》第四部分第11项规定,落实担保登记公示要求。银行机构开展动产和权利融资业务的,应依法依规进行登记公示。对纳入《动产和权利担保统一登记办法》(中国人民银行令〔2021〕第7号)登记范围的,通过中国人民银行征信中心动产融资统一登记公示系统办理登记,登记的概括性描述应能合理识别担保财产。对在统一登记范围之外的机动车、船舶、航空器抵押,知识产权中的财产权质押等,按照相关规定办理登记。对于有禁止或限制转让担保财产的约定,应对该约定进行登记;登记最高债权额时,须预估主债权及利息,以及主债权违约时实现担保权的全部金额。支持银行机构在协商一致前提下,采用标签、刻印、数字信息等辅助手段,进一步增强担保公示效用。

[2] 参见范佳慧:《世行新营商环境评估视野下我国动产担保制度审思》,载《比较法研究》2023年第5期。

押权已经有效设立,故抵押权优先受偿。"解释论视角下,有以下方面需要阐述。其一,在"先抵押后质押"时,先设立的抵押权未为登记,此时是抵押权优先还是质权优先;是否需要考虑后设立的质权人的主观善意与恶意。其二,在"先质押后抵押"时,质权优先于抵押权,但登记毕竟有着更强的公示效力,有观点认为登记的抵押权可以优先于质权,这一观点是否妥当;后设立的抵押权的善意与恶意是否需要考虑在内,对优先顺位有无影响。这些问题涉及对《民法典》第415条的理解适用。故本节在梳理自《物权法》以来相关理论与案例的基础上,详细阐述动产抵押权与动产质权的竞存顺位规则。

一、"先抵押后质押"时的竞存顺位

(一)观点分歧

"先抵押后质押"时,就抵押权与质权之间的顺位问题是否存在分歧,因在先的抵押权是否登记而有不同。动产抵押权如已登记,则一般认为抵押权优先,理由是在先的抵押权通过登记取得对抗效力,[1]后设立的质权人自愿承受,应劣后于前设抵押权。[2] 对此,理论界并无争议,司法实践也确立了此种裁判观点。[3]

而在先的动产抵押权未登记时,此时抵押权与质权的优先顺位存在观

---

〔1〕 参见王利明等:《中国物权法教程》,人民法院出版社2007年版,第481页。持相同观点的还有高圣平:《担保法论》,法律出版社2009年版,第258页;叶金强:《担保法原理》,科学出版社2002年版,第153页;杨立新:《物权法》(第4版),中国人民大学出版社2013年版,第204~205页;徐海燕、李莉:《物权担保前沿理论与实务探讨》,中国法制出版社2012年版,第42页;唐义虎:《担保物权制度研究》,北京大学出版社2011年版,第249页;曹士兵:《中国担保制度与担保方法》,中国法制出版社2008年版,第251页。

〔2〕 参见王利明:《物权法研究》(第3版)(下卷),中国人民大学出版社2013年版,第1345页。

〔3〕 参见江苏省高级人民法院民事判决书,(2015)苏民撤终字第00007号。相同裁判观点还可参见四川省成都市中级人民法院民事判决书,(2013)成民终字第6111号;湖南省高级人民法院民事判决书,(2015)湘高法民二初字第19号;江西省高级人民法院民事裁定书,(2016)赣执异7号。

点分歧。第一种观点认为,应按照担保物权成立时间先后,确定抵押权优先。[1] 第二种观点认为,动产抵押权未登记时,质权优先于抵押权,因未登记的抵押权未进行公示,不具有对抗效力,后设立的质权因公示而具有对抗效力,[2]还有学者沿用古罗马"占有优先规则"来论证,[3]司法实践中也有裁判持此观点。[4] 第三种观点认为,在先的动产抵押权未登记,若质权人为善意,质权优先于抵押权;若质权人为恶意则抵押权优先于质权。即先设立的抵押权未登记,尚未取得抵押权的对抗效力,因而不得对抗善意第三人,在后顺位质权人为"善意的情况下,自不能对抗后设立的质权,而后设立的质权因移转占有而取得对抗第三人的效力,可对抗抵押权人,此时先设立的抵押权劣于后设立的质权"[5]。倘若先成立的抵押权未经登记,则其不能对抗善意第三人,只有在质权人知道或者应当知道在先存在抵押权的情况下,抵押权才能对抗质权。[6] 司法实践中,也有裁判持此观点。[7]

(二)登记对抗主义下不以成立时间判断优先顺位

前述有观点认为,应当按照担保物权设立时间的先后顺序来确定优先顺位,因抵押权和质权均为意定担保物权,抵押权设定在先的,抵押权具有优先于质权接受清偿的效力,反之抵押权劣后于质权接受清偿。如果在担保物权已完成公示的前提下,上述结论诚然正确,因为这是公示原则和优先效力的体现,但动产抵押权的设立采登记对抗主义,无须登记即可成立。因

---

〔1〕 参见武靖人、袁祝杰主编:《中国担保法律与实务》,中信出版社 1997 年版,第 55 页;徐洁:《抵押权论》,法律出版社 2003 年版,第 191 页;温世扬:《物权法要义》,法律出版社 2007 年版,第 287 页。

〔2〕 参见叶金强:《担保法原理》,科学出版社 2002 年版,第 152 页;车辉、李敏:《担保法律制度新问题研究》,法律出版社 2005 年版,第 84 页;刘智慧主编:《〈物权法〉立法观念与疑难制度评注》,江苏人民出版社 2007 年版,第 284 页。

〔3〕 参见陈华彬:《民法物权论》,中国法制出版社 2010 年版,第 71~72 页。

〔4〕 参见广东省佛山市中级人民法院民事判决书,(2012)佛中法民二终字第 76 号。

〔5〕 高圣平:《担保法论》,法律出版社 2009 年版,第 258 页。

〔6〕 参见王利明等:《中国物权法教程》,人民法院出版社 2007 年版,第 481 页。持相同观点的还有唐义虎:《担保物权制度研究》,北京大学出版社 2011 年版,第 249 页。

〔7〕 参见浙江省宁波市鄞州区人民法院民事判决书,(2010)甬鄞商外初字第 38 号。

此，当未经登记的动产抵押权与动产质权竞存时，按照所谓“时间在先、权利在先”确立优先顺位，实际上是忽视了该论点的前提，即物权优先效力和公示原则。换言之，应该是在均为“公示生效主义”的物权或者是虽为登记对抗但已补足公示手段的物权之间才有所谓“时间在先、权利在先”的运用，亦即设立时间的先后仅是表象，获得对抗效力才是实质，而对抗效力的获得则需要经过公示。或者说，所谓的“时间在先”，应该解释为“获得对抗效力的时间在先”。

（三）登记对抗主义下后设立担保物权人主观状态不影响顺位判断

既然在先设立的抵押权未为登记时不能按照担保物权设立的先后来确定优先顺位，那么是否为质权优先于未经登记的抵押权？若如此，应如何理解《民法典》第403条的“未经登记，不得对抗善意第三人”。换言之，先设立的抵押权未登记，在判断与后设立质权的优先顺位时，是否需要考虑质权人的“善意”。这一问题涉及登记对抗主义之下登记对抗的主观范围。

1. “未经登记，不得对抗善意第三人”的争议

《民法典》第403条与《物权法》第188条的规定大体相同。在《物权法》施行之前施行的《担保法》第43条第2款规定：“当事人未办理抵押物登记的，不得对抗第三人……”该规定与《民法典》第403条及《物权法》第188条所规定的“善意第三人”不同。《担保法》中“第三人”是否区分善意与恶意，有所谓不区分善意恶意说、善意第三人说、不包括违反诚信原则的恶意第三人说等。[1] 针对《物权法》对《担保法》中有关规定的改变，应属立法者为防杜争议而有意为之，对于其中“善意”的具体判断，一般则认为只要第三人不知有动产抵押权之存在即可，第三人之不知情是否出于过失，在所不问。不过，第三人不知情如出于重大过失则应理解为属于恶意，即“善意”应被理解为善意且无重大过失。[2]

---

〔1〕 参见高圣平：《动产担保交易制度比较研究》，中国人民大学出版社2008年版，第288页。

〔2〕 参见高圣平：《担保法论》，法律出版社2009年版，第405～406页。

在这一思路下,动产抵押权与动产质权的竞存中,有观点认为应考虑后设立质权人的善意与恶意。首先,知情的质权人明知存在动产抵押权,仍然与抵押权人交易,说明其已经预见并甘愿承担由此带来的风险。其次,如果动产抵押权人无法对抗恶意第三人,会挫伤当事人设立动产抵押权的积极性。最后,如果未登记动产抵押权无法对抗恶意第三人,则会动摇动产抵押权的安全性,易滋生恶意串通行为,最终使登记成为一种强行登记,使登记对抗主义丧失原本之意,变为实质上的登记设立主义。[1]

此外,日本法为采登记对抗主义物权变动模式的典型,根据学者考察,在日本法上就登记对抗主义的范围,也存在“恶意排除说”与“善意恶意不区分说”等。[2] “恶意排除说”即认为善意的第三人属不得对抗的第三人。日本学说对“善意恶意不区分说”的主要批判有:其保护恶意者,违反伦理;自由竞争应限于债权合同阶段,而在物权关系的领域中,因支配力的缘故,没有自由竞争的适用余地。[3]

2. 应采“善意恶意不区分说”

在先设立的动产抵押权未登记之时,无论后设立的质权人主观为善意还是恶意,均属“不得对抗的善意第三人”,应采“善意恶意不区分说”。换言之,未登记的动产抵押权可以对抗抵押物的恶意买受人,但不能对抗已经依法公示的恶意抵押权人、质权人和留置权人。[4] 从《民法典》第415条本身的规定看,其也未凸显担保物权人任何的主观要件。本书认为,采“善意恶意不区分说”有如下合理性。

第一,既有规则已确立了“善意恶意不区分说”。动产抵押权与动产质权竞存时规则的确立,应以既有规范所确立的规则为基础,贯彻逻辑一致和

---

〔1〕 参见刘玉杰:《未登记动产抵押权效力探析》,载《法律适用》2009年第10期。
〔2〕 参见龙俊:《中国物权法上的登记对抗主义》,载《法学研究》2012年第5期。
〔3〕 参见龙俊:《中国物权法上的登记对抗主义》,载《法学研究》2012年第5期。
〔4〕 参见王闯:《规则冲突与制度创新(中)——以物权法与担保法及其解释的比较为中心而展开》,载《人民法院报》2007年6月27日,第6版。

相同问题相同处理的原则，无论是《民法典》第 414 条还是《物权法》第 199 条有关抵押权竞存顺位规则，都未提及抵押权人的善意与恶意问题，对于抵押权人不适用善意与恶意的区分标准，就没有理由对质权人适用该区分标准。[1] 也就是说，《民法典》第 414 条第 1 款第 2 项、《物权法》第 199 条第 2 项的规定已经内含并确立了这样的规则——在动产抵押权未经登记之时，不论后设立并登记的抵押权人是否善意，均处于优先顺位。因此，后设立的抵押权人的善意与恶意根本不会对竞存优先顺位产生影响。对于同样完成公示（交付）的动产质权来说，其与上述完成公示（登记）的动产抵押权没有差别，因而上述结论同等适用，即质权是完全效力的物权，抵押权在未经登记前不能对抗质权，无论质权人是善意还是恶意。[2]

第二，善意与恶意的判断标准不具有可操作性。主观善意与恶意的判断为相对人的主观事项，难以为外人察觉抑或证明，因此，其不具有实践中的可操作性。在司法实践中，有法院通过举证责任的分配来解决这一问题，即由未登记的抵押权人主张后设立的质权人为恶意，抵押权人举证不成功则在优先顺位上劣后于质权人。[3] 这样迂回的做法，一方面表明证明善意或恶意在实践中确实存在难度；另一方面通过举证责任分配的方式，客观上接近“善意恶意不区分说”，毕竟针对主观要件的举证是相对困难的。

对此可能的反驳是，民法中的其他制度诸如善意取得制度，也存在善意的判断，为何善意取得中善意的构成要件未因主观性而被去除？需要注意的是，二者并不相同。一方面，在善意取得制度中，善意与恶意的判断实际已经客观化，由其他客观要件推定；[4] 另一方面，动产抵押权与动产质权竞存等担保物权竞存情形，与善意取得这种所有权取得情形不同，在《民法典》

---

[1] 参见龙俊：《动产抵押对抗规则研究》，载《法学家》2016 年第 3 期。
[2] 参见徐洁：《抵押权论》，法律出版社 2003 年版，第 185 页。
[3] 参见浙江省宁波市鄞州区人民法院民事判决书，(2010) 甬鄞商外初字第 38 号。
[4] 参见王利明、王轶：《动产善意取得制度研究》，载《现代法学》1997 年第 5 期。

第403条、《物权法》第188条上采善意的观点实际上是将登记对抗和善意取得、登记簿公信力制度相混淆,登记对抗虽然具有保护第三人的功能,但其本身解决的是与互为对抗关系的第三人之间的优先关系,不是取得的问题,这是与善意取得、登记簿公信力制度的不同,因此不需要第三人负尽力调查义务,原则上不应当对第三人的主观要件有所要求。[1]

第三,从倡导性规范的角度,虑及主观状态的理由均不成立。首先,知情的第三人后设立质权,属于自由竞争的行为,并无可归责之处。日本法上,"善意恶意不区分说"在对前述批评的回应中也提及,保护恶意第三人并不违反伦理,日本民法中"恶意"一词仅指知道某件事情,与伦理意义上的善与恶无关,并且将恶意者,甚至善意有过失者排除在保护范围之外,是最不利于交易安全的。[2] 其次,所谓挫伤抵押权人积极性和架空登记对抗主义而有悖立法宗旨的观点并不具有说服力。因为未经登记的动产抵押权虽为物权,但其的确在对抗效力上受限,即便的确挫伤了抵押权人的积极性、使动产抵押权的安全性受到威胁,也并非后设立质权的人的恶意所致,而是登记对抗本身所自有的特征所致。最后,"善意恶意不区分说"是否违背登记对抗主义的立法宗旨,则更有待商榷。因为诸如《民法典》第403条、《物权法》第188条等这类登记对抗规范,属倡导性规范,即提倡和引导当事人采用特定行为模式的法律规范。[3] 换言之,"未经登记,不得对抗善意第三人"的潜台词是受让人唯有依循法律的提倡和引导办理登记手续,方可高枕无忧地享受其物权,[4]因此立法宗旨就是鼓励动产抵押权人进行登记,而采"善意第三人说"不利于激励当事人完成登记。[5]

第四,基于效率考量的国际示范法趋势。在《贸易法委员会担保交易立

---

〔1〕 参见郭志京:《也论中国物权法上的登记对抗主义》,载《比较法研究》2014年第3期。
〔2〕 参见[日]铃木禄弥:《物权的变动与对抗》,渠涛译,社会科学文献出版社1999年版,第34页。
〔3〕 参见王轶:《论物权法的规范配置》,载《中国法学》2007年第6期。
〔4〕 参见王轶:《论物权法的规范配置》,载《中国法学》2007年第6期。
〔5〕 参见郭志京:《也论中国物权法上的登记对抗主义》,载《比较法研究》2014年第3期。

法指南》中,对是否应当区分第三人善意与恶意的问题也有所提及。其第三部分“担保物权对第三人的效力”的第12点做如下阐述:“有些其他国家承认对第三人对抗效力的一般要求的例外。在这些国家中,即便担保物权人并没有采取措施使担保物权具备完全对抗第三人的效力,但如果后设立的担保物权人或者买受人在取得权利时如果已经知悉在担保财产上存在先设立的担保物权,那么在先设立的担保物权对其具有对抗效力。有一些理由解释为什么这些限制并不适合于高效的担保交易制度。高效的担保交易制度的关键便是在担保财产权利竞存的排序中获得优先的确定性。如果对第三人的对抗效力规则依赖于事后的调查取证和诉讼,则不利于上述目标的实现(因为不具有确定性)。此外,确定第三人是否知悉以及知晓的确切程度存在举证上的困难。另外,在后的担保物权人或者买受人仅仅知悉在先担保合同的存在并不一定表明其就是恶意。如果在先的担保物权人并没有采取措施使担保物权具有完全对抗第三人的效力,那么在后的担保物权人或者买受人就有合理理由认为,在先的担保物权人已自甘风险,愿意承受其担保物权对第三人不具有对抗效力的风险。”其核心思想即如果考察在后权利人的主观状况,将致担保制度的效率降低。

综上所述,尽管《民法典》第403条规定了“未经登记,不得对抗善意第三人”,但在解释上,应对其做扩大解释,采“善意恶意不区分说”。也有观点认为,可以实行善意的推定,即在登记对抗主义之下,未经登记之时,推定第三人善意,[1]如此,在先设立未经登记的抵押权与后设立的质权并存时,即便后设立的质权人为恶意,动产抵押权人也不得对抗质权人。《担保制度司法解释》第54条更进一步采纳了“善意恶意不区分说”。基于权利义务相平衡的观念,大抵上凡是否定此前动产担保权存在的第三人,主观上必须为善意,并不否定此前动产担保物权存在的第三人,主观上

---

〔1〕 参见郭志京:《也论中国物权法上的登记对抗主义》,载《比较法研究》2014年第3期。

无须善意。[1] 因此,在动产担保物权竞存优先顺位的判断中,并不考虑后担保物权人的恶意与善意。

二、"先质押后抵押"时的竞存顺位

(一)观点分歧

在"先质押后抵押"时,抵押权与质权之间的顺位问题,理论上存在三种观点。第一种观点认为,抵押权无论是否登记,质权均优先。质权设立在先,因此质权人可以对抗抵押权人。[2] 第二种观点认为,登记的抵押权优先。动产抵押权和动产质权竞存时,抵押权经过登记的,则优先于质权;[3] 依《担保法解释》第79条第1款的规定,登记的抵押权优先于质权。[4] 司法实践中,有裁判持此观点。[5] 第三种观点认为,在后已经登记的抵押权人善意,则抵押权优先,否则质权优先。如果抵押权人知道或者应当知道动产被质押,其仍然接受抵押,即使办理了登记也应当认为其自愿承受了顺位在后的结果;如果抵押权人不知道也不应当知道已经质押的情况,已登记的抵押权应当优先于质权。[6]

(二)《担保法解释》第79条及其思路的弃用

在"先质押后抵押"时,有观点认为,经过登记的抵押权恒优先于质权,不论该抵押权设定在先,抑或设定在后。这一观点值得商榷。

第一,先设立的动产质权已完成交付,完成了法定的公示,获得了物权

[1] 参见高圣平:《民法典动产担保权登记对抗规则的解释论》,载《中外法学》2020年第4期。

[2] 参见王利明等:《中国物权法教程》,人民法院出版社2007年版,第481页。持相同观点的还有谢在全:《民法物权论》(中册)(第5版),中国政法大学出版社2011年版,第940页;刘保玉:《论担保物权的竞存》,载《中国法学》1999年第2期;吴庆宝主编:《物权担保裁判原理与实务》,人民法院出版社2007年版,第407页;高富平:《物权法专论》,北京大学出版社2007年版,第533页。

[3] 参见崔建远:《物权法》(第2版),中国人民大学出版社2011年版,第39页。

[4] 参见温世扬:《物权法要义》,法律出版社2007年版,第287页。

[5] 参见福建省三明市中级人民法院民事判决书,(2016)闽04民终1315号。

[6] 参见王利明:《物权法研究》(第3版)(下卷),中国人民大学出版社2013年版,第1345页。

的对抗效力，因此，其自然优先于后设立的抵押权。而后设立的抵押权即便经过登记获得了对抗效力，也无法溯及在先的质权。因登记所产生的对抗效力，仅能向后发生效力，不能影响前面已经完成公示的质权。[1] 交付与登记同为担保物权的公示方法，并无优劣与强弱之分，自应处于平等地位，并非登记产生的效力就强于交付产生的效力。交付和登记具有平等的公示对抗效力，仅为防止篡改时间而认为登记优先于交付占有，不考虑其他情形和因素使登记的抵押权一概优先，不具有正当性。[2]

第二，经过登记的抵押权恒优先于质权的观点直接源于《担保法解释》第79条第1款的规定，即同一财产法定登记的抵押权与质权并存时，抵押权人优先于质权人受偿。其理由为抵押权的登记设定时间是确定的，质权的设定时间难以认定，当事人可以在设定抵押权后与第三人恶意串通，更改质权的设定时间，对抗抵押权人行使抵押权。[3] 规定经登记的抵押权优先于质权，就等于尊重当事人法定登记的确定性、防止当事人恶意串通。[4] 但《担保法解释》第79条第1款的思路不可取，这一规定使动产质权被架空，沦为形式上的担保物权，因为即便在先设立动产质权，在后设立的抵押权也能够轻而易举将其击破，使质权处于不稳定状态。如果债务人想要逃避债务，只需找到另外的第三人，以该质物设立抵押权并办理登记即可。[5] 2019年《九民会纪要》第65条第2款已经明确指出，《担保法解释》第79条第1款不再适用。

（三）不考虑后设定抵押权人的主观状态

前述有观点认为，后设立并登记的抵押权人为善意，可以优先于在先设

---

[1] 参见王泽鉴：《动产担保交易法上登记之对抗力、公信力与善意取得》，载王泽鉴：《民法学说与判例研究》（第1册），北京大学出版社2009年版，第102页。

[2] 参见王闯：《关于最高法院“担保法司法解释”的若干问题》，载邹海林主编：《金融担保法的理论与实践》，社会科学文献出版社2004年版，第65页。

[3] 参见曹士兵：《中国担保法诸问题的解决与展望》，中国法制出版社2001年版，第222页。

[4] 参见孔祥俊：《担保法及其司法解释的理解与适用》，法律出版社2001年版，第251页。

[5] 参见叶金强：《担保法原理》，科学出版社2002年版，第153页。

立的质权,这一观点同样值得商榷。第一,这一观点违反物权公示和物权优先效力的一般理论。质权的设立以交付为要件,交付和登记所产生的效力是平等的。第二,抵押权人在设立抵押权时完全可以通过查看标的物来确定抵押人是否占有动产,如果抵押人未占有动产,则抵押权人自当有所警觉,动产之上可能存在其他在先权利。第三,先设立的质权因完成法定的公示而无可归责之处,质权本身就是一个效力完备的担保物权,无论是《物权法》还是《民法典》,并没有类似“质权不能对抗善意第三人”的规定,因而在“先质押后抵押”的情形下,质权优先于抵押权,当无疑义。

第三节　动产浮动抵押与动产固定抵押的竞存顺位

尽管《民法典》完善了担保物权的竞存规则,但对于动产抵押权中的一类特殊抵押权即浮动抵押,其与其他担保物权竞存时的规则,尤其是动产浮动抵押与动产固定抵押的竞存顺位规则,《民法典》并未规定。当债务人为债权人在先设立了固定抵押,后又为另一债权人设立浮动抵押时,依照《民法典》第 414 条抵押权竞存的规则即可解决。但是,若债务人先为债权人设立浮动抵押且该浮动抵押业已登记,后又为另一债权人设立固定抵押时,二者之间如何确定优先顺位,《民法典》对此并未规定,理论与实践存在争议。《九民会纪要》第 64 条对此作出规定,即“企业将其现有的以及将有的生产设备、原材料、半成品及产品等财产设定浮动抵押后,又将其中的生产设备等部分财产设定了动产抵押,并都办理了抵押登记的,根据《物权法》第 199 条的规定,登记在先的浮动抵押优先于登记在后的动产抵押”。这一结论尚需从解释论角度进一步阐述。以下拟结合不同浮动抵押制度模式以及我国浮动抵押制度特点展开论述。

一、竞存顺位的观点歧见

（一）理论歧见

关于债务人先设定浮动抵押后又设定固定抵押时的竞存顺位，有两种观点。第一种观点认为，固定抵押优先。该观点认为，在浮动抵押与固定抵押的优先顺位上，应该区分浮动抵押转换为特定担保之前和之后的不同情况。在全部动产特定为抵押物之前，其他担保物权优先于浮动抵押权；浮动抵押固定之后，相较于在其之后设立的其他担保物权，具有优先性。[1] 持该观点的理由大致有二：其一，此与浮动抵押所具有的浮动性特征相吻合，浮动抵押“结晶”前对抵押标的物没有支配力，因为在浮动抵押的标的上同时存在其他形式的固定担保物权时，由于固定担保物权标的物是特定的，而浮动抵押只是笼罩和悬浮在浮动的集合抵押财产之上，“结晶”之前浮动抵押权人对抵押财产之集合体及具体的个体并无支配力，因此，除非当事人之间事先有特别约定，否则，无论设定的时间先后，固定担保物权均优先于浮动抵押。[2] 其二，从《物权法》第 189 条（《民法典》第 404 条）看，此情形与“结晶”前抵押物的买卖似无实质区别，如厚此薄彼，理由不甚充足。[3]

第二种观点认为，应以登记确定先后顺位。该观点不认为固定抵押一概优先，而认为浮动抵押权和固定抵押权的先后顺位应依据登记的先后顺序而定，浮动抵押权并不恒弱于固定抵押权。[4] 其理由大致有二：其一，依体系解释的规则，既然浮动抵押在《物权法》中并未作为单独一节，因而应当

〔1〕 参见陈本寒：《财团抵押、浮动抵押与我国企业担保制度的完善》，载《现代法学》1998 年第 4 期；石佳友：《动产浮动抵押制度的适用》，载《人民司法》2008 年第 11 期。

〔2〕 参见刘学东：《论浮动抵押及对我国立法的完善》，载《黑龙江省政法管理干部学院学报》2009 年第 4 期。

〔3〕 参见刘贵祥：《〈物权法〉关于担保物权的创新及审判实务面临的问题（下）》，载《法律适用》2007 年第 9 期。

〔4〕 参见金曼：《美国动产担保登记制度中的利益平衡》，载《西南政法大学学报》2017 年第 1 期。

适用抵押权的一般规定;[1]其二,我国的浮动抵押制度与英国法并不相同,我国浮动抵押没有严格意义上的“结晶”、接管制度。但《物权法》第196条、《民法典》第411条初步规定了浮动抵押的“确定”情形,因而在浮动抵押确定前,其已经产生了物权效力,在效力规则上不应采取英国法的规则,而应根据设定时间的先后决定优先顺位。[2]

(二)司法歧见

司法实践中,亦存在上述两种观点的分歧。如在“四川东连融资担保有限公司与四川省图成商贸有限公司、李某、四川省邛崃市人和酒厂、中国工商银行股份有限公司邛崃支行排除妨碍纠纷申请再审案”中,法院认为,“因担保物权的实行、债务人违约、约定事件、企业合并或企业破产等确定事由发生而转换为特定担保,抵押人当时拥有的全部动产才能特定为抵押物,因此,在全部动产特定为抵押物之前,其他担保物权应优先于浮动抵押权”[3]。而相反观点则认为,应依登记之先后而定优先顺位。如在“重庆中集物流有限公司与重庆三峡担保集团股份有限公司、重庆进出口信用担保有限公司等执行分配方案异议之诉案”中,法院制定了执行分配方案,有债权人提出异议,法院认为,“本案申请执行人重庆进出口担保公司设定浮动抵押权时间和担保的方式,均在先且在优,故拍卖成交的铝渣总价款315.5547万元由重庆进出口担保公司优先受偿”[4]。在“莫某某、恩平市嘉维化工实业有限公司等民间借贷纠纷案”中,法院认为,“恩平嘉维公司若不能清偿合同项下尚欠的借款本息,莫某某可请求拍卖、变卖恩平嘉维公司提供的相关抵押物所得价款按照抵押权登记的先后顺序受偿,但不得对抗正常经营活动中已支付合理价款并取得抵押财产的买受人”[5]。

---

〔1〕 参见陈小燕:《物权法研究》,人民出版社2008年版,第231~231页。

〔2〕 参见王洪亮:《动产抵押登记效力规则的独立性解析》,载《法学》2009年第11期。

〔3〕 四川省高级人民法院民事裁定书,(2014)川民申字第2335号。

〔4〕 重庆市第五中级人民法院民事判决书,(2013)渝05民初第0230号。

〔5〕 广东省江门市中级人民法院民事判决书,(2016)粤07民终955号。

事实上，上述两种观点分别代表了两种浮动抵押的立法例，即英国法和美国法，同一动产上浮动抵押权和一般动产抵押权竞存时的顺位判断也因为这两种观点的分歧而有不同的结果。〔1〕

二、不同浮动抵押模式之对比

（一）浮动抵押的两种模式

比较法上，采固定抵押优先于浮动抵押的典型立法国家为英国。在英国法上，在后设定的固定抵押权优先于在先设定的浮动抵押权受偿，正是因为抵押权人享有可于日常经营中继续处分财产的权利，浮动抵押优先权次序将在固定抵押之后，即使在后的抵押权人注意到在先的浮动抵押仍然如此。〔2〕因浮动抵押制度源于英国衡平法并进而影响其他英美法系国家和大陆法系国家，故而在优先顺位的问题上，有观点认为似乎当然采取固定抵押优先说。

美国的成文法中并没有英国法上的"浮动抵押"抑或"浮动担保"，但存在类似的制度，即《美国统一商法典》第 9 编所规定的在"嗣后获得的财产"设定担保权益（after-acquired property），当事人可以约定将日后获得的担保物作为担保协议中全部或者部分债务的担保物，这一特征被类型化为"floating lien"（浮动担保）。〔3〕

具体来说，《美国统一商法典》对在嗣后获得的财产上设定担保权益的情形进行了明确规定〔4〕，除了消费品（但在担保物权人给付对价后 10 日内债务人取得其上权利的情况除外）、商事侵权赔偿请求权外，担保合同可以

---

〔1〕　参见龙俊：《动产抵押对抗规则研究》，载《法学家》2016 年第 3 期。

〔2〕　参见李政辉：《论浮动抵押》，载梁慧星主编：《民商法论丛》第 14 卷，法律出版社 2000 年版，第 750 页。

〔3〕　参见高圣平：《担保法论》，法律出版社 2009 年版，第 445 页。

〔4〕　参见美国法学会、美国统一州法委员会：《美国〈统一商法典〉及其正式评述》（第 3 卷），高圣平译，中国人民大学出版社 2006 年版，第 131 页。

在嗣后取得的担保物上设定或规定担保物权。消费品的定义于《美国统一商法典》第9－109条作出规定,第9－205条则明确确认了不断变化的担保物之上“浮动担保物权”的效力,担保物权并不因债务人不向担保物权人计算收益或者置换担保物即可以自由处分担保物而被认定为无效或者诈欺。而关于该嗣后获得的财产的担保权益的成立,第9－308条规定,除本条和第9－309条另有规定外,担保物权有效成立并满足第9－310条至第9－316条所规定的所有相应公示条件时,担保物权即为公示。如果在担保物权有效成立之前相应的条件已经满足,担保物权有效成立之时,担保物权即为公示。因而,“如果双方之前订立了于嗣后获得的财产之上设立担保权益的协议,担保物权人已经支付对价或有义务支付对价,并且已经登记,则担保权益于嗣后获得的财产上成立,一旦债务人获得财产的所有权,担保权益即获完善”[1]。并且,依据《美国统一商法典》第9－108条的规定,所有债权人均只须登记一份载有“合理指明”担保物的描述的担保声明书即可,而不需要就债务人获得的嗣后财产再次进行登记。在担保权益的优先顺位上,于第9－322(a)条作出规定。因而,《美国统一商法典》采功能主义哲学,将担保权益竞存时的规则规定为依登记或者完善(公示)的先后。当然,其中的例外便是购买价金担保权。

(二)不同浮动抵押模式下优先顺位之比较

在英国法上,一般认为浮动抵押“结晶”之前,胜诉的债权人对公司财产的执行行为可以对抗浮动抵押权人,抑或对于已经获得胜诉判决的债权人,债务人可以主动清偿,抵押权人也不得对抗该类债权人,因为清偿行为本身属于广义的经营权利的范畴。[2] 因而,浮动抵押在固定化之前,浮动抵押人不能阻止公司向无担保债权人清偿债务,但是固定化之后,浮动抵押权人即

---

〔1〕 Peter F. Coogan, *Article 9 of the Uniform Commercia Code: Priorities among Secured Creditors and the "Floating Lien"*, 72 Harv. L. Rev. 851 (1958－1959).

〔2〕 参见王仰光:《动产浮动抵押权制度研究》,法律出版社2012年版,第77～81页。

优先于无担保债权人受偿。[1] 这就是说，一般而言，在英国法上，“结晶”之后浮动抵押权人与相关利益主体受偿的先后顺位为：浮动抵押权人、其他担保物权人、一般债权人。

本书认为，我国《物权法》乃至《民法典》关于浮动抵押的制度与英国法上的浮动抵押制度并不相同。第一，物权效力的区别。英国法中的浮动抵押登记制度被规定在《英国2006年公司法》中。其第860条第7款(g)项规定了“公司财产或事业的浮动抵押”；第870条规定了允许抵押的期间；第876条第1款(b)项、第891条第1款规定了公司应备置抵押登记册；第874条规定了未经登记被公司设立之抵押的后果，不对公司清算人、公司破产管理人、公司债权人产生影响。[2] 由于浮动抵押的性质决定了其在“结晶”之前，债务人可以在正常经营活动中处分有关财产，包括设定新的担保，因而登记本身不能决定也不能保证优先权。也就是说，登记无法使其获得优先于其他担保物权人的地位，不具有对抗效力，因而有学者称该“登记的效力类似于备案”[3]。而《英国2006年公司法》第876条第1款(b)项、第891条第1款则仅仅是要求公司备置登记册以供查阅。因此，英国法上浮动抵押的登记制度与我国物权登记效力体系不尽相同，不能换称为登记对抗主义。我国浮动抵押在登记之后即具有物权效力，此对抗效力在司法实践中亦得到认可。[4] 因此，若认为浮动抵押在登记之后不具有优先受偿效力，《民法典》有关浮动抵押的规定将成具文。更为重要的是，如果规定浮动抵押权恒弱于固定抵押权，那么浮动抵押的价值何在呢？又有多少债权人真会因为享有浮动抵押权而向债务人投资呢？[5]

第二，“结晶”制度的区别。《物权法》第196条、《民法典》第411条规定

---

[1] 参见关涛：《浮动抵押刍议》，载《法学论坛》2007年第3期。

[2] 参见《英国2006年公司法》，葛伟军译，法律出版社2012年版，第541~557页。

[3] 李莉：《浮动抵押权人优先受偿范围限制规则研究》，载《西南政法大学学报》2014年第3期。

[4] 参见四川省高级人民法院民事判决书，(2017)川民终892号。

[5] 参见李琳、李宗龙：《担保物权竞存时的清偿顺位问题》，载《兰州学刊》2019年第2期。

了抵押财产"确定"的情形,学者对于这种抵押财产"确定"的性质存在争议。有的观点认为,此为所谓的"结晶"制度,有的观点则认为这并非"结晶"规则,而只是抵押物的确定规则,在抵押物确定前抵押权就已经发生了物权效力。本书认为,就立法目的进行考量,在《物权法》制定之时,第196条的目的在于抵押权人行使抵押权时,抵押财产应当是确定的。也就是说,《物权法》第196条、《民法典》第411条的目的在于给抵押权的执行提供便利,而非使抵押权效力发生或者"从休眠中复苏"。因此,我国的浮动抵押与英国的浮动抵押并不相同,不存在彰显浮动抵押特点的"结晶"制度。源于英国法的浮动抵押财产确定制度有双重功能,在英国的登记制度、"结晶"条件、破产制度等制度环境中,是可行且必要的,我国并不具有类似的制度环境、原理体系。[1]

第三,标的物的区别。在英国,浮动抵押所涉标的物的范围较广,因而如果不规定固定抵押权优先于浮动抵押权,抵押人进行再次担保融资的标的物将会变少;而美国及我国的动产浮动抵押均是在部分动产上设立,因此至少从形式上看,抵押人依然可以在其所有的其他财产上设立担保进行融资,即动产浮动抵押并未限制其再融资,所以不用规定固定抵押权优先于浮动抵押权。尽管美国法并没有像在物权法定主义之下的"浮动抵押"的概念,但从前述对美国法中的"浮动抵押"的描述中可以发现,虽然其理论的基点与大陆法系相差甚远,但制度规定却异于英国模式,与大陆法系有相似之处。[2] 更进一步,在英国法上,浮动抵押权的受偿顺位劣后于固定抵押权,因而债权人选择浮动抵押的目的主要是获得指定管理接管人的权利,而美国法规定的浮动抵押则解决了如何在存货与应收账款上设定丧失占有的担

---

〔1〕 参见李莉:《论浮动抵押财产确定制度》,载《环球法律评论》2021年第2期。
〔2〕 参见徐冬根:《浮动担保法律问题比较研究》,上海交通大学出版社2007年版,第54页。

保的问题,常常在存货担保与应收账款担保场合中使用。[1]

我国法上的浮动抵押在制度的细节方面,与美国法有颇多相似之处。例如,在浮动抵押的客体方面,《物权法》第181条、《民法典》第396条规定为“生产设备、原材料、半成品、产品”;在美国法上虽然未做特别限制,但主要是指存货,而根据《美国统一商法典》第9－102条规定,存货就包括原材料、半成品、在经营活动中使用或者消耗的材料。上述规定在客体上相吻合。而英国法上更普遍的做法是就整个企业财产设定浮动抵押。又如,在主体方面,《物权法》第181条、《民法典》第396条规定可以设定浮动抵押的主体为企业、个体工商户、农业生产经营者;美国法并没有对适用的主体范围作出特别限制;英国法中浮动抵押制度被规定在《英国2006年公司法》中,其主体仅为公司,因此主体范围比我国与美国的更窄。再如,在实现程序方面,我国和美国均未规定英国法上的接管人制度和“结晶”制度,学者一般认为在抵押财产确定后,抵押权人即可以依照《民法典》第410条关于抵押权实现的规定实现抵押权。

综合上述,我国法律中的“浮动抵押”与美国法中的“浮动抵押”更为近似,与英国法中的“浮动抵押”有颇多不同。《美国统一商法典》第9编担保交易中,浮动抵押与固定抵押具有同等的法律地位,在公司财产上同时存在浮动抵押与固定抵押的,抵押权人按照抵押权公示(perfection)的时间先后顺序受偿。[2]

三、依公示先后确定优先顺位

在债务人设立浮动抵押后又设立固定抵押的情况下,若浮动抵押业已

---

〔1〕 参见章靖:《浮动担保制度比较研究》,载沈四宝主编:《国际商法论丛》第7卷,法律出版社2005年版,第469页。

〔2〕 参见周泽新:《浮动抵押的历史渊源与制度构造——兼评我国物权法上的浮动抵押制度》,载《河北法学》2010年第11期。

登记,则在先登记的浮动抵押权获得优先顺位;如在先设立的抵押未经登记,则不得对抗善意第三人,即在先设立的浮动抵押权不得对抗后设立的固定抵押权。作此解释有以下两点优势。第一,既然《民法典》未对浮动抵押权与固定抵押权的竞存进行特殊规定,则依照体系解释规则,其本身属于《民法典》第414条规定的抵押权之间的竞存,在《民法典》第414条的规范辐射范围内;第二,此一解释,能够贯彻登记效力,增强浮动抵押权的对抗效力,扩大浮动抵押的应用范围,有利于融资市场的发展。由此观之,《民法典》未对浮动抵押权与固定抵押权竞存的情形作出规定并不属于存在立法漏洞,此种情形可适用《民法典》第414条的规定。对于《九民会纪要》第64条规定依照《物权法》第199条,登记在先的浮动抵押优先于登记在后的动产抵押,笔者持赞同观点。

此外,持浮动抵押权劣后于固定抵押权的观点的一个理由是以买卖与抵押均为处分行为的下位概念为基础,将《物权法》第189条第2款、《民法典》第404条所规定的"买受人"解释为"抵押权人",进而认为固定抵押权人具有类似于正常经营活动买受人的地位,从而可确定固定抵押优先。换言之,买受人通过交易行为取得抵押财产之所有权对浮动抵押权人利益的损害,远远大于取得抵押财产的固定抵押权对浮动抵押权人利益的损害。[1]

这一解释路径与结论值得商榷。首先,《物权法》第189条第2款、《民法典》第404条的"买受人"与"正常经营活动"相对应。有学者通过对《美国统一商法典》的考察,对《物权法》第189条第2款、《民法典》第404条中的正常经营活动作出解释,即此"'正常经营活动'应当是指出售人的正常经营活动,且此'出售人'须是'从事那一种物品销售的出售人'"[2]。显然,如若将"抵押权人"包括在内,则将生产设备、原材料、产品、半成品抵押的行为

---

[1] 参见王玉成:《论浮动抵押和固定抵押的竞存》,载梁慧星主编:《民商法论丛》第47卷,法律出版社2010年版。

[2] 董学立:《浮动抵押的财产变动与效力限制》,载《法学研究》2010年第1期。

根本无法与前面的限定条件(正常经营活动)相匹配,因为抵押等担保行为根本不是所谓的正常经营活动和经营事项,与《物权法》第189条第2款、《民法典》第404条的正常经营活动概念不符。其次,《物权法》第189条第2款是对在动产抵押时正常经营活动中买受人的特殊照顾,否则,所有动产的买受人为防止买售的货物被追及,在交易前需要查询登记资料,甚至征得担保物权人的同意,这样将不利于动产交易活动的开展,使动产交易活动不能适应现代商业的需要。[1] 事实上,该规则应统一适用于动产抵押,而不是仅仅适用于动产浮动抵押,正因如此,《民法典》第404条规定,“以动产抵押的,不得对抗正常经营活动中已经支付合理价款并取得抵押财产的买受人”,对《物权法》第189条第2款进行了修改。若依前述解释,将抵押解释为正常经营活动,将得出普通动产抵押权不得对抗后设立的动产抵押权的结论,这显然又与抵押权竞存顺位规则相矛盾。因此,正常经营活动买受人规则是解决正常经营活动中买受人与抵押权人之间的关系,而非正常经营活动中的买受人,以及根本不是正常经营活动中的动产抵押权人,应受《民法典》第403条的调控。如此,在浮动抵押权与固定抵押权竞存时的优先顺位判断上,《物权法》第189条第2款、《民法典》第404条正常经营活动买受人规则并无发挥作用之余地。

第四节 权利担保的竞存顺位

一、债权多重质押(转让)的竞存顺位

(一)《民法典》第768条适用范围的争议

债权转让中多重受让人优先顺位的确定,有转让在先、通知在先、登记在先等不同的观点和立法例,何种顺位确定方式更妥当,取决于哪一种方式

[1] 参见胡康生主编:《中华人民共和国物权法释义》,法律出版社2007年版,第414~415页。

能使债权交易的成本更低，这些成本包括公示成本、事先调查成本、事中监督防范成本、事后的债权实现执行成本等。《民法典》第768条在就同一应收账款订立多个保理合同的情况下即依次采取了登记在先、通知在先、“按照保理融资款或者服务报酬的比例”清偿的规定。[1]《美国统一商法典》、《法国民法典》以及韩国等国家的相关法律则以登记为公示方法，该种公示方法得到《欧洲复兴开发银行动产担保交易示范法》《美洲国家组织动产担保交易示范法》等国际示范法的认同，这些法律均以登记时间的先后顺序判定应收账款受让人的权利顺位，使潜在的交易相对人能准确评估自己的交易风险。[2] 不过，由于《民法典》第768条规定于保理合同章，引发了该规则是否适用于其他债权转让情形的分歧。

第一种观点认为，尽管《民法典》第768条规定于保理合同章，但其系债权转让的对外效力规则，应适用或类推适用于其他的债权转让。就文义和体系来看，《民法典》第768条的适用范围似乎仅限于保理，而非一般性合同通则规定，但事实上，无论是保理还是一般的债权转让，都面临《民法典》第768条要解决的债权多重转让的问题，只不过实践中债权多重转让现象在保理中较为普遍，司法审判焦点也多集中于保理案件，因而《民法典》将债权转让的优先顺位规则规定于此；此外，从法典立法技术的角度来看，《民法典》不是完全按照提取公因式的方式从抽象到具体规则设计，而是将保理业务中常见问题汇总到一处，按论题式进行立法编纂。这种立法技术的优势是便于“找法”，与保理业务相关的规则均汇总到《民法典》保理合同部分，但同时也使规则丧失普遍性。因此，在这种立法模式下，不能过于拘泥条文在法典中的外部体系位置，将第768条的适用范围限于保理。[3]

---

〔1〕 参见朱虎：《债权转让中的受让人地位保障：民法典规则的体系整合》，载《法学家》2020年第4期。

〔2〕 参见何颖来：《〈民法典〉中有追索权保理的法律构造》，载《中州学刊》2020年第6期。

〔3〕 参见朱晓喆、冯洁语：《保理合同中应收账款多重转让的优先顺序——以〈民法典〉第768条为中心》，载《法学评论》2022年第1期。

第二种观点认为,应区分对待。《民法典》第768条有关登记和通知的规定是债权转让一般规则的反映,在其他债权转让交易中,依据《民法典》第467条,法律未明文规定的合同可以参照适用最相类似合同的规定,该项规定可类推适用于其他债权转让交易中有关受让人顺位确定的情形。不过,《民法典》第768条中的"按照保理融资款或者服务报酬的比例"清偿仅应适用于保理合同,最多仅能参照适用于均为担保性债权受让人之间的顺位确定,此时按照担保的债权比例清偿。但在其他的债权转让情形中无法参照适用。在非保理情形中的债权转让,债权转让并非都具有担保性,在完全债权转让的情形中不存在担保的主债权,也不存在服务报酬,无法据此确定顺位,故此时也许可按照债权转让合同成立时间的先后确定受让人的顺位。[1]

第三种观点认为,应严格限制《民法典》第768条的扩张。无论是基于《民法典》第768条的体系位置,还是基于该条可能引发的理论难题和实践困境,该条的适用范围都应被严格限制在保理合同领域。[2]

《担保制度司法解释》第66条第1款指出,"同一应收账款同时存在保理、应收账款质押和债权转让,当事人主张参照民法典第七百六十八条的规定确定优先顺序的,人民法院应予支持"。从这一规则看,《民法典》第768条应统一适用于应收账款的转让、质押以及保理,这一规则也体现了《民法典》"使具有担保功能的交易形式适用担保规则"的变化,因为保理合同规范的重心为债权让与一般规范,因此保理合同的许多规则属于债权让与一般规则,而债权让与又与债权质押在经济功能与法律规则上高度相似,[3]因而在功能主义的视角下,多重保理的权利顺位规则亦应适用于多重应收账款质押与转让,即应收账款多重质押时,依登记先后确定权利顺位,应收账款

---

〔1〕 参见朱虎:《债权转让中的受让人地位保障:民法典规则的体系整合》,载《法学家》2020年第4期。

〔2〕 参见方新军:《债权多重让与的体系解释》,载《法学研究》2023年第4期。

〔3〕 参见李宇:《民法典中债权让与和债权质押规范的统合》,载《法学研究》2019年第1期。

转让与质押冲突时,依登记先后确定应收账款转让和质押权利的顺位。[1]

不过,“按照保理融资款或者服务报酬的比例”清偿的规则仍然有所争议。有观点指出,此种规定彻底无视当事人意思,不能明确债权归属,尤其无法解决受让人被强制执行或破产时的权属争执的问题,更徒滋“债权是否归属于受让人共有”之困扰。[2] 也有观点认为,在债务给付可分的情况下,多数债权受让人之间形成按份共有债权关系;在债务给付不可分的情况下,多数债权受让人之间形成债权准共有,对外成立连带债权关系,其法律后果兼顾了降低债权人的清偿风险、保护债务人的权益、提高债权行使的便利,不失为一个各方利益都得到平衡的方案。[3] 还有观点指出,“按照保理融资款或者服务报酬的比例”清偿在实务中适用的概率几乎为零,鲜有保理人不办理转让登记而径行展业的,即便真有受让人事前未办理登记,由于动产担保登记对抗仅以登记之有无及先后确定顺序,不考虑登记人是否善意,明知他人受让在先而抢先登记者仍可取得优先权,如此,不会发生数受让人在交易时均未登记且在争议发生后怠于登记,以至于需要法院通过该分句(按照保理融资贷款或者服务报酬的比例清偿)确定债权归属的情形。[4]

(二)《合同编通则司法解释》第 50 条

在前述争议尚未平息之下,《合同编通则司法解释》第 50 条对债权多重让与作出规定,该条虽未对债权多重转让的确权规则明确表态,但其中已隐含将通知优先规则作为一般确权规则之意。[5] 司法解释起草时,也曾考虑将《民法典》第 768 条精神一般化,即作为债权转让的一般性规定。后有意见提出,我国的债权登记制度有待进一步完善,将《民法典》第 768 条关于保

---

〔1〕 参见罗帅:《应收账款质押的权利竞存顺位》,载《甘肃政法学院学报》2020 年第 3 期。

〔2〕 参见李宇:《保理合同立法论》,载《法学》2019 年第 12 期。

〔3〕 参见朱晓喆、冯洁语:《保理合同中应收账款多重转让的优先顺序——以〈民法典〉第 768 条为中心》,载《法学评论》2022 年第 1 期。

〔4〕 参见李宇:《保理法的再体系化》,载《法学研究》2022 年第 6 期。

〔5〕 参见蔡睿:《论债权多重转让的一般确权规则——兼评〈民法典合同编通则解释〉第 50 条》,载《清华法学》2024 年第 2 期。

理的规定一般化适用的价值有限；还有意见直接对《民法典》第 768 条提出批评，认为该条违背了债权自转让合同生效时转移的基本原理。综合考虑后，《合同编通则司法解释》第 50 条仅将通知优先作为普通债权转让的规则，对于保理领域和《担保制度司法解释》规定的特殊情形，仍然按照相应法律和司法解释规定办理。[1]

如此，就应收账款的多重质押（转让）与普通债权的多重转让顺位规则实现了分野，呈现“双轨制”。《民法典》起草过程中曾在第 336 条合同的变更和转让部分规定：“债权人将同一债权转让给数人，债权转让可以登记的，最先登记的受让人优先于其他受让人；债权转让未登记或者无法登记的，债务人最先收到的债权转让通知中载明的受让人优先于其他受让人。”[2]《合同编通则司法解释》第 50 条实际就是在考虑有的债权可以办理登记，有的债权不可以办理登记的基础上作出上述规定。

不过，《合同编通则司法解释》第 50 条更多的是解决债务人向谁履行能够免责的问题。依据该司法解释第 50 条第 1 款第 1 句，债务人只要向最先通知的受让人履行，其债务即告消灭。但受让人权利的优先顺位和债务人的免责清偿是不同的问题，多重债权让与的权利顺位问题并非仅涉及受让人之间的关系，还涉及债务人与让与人、债务人与接受履行的受让人、债务人与其他受让人之间的关系，不能简单从受让人之间的关系出发来解决这一问题，故“最先通知说”并不能完全解决多重债权让与的顺位问题，第 50 条并没有对受让人权利优先顺位的问题给出明确的答案，有待进一步的探讨。[3]

---

〔1〕 参见最高人民法院民事审判第二庭、研究室编著：《最高人民法院民法典合同编通则司法解释理解与适用》，人民法院出版社 2023 年版，第 557～558 页。

〔2〕 贾玉慧：《债权转让规则的具体适用及相关问题研究——以〈民法典合同编通则解释〉第 48－50 条为中心》，载《中国应用法学》2024 年第 1 期。

〔3〕 参见王利明、霍帅甫：《论债权多重转让中的责任承担——以〈合同编通则司法解释〉第 50 条为中心》，载《甘肃政法大学学报》2024 年第 3 期。

二、与仓单质押相关的担保物权竞存顺位

仓单质权所针对的保管物是动产,但仓单质权与动产质权不同,仓单质权的标的物是仓单这一物权凭证,而动产质权的标的物是动产,即在仓单质权中,质权人只是占有仓单,并不直接占有仓单项下的动产,该动产由保管人负责保管。[1] 因此,仓单质押性质上属于权利质押而不是动产质押。基于仓单的如上特性,存在仓单质权与仓储物担保权竞存的可能。值得注意的是,我国法律上的仓储物担保应指的是仓储物抵押,因仓储物担保包括仓储物抵押和仓储物质押,但由于仓储物处于保管人的控制之下,出质人无法将仓储物转移至质权人占有,故此处仅指仓储物抵押的情形。《民法典》及《担保制度司法解释》发布之前,裁判实践中即有观点认为,根据一物一权的原则,同一标的物之上不能同时存在两个以上内容相同的质权,依法设立在先的质权人对质物排他性地持续占有,后设立的质权不能成立。[2] 因此,此处的担保物权竞存是仓单质权与仓储物抵押权。

比较法上,《贸易法委员会担保交易立法指南》认为,仓单属于可流通票据,而当可流通票据上的担保物权与其所表征的有体动产上的担保物权冲突时,前者应当享有优先顺位,以鼓励可流通票据发挥商业介质的作用。学界也有观点认为,在开具仓单的情形下,为保障仓单与存货的一体处分,应当倾向于保护仓单持有人,故应规定仓单质权优先于存货担保物权。[3]

《担保制度司法解释》第59条第2款规定:"出质人既以仓单出质,又以仓储物设立担保,按照公示的先后确定清偿顺序;难以确定先后的,按照债权比例清偿。"这符合《民法典》第415条的规定,即同一财产上抵押权与质

---

〔1〕 参见程啸:《担保物权研究》,中国人民大学出版社2017年版,第552页。
〔2〕 参见最高人民法院民事判决书,(2017)最高法民再148号。
〔3〕 参见刘平:《论我国存货担保的体系构造与制度协同》,载《法学家》2022年第3期。

权的清偿顺序按照登记、交付的时间确定。[1] 这一解释结论与前述仓单质权优先的比较法观点不同，主要是因为目前我国缺乏仓单的统一行业惯例，中国仓储与配送协会、中国物资储运协会关于仓单的标准不统一，对会员也缺乏足够的约束力，关于仓单格式、要素，各仓储公司各行其是。[2] 如此，“单货一致”本就成问题，仓单质权优先于仓储物担保物权缺乏现实的正当性，“先公示者优先”有利于引导仓储担保融资尽可能地将登记作为公示方式，增强交易的透明性，更符合我国仓单融资现状。[3] 值得注意的是，2024年8月23日国家市场监督管理总局、国家标准化管理委员会批准发布国家标准《仓单要素与格式要求》（GB/T 30332—2024），该标准由全国物流标准化技术委员会提出并归口，替代原国家标准《仓单要素与格式规范》（GB/T 30332—2013）。该标准将于2024年12月1日起正式实施。随着我国仓单法律制度完善为仓单融资实践所带来的积极改变，仓单质权与存货担保物权之间的竞存顺位亦有进一步的解释空间。

此外，《担保制度司法解释》第59条第3款规定，“保管人为同一货物签发多份仓单，出质人在多份仓单上设立多个质权，按照公示的先后确定清偿顺序；难以确定先后的，按照债权比例受偿”。也遵循“先公示者优先”的动产担保物权竞存顺位一般规则。

---

〔1〕 参见高圣平：《民法典担保制度及其配套司法解释理解与适用》（下），中国法制出版社2021年版，第939页。

〔2〕 参见最高人民法院民事审判第二庭：《最高人民法院民法典担保制度司法解释理解与适用》，人民法院出版社2021年版，第504页。

〔3〕 参见范佳慧：《世行新营商环境评估视野下我国动产担保制度审思》，载《比较法研究》2023年第5期。

第五节　动产担保物权收益延伸下的竞存顺位

一、收益延伸引发的动产担保物权竞存

(一)问题的提出

动产(原始资产)本身会因出售、出租甚至毁损等产生收益或物上代位,而收益之上亦可成立独立的担保物权。若原始资产之上的担保物权能够延伸至收益,则在收益之上将产生担保物权竞存。例如,甲企业以其仓库内的生产材料、半成品、成品为A银行设定浮动抵押,贷款500万元;之后,甲企业以现有及将有成品售出后产生的应收账款为B银行设定应收账款质押,贷款500万元。甲企业于正常经营活动中将仓库内成品售出。如认为甲对原始资产(成品)售出后的收益(应收账款)也享有优先受偿权,A银行的浮动抵押权因登记时间在先,则其将优先于B银行受偿;若认为甲的担保权益不能延伸至原始资产(成品)售出后的收益(应收账款),则B银行对应收账款享有第一顺位优先受偿权。

这一问题涉及动产担保物权对收益的延伸问题,大抵包括两个方面。其一,动产担保物权是否可以自动延伸至收益,如可以,法律依据为何,应采取何种方式将动产担保物权延伸至收益,毕竟由于正常经营买受人规则的适用以及动产不易被追及的特性,确有必要保护担保物权人的利益。其二,如果动产担保物权通过自动延伸或者其他方式(如当事人合意、登记)延伸至收益,则收益之上竞存的担保物权应如何排序,应如何应用"先公示者优先"顺位规则,是按照收益之上竞存的担保物权的各自的公示顺序排序,还是将原始资产之上担保物权的公示对抗效力延续至收益担保物权之上。

(二)收益的范围与研究范围的界定

比较法上,论及动产担保物权的收益,这一概念是广义的,包括:(1)担保财产出售、其他处分或收取(应收账款)所得对价;(2)担保财产租赁或者

许可所得对价;(3)担保财产的天然或法定孳息;(4)担保财产的分红、分割、分配所得;(5)保险收益以及因担保财产的缺陷、毁损、灭失所产生的债权;(6)收益的收益。

就上述原始资产之上的担保物权与收益的关系,《民法典》及《担保制度司法解释》已有一些明确规定。如当担保物的收益是保险收益以及因担保物的毁损、灭失所产生的债权时,依据《民法典》第390条与《担保制度司法解释》第42条有关物上代位规则,担保物权可以延伸于其上。当担保物的收益是果实、租金、分红等天然或法定孳息,担保物权属于质权时,依《民法典》第430条第1款、第446条的规定,质权人有权收取质押财产的孳息,质权的效力可自动及于孳息;担保物权属于抵押权时,依照《民法典》第412条,自被法院扣押之日起,抵押权的效力开始及于抵押物的孳息。当担保物因加工等事实产生产品时,依据《担保制度司法解释》第41条中的添附规则实现担保物权的延伸。对此,本书在相关章节中也已作出部分阐述。

因此,或有疑问和争议的是担保物权与担保物转让所得对价之间的关系,这也是前述举例所涉及的收益类型。因此,以下对收益延伸引发的担保物权竞存问题的研究,集中在担保物转让所得对价这一狭义的收益之上。

二、原始资产上的担保物权与收益关系的两种模式

就原始资产上的担保物权与收益之间的关系,理论研究和比较法方面,大抵有两种模式,分别是担保物权收益自动延伸模式和担保物权收益合意延伸模式。前者属于《美国统一商法典》《贸易法委员会担保交易立法指南》所采用或建议采用的方式,后者为《欧洲示范民法典草案》所采取的方式。

(一)担保物权收益自动延伸模式

《贸易法委员会担保交易立法指南》建议,除非担保协议的当事人另有

约定,担保资产的担保物权延及该资产生成的可识别的收益(包括收益的收益)(建议19)。

同时建议,收益上的担保物权原则上自动取得对抗第三人的效力,即担保资产担保权具有对抗第三人效力的,担保资产的任何收益(包括收益的收益)的担保物权在收益产生时也自动具有对抗第三人的效力,前提是在登记的通知中对收益作了笼统的描述,或者收益是由金钱、应收账款、可转让票据或银行账户贷记款受付权构成的(建议39)。没有在所登记的通知中对收益加以描述并且收益不是由金钱、应收账款、可转让票据或银行账户贷记款受付权构成的,收益担保物权在收益产生后指明的一段短暂期限内继续具有对抗第三人的效力。在该期限届满前采用了相应公示方法使这类收益担保物权取得对抗第三人效力的,收益担保物权此后继续具有对抗第三人的效力(建议40)。

《美国统一商法典》第9编采用担保物权收益自动延伸的方式,第9-315条与前述《贸易法委员会担保交易立法指南》规定类似。[1]

我国有学者赞同此种方式,担保物权收益自动延伸模式使原担保权益延伸至替代物之上,以便在担保动产的"形态"变化中维持担保利益,理论基础在于以担保物经济价值为中心的默示合意,假设当事人会以原有担保物的价值替代物设立担保。[2] 基于此,可在《民法典》中就相关条文进行解释,得出动产担保物权收益自动延伸的结论,如通过扩张解释《民法典》第390条中"担保财产毁损、灭失或者被征收等"中的"等"字,使担保物权的默示延伸获得法律支撑。[3] 或者以《民法典》第406条第2款为依据,认为担

〔1〕 参见美国法学会、美国统一州法委员会:《美国〈统一商法典〉及其正式评述》(第3卷),高圣平译,中国人民大学出版社2006年版,第192页。

〔2〕 参见庄加园:《动产担保物权的默示延伸》,载《法学研究》2021年第2期。

〔3〕 参见庄加园:《动产担保物权的默示延伸》,载《法学研究》2021年第2期。

保物转让对价属于物上代位物，担保物权人可以优先受偿。[1]

但上述担保物权收益自动延伸的主张及解释方案均存在问题。首先，所谓默示合意或推定合意，属于合同解释问题，默示合意也应是当事人的真实合意或潜在真实合意，推断的默示合意应建立在坚实基础之上，如交易习惯。我国目前并未出现关于将担保物权延伸到收益之上的实践，虽然不排除(甚至很可能)未来实践中会发展出类似美国当年的交易习惯，但在我国现行法下认定当事人间存在此种默示合意的观点，显然无法立足。[2] 其次，《民法典》第406条对于担保物被转让情形中担保物权人的保护，采取"可以请求抵押人将转让所得的价款向抵押权人提前清偿债务或者提存"的办法。[3] 依据该条，担保物权人对担保物转让价款的权利须以"请求"担保人的方式行使，与《民法典》第386条中"就担保财产优先受偿"和第390条中就保险金、赔偿金、补偿金"优先受偿"的表述显然有别。[4] 再次，就《民法典》第390条担保物权物上代位，无法包括担保物转让这一情形，物上代位系以担保物毁损、被征收、灭失为前提，相对灭失(如转让)时，抵押权人自无权主张物上代位。[5] 《民法典》第390条的物上代位不及于交易代位利益。[6] 因而，动产担保物权收益自动延伸模式难以在现行法中找到解释依据。最后，由于物上代位与公示无关，抵押物转让后替代物上潜在的担保物权人难以获知该替代物上事先存在一个经由物上代位而隐藏的担保物权，因此将物上代位作为解释基础或不利交易安全。[7]

---

[1] 参见张素华、李鸣捷：《论动产抵押物转让中"收益"物上代位的实现》，载《社会科学》2022年第2期。

[2] 参见纪海龙：《动产担保权益延伸的合意路径》，载《现代法学》2022年第3期。

[3] 参见纪海龙：《动产担保权益延伸的合意路径》，载《现代法学》2022年第3期。

[4] 参见范佳慧：《世行新营商环境评估视野下我国动产担保制度审思》，载《比较法研究》2023年第5期。

[5] 参见谢在全：《民法物权论》(中册)(第5版)，中国政法大学出版社2011年版，第683页。

[6] 参见纪海龙：《动产担保权益延伸的合意路径》，载《现代法学》2022年第3期。

[7] 参见刘平：《我国动产抵押转让保全规则的体系展开》，载《比较法研究》2023年第2期。

(二)担保物权收益合意延伸模式

《欧洲示范民法典草案》第9－2:306条规定:(1)担保物权的效力及于因原担保财产的缺陷、损坏或灭失而产生的给付请求权,包括保险收益。(2)移转占有型担保物权的效力及于原担保财产的法定孳息和天然孳息,但当事人另有约定的除外。(3)经当事人同意,担保物权的效力也及于原担保财产的其他收益。[1]

我国亦有学者建议采用此种方案。第一,自动延伸的做法要求一整套公示和识别收益的配套规则,在《民法典》编纂的过程中很难纳入这一整套规则,而且自动延伸的做法很可能会导致新的隐性担保问题。[2] 第二,即便不规定自动延伸,当事人也可以通过设定应收账款质押和账户质押的方式保护自己。[3] 对于担保物权人而言,相对稳妥的做法是组合设定浮动抵押、应收账款质押和账户质押,以求担保物权全方位覆盖在动产、应收账款和现金的收益上。如果当事人概括约定"担保物权覆盖担保财产产生的收益",此约定在效力上亦应得到认可,但除非相关收益被原初登记的担保财产类型所覆盖,否则"担保物权覆盖担保财产产生的收益"这种概括的约定和登记,只能在应收账款这种收益类型上顺延原始担保物权的对抗和顺位效力。[4] 其中,"概括约定登记＋应收账款自动延伸"可被称为一种"担保物权收益自动延伸模式"与"担保物权收益合意延伸模式"的折中。第三,明示约定有助于节省修法成本和释法成本,是否延伸至收益取决于合同的约定,无须另外制定或修改现行法律规则,也不必强行解释《民法典》第406条第2款,只需要改革登记公示系统和登记程序即可。[5] 将担保物权的延伸规则

[1] 参见欧洲民法典研究组、欧盟现行私法研究组编著:《欧洲示范民法典草案:欧洲私法的原则、定义和示范规则》,高圣平译,中国人民大学出版社2012年版,第364页。

[2] 参见龙俊:《民法典中的动产和权利担保体系》,载《法学研究》2020年第6期。

[3] 参见龙俊:《民法典中的动产和权利担保体系》,载《法学研究》2020年第6期。

[4] 参见纪海龙:《动产担保权益延伸的合意路径》,载《现代法学》2022年第3期。

[5] 参见刘平:《我国动产抵押转让保全规则的体系展开》,载《比较法研究》2023年第2期。

限定于当事人有明确约定的场合,既可以激发债务人的再融资能力,也可以为其他债权人提供平等的机会,通过在收益上设立担保物权而增强其提供融资的信心。[1]

三、不同模式下的竞存顺位规则

(一)担保物权收益自动延伸模式下顺位自动延伸

担保物权收益自动延伸模式下,原始资产担保物权的对抗和顺位效力会相应延伸至收益上。《贸易法委员会担保交易立法指南》即建议,担保资产担保物权取得对抗第三人效力的时间或登记通知的时间,也是其收益的担保物权取得对抗第三人效力或登记通知的时间(建议100)。[2] 以此即可适用"先公示者优先"顺位规则。在担保物权收益自动延伸模式下,应收账款这一收益类型自动具备永久对抗第三人的效力,在此之下,前例中由于A银行的浮动抵押登记时间在先,其对成品出售后的应收账款享有第一顺位优先权,优先于B银行受偿。

(二)担保物权收益合意延伸模式下需另行采取措施

担保物权收益合意延伸模式下,若要将原始资产担保物权的对抗和顺位效力相应延伸至收益,需要当事人另行采取措施。《欧洲示范民法典草案》第9-4:104条指出,(1)以下类型财产的孳息和收益之上的担保物权,维持初始担保财产之上的担保物权的优先顺位:(a)与初始担保财产同类的孳息和收益;(b)因初始担保财产存在缺陷、被损坏或灭失而产生的给付请求权,包括保险收益;(c)初始担保财产的担保物权登记中已经涵盖的孳息和收益。(2)在不符合第(1)款所规定的情形下,孳息和收益之上担保物权的优先顺位,依第9-4:101条(优先顺位:一般规则)和第9-4:102条(超

---

〔1〕 参见刘平:《论我国存货担保的体系构造与制度协同》,载《法学家》2022年第3期。

〔2〕 See United Nations Commission on International Trade Law, *UNCITRAL Legislative Guide on Secured Transactions*, United Nations, 2010, p. 234.

优先顺位)的一般规则确定。[1] 也就是说,动产担保物权不会自动延伸至收益,除非收益与原始动产属于同一种类(实际上为原始担保物的替换)、原始担保财产存在缺陷或被毁损或灭失(担保物权物上代位)、就收益延伸进行约定并登记。前例中,A 银行可以在设定浮动抵押的同时,采取应收账款质押和账户质押的方式,确保对未来收益的第一顺位。A 银行还可以将就应收账款这一未来收益享有优先受偿权的相关约定在动产融资统一登记公示系统中进行登记。[2]

前述仅仅是以担保物转让对价为应收账款为例进行展开说明,这一收益类型实践中较为普遍且争议相对较小。应收账款作为处分动产产生的收益,具有很强的可预测性,如果交易第三人查询登记检索到特定在先担保物权也覆盖收益,那么理应想到处分该担保财产产生的收益会包括应收账款。[3] 但是若担保物权转让对价为应收账款之外的其他形态时,如现金,现金和应收账款以外的其他财产、收益的收益,无论是在担保物权收益自动延伸模式还是担保物权收益合意延伸模式下,原始资产上的担保权益若要延伸至其上,都需要进行不同的制度设计,收益延伸规则的"命脉"在于识别与追踪,应根据现金收益与非现金收益设置不同追踪方法。[4]

总之,动产担保物权收益自动延伸模式与担保物权收益合意延伸模式涉及交易效率与交易安全之间的平衡。一方面,要保障担保物权人对收益的合理期待,确保其担保权益的持续;另一方面,也应保障其他交易第三人对担保人责任财产的合理期待,其他交易第三人查询信息的成本不应过高、难度也不应过大。相较而言,当下采用担保物权收益合意延伸模式更符合

---

〔1〕 参见欧洲民法典研究组、欧盟现行私法研究组编著:《欧洲示范民法典草案:欧洲私法的原则、定义和示范规则》,高圣平译,中国人民大学出版社 2012 年版,第 380 页。

〔2〕 例如,《北京市优化营商环境条例》第 19 条第 2 款规定:"动产担保双方当事人可以约定担保权益涵盖担保物本身及其将来产生的产品、收益、替代品等资产……"但这一规定需要动产融资统一登记公示系统的配合。

〔3〕 参见纪海龙:《动产担保权益延伸的合意路径》,载《现代法学》2022 年第 3 期。

〔4〕 参见刘平:《我国动产抵押转让保全规则的体系展开》,载《比较法研究》2023 年第 2 期。

实际，现有的担保政策工具综合使用亦大抵可达到担保物权收益自动延伸的法律效果。

第六节　“先公示者优先”竞存顺位规则的例外

法彦云，“有原则恒有例外”，“民法上更是充盈着‘原则/例外’现象”[1]。就动产担保物权“先公示者优先”竞存顺位规则的例外，《欧洲示范民法典草案》在规定动产担保物权竞存顺位一般规则之后，于第9－4:102条规定了所谓“超优先顺位”，即一般规则的例外：（1）根据本卷第三章的规定，具有对抗第三人效力的所有权担保，优先于担保人所设立的任何担保物权或其他定限物权。（2）依第9－3:204条（金融财产的控制）所规定的控制，或依占有而取得对抗效力的金融财产之上的担保物权，优先于同一财产之上其他任何担保物权或定限物权。如果已为不同的担保物权人控制，则适用第9－4:101条（优先顺位：一般规则）第1款和第2款a项的规定。（3）依第9－2:114条（留置权）的规定，基于留置标的物所产生的担保物权优先于该财产之上的其他任何权利。（4）上述规定受第9－4:101条（优先顺位：一般规则）第5款和第9－4:108条（优先顺位的改变）的约束。[2] 上述规定中，有三种担保物权类型，属于“先公示者优先”一般顺位规则的例外，即采控制公示的担保物权、购买价金担保权、留置权。其中，购买价金担保权、留置权属《民法典》所明定，但采控制公示的担保物权未为《民法典》所明定。故本节先阐述购买价金担保权、留置权与其他担保物权竞存时的顺位规则，再阐述采控制公示的担保物权的优先性。

---

〔1〕易军：《原则/例外关系的民法阐释》，载《中国社会科学》2019年第9期。

〔2〕参见欧洲民法典研究组、欧盟现行私法研究组编著：《欧洲示范民法典草案：欧洲私法的原则、定义和示范规则》，高圣平译，中国人民大学出版社2012年版，第379页。

一、购买价金担保权的“超级优先性”及其限制

《民法典》于物权编第 416 条规定了比较法上的所谓“购买价金担保权”,“动产抵押担保的主债权是抵押物的价款,标的物交付后十日内办理抵押登记的,该抵押权人优先于抵押物买受人的其他担保物权人受偿,但是留置权人除外”。这一规则突破了担保物权竞存中“先公示者优先”的一般规则,其可以优先于同一担保物上在先设立并登记的其他担保物权,也被誉为“超级优先权”。就购买价金担保权的规定,立法表述颇为抽象,以一例阐述。如债务人以自身的生产设备、原材料、半成品、成品为 A 商业银行设立浮动抵押。后债务人因生产的需要,需借贷资金购入一台生产设备,便向 B 商业银行贷款 500 万元,并且以该 500 万元购入了生产设备,同时以该设备抵押担保 B 商业银行的 500 万元贷款。此时,依据浮动抵押的特性,此新购入的生产设备也自动成为浮动抵押的抵押物,A 商业银行可对此主张优先受偿。依据《民法典》第 415 条及《九民会纪要》第 64 条浮动抵押与固定抵押竞存规则,因浮动抵押登记在先,其应当处于优先顺位,因此 A 商业银行对此生产设备也享有了优先受偿权。但是应当看到,正是因为有了 B 商业银行的 500 万元贷款,才有了融资人可以增加生产的机器设备,如果让 B 商业银行处于劣后的顺位,则有失公平,“使其(浮动抵押权人)再就单独抵押之财产仍有优先于他人而受偿的权利,则无异于赋予其双重优先权,其待遇过于优惠,对于付出相应对价而获得单独财产之抵押权人而言,则颇有不公”〔1〕。

我国此前的法律中并无规制上述情形的相关规则。但是此时 B 商业银行的抵押权在《美国统一商法典》等域外法中被称为“购买价金担保权”,其可以获得“超级优先权”的地位,优先于先设立的浮动抵押权。

---

〔1〕 刘保玉:《物权法学》,中国法制出版社 2007 年版,第 346 页。

早在《物权法》立法之时,即有学者主张引入购买价金担保权并给予“超级优先顺位”,刺激信用消费。[1]《民法典》编纂过程中不少学者亦主张创设购买价金担保权。[2]《民法典》于第416条终作规定。尽管如此,还是有不少观点对此提出异议,认为在经验欠缺和理论准备不足的情形下,引入“超级优先权”是相当危险的,具有动摇动产担保交易的信用基础的制度性风险。[3] 同时,依据该条,购买价金担保权优先于其他担保物权的条件主要有三。一是债权条件,动产抵押担保的主债权是抵押物价款;二是时间条件,需要在标的物交付后10日内办理登记;三是限制条件,即留置权除外。仅适用上述三个要件显然不足以应对司法实践,在后《民法典》时代,购买价金担保权的适用需要进一步解释与完善,更需要在实践中进行具体应用。以下拟结合比较法,对购买价金担保权的内涵与适用进行阐述。

(一)购买价金担保权具有“超级优先性”的正当理由

如前文所举的例子,购买价金担保权的出现与浮动抵押密切相关,即购买价金担保权与浮动抵押抑或“嗣后获得的财产抵押”息息相关,价金贷款人的优先权在逻辑上与嗣后获得的财产抵押的承认密切相关。[4] 具体而言,从前述购买价金担保权的描述中即可看出,为了成为符合条件的价金贷款人,贷款人所发放的借款必须使债务人在其之前并不享有的财产上获得权利。如果债务人已经拥有特定财产,那么其就可以用该财产担保借款,而此时便没有所谓的价金贷款人了。在借款放出之前,债务人是无法拥有担保价金借款的财产的,之前的债权人也只能依靠担保协议中的嗣后获得的财产条款在该财产上主张权利。因为之前的债权人接受债务人可以以其现

[1] 参见高圣平:《我国动产担保物权立法研究》,载《南都学坛》2006年第6期。
[2] 参见董学立:《论动产担保物权法的编纂》,载《山东法官培训学院学报》2017年第6期。
[3] 参见邹海林:《论〈民法典各分编(草案)〉“担保物权”的制度完善——以〈民法典各分编(草案)〉第一编物权为分析对象》,载《比较法研究》2019年第2期。
[4] See Thomas H. Jackson, Anthony T. Kronman, *Secured Financing and Priorities among Creditors*, 88 Yale Law Journal 1165(1978 - 1979).

在并不拥有的财产进行担保,动产担保领域购买价金担保权才具有优先性。[1]

前述已经提及,符合相应条件的担保物权可以成为购买价金担保权进而具有所谓"超级优先权"的地位,优先于在先登记的浮动抵押权。关于为何要赋予此时的购买价金担保权以优先地位,美国学者提出了不同的观点。比如,有学者认为购买价金担保权的债权人应当拥有优先权,因为其与无担保的一般债权人一样并不威胁在先的担保物权人。[2] "超级优先权"并没有在实质上损害先登记的担保物权人,这些债权人可以通过与债务人的合同讨价还价,将债务人利用购买价金担保权进行融资作为违约事实,从而通过违约事实来防止或者限制债务人通过购买价金担保权来进行融资。

比较普遍且合理的一种解释为,购买价金担保权使债务人能够获得额外的融资,并打破"先公示者优先"规则下浮动抵押权人的垄断地位。[3] 我国学者也认为,购买价金担保权平衡"先公示者优先"规则在浮动抵押环境下造成的权利配置失衡,更好地促进财物流转,有了购买价金担保权的优先受偿制度,债务人就得以拓展融资渠道,先期贷款人与后续贷款人之间就形成了市场竞争,债务人也因顺利取得贷款而有能力继续参与市场竞争,竞争的市场秩序由此得以形成并良性运转。[4]

也就是说,以嗣后获得的财产进行担保(浮动抵押)的条款节约了成本(不需要多次变更合同和进行登记),且享有嗣后获得的财产的担保权益的债权人相对于之后的其他债权人而言享有特殊的竞争优势。具体举例而

---

[1] See Thomas H. Jackson, Anthony T. Kronman, *Secured Financing and Priorities among Creditors*, 88 Yale Law Journal 1165(1978 - 1979).

[2] See Philip Lacy, *Conflicting Security Interests in Inventory and Proceeds under the Revised Article 9 of the Uniform Commercial Code*, 41 Santa Clara Law Review 277(1989 - 1990).

[3] See Thomas H. Jackson, Anthony T. Kronman, *Secured Financing and Priorities among Creditors*, 88 Yale Law Journal 1167(1978 - 1979).

[4] 参见董学立:《浮动抵押的财产变动与效力限制》,载《法学研究》2010 年第 1 期。

言,比如存在在先的浮动抵押权人 C1 与购买价金担保权人 C2,若此时不赋予 C2 优先于 C1 的地位,则为了使自己的债权得以满足,C2 不仅要花费成本监管担保自己债权的新存货,还要花费成本监管满足 C1 债权的旧存货,因为一旦之前的存货无法满足 C1 的债权,C1 必然对新存货主张自己的债权,从而危及 C2 的债权,C2 要支出很多额外的成本。更重要的是,因为 C1 不断获得对新的存货的担保权益,因而其有巨大的优势,只要存货仍能够满足其债权,就可能会与债务人恶意串通,对债务人恶意处分存货的行为视而不见。而这又势必危害 C2 的权益,C2 又将花费更多的监管成本。因而 C2 必须通过提高贷款利率来抵销监管成本,从而使相同贷款的利率在 C1 与 C2 之间是完全不同的,造成 C1 特殊的竞争优势。相反,如果赋予 C2 优先权,使 C1 不再享有这样的竞争优势,二者的监管成本便大致相同,C2 不会花费多余的成本来监管债务人之前的存货,而尽管 C1 已经花费了一些成本监管债务人的存货,但这样的成本均可以通过利率挽回。[1]

因而,可以说购买价金担保权脱逸"先公示者优先"规则具有足够充分且正当的理由,即赋予贷款人购买价金担保权,可以保护贷款人的权利,促进融资,同时打破了在先担保物权人尤其是浮动抵押权人对于担保财产的"垄断地位",拓宽了债务人的再融资渠道,有益于各方当事人。《担保制度司法解释》第 57 条第 1 款即将购买价金担保权置于浮动抵押的背景下,当属正确。

不过,值得注意的是,《担保制度司法解释》第 57 条第 2 款则属于"抢先公示"的情形,将购买价金担保权规则适用于浮动抵押之外的固定抵押情形,目的是防范抵押人道德风险,是一种不常见的购买价金担保权适用情形。[2] 例如,买受人甲通过所有权保留买卖合同取得标的物后,旋即以该标

---

〔1〕 See Thomas H. Jackson, Anthony T. Kronman, *Secured Financing and Priorities among Creditors*, 88 Yale Law Journal 1167 – 1171 (1978 – 1979).

〔2〕 参见麻锦亮编著:《民法典担保注释书》,中国民主法制出版社 2023 年版,第 796 页。

的物为乙设定担保物权，由于前述买卖合同中的出卖人丙未进行登记，其权利优先顺位劣后于乙；但若丙于10日内办理登记，则可获得优先于乙的权利的顺位，购买价金担保权在防止上述背信行为的发生上亦有存在并适用的必要。[1] 但是，此一扩张是否妥当仍然存疑。有观点指出，将购买价金担保权扩张适用于固定抵押的情形，将导致《民法典》第414条的规则被完全架空，在先担保物权人的利益遭受侵害，增加道德风险。[2] 本书认为，《担保制度司法解释》第57条第2款可能危及交易安全，使已经成立的担保物权面临被"超车"的风险。故一方面第三人应通过尽职调查等方式予以克服，如第三人除了查询登记外，还要根据买卖合同、出库单、交货单等查阅买受人对标的物的占有概况，重点是买受人取得占有的时间是否超过10日宽限期；[3] 另一方面在司法实践中亦应谨慎适用该规则，防止当事人间虚构购买价金担保权损害第三人权益。

(二)购买价金担保权适用要件的细化

1. 宽限期的意义与效力

根据《民法典》第416条规定，购买价金担保权人须在交付标的物之后的10日内办理登记，方可获得优先顺位。此日期被称为宽限期。在宽限期内，供应商和债务人之间得以顺利完成交易，贷款人(有时就是供应商本人)获得附着在担保物上的担保权益，且权益可以在宽限期内随时完善。如果没有宽限期，首先需要着手融资报告的登记事务，而这势必影响上述交易活动的顺利实施，其结果是影响了交易的便捷性与效率。但有了担保权益完善的宽限期，交易活动不需要先有完善的担保权益，因此，交易活动得以独

---

〔1〕 参见龙俊：《民法典中的动产和权利担保体系》，载《法学研究》2020年第6期。

〔2〕 参见王利明：《价金超级优先权探疑——以〈民法典〉第416条为中心》，载《环球法律评论》2021年第4期。

〔3〕 参见李运杨：《〈民法典〉中购置款抵押权之解释论》，载《现代法学》2020年第5期；最高人民法院民事审判第二庭：《最高人民法院民法典担保制度司法解释理解与适用》，人民法院出版社2021年版，第492页。

立进行并先于贷款事务完成。[1]

相比较而言,《民法典》第416条的10日宽限期较短,《美国统一商法典》系20日(第9-324条),[2]《欧洲示范民法典草案》规定为35日(第9-3:107条)。[3]《欧洲示范民法典草案》评注指出,规定为35日不是一个随意的决定,而是考虑到了广泛的商业实践。买受人通常被赋予30日的清偿期间;除非另有约定,只有在这一期间届满后,才产生支付延迟清偿的利息的义务。[4] 当然,《民法典》第416条规定的10日更有利于较快地确定法律关系。

对于购买价金担保权人在交付标的物后10日内办理登记的,其效力如何?《民法典》第416条未规定。这里至少有两个问题需要进一步明确:首先,在10日内办理登记,购买价金担保权的优先受偿效力是从何日起算?其次,若没有及时在10日内进行登记,购买价金担保权效力如何?就第一个问题,事关购买价金担保权取得对抗效力的时间。《欧洲示范民法典草案》第9-3:107条规定,购买价金融资方式只有通过登记,才能取得对抗效力。在交付相关财产之日起35日内进行登记的,购买价金融资方式自其设立之时起即具有对抗效力,即登记后购买价金担保权的效力溯至设立之时,此也符合10日"宽限期"之内涵。就第二个问题,若购买价金担保权人未在10日内登记,则其权利不具有"超级优先权"的地位;但是其仍然符合一般担保物权的构成与设立条件,因此该担保物权只具有一般担保物权的效力,自登记

---

〔1〕 See William H. Lawrence, William H. Henning, R. Wilson Freyermuth, *Understanding Secured Transactions*, Lexis-Nexis, 2004, p. 235. 转引自董学立:《美国动产担保交易制度研究》,法律出版社2007年版,第149页。

〔2〕 参见美国法学会、美国统一州法委员会:《美国〈统一商法典〉及其正式评述》(第3卷),高圣平译,中国人民大学出版社2006年版,第229页。

〔3〕 参见欧洲民法典研究组、欧盟现行私法研究组编著:《欧洲示范民法典草案:欧洲私法的原则、定义和示范规则》,高圣平译,中国人民大学出版社2012年版,第368页。

〔4〕 See Christian von Bar, Eric Clive ed., *Principles, Definitions and Model Rules of European Private Law* (*Volume* 6), Sellier European Law Publishers, 2009, p. 5483.

之日起具有对抗效力。

2. 区分存货与非存货的购买价金担保权

在《民法典》第416条中,未对购买价金担保权的标的物作进一步区分。从比较法看,购买价金担保权根据不同的角度可进行不同的分类,其中一个重要的分类就是存货与非存货(如设备)的购买价金担保权,二者在构成要件上存在显著性不同。

例如,在《美国统一商法典》中有体动产有四类,分别为消费品、农产品、设备和存货。根据第9-102条的解释,存货是除了农产品以外的并满足一些条件的有体动产,其中包括原材料、半成品、在经营活动中使用或者消耗的材料。设备上成立的购买价金担保权规定于第9-324(a)条,即除存货和牲畜外的有体动产的购买价金担保权。在第9-324(a)条下,购买价金担保权成立的条件是比较容易满足的。设备之上购买价金担保权的享有者在债务人占有动产之日起20日内登记,即可优先于在先登记的担保物权人,其无须查看登记簿或者通知在先的担保物权人。

但是,规定于第9-324(b)条、第9-324(c)条的存货上的购买价金担保权则与之前的第9-324(a)条并不相同。在存货上的购买价金担保权人必须查询登记簿,然后书面通知其他的在先的担保物权人,该通知需要表明债权人已经或将要获得在债务人存货上的购买价金担保权并对该存货进行描述。在债务人占有存货之日起5年内,购买价金担保权人必须向在先的担保物权人发出通知,其也必须在债务人占有动产之前完善其担保物权。上述条件一旦满足,该担保物权人即对存货及其存货的特定收益享有优先权。就通知当中对担保物的描述具体程度如何,有不同的观点。一种观点认为,一般性的描述即可,因为已经通知担保物权人会有另外的债权人对债务人的一些存货提出请求,任何一个理性的债权人均可以进行调查并了解产生购买价金担保权的担保协议;而另一种观点则认为,要求获得"超级优先权"

的购买价金担保权人提供具体的关于库存的描述是合情合理的。[1]

由上可以看到,《美国统一商法典》中存货上的购买价金担保权和非存货(如设备)上的购买价金担保权成立条件并不一样,比如在登记方面有无20日的宽限期、是否要对在先的担保物权人进行通知。

《贸易法委员会担保交易立法指南》中,也区分了存货的购买价金担保权与非存货的购买价金担保权。建议180:(a)除库存品和消费品以外的有形资产的购买价金担保权,相对于担保人设定的非购买价金担保权而言,具有优先权(即使该非购买价金担保权在一般担保权登记处登记通知的时间早于购买价金担保权登记通知的时间),但须符合下列任何一项条件:(1)购买价金担保权人保留该资产的占有权;(2)担保人获得该资产占有权后不迟于一段短暂期限,如20日或30日,在一般担保权登记处登记了关于该购买价金担保权的通知。(b)存货、库存品的购买价金担保权相对于担保人设定的非购买价金担保权而言具有优先权,前提是需要满足以下条件之一:(1)购买价金担保权人保留该资产的占有权;(2)在向担保人交付库存品之前,已在一般担保权登记处登记了关于购买价金担保权的通知;该通知应到达在同类库存品上已登记的非购买价金担保权人,使其了解购买价金担保权人已获得或拟获得购买价金担保权,该通知必须对库存品做充分描述,以使非购买价金担保权人能够识别作为购买价金担保权标的的库存品。前述中的通知可涵盖相同当事人之间多项交易下的购买价金担保权,不必具体指明每一项交易;该项通知仅对在发出通知后(指明一段时间,比如5年)期限内担保人获得占有权的有形资产的担保物权而言有足够效力。[2] 上述规定与《美国统一商法典》基本一致。

---

〔1〕 See Keith G. Meyer, *A Primer on Purchase Money Security Interests under Revised Article* 9 *of the Uniform Commercial Code*, 50 University of Kentucky Law Review 171(2001 -2002).

〔2〕 See United Nations Commission on International Trade Law, *UNCITRAL Legislative Guide on Secured Transactions*, United Nations, 2010, p. 504.

为何区分存货与非存货的购买价金担保权？美国学者认为，利用存货融资更有可能包含重复的交易，涉及更多的资金，无论是使用一般担保方式还是购买价金担保权的方式来融资，融资人在此方面都是专业者，因此，要求其遵循一系列的手续是符合商业要求的。要求其在债务人占有担保物之前完成登记且不适用宽限期，以此保护其他查询登记并根据这些动产提供贷款的债权人的利益。而在非存货融资领域的购买价金担保权，既不要求在债务人占有动产之前完成登记，也不要求通知其他在先登记的担保物权人是可行且符合实践的。因为大量的有关设备的附条件买卖早期均是由非专业人员完成的，绝大多数情形下债务人即刻占有设备是商业需要。在债务人占有动产之前就要求进行登记，无论是查看在先登记还是进行新的登记，都会降低交易效率。更重要的是，与原材料或者存货买卖不同，在设备的买卖上基本不会进行一系列重复的交易。对该通知的依赖，在设备上在先登记的担保物权人与存货上的融资者相比要小。[1]

简言之，在存货的购买价金担保权成立上苛加条件是基于交易安全和交易效率的考量。我国浮动抵押的客体中，原材料、半成品、产品大抵属于前述存货、库存品，因而前述对存货与非存货的区分亦具参考意义。

（三）购买价金担保权适用范围的限缩与扩张

1. 限缩：消费品交易豁免登记

在《民法典》第416条中，购买价金担保权人须登记方可具有“超级优先权”的地位。但是从比较法看，并非所有的购买价金担保权均需要登记。无论是在《美国统一商法典》还是《欧洲示范民法典草案》抑或《贸易法委员会担保交易立法指南》中，在消费品上的购买价金担保权人无须登记。如《欧洲示范民法典草案》第9－3：107条第4项规定：“向消费者发放的贷款由购买价金担保权融资方式所担保的，该担保物权无须登记即具有对抗效力。

〔1〕 See Peter F. Coogan, *Article 9 of the Uniform Commercial Code: Priorities among Secured Creditors and the "Floating Lien"*, 72 Harvard Law Review 863－864(1958－1959).

这一例外规定不能适用于收益以及标的物之外的其他财产之上的担保物权。”

消费品交易中购买价金担保权豁免登记的原因大抵有二。首先，消费品交易频繁，若基于消费品的信用交易而生的购买价金担保权均需要登记，势必对交易的便捷高效产生影响，不利于刺激消费品信用消费。其次，消费品交易往往“不值得登记”。在物权领域，登记（公示）之作用以及其重要性毋庸置疑，其主要功能是保障交易安全，节约交易成本，提示潜在的交易风险，彰显物上的权利负担。但是，这些功能在消费品交易领域能否得到发挥则存疑。因为，在大部分情况下，对消费者购买的消费品，通过登记的方式提示潜在的第三人意义不大，消费者购买消费品主要是用来自用，极少用于融资交易。如同《贸易法委员会担保交易立法指南》所指出，“如果买受人是为个人、家居或家庭用途而购买有形资产，则出卖人或其他与该有形资产有关的购买价金融资提供人不受登记要求的限制；在这种情形下，出卖人或信贷提供人通常也无须采取正常情况下为实现对抗第三人效力而采取的任何其他步骤。这类交易在当事人之间生效的同时便具有对抗第三人的效力。其中的设想是，在这类情形下，提示潜在的第三方融资提供人的必要性不大，尤其是在消费品价值不高的情况下”[1]。

当然，有些消费品的价值较高，被用来进行融资交易的可能性亦较大，故在其他普遍要求登记的法律制度中，只有对价值较低的消费品交易才不要求登记（例如，不超过3000欧元或与之价值相当的消费品交易，或由小额索赔法院管辖的交易）。[2] 此外，在一些特定的财产上，如汽车，也有国家规定涉及向消费者提供汽车融资信贷的重要市场所适用的制度，通常不要求在

---

〔1〕 United Nations Commission on International Trade Law, *UNCITRAL Legislative Guide on Secured Transactions*, United Nations, 2010, p. 346.

〔2〕 See United Nations Commission on International Trade Law, *UNCITRAL Legislative Guide on Secured Transactions*, United Nations, 2010, p. 346.

一般担保物权登记处登记，而是要求在专门登记处登记，或要求在产权证上加注。

就此，对我国法律的解释选择大抵有三。第一，消费品交易之上的购买价金担保权无须登记；第二，以一定金额为标准，于特定金额之下的消费品交易，购买价金担保权无须登记，反之则应当登记；第三，对特定消费品作出登记要求。本书认为，由于消费品范围广，难以以特定金额或者特定消费品为区分标准进而明确何种购买价金担保权需要登记，何种不需要登记。故一般而言应认为，凡属消费品交易领域，购买价金担保权无须登记。至于汽车等特定物品，可于相关的特别法中予以特定规定。因此，若采此方式，重点在于判断何为“消费品交易领域”。如果某销售商将其平日出卖的消费品作为库存品销售给了其他批发商、零售商，符合购买价金担保权构成要件的则仍需要登记通知以实现这些资产对第三人的效力，因为此时权利不属于消费品交易领域中消费品之上的购买价金担保权。

2. 扩张：统一适用融资租赁与所有权保留交易

《民法典》第416条明确规定于抵押权一章，但这是否意味着，该规则仅适用于抵押权？换言之，价金贷款人只是抵押权人吗？此问题即关涉动产担保功能主义。尽管融资租赁与所有权保留在合同编之中，但是其仍然具有担保的功能，也适用登记对抗主义，因此其能够适用购买价金担保权的相关规则。事实上，购买价金担保权担保的债务，有“买方向卖方所承担的价金债务”和“买方向融资机构承担的价金债务”两种，购买价金担保权分为出售人(seller)的购买价金担保权和融资机构(lender)的购买价金担保权，[1]在本质上符合所有权保留与融资租赁的法律构成。

在购买价金担保权的立法上，《贸易法委员会担保交易立法指南》分别提供了“统一处理法”和“非统一处理法”。前者统一为购买价金担保权设置

---

〔1〕 参见李运扬：《美国统一商法典中购买价金担保权(PMSI)研究》，载梁慧星主编：《民商法论丛》第47卷，法律出版社2010年版，第506页。

了规则，后者则分别就一般的购买价金担保权、融资租赁和所有权保留专门作出规定。尽管是分别规定，但是其在本质上并无区别，故应统一法律适用。《贸易法委员会担保交易立法指南》在非统一处理法中指出，法律应当规定：(a)非统一处理法中的购买价金担保权制度与统一处理法中所采用的制度相同；(b)所有债权人，包括供应商和出贷人，均可以根据规制购买价金担保权的制度取得购买价金担保权；(c)可以依据建议 188，在所有权保留权利和融资租赁权基础上提供购买价金融资；(d)出贷人可以通过转让或代位而取得所有权保留权利和融资租赁权的利益。所有权保留权利和融资租赁权等同于购买价金担保权。同时，《贸易法委员会担保交易立法指南》建议，法律应当规定，无论债权人的权利究竟是所有权保留权利、融资租赁权还是购买价金担保权，规制购买价金融资的规则均产生等同的经济效果。[1]

当然，值得注意的是，融资租赁中存在售后回租这一交易类型，即出租人不是从第三人处，而是从承租人处购买租赁物，承租人在此既是承租人又是租赁物的供货商，售后回租的融资功能更为突出，因此也是一种融资租赁的类型。[2] 但售后回租交易并没有增加承租人的责任财产，与前述购买价金担保权的本质不符，因此，在售后回租这一交易类型下，即便符合购买价金担保权构成要件的融资租赁出租人所有权可以获得超级优先顺位，也应排除其优先顺位。

综上所述，尽管《民法典》第 416 条规定于《民法典》担保物权中的抵押权一章，但是，其对于融资租赁交易、所有权保留交易同样适用，《担保制度司法解释》第 57 条第 1 款亦作出明确规定。

(四)购买价金担保权之间的竞存顺位

《民法典》第 416 条规定了购买价金担保权与其他在先的动产担保物权

[1] See United Nations Commission on International Trade Law, *UNCITRAL Legislative Guide on Secured Transactions*, United Nations, 2010, p. 377.

[2] 参见胡晓媛：《中德融资租赁法律制度比较研究》，中国法制出版社 2011 年版，第 6 页。

之间的优先顺位,但是在同一标的物上也可能同时存在两个以上的购买价金担保权进而发生竞存。例如,情形一:就同一动产标的物,两个以上商业银行分别提供部分贷款以供债务人购置标的物,此时两个以上商业银行的担保物权分别构成购买价金担保权并发生竞存;情形二:为获得标的物,同时存在所有权保留交易与贷款交易,即商业银行为债务人购买标的物贷与其部分贷款,并设立抵押权担保贷款债权,同时出卖人保留标的物所有权以担保价金,此时商业银行与出卖人的担保权均构成购买价金担保权,二者权利发生竞存。对于此时多个购买价金担保权之间的优先顺位并不在《民法典》第416条的规制范围之内。

就此问题,《贸易法委员会担保交易立法指南》建议,在主张购买价金担保权的出卖人和主张购买价金担保权的出贷人之间的任何竞争中,出卖人的购买价金担保权优先,而不论这些购买价金担保权取得对抗第三人效力的日期孰先孰后。此外,均由出贷人取得的两项购买价金担保权之间的竞争,适用一般优先权规则,即这两个出贷人各自权利的相对优先顺序取决于其登记或取得对抗第三人效力的时间(以先发生者为准)。[1] 也就是说,前述情形一中,各商业银行的购买价金担保权优先顺位以登记时间的先后判断;而情形二中出现所有权保留出卖人所有权或融资租赁出租人所有权与商业银行的贷款担保权竞存时,前者优先。同样,《美国统一商法典》第9-324条也采此观点,赋予担保物价金亦即为出卖人而创设的价金担保物权优先于担保贷款发放的价金担保物权的顺位。其主要理由是法律对于出卖人的同情胜于贷款人。[2] 我国学者多认为,应按照登记时间先后确定优

---

〔1〕 See United Nations Commission on International Trade Law, *UNCITRAL Legislative Guide on Secured Transactions*, United Nations, 2010, p. 364-365.

〔2〕 参见美国法学会、美国统一州法委员会:《美国〈统一商法典〉及其正式评述》(第3卷),高圣平译,中国人民大学出版社2006年版,第237页。

先顺位。[1] 但是也有不同观点，有观点认为，让第三人的购买价金担保权优先于出卖人的购买价金担保权将更为合理，因为第三人融资的最终受益人为出卖人，其部分价款债权已经由此获得清偿，再让出卖人在此范围内优先受偿，无异于使其该部分债权就同一标的物获得双重保障。[2] 还有观点认为，数个按期登记的购买价金担保权应按债权比例受偿，可以贯彻功能主义的基本要求，即经济上功能对等的交易在法律上应被同等对待，无论是作为出卖人，还是作为贷款人，他们对融资租赁交易的发生同等重要，缺少任一方的融资都不可能发生该交易，既然都依法获得了特殊对抗效力，就应同等对待他们。法律上同等对待不同的购买价金担保权人，可促使他们之间形成良性竞争，最终降低债务人的融资成本。当然，若相竞存的购买价金担保权均在宽限期届满后办理登记，它们之间的顺位则按照"登记在先，效力在先"的一般规则确定，因为此时它们与普通抵押权无异。[3]

本书赞同依照登记时间先后确定优先顺位的观点，《担保制度司法解释》第 57 条第 3 款亦采此说。因为既然购买价金担保权既适用于贷款抵押情形，也适用于所有权保留交易、融资租赁交易情形，这表明在本质上，不同交易类型中的购买价金担保权人并无明显不同，否则也就不会适用统一的规则，给予出卖人购买价金担保权更为优先的地位本身就与功能主义的理念矛盾，规则设计上更是"叠床架屋"。

二、留置权的绝对优先性及其限制

(一) 留置权绝对优先的规则及其争议

尽管购买价金担保权具有所谓的超级优先顺位，但是依据《民法典》第

〔1〕 参见高圣平：《民法典动产担保权优先顺位规则的解释论》，载《清华法学》2020 年第 3 期；谢鸿飞：《价款债权抵押权的运行机理与规则构造》，载《清华法学》2020 年第 3 期；房绍坤、柳佩莹：《论购买价款担保权的超级优先效力》，载《学习与实践》2020 年第 4 期。

〔2〕 参见王立栋：《〈民法典〉第 641 条（所有权保留买卖）评注》，载《法学家》2021 年第 3 期。

〔3〕 参见李运杨：《〈民法典〉中超级优先顺位规则的法律适用》，载《法学家》2022 年第 2 期。

416 条，其仍然在顺位上劣后于留置权。《民法典》第 456 条明确留置权在顺位上优先于先设立的动产抵押权、动产质权，赋予其优先效力符合保护劳动者利益和鼓励创造社会财富的政策目的。[1] 留置权属于法定担保物权，而抵押权与质权均为约定担保物权，法定担保物权优先于约定担保物权为公认的物权法原则。[2] 《担保制度司法解释》第 62 条仅对留置权成立要件、商事留置权的问题作出规定，并没有就留置权与抵押权、质权的优先顺位规则作出新的解释。不过，《民法典》第 456 条赋予留置权的此种绝对优先地位并非全无疑问。

在抵押权与留置权竞存的场合，由于抵押权的设立并不移转动产的占有，属非移转型担保物权，因此，在动产所有权人为前一债权人设定抵押权后，因保管、运输、修理等行为将动产交与第三人，未履行相关债务而被第三人留置时，抵押权与留置权竞存。《物权法》第 239 条、《担保法解释》第 79 条乃至《民法典》第 456 条对此有明确规定，留置权优先于抵押权和质权，无论设立时间的先后。[3] 但是，若在先设立的抵押权已经登记，逻辑推理的结果应该是此业已登记的抵押权优先，法律强行使留置权优先是否具有足够充分且正当的理由；赋予留置权如此强大的效力是否会危害交易安全；如若赋予留置权优先顺位是否还需要增加其他条件以平衡其中的利益关系；后设立的留置权人和抵押权人的善意又是否会对优先顺位产生影响。以上种种考量亦不容忽视。

尽管留置权绝对优先的规则相对明确，但是对于二者竞存时的优先顺位，一直都有不同的观点。第一种观点认为，应以成立时间即公示的时间先

---

〔1〕 参见高圣平：《民法典担保制度及其配套司法解释理解与适用》，中国法制出版社 2021 年版，第 1033 页。

〔2〕 参见黄薇主编：《中华人民共和国民法典物权编释义》，法律出版社 2020 年版，第 622～623 页。

〔3〕 参见全国人大常委会法制工作委员会民法室编：《中华人民共和国物权法条文说明、立法理由及相关规定》，北京大学出版社 2007 年版，第 423 页。

后决定。[1] 第二种观点认为，在先设立抵押权后成立留置权时，只有留置权人为善意之时，方可取得优先于抵押权人的地位。主要目的是防止恶意通过留置权阻碍抵押权效力的行为。[2] 在《物权法》立法之时，有学者的建议稿即采"善意留置权人说"。[3] 《物权法》第239条对此没有明文规定，但从诚实信用原则出发，在法律适用上应采此解释（善意解释）。[4] 留置权虽发生在后，若留置权人为善意，亦即不知在此之前，留置物上有其他物权存在的，其留置权均优先于在先成立之物权，而成为物权优先效力之例外。[5] 第三种观点认为，先成立抵押权后成立留置权，登记的抵押权优先于留置权，但留置权人可以就因提供劳务、加工或者材料而增加标的物的价值部分优先受偿。[6] 其理由为，登记的抵押权获得对抗效力，同时为防止恶意设定留置权危及抵押权的行为，将留置权人优先受偿的范围限于因其提供的劳务、加工或材料而使标的物价值增加的部分，可以平衡留置权人与抵押权人的利益，也与抵押权效力及于添附物时应以"原有价值为限"的制度相对应。[7]

（二）限缩留置权优先的范围

本书认为第三种观点颇有道理。其一，留置权绝对优先易滋生欺诈，危及动产担保物权基本制度。"否认登记对抗效力，偏厚留置权人，易启诈欺

---

〔1〕 参见董开军：《债权担保》，黑龙江人民出版社1995年版，第263页。

〔2〕 参见邹海林、常敏：《债权担保的方式和应用》，法律出版社1998年版，第350页。持相同观点还可参见吴庆宝主编：《物权担保裁判原理与实务》，人民法院出版社2007年版，第412页；翁齐斌、张子辉：《〈物权法〉留置权法律制度创新问题研究》，载游劝荣主编：《物权法与社会发展比较研究》，人民法院出版社2009年版，第429页；宗志翔：《我国物权法留置权制度的变化与完善》，载《江西社会科学》2009年第8期；龙著华：《论动产担保物权的竞合》，载《河北法学》2004年第10期。

〔3〕 参见梁慧星等：《中国物权法草案建议稿附理由》，社会科学文献出版社2007年版，第661页。

〔4〕 参见杨明刚：《新物权法：担保物权适用解说与典型案例评析》，法律出版社2007年版，第159页。

〔5〕 参见谢在全：《民法物权论》（下册），中国政法大学出版社2011年版，第1091页。

〔6〕 参见王利明主编：《中国民法典学者建议稿及立法理由——物权编》，法律出版社2005年版，第416页。

〔7〕 参见程啸：《中国抵押权制度的理论与实践》，法律出版社2002年版，第378～379页；王利明主编：《中国民法典学者建议稿及立法理由——物权编》，法律出版社2005年版，第417页。

之门,拥有资金者将畏缩不前,有碍于动产抵押制度之推行。"[1]况且自《物权法》第230条以来至《民法典》第447条,留置权的产生更为容易,实施诈欺的可能性亦随之提高。其二,为保证留置权人所付出成本和劳动的收回,法律赋予留置权优先地位。[2] 但并非所有产生留置行为的情形都发生了留置物的增值,留置权发生原因甚多,并非均对标的物有修缮、加工而支出费用,也可能未增加标的物价值,自无优先于成立在先的动产担保物权利而受偿之效力。[3] 因此,留置权的优先性应以其债权的发生对标的物价值的增加的贡献为限。[4] 其三,如前所述,在动产担保物权竞存领域,原则上并不虑及后设立担保物权人的主观状态,因此"善意留置权人说"亦不足采,《民法典》第456条赋予留置权以优先于抵押权、质权的优先效力,而无论其是否明知后者的存在,抑或公示在后。[5]

三、采"控制"为公示方式的担保物权及其优先性

(一)作为担保物权公示方式的"控制"

作为担保物权公示方式的控制,主要应用于金融资产。《欧洲示范民法典草案》第9-3:204条指出:(1)担保物权人可以通过对以下财产实施控制,而使担保物权取得对抗效力:(a)为金融财产在金融机构中开立账户(中介金融财产);(b)非中介金融工具在登记簿上的登记,该登记簿由发行人持

---

[1] 王泽鉴:《"动产担保交易法"上登记之对抗力、公信力与善意取得》,载王泽鉴:《民法学说与判例研究(重排合订本)》,北京大学出版社2015年版,第1482页。

[2] 参见许明月:《抵押权制度研究》,法律出版社1998年版,第304页;最高人民法院民法典贯彻实施工作领导小组:《中华人民共和国民法典物权编理解与适用》(下),人民法院出版社2020年版,第1314~1315页。

[3] 参见刘春堂:《动产担保交易登记之对抗力》,载陈荣隆教授六轶华诞祝寿论文集编辑委员会:《物权法之新思与新为——陈荣隆教授六轶华诞祝寿论文集》,台北,瑞兴图书股份有限公司2016年版,第384~385页。

[4] 参见高圣平:《民法典担保制度及其配套司法解释理解与适用》,中国法制出版社2021年版,第1034页。

[5] 参见范佳慧:《论融资租赁交易中的权利冲突与利益实现》,载《法学家》2023年第5期。

有或为发行人持有,或依据国内法该登记簿对物权有决定性的影响。(2)具有以下情形之一,即构成担保物权人对本条第(1)款第(a)项规定的财产的控制:(a)经担保人同意,担保物权人已向开立账户的金融机构发出指示:未经担保物权人同意,不得允许担保人处分账户中的财产;(b)金融机构为担保物权人在特殊账户中持有该财产;(c)金融机构是担保物权人。(3)前款规定可准用于担保权人对本条第(1)款第(b)项规定的财产的控制。(4)满足第(2)款和第(3)款规定的条件,必须通过书面、电子形式或其他耐久媒介的记录所证明。[1]

在《贸易法委员会担保交易立法指南》中,是以银行账户付款请求权担保展开,如果担保人(银行账户持有人)同意为担保物权人的利益而冻结其账户,那么担保物权人就等于占有了有形资产;如果开户银行本身就是担保物权人,则更是如此。在现代担保交易制度中,有时将这些对无形资产概念上占有的方法称作"控制"。通常,担保物权人若根据合同有权对资产进行处分,即被视为对该资产有控制权。例如,在一些国家,如果开户银行根据通常称为控制权协议的文件,具有仅在担保物权人指示下处分账户中资金的合同义务,担保物权人即被视为对银行账户具有控制权。控制权的程度可能不一。在某些情形下,控制权是绝对的,担保人不得有任何处分权。在另外一些情形下,允许担保人享有某些处分权,或其处分总额不超过规定的最高限额,或直至事件发生。[2]

《美国统一商法典》第9编中,担保物权公示的方式依据担保物性质的不同大致有登记、占有、控制、自动公示四种,其中登记是一般意义上最为重要的公示方式,但是对于储蓄账户而言,公示方式却是控制账户。如果担保

---

〔1〕 参见欧洲民法典研究组、欧盟现行私法研究组编著:《欧洲示范民法典草案:欧洲私法的原则、定义和示范规则》,高圣平译,中国人民大学出版社2012年版,第369页。

〔2〕 See United Nations Commission on International Trade Law, *UNCITRAL Legislative Guide on Secured Transactions*, United Nations, 2010, p. 50.

物权人是储蓄账户开户行,或者储蓄账户以担保物权人的名义而开立,则担保物权人已经取得储蓄账户的控制。如果开户银行与担保物权人达成协议,约定开户银行应该遵守债权人的指令处分储蓄账户中的资金而无须经过债务人的同意,则该担保物权人也取得了该储蓄账户的控制。[1]

(二)竞存类型及其优先顺位的正当性

与《欧洲示范民法典草案》大抵相同,《贸易法委员会担保交易立法指南》也建议,法律应当规定:银行账户付款请求权担保通过控制而取得对抗第三人效力的,相对于通过其他任何方法取得对抗第三人效力的竞合担保物权而言,具有优先性。开户银行与一个以上有担保物权人订立控制权协议的,这些有担保物权人之间的优先顺序按订立控制权协议的先后顺序确定。开户银行本身是担保物权人的,其担保物权相对于其他任何担保物权而言(包括通过与开户银行订立控制权协议取得对抗第三人效力的担保物权,即使开户银行的担保物权在成立时间上靠后),具有优先性,但通过成为账户持有人而获得控制权的有担保物权人的担保物权除外。[2] 这一规则大抵包含三个层次。

第一,通过控制取得对抗第三人效力的担保物权和通过控制以外的其他方式(如登记)取得对抗第三人效力的担保物权之间的竞存,控制取得对抗第三人效力的担保物权优先。这与《欧洲示范民法典草案》第9-4:102条中的(2)前句相同。这种"超级优先顺位"基于以下考量,具有一定合理性。一方面系基于金融资产的特殊性。《欧洲示范民法典草案》评注中指出,这种对金融财产上的担保物权的优先待遇,是因担保物权人通过实际控制或占有取得对抗效力,这与现代担保物权制度领域的共同理念是一致的。

---

〔1〕 参见美国法学会、美国统一州法委员会:《美国〈统一商法典〉及其正式评述》(第3卷),高圣平译,中国人民大学出版社2006年版,第15~16页。

〔2〕 See United Nations Commission on International Trade Law, *UNCITRAL Legislative Guide on Secured Transactions*, United Nations, 2010, p. 234.

取得金融担保财产之上的担保是值得鼓励的。担保物权人没有义务查阅登记簿,以确定相关财产是否已经被其他担保物权人设定了担保。尽管实际上有可能相应地限制了对登记担保物权的保护,但这一对登记债权人的不利条件似乎不会产生严重问题。第 9 – 3:204 条(金融财产的控制)中的金融财产都是很容易处分的;如果担保物权人也没有实际控制或占有这些金融财产,债权人会面临担保物权人未经授权处分这些财产的巨大风险,因此,每一个担保物权人仅依赖这些财产之上的担保物权的登记是不可靠的。[1] 另一方面系基于交易的特殊性。我国也有学者指出,银行账户总是处于账户管理机构——银行的有效且通常是"有形"的自然管理与控制之下。虽然它本质上是一种无形财产,但却体现为一种可控的记载载体,并处于他人(银行等)有效的"控制"之下。虽可采用登记公示的方法,但一律作登记公示处理,对某些类型的无形财产来说缺乏经济性、效率性,甚至是安全性。明明银行作为账户管理机构可以很好地控制账户,却偏要求银行对账户去做登记,就会显得没必要,通过简洁、清晰、安全的控制方法来实现公示,是此时的最佳选择。[2] 无视金融业的交易习惯,将保证金账户担保的公示方法规定为登记,不仅有违交易习惯,而且因登记成本高昂,登记手续烦琐,在商事交易追求效率的背景之下势必窒碍难行。[3] 对于银行账户担保而言,要求担保物权人拍卖或变卖担保财产以实现担保物权是低效的,此时债权人有权以直接获得账户中金钱的手段实现权利,以增强动产担保交易,实现规则的灵活性与高效性。[4] 这一做法可以促进银行账户担保的金融交易,使担保物权人不必检索动产和权利担保登记公示系统。

---

〔1〕 参见[德]克里斯蒂安·冯·巴尔、[英]埃里克·克莱夫主编:《欧洲私法的原则、定义与示范规则:欧洲示范民法典草案(全译本)(第 9 卷)(第 10 卷)》,徐强胜等译,法律出版社 2014 年版,第 149 ~ 150 页。

〔2〕 参见耿林:《论银行账户担保的控制公示方法》,载《法学杂志》2020 年第 2 期。

〔3〕 参见陈本寒、贾雨荷:《保证金账户担保若干问题之探讨——兼评〈民法典担保制度司法解释〉第 70 条》,载《烟台大学学报(哲学社会科学版)》2023 年第 2 期。

〔4〕 参见高圣平:《民法典担保制度体系研究》,中国人民大学出版社 2023 年版,第 604 ~ 605 页。

第二,分别通过控制取得效力的两种担保物权之间的竞存,此时按照“先公示者优先”一般顺位规则确定。这与《欧洲示范民法典草案》第 9 – 4:102 条中的(2)后句相同。

第三,竞存担保物权人中有一个担保物权人是开户银行本身,此时开户银行享有优先权。这是由于开户银行一般享有抵销权(如我国《民法典》第 568 条),之所以允许这种秘密担保物权存在,是因为银行对储蓄账户中的资金享有抵销权,任何第三人都被推定知道银行对账户享有权利。[1] 虽然控制不是像登记那样的取得对抗第三人效力的公示办法,但这种缺乏透明度一般不会使第三人的处境更加艰难。开户银行根据其他法律一般有权优先于担保人的其他债权人而抵销担保人欠它的债务,不管担保人的债权人是有担保物权人还是无担保物权人。由于抵销权并非担保物权,抵销不必遵循任何公共登记要求;银行也没有义务向第三人披露其抵销权。因此,如对银行账户付款请求权担保仅将登记作为公示方式,债权人不能依赖“无”的登记查询结果,因为银行总是可以根据其抵销权而主张优先权;按照担保人指示从账户中支付资金的受让人也不会受到损害,因为此时他们取得的资金不附带担保物权。[2]

不过,此时也有例外。若担保账户是以债权人的名义开立的,则债权人属于银行的客户,银行与该客户订立存款协议的事实可解释为银行放弃了抵销权;在法理上,由于银行账户并未开立在担保人名下,担保人与银行之间也就不存在互负债权债务关系,银行抵销权的行使前提也就不成立。[3] 如果担保物权人以成为银行该账款之客户的方法获得对储蓄账目的控制,

---

〔1〕 参见方建国、蒋海英:《商业银行保证金账户担保的性质辨析》,载《金陵法律评论》2013 年第 2 期。

〔2〕 See United Nations Commission on International Trade Law, *UNCITRAL Legislative Guide on Secured Transactions*, United Nations, 2010, p. 139.

〔3〕 参见高圣平:《民法典担保制度体系研究》,中国人民大学出版社 2023 年版,第 605 页。

则担保物权人就能获得优先于该账款上存在的其他担保权益的优先受偿权利。[1]

(三)《担保制度司法解释》中的保证金账户担保

虽然《民法典》未明确银行账户等金融资产担保可以采取控制这一公示方式,但是《担保制度司法解释》第 70 条有关保证金账户担保的规定则明确使用“控制”这一表述。依据该条,保证金账户担保设立条件有二:一是标的财产特定化,以明确担保财产的对象;二是债权人对于标的财产能够实际控制,以达到占有标的物财产的公示效果。[2] 对于保证金账户而言,商业银行实际控制该账户,即达到了在静态上占有保证金账户的要求,从而满足了动产质权的公示要求。[3] 保证金账户质押是通过专户和实际控制来解决公示问题。[4] 实际上,此前最高人民法院第 54 号指导案例“中国农业发展银行安徽省分行诉张某某、安徽长江融资担保集团有限公司执行异议之诉纠纷案”也已经明确了这一点,即“当事人依约为出质的金钱开立保证金专门账户,且质权人取得对该专门账户的占有控制权,符合金钱特定化和移交占有的要求,即使该账户内资金余额发生浮动,也不影响该金钱质权的设立”。《担保制度司法解释》第 70 条明确采“控制”这一表述,不再使用“移交占有”的表述;但是“控制”并无上位法依据,将控制作为公示方式的担保物权属于新类型担保,基于此,《担保制度司法解释》在保证金账户担保的体例安排上,将其置于“非典型担保”部分。

实践中,债权人对于保证金账户的实际控制主要分为两种不同的情形:一是以债权人的名义开立保证金账户,债务人或者第三人将资金存入该账户内,此时债权人作为账户所有人能够实际控制该笔资金,符合移交债权人

〔1〕 参见董学立:《美国动产担保交易制度研究》,法律出版社 2007 年版,第 146 页。
〔2〕 参见最高人民法院民事审判第二庭:《最高人民法院民法典担保制度司法解释理解与适用》,人民法院出版社 2021 年版,第 580 页。
〔3〕 参见高圣平:《担保法前沿问题与判解研究》(第 5 卷),人民法院出版社 2021 年版,第 521 页。
〔4〕 参见吴光荣:《担保法精讲》,中国民主法制出版社 2023 年版,第 552 页。

占有的条件;二是保证金账户并非以债权人的名义开立,出质人因对于银行享有存款债权而无法直接向债权人完成货币交付,债权人实现对保证金账户的实际控制往往需要与银行签订账户监管协议,约定非依债权人指令不得对账户内资金进行操作,账户密码由债权人设定并占有,或者通过设立共管账户,约定对账户进行共同监管,以实现对于保证金账户的实际控制。[1]这两种就是将“控制”作为担保物权公示方式的典型形式。《担保制度司法解释》第70条第1款规定:“……设立专门的保证金账户并由债权人实际控制,或者将其资金存入债权人设立的保证金账户……”对应的就是“控制”方式。要求将钱存入特定账户,并非为了将这些钱“特定化”,而是为了让债权人通过控制账户实现排除第三人对于这些金钱的支配可能性,从而达到公示的效果。毕竟第三人通过尽职调查是可能知晓账户已经被债权人所控制的,可以预想到账户里的钱已经不属于债务人的一般责任财产;并且只要在一个规范的银行开户,那么保证金账户的主体是谁,是否还存在控制权协议,钱是否已经存入保证金账户以及存入保证金账户的时间等事实都是具体确定且可事后查询的,从而杜绝了当事人之间倒签合同虚设担保的可能性。[2]

值得注意的是,《应收账款质押登记办法》(现已失效)第35条规定,保证金质押属于该办法所称“动产和权利担保”;现施行的《动产和权利担保统一登记办法》中并未出现“保证金质押”这一字眼,只是在第2条第7项概括指出“其他可以登记的动产和权利担保”,似并未排除保证金质押登记。有观点认为保证金质押属于中国人民银行征信中心可以办理登记的“其他可以登记的动产和权利担保”,为有效预防风险,办理保证金质押登记不失为

---

[1] 参见最高人民法院民事审判第二庭:《最高人民法院民法典担保制度司法解释理解与适用》,人民法院出版社2021年版,第581页。

[2] 参见龙俊:《民法典时代保证金的双重属性》,载《法学杂志》2021年第4期。

金融机构的理性选择。[1] 倘若如此,采控制公示方式的保证金担保权与采登记公示方式的保证金担保权会发生权利竞存,基于前述,或可考虑令前者优先。

第七节　本章小结

动产担保物权竞存与不动产多重抵押逻辑不同。动产担保物权采登记对抗主义逻辑,动产与不动产在物理属性和交易特性方面亦不同,加之《民法典》对动产担保物权所进行的功能主义变革,动产担保物权竞存情形更为多样。

原则上,动产担保物权竞存顺位依照动产担保物权取得对抗效力的时间先后而定。采登记取得对抗效力的动产担保物权之间发生竞存,顺位依照登记时间先后而定,《民法典》第 414 条确定"先登记者优先"顺位规则;采登记以外方式(如交付)取得对抗效力的动产担保物权,依照获得对抗效力的时间先后确定顺位;登记型担保物权与非登记型担保物权发生竞存,依照各自取得对抗效力的时间先后确定优先顺位,如《民法典》第 415 条抵押权与质权的竞存。同时,在动产担保物权竞存中,后设立的动产担保物权人只是与其他先设立的动产担保物权人分享担保物变价款,而非取得动产担保物所有权,故无须考量后设立担保物权人的主观善意与恶意,动产担保物权之间的顺位仅依照取得对抗效力的时间这一客观要件而定。

"先公示者优先"顺位规则体现在不同类型的担保物权竞存中。在债务人先设立浮动抵押后又设立固定抵押的情况下,浮动抵押业已登记,在先登记的浮动抵押获得优先顺位。债权多重转让、质押、保理交易中,《担保制度司法解释》第 66 条在应收账款这一债权种类上,贯彻"先公示者优先"顺位

〔1〕 参见李阿侠:《保证金的法律属性及金融机构之应对》,载《金融论坛》2022 年第 5 期。

规则;《合同编通则司法解释》第50条在普通债权多重让与方面,将通知优先规则作为一般确权规则。仓单多重质押时,《担保制度司法解释》第59条第3款遵循"先公示者优先"规则。基于动产担保功能主义,典型动产担保物权与非典型担保物权(如融资租赁出租人所有权、所有权保留出卖人所有权)发生竞存,亦遵循"先公示者优先"规则。

"先公示者优先"顺位规则在动产担保物权收益延伸时亦如此。如果动产担保物权通过自动延伸或者其他方式(如当事人合意、登记)延伸至收益,则收益之上竞存的担保物权顺位亦遵循"先公示者优先"顺位规则,即担保资产担保物权取得对抗效力的时间,也是其收益的担保物权取得对抗效力的时间。这一问题的基础在于动产担保物权应如何延伸至收益,比较法上大抵有担保物权收益自动延伸与担保物权收益合意延伸模式,我国法律未就担保物权收益自动延伸模式形成普遍公示,动产担保物权对抗效力的延续需要依赖担保物权人综合采用现有的动产担保政策工具,以达到优先顺位在收益上的延续。

"先公示者优先"顺位规则亦有例外。在我国现行法中,大抵有三种类型,分别为购买价金担保权、留置权、采"控制"为公示方式的担保物权(账户担保)。购买价金担保权往往与浮动抵押紧密相关,其无视"先公示者优先"规则获得优先顺位,乃是对在先担保物权垄断地位的打破、激励担保物权人向担保人提供融资。尽管购买价金担保权具有所谓的超级优先顺位,但是依据《民法典》第416条,其仍然在顺位上劣后于属于法定担保物权的留置权,不过解释上可将留置权优先范围限缩为留置权人对动产所增加之价值范围,以防范欺诈、维持利益均衡。虽然《民法典》未明确银行账户等金融资产担保可以采取控制这一公示方式,但《担保制度司法解释》第70条有关保证金账户担保的规定则明确使用"控制"表述,其优先性在于银行账户总是处于账户管理机构即银行的有效且通常是"有形"的自然管理与控制之下,而不必再费周折将登记作为公示方式。

第四章

动产担保物权与不动产抵押权竞存论

担保物权竞存根据“显性”与“隐性”还可以分为“显性担保物权竞存”和“隐性担保物权竞存”。前者是指从法律明文规定中即可知晓存在的担保物权竞存，如《民法典》第 414 条多重抵押、第 405 条抵押权与租赁权的冲突、第 406 条抵押权与受让人所有权之间的冲突等。而“隐性担保物权竞存”更容易被忽略，这主要指的是《民法典》第 412 条抵押财产在被扣押后，抵押权效力及于天然孳息或法定孳息并由此引发的权利冲突，以及《民法典》第 322 条、《担保制度司法解释》第 41 条有关添附引发的权利冲突。这种担保物权竞存容易被忽略，主要原因在于“隐性担保物权竞存”并非直接发生，需要借助其他法律事实，而且上述提及的“隐性担保物权竞存”为不动产抵押权与动产担保物权的冲突，与一般所言的担保物权竞存并不相同。

按照担保物权对内优先效力一般原理，同属不动产物权才有比较的可能。不过，不动产抵押权与动产担保物权也有发生竞存的可能，主要的原因是不动产抵押权效力的扩张，即不动产抵押权人除了对作为抵押物的不动产有优先受偿权之外，还可能对部分动产享有优先受偿权；而恰恰这部分动产本身也是动产担保物权指向的标的物，进而发生不动产抵押权与动产担保物权的竞存。

从当前司法实践的案件类型看，不动产抵押权与动产担保物权竞存体现为两类，一类是不动产抵押权与租金质权的竞存，这是因抵押权效力扩张至法定孳息而引发的；另一类是不动产抵押权与融资租赁出租人所有权的竞存，这是因抵押权效力扩张至添附物而引发的。

第一节　不动产抵押权效力扩张所产生的担保物权竞存

一、不动产抵押权效力及于法定孳息所产生的竞存

《民法典》第 412 条延续《物权法》第 197 条的规定,明确了抵押权效力及于天然孳息与法定孳息的条件与法律效果。对于该条,理论与实务研究者未过多着墨,在《民法典》编纂过程中,亦未见理论界与实务界对该条提出较多的修改意见与建议。但是,司法实践中,对于该条的适用存在较大分歧,如对该条中“扣押”的含义、通知的意义等均有一定争议。更为重要的是,《民法典》第 412 条内含各权利人对天然孳息与法定孳息的竞存与争夺,这种权利竞存体现在财产保全、诉讼与执行的各阶段,贯穿在执行异议与复议、执行异议之诉、执行财产分配之诉、参与分配、破产债权确认等各程序之中,贯穿于实体法与程序法等多部门法,有必要对《民法典》第 412 条作深入研究。

不动产所有人将不动产用于出租以获得法定孳息(租金)为实践中常见交易情形。作为不动产抵押标的的房屋,不存在天然孳息的问题。故本节的讨论集中在不动产抵押权效力及于房屋租金这一法定孳息之上的情形,必要时在文中将租金与法定孳息混同使用。

从比较法角度来看,日本学者也指出,以大都市为中心,办公楼等成为抵押标的的情况增加,由此产生的租金收入逐渐成为抵押不动产所有人的重要财产,而且泡沫经济破裂后,抵押不动产本身难以拍卖的情形增多,另外也出现了企图妨害抵押权人的优先受偿权行使的情况,因此抵押权效力及于租金债权的问题十分重要。[1]

---

〔1〕 参见[日]道垣内弘人:《日本典型担保法》,王融擎译,北京大学出版社 2022 年版,第 270 页。

下面本节将从《民法典》第412条不动产抵押权及于法定孳息的法理出发,结合相关裁判分歧与法学理论,对《民法典》第412条的要件、法律效果以及其中担保物权竞存顺位问题等进行解释论分析,希冀对化解裁判与理论分歧有所助益。

(一)不动产抵押权效力及于法定孳息的正当理由

首先,关于债务人不履行到期债务或者发生当事人约定的实现抵押权的情形,抵押权效力及于法定孳息的正当性问题。抵押权为抵押权人对抵押物交换价值的支配,即抵押权是抵押权人对抵押财产的价值直接予以支配的权利,〔1〕而非对抵押物使用价值的限制,对抵押物使用价值的限制乃他物权中的用益物权。依此,抵押人在其财产上为他人设定了抵押权,但并未因此丧失所有权,抵押人依然有权对抵押财产进行占有、使用、收益以及部分范围内的处分。〔2〕在债务人不履行到期债务或者发生当事人约定的实现抵押权的情形之前,主债务人无履行责任,债权人不能要求主债务人履行,也就不能确定主债务人是否会履行债务,抵押权人此时不能行使抵押权,更遑论享有收取法定孳息的权利,否则将会损害抵押人依法应当享有的权益。在抵押权实现前,抵押人既可能是抵押物所有权人也可能是用益物权人,还可能是善意占有人,因此孳息应当归于抵押人;若在抵押权实现前即令抵押权效力及于孳息,则赋予抵押权人的权利过分强大,导致各方权利配置失衡,有违抵押不移转抵押物占有的实际,也不能保护与抵押人就孳息有交易关系的第三人权益。〔3〕在债务人不履行到期债务或者发生当事人约定的实现抵押权的情形时,抵押权效力及于法定孳息,此时法定孳息尤其是租金,可视为对抵押物价值的补偿,即当不动产上设定了用益物权或租赁权时,其

〔1〕参见郭明瑞等编著:《担保法》(第5版),中国人民大学出版社2017年版,第80页。

〔2〕参见程啸:《担保物权研究》(第2版),中国人民大学出版社2019年版,第406~407页。

〔3〕参见孙宪忠、朱广新主编:《民法典评注·物权编》(第4册),中国法制出版社2020年版,第209页。

交换价值受减损,为了弥补用益物权能分离而导致的不动产交换价值减损,令抵押权的效力及于用益物权能交换价值的变形——租金债权和用益金债权。[1] 因此,《民法典》第412条赋予抵押权人在特定情形下的孳息收取权,本质上是对抵押权效力的扩张。[2]

其次,关于抵押物被人民法院扣押后,抵押权效力及于法定孳息的正当性问题。债务人不履行到期债务或者发生当事人约定的实现抵押权的情形,致使抵押财产被人民法院依法扣押的,如果抵押财产的法定孳息仍为抵押人收取,则会使抵押人为收取法定孳息而拖延处理抵押财产,[3]故为防止抵押人对抵押财产的使用、收益行为妨害抵押权的实行,[4]避免因为抵押人的收取法定孳息的行为影响抵押权的顺利实现,法律作出如此规定。[5] 在此一时点剥夺抵押人对抵押财产法定孳息的收取权,有利于抵押权人顺利实现抵押权,也能够充分发挥抵押财产担保债权受偿的功能。[6] 抵押物被人民法院扣押后,抵押人对抵押物丧失直接占有、用益权能,抵押权人通过司法机关代为占有方式实现上述功能。[7]

最后,抵押权人通知应当清偿法定孳息义务人后,抵押权效力及于法定孳息的正当性问题(通知的法律效力容后详述)。由于法定孳息有着与天然孳息不同的特点,其为第三人所为的给付,因此抵押权人未将抵押财产被扣押的事实通知应当清偿法定孳息的义务人的,抵押权人的权利不能对抗该

---

[1] 参见费安玲主编:《比较担保法》,中国政法大学出版社2004年版,第196页。
[2] 参见徐涤宇、张家勇主编:《中华人民共和国民法典评注》(精要版),中国人民大学出版社2022年版,第438页。
[3] 参见全国人大常委会法制工作委员会民法室编著:《中华人民共和国物权法解读》,中国法制出版社2007年版,第429页;崔建远《我国担保法的解释与适用初探》,载《吉林大学社会科学学报》1996年第2期。
[4] 参见高圣平:《担保法论》,法律出版社2009年版,第341页。
[5] 参见王利明:《物权法研究》(第3版)(下卷),中国人民大学出版社2013年版,第1234页。
[6] 参见黄薇主编:《中华人民共和国民法典物权编解读》,中国法制出版社2020年版,第703页。
[7] 参见最高人民法院民法典贯彻实施工作领导小组主编:《中华人民共和国民法典物权编理解与适用》(下),人民法院出版社2020年版,第1116~1117页。

义务人。[1] 由于法定孳息收取人的变更会影响法定孳息的支付义务人，倘若抵押权人不通知义务人，将对该义务人造成不利影响。[2]

简言之，《民法典》第 412 条系对于抵押权人、抵押人以及相关利害关系人利益的平衡，在保障抵押人对抵押财产的使用权利之时，亦保护抵押权人的利益。

（二）不动产抵押权效力及于法定孳息的不同规制模式

就抵押权人与抵押物法定孳息的关系，大抵存在两种规制模式。一种规制方式是“自始及于”，即抵押权效力自始就及于法定孳息。如《西班牙民法典》第 1877 条[3]、《菲律宾民法典》第 2127 条[4]、《独联体成员国示范民法典》第 340 条[5]等。《贸易法委员会担保交易立法指南》也指出，收益包括因担保资产而获得的任何物品，无论是担保人处分所产生的收益，还是该资产所产生的任何天然孳息和法定孳息或收入，并建议法定孳息或收入应与收益被同样对待，从而自动被原始担保资产的担保物权所涵盖。[6] 另一种规制方式是“特定时点及于”，即自一定时点起抵押权效力才及于法定孳息，至于时点究竟为何，则各有不同。典型如《日本民法典》第 371 条[7]、

---

[1] 参见郭明瑞、房绍坤：《担保法》，中国政法大学出版社 2023 年版，第 114 页。

[2] 参见程啸：《担保物权研究》（第 2 版），中国人民大学出版社 2019 年版，第 408 页。

[3] “所谓抵押物，包括作为抵押物的不动产的自然积累、改善，该不动产上应在未来产生的收益、未来应该支付的租金、应收取赔偿、保险人应支付给所有人的保险金，或因公共需要征用抵押物而依法应获得的赔偿，无论该不动产是否为抵押人所有，或已经被转让给第三人。”参见西班牙议会：《西班牙民法典》，潘灯、马琴译，中国政法大学出版社 2013 年版，第 459 页。

[4] “以法律所规定的声明、扩张和限制，抵押及于自然添附物、改良、正生长的孳息、债务到期时尚未取得的租金或收益，抵押财产的保险人给予或负欠抵押财产所有人的赔偿金，或者抵押财产因公共使用被征用而给予或负欠抵押财产所有人的赔偿金，该不动产仍处于抵押人占有之下，还是已移转于第三人手中，则在所不问。”《菲律宾民法典》，蒋军洲译，厦门大学出版社 2011 年版，第 285 ~ 286 页。

[5] “抵押权在合同规定的情况下及于使用抵押财产所产生的孳息、产品和收入。”《独联体成员国示范民法典》，张建文译，法律出版社 2014 年版，第 88 页。

[6] United Nations Commission on International Trade Law, *UNCITRAL Legislative Guide on Secured Transactions*, United Nations, 2010, p. 85.

[7] “抵押权，就其担保之债权存在不履行时，及于之后所生抵押不动产之孳息。”王融擎编译：《日本民法：条文与判例》（上册），中国法制出版社 2018 年版，第 259 页。

《瑞士民法典》第806条[1]、《埃塞俄比亚民法典》第3068条[2]。

简言之,有关抵押权人与抵押物法定孳息关系的不同规制方式涉及不同的价值判断,体现着各自的利益平衡方式。我国《担保法》第47条第1款及《民法典》第412条第1款均规定自扣押之日起抵押权效力及于法定孳息。

二、不动产抵押权效力及于添附物所产生的竞存

(一)添附规则中的担保物权

就不动产抵押权的标的物范围,理论上一般认为,抵押权的效力及于从物、从权利、添附物。在我国实定法上,最早关于抵押权效力及于从物、从权利与添附物的规定,是《担保法解释》第62条、第63条,在《物权法》中并没有相关规定。就添附而言,根据《担保法解释》第62条的规定,[3]抵押物不因附合而使其上抵押权的权能丧失,其效力及于补偿金;同时,当抵押物与附合物所有权人同一时,抵押权效力会及于附合物。即当动产附合于不动产,抵押权人实现抵押权时,优先受偿的标的物为附合物与担保的不动产,无论抵押权设立后附合还是抵押权设立前附合,[4]当动产附合于不动产,动产所有权消灭,动产所有权人取得代位物时,动产上第三人的担保物权效力

---

[1] "1.担保不动产附有租赁关系或用益租赁关系者,担保责任扩及于该租赁关系——自不动产担保变价程序开始时起,或者自债务人被开始破产程序时起,至变价程序终结时止——所具有的租金债权。2.前款担保责任,仅在将不动产变价程序通知租金债务人,或者将债务人被开始破产程序为公告后,始对租金债务人发生效力。3.不动产所有人对尚未到期的租金债权作出的法律行为,其他债权人对尚未到期的租金债权采取的扣押行为,对于在该租金债权到期前已就担保物实行强制变价程序的不动产担保物权人,不生效力。"《瑞士民法典》,戴永盛译,中国政法大学出版社2016年版,第285页。

[2] "在被抵押的不动产已出租时,抵押应适用于从该不动产被扣押之日起产生的租金。"《埃塞俄比亚民法典》,薛军译,厦门大学出版社2013年版,第434页。

[3] 《担保法解释》第62条规定,抵押物因附合、混合或者加工使抵押物的所有权为第三人所有的,抵押权的效力及于补偿金;抵押物所有人为附合物、混合物或者加工物的所有人的,抵押权的效力及于附合物、混合物或者加工物;第三人与抵押物所有人为附合物、混合物或者加工物的共有人的,抵押权的效力及于抵押人对共有物享有的份额。

[4] 参见高圣平:《担保法论》,法律出版社2009年版,第344页。

及于代位物，同时不动产抵押权继续存在，其效力及于附合的动产。[1]《民法典》第322条新增有关附合的规则，该条既就添附物的归属作出了规定，同时也就添附引起的债权债务关系进行了规定；《担保制度司法解释》第41条又对《民法典》第322条作出解释，基本上继受《担保法解释》第62条的内容，主要的变化是，如果抵押物价值因为添附而增加，抵押权人无权就增加价值的部分优先受偿，尽管法理上抵押权效力及于这部分，但基于公平原则，要保障因添附而丧失权利的当事人的补偿请求权能够得到实现。[2]

（二）权利竞存的产生原因

理论界与实务界多聚焦于添附的立法论和既有规则的完善，[3]但忽视了将抵押权效力及于添附物上，可能会带来权利冲突，更为准确地说是可能会带来不动产抵押权与动产担保物权（融资租赁出租人所有权）的竞存。但二者属于不同种类的担保物权，不动产抵押权效力及于附合物的法律效果为何会偏偏与融资租赁交易发生关联，并出现不动产抵押权与融资租赁出租人所有权的竞存的情形？融资租赁交易乃有名交易之一种，而不动产抵押权效力则属于物权法（担保）范畴，二者为何会产生关联？大抵有三个原因。

第一，不动产融资租赁动产化。就融资租赁交易中不动产是否可以成为适格标的物存在着争议。有观点认为，不动产不能作为融资租赁中的租赁物。从行业发展角度，房地产作为融资租赁标的物并不符合融资租赁公司的设立目的与发展目的，房地产融资租赁在便利程度上不如房地产抵押融资，而且房地产产业风险更高、泡沫更多、发生危机的可能性更大，所以，不能鼓励所有融资形式都涌入房地产领域；而融资租赁公司的主要目的应

---

[1] 参见李国光等：《最高人民法院〈关于适用《中华人民共和国担保法》若干问题的解释〉理解与适用》，吉林人民出版社2000年版，第245页。

[2] 参见最高人民法院民事审判第二庭：《最高人民法院民法典担保制度司法解释理解与适用》，人民法院出版社2021年版，第373~374页。

[3] 对于《担保法解释》第62条相关完善的阐述，参见程啸：《担保物权研究》，中国人民大学出版社2017年版，第317~318页。

是拓展服务范围、逐步扩大融资租赁的市场占有份额，不是所有的市场都适合以融资租赁的形式进行运行。[1] 也有观点认为，不动产为适格的融资租赁标的物。禁止将不动产作为融资租赁标的物缺少法律、行政法规的支撑，况且从监管机关的相关规范性文件来看，不动产融资租赁实际上不但被肯定而且被纳入监管范围；从比较法角度看，一般仅是将消耗物排除在融资租赁标的物之外，并没有将不动产排除在外；以不动产为融资租赁标的物，扩大了融资租赁业务领域，有利于促进融资租赁行业的发展；[2] 房地产调控与不动产作为融资租赁标的物的适格性系两个问题，不动产作为融资租赁标的物并无根本性障碍。[3] 还有观点认为，应根据出租人是否能够取得不动产所有权而定，如果融资租赁公司能够取得不动产所有权，同时承租人也能够使用租赁物开展经营生产，比如不动产厂房或者商业地产是固定资产，在转让方面也没有法律障碍，可以认为此时不动产能够成为融资租赁标的物。[4]

最高人民法院有关审理融资租赁合同纠纷案件适用法律问题的解释在2013年公开征求意见时，对于不动产是否能够作为适格的融资租赁标的物也存在两种意见。一种意见是将不动产与基础设施收费权等无形财产权以租赁物的形式并列，二者均不能够被认定为成立融资租赁法律关系，否定了不动产作为融资租赁标的物，至于当事人开展此类业务，如何认定当事人间法律关系，司法解释认为应以实际构成的法律关系来处理（实践中多为借贷）；另一种意见则相反，认为部分不动产厂房或者商业地产可以作为融资租赁标的物，不过建设用地使用权和住宅不动产应被禁止。最终正式颁布的《融资租赁司法解释》对该问题未作规定。

---

〔1〕 参见钱晓晨：《关于〈中华人民共和国融资租赁法（草案）〉民事法律规范若干问题的评析》，载《法律适用》2006年第4期。

〔2〕 参见高圣平：《基础设施融资租赁交易：现实与法律困境 从基础设施投融资改革的视角》，载《中外法学》2014年第3期。

〔3〕 参见王剑：《融资租赁物范畴厘定及其规制进路的体系化重思》，载《交大法学》2021年第2期。

〔4〕 参见刘佳：《对融资租赁法规中不动产租赁物范围的理解》，载《中国房地产》2016年第21期。

理论和立法的争议并不影响实践业务的开展。为了进一步扩大融资租赁标的物的范围和业务领域,不少融资租赁公司采取了“曲线救国”的方式。即虽然以不动产为标的的融资租赁存在法律上的风险,但不动产毕竟为稀缺资源,部分融资租赁公司将不动产之上、之中可用作融资租赁标的物的动产单独进行融资租赁,即所谓“不动产融资租赁的动产化”,在房地产融资租赁领域又称为“间接租赁”。也就是说,并非直接将不动产作为融资租赁标的物,而是将不动产项目中的生产设备、机电设备、管线、管道等相关财产作为融资租赁标的物,开展的也不是直租业务,而是售后回租业务,这种方式间接为房地产项目提供了资金,变相地实现了不动产融资租赁。[1] 故所谓的不动产融资租赁中,实际上是以商业地产、工业厂房、仓储用房,以及电梯、空间等附着于不动产的财产为融资租赁标的物,实践中多以这种形式开展。[2]

第二,融资租赁出租人所有权的担保功能化。在《民法典》动产担保功能主义之下,融资租赁出租人所有权本质为担保物权,即使不动产抵押权与动产担保物权竞存成为可能。

第三,动产与不动产分类的不周延。物权法规范的有体物可分为动产和不动产。但这一分类结果并非一成不变的,可能会随着时间流逝而发生改变。动产有时与不动产在物理上联结,而未被后者完全吸收;它虽依赖于不动产发挥作用,但仍保留独立的性质,如电梯、熔炉等。按照《担保制度司法解释》第 41 条第 1 款的反面推论,在动产附合于不动产场合,第三人取得无负担的附合物所有权,动产的所有权人只能请求不动产所有权人给予价值补偿,原物抵押权随着第三人单独取得添附物所有权而消灭,即便担保物权人对补偿金享有“物上代位”,依然会面临义务人资力不足的风险,陷入

[1] 参见李玉刚、魏晓丽:《商业银行介入房地产融资租赁业务路径探索》,载《中国房地产金融》2011 年第 9 期。

[2] 参见张博、韩复龄:《法律界限、选择标准与融资租赁标的物创新》,载《华东理工大学学报(社会科学版)》2017 年第 5 期。

“无物可代”的窘境。[1] 因此,有关添附的理论与规则,更关注的是添附物的所有权归属,更侧重所有权,与担保物权强调经济价值的观念不符。

基于上述原因,融资租赁出租人所有权具有了与不动产抵押权发生竞存的可能,此时探讨竞存顺位是必要的。

三、不动产抵押权与动产担保物权竞存顺位判断困境

(一)《民法典》第 414 条不能作为顺位判断直接依据

如前所述,规范担保物权之间竞存顺位的一般规则是《民法典》第 414 条,有观点认为,该条可以成为规范前述权利冲突的法律依据。例如,在房屋抵押权和应收账款质权之间,也应当按照《民法典》第 414 条确立的顺位规则明确其权利顺位。[2] 不过本书认为,《民法典》第 414 条并非规范不动产抵押权与动产担保物权冲突顺位的法律依据。虽然《民法典》第 414 条未区分不动产与动产,而且新增的第 2 款有扩张适用的功能,但是该条仅适用于不动产抵押权之间或者动产担保物权之间的权利冲突类型(如抵押权与质权、抵押权与留置权、抵押权与所有权保留出卖人所有权等)。

首先,尽管《民法典》第 414 条第 1 款未明确适用对象,但其第 2 项、第 3 项均仅仅适用于动产抵押(动产担保),[3]学者在论及第 414 条时,也多对不动产与动产分别论述。[4] 若《民法典》第 414 条也可以规范“不动产抵押权与动产担保物权的竞存”,论及该条时,则应存在此种情形,现实是有关《民法典》第 414 条的各类释义均不含此种情形。其次,《民法典》第 414 条第 1 款适用的前提是“同一财产”,解决的是一物多押问题,故按照第 2 款适用于其他可登记的担保物权时,也应是如一物多“质”(权利质押)、一物多“租”

[1] 参见庄加园:《附着物担保权冲突之解决方案》,载《南大法学》2024 年第 1 期。

[2] 参见王利明:《登记的担保权顺位规则研究——以〈民法典〉第 414 条分析为中心》,载《比较法研究》2021 年第 2 期。

[3] 参见黄薇主编:《中华人民共和国民法典物权编释义》,法律出版社 2020 年版,第 534 ~ 535 页。

[4] 参见刘家安:《民法物权》,中国政法大学出版社 2023 年版,第 280 页。

(融资租赁)等,必然是同为动产担保物权类型或同为不动产担保物权类型,不同种类的担保财产不会发生"同一财产"之上的权利争夺。最后,即便是按照《民法典》第414条第2款的扩张适用,第2款的"其他可以登记的担保物权",主要是指权利质权登记,融资租赁、所有权保留买卖中的所有权登记,保理中的应收账款转让登记以及让与担保中的权利登记。[1] 权利质权、融资租赁、所有权保留中的权利本质都是动产担保物权,因此即便按照第2款去扩张适用,也指的是动产担保物权之间的权利竞存。

《民法典》第415条论及了抵押权与质权两种不同类型的担保物权竞存顺位,但前提也是在动产之间。[2] 因此,虽然《民法典》第414条、第415条规范的权利竞存既可以是同种类担保物权之间的,也可以是不同种类担保物权之间的,[3]但是,这里所说的不同种类主要是动产担保物权内部的不同种类,如动产抵押权与留置权的竞存等。《民法典》第414条无法直接规范不动产抵押权与动产担保物权之间的权利竞存,无法直接解决前述问题。

(二)不动产抵押登记与动产担保登记不同

无论是不动产抵押权与租金质权的竞存,还是不动产抵押权与融资租赁出租人所有权的竞存,都不是同种类担保物权之间的竞存。不动产担保与动产担保的登记机构不同,分别是不动产登记机构和中国人民银行征信中心。这就意味着所谓不动产抵押权与动产担保物权的竞存,是在不同登记系统中的两种担保物权竞存,这与一般意义的同种类担保物权竞存,如不动产多重抵押存在不同,而且二者登记后的法律效果也存在着较大的差异,这影响着对顺位的判断。

就不动产登记而言,不动产登记簿具有推定力与公信力,登记簿的推定

---

〔1〕 参见刘保玉:《物权法学》(第2版),中国法制出版社2022年版,第470页。

〔2〕 参见曹士兵:《中国担保制度与担保方法》(第5版),中国法制出版社2022年版,第315页;梁慧星:《民法物权讲义》,法律出版社2022年版,第221页。

〔3〕 参见尹田:《物权法》(第3版),北京大学出版社2022年版,第508页。

力也称“登记簿的正确性推定”，是指一旦不动产物权在不动产登记簿进行了登记，登记簿中记载的物权内容和信息，被推定与真实的物权信息相一致，即便不一致，相对人也会基于信赖登记簿记载而获得法律的保护。[1] 故基于不动产登记簿的这种特征，其具有很强的推定力，不管是不动产物权人，还是司法机关、潜在的交易相对方，只要是从事关涉不动产的交易和法律事务，都必须关注不动产登记簿中记载的内容。不动产登记簿是确认不动产物权的依据，通过查询不动产登记簿，各类主体均可以知晓不动产物权的权利主体、权利负担、权利状态等交易的关键信息。[2] 因为不动产登记簿具有很强的推定力、公信力，一旦在不动产登记簿登记，登记的信息就会被推定真实，所以不动产登记机关需要对不动产登记材料作实质审查，这是不动产登记机关的义务，如果发生登记错误，不动产登记机关也需要承担因此而发生的赔偿责任。

动产和权利担保的登记与之不同，对潜在的交易第三人起提示、警示作用是动产和权利担保登记的功能。动产种类较多，登记机构无法对登记材料作实质审查，所以在动产和权利担保登记中，登记机构对担保交易的审查是一种“形式审查”。理论上，动产和权利担保登记采登记对抗主义，在美国法等域外法中该类登记形式被称为“声明登记”，登记簿没有较强的权利推定效力，而是起到提示作用，即便登记也不能意味相关的权利、材料就是真实的。与之相对的“文件登记”，采登记生效主义登记簿具有记载于其上的权利真实性的功效。动产担保的登记实际上不涉及本权的确认问题，只是在动产所有权归属登记的基础上作了附加的权利登记，相对于不动产登记中的所有权确认登记而言，动产和权利担保登记能够给交易相对人提供的信息非常有限，也只能够满足担保物权实现所需的特定化要求和担保物权

---

〔1〕 参见程啸：《论不动产登记簿公信力与动产善意取得的区分》，载《中外法学》2010年第4期。
〔2〕 参见孙宪忠：《不动产登记基本范畴解析》，载《法学家》2014年第6期。

对抗中的交易安全需求。[1] 因此,登记机构仅对登记材料进行形式审查。《国务院关于实施动产和权利担保统一登记的决定》第3条也指出:"……动产融资统一登记公示系统自主办理登记,并对登记内容的真实性、完整性和合法性负责。登记机构不对登记内容进行实质审查。"这一点在《担保制度司法解释》第61条第2款中有关应收账款质押登记的规则中也有所体现,[2]也就是说,质权人不能仅仅以已经办理了应收账款质押登记为由主张优先受偿,原因就在于动产和权利担保登记不具有公示公信效力,与不动产登记截然不同。由此可见,二者的登记机制、逻辑起点、法律效果存在较大差异,[3]就其中的竞存顺位判断,尚需具体分析。

第二节　不动产抵押权与租金质权竞存顺位

一、竞存的法律与事实条件

就《民法典》第412条第1款文义分析,抵押权人可以收取法定孳息的条件有二:一是债务人不履行到期债务或者出现约定实现抵押权的情形,二是人民法院依法扣押抵押财产。从裁判实践看,此处主要争议有三:第一,扣押的含义为何,扣押是否还包括查封,二者是否存在区别?第二,轮候查封是否同样发生《民法典》第412条之效果,进而若非抵押权人的第三人通过另案使抵押物被扣押,是否同样发生抵押权及于租金的法律效果?第三,通知是否为不动产抵押权效力及于法定孳息的要件?

(一)扣押的含义

查封、扣押、冻结等为典型的控制性执行措施或保全性执行措施。对于

[1] 参见董学立:《担保物权法编纂建议》,载《山东大学学报(哲学社会科学版)》2017年第6期。
[2] 《担保制度司法解释》第61条第2款规定:"……质权人不能举证证明办理出质登记时应收账款真实存在,仅以已经办理出质登记为由,请求就应收账款优先受偿的,人民法院不予支持。"
[3] 参见高圣平:《统一动产融资登记公示制度的建构》,载《环球法律评论》2017年第6期。

《民法典》第412条第1款所述“扣押”是仅限字面含义抑或包含查封，既有的裁判实践存在分歧。一种裁判观点认为，扣押与查封不同，人民法院只查封而未采取扣押措施，不产生抵押权及于租金的法律效果；[1]法律没有明确不动产的查封效力及于法定孳息，故不产生抵押权人可收取租金的效果。[2]实践中有不少案件当事人认为，扣押仅限于动产，查封限于不动产。另一种裁判观点认为，《民法典》第412条第1款中的扣押包括查封，此处的扣押应为人民法院限制债务人对其财产行使处分权的执行措施；[3]当事人认为《物权法》第197条中的“财产”仅限于“动产”，“查封”不能等同于“扣押”，是没有任何依据的。[4]

从民事诉讼法及相关司法解释看，查封、扣押往往被作为并列的保全性执行措施出现，并未明确说明其适用范围仅限于动产或者不动产。能够解读出扣押仅仅针对动产的，主要是《民诉法解释》第485条第1款。[5] 在上述规定中，对动产执行措施的描述是查封、扣押，对不动产执行措施的描述是查封。从字面意思观之，系将扣押限于动产。但是本书认为，《民法典》第412条的扣押应做扩大解释，亦包含查封，理由如下。

首先，将《民法典》第412条第1款的扣押限定于动产不符合实践。在交易实践与裁判实践中，绝大部分关于《民法典》第412条以及《物权法》第197条的争议是查封不动产引发的，极少有因扣押动产而产生抵押权人收取租金进而引发争议的案件。根据《民诉法解释》第485条第1款，动产亦可

---

[1] 参见湖南省株洲市中级人民法院民事判决书，(2017)湘02民初82号。

[2] 参见湖南省娄底市中级人民法院执行裁定书，(2017)湘13执复38号。

[3] 参见江苏省扬州市中级人民法执行裁定书，(2015)扬执异字第00005号。

[4] 参见广东省高级人民法院执行裁定书，(2019)粤执复303号。相同观点参见广东省高级人民法院执行裁定书，(2019)粤执异10号；甘肃省高级人民法院民事判决书，(2019)甘民终182号；天津市第一中级人民法院民事判决书，(2017)津01民终4904号。

[5] 《民诉法解释》第485条第1款规定，人民法院冻结被执行人的银行存款的期限不得超过一年，查封、扣押动产的期限不得超过两年，查封不动产、冻结其他财产权的期限不得超过三年。

查封且极为常见,若认为《民法典》第412条第1款中的扣押仅限于动产扣押,则就对该条的适用施加了层层限制,动产之查封、不动产之查封均被排除在外,《民法典》第412条的规定将成为具文。其次,在某种意义上,扣押即为查封。关于执行措施的称谓,查封与扣押实为同一含义,“查封,亦称扣押,乃保全债权人执行名义所载债权之实现,限制债务人对于执行标的物之处分权之执行行为”[1]。过于强调严格区分查封、扣押、冻结的适用,在有些情形下只会使事情变得烦琐,从其他国家来看,鲜有因控制方法尤其以是否转移占有而将控制类执行措施区分为查封、扣押和冻结。[2] 查封、扣押、冻结的目的和功能都是限制或者禁止债务人转移或处分财产,以便进一步采取执行措施。正因为其目的与功能相同,我国未来的民事执行立法也应将其统一起来,以便理解和适用。[3] 最高人民法院在阐述《民诉法解释》的相关规定中,也是将查封、扣押、冻结通称为查封。[4] 因此,考虑到《民法典》第412条的表述源于《物权法》第197条,而《物权法》第197条又源于《担保法》第47条,时间较早,其抑或许参酌了强制执行措施的统称为“扣押”的理论习惯。因此,《民法典》第412条第1款中的扣押亦应包括查封。

综上所述,《民法典》第412条第1款中的扣押应做扩大解释,系指法院限制债务人对其财产行使处分权的执行措施,包括扣押与查封。在关于《民法典》编纂的专家建议稿中,曾有观点提出《物权法》第197条应增加查封,[5]本书认同这一观点。此外,2022年6月21日提请十三届全国人大常委会第三十五次会议审议的《民事强制执行法(草案)》,对于不动产、动产、

---

〔1〕 杨与龄编著:《强制执行法论》(最新修正),中国政法大学出版社2002年版,第312~313页。

〔2〕 参见肖建国主编:《民事执行法》,中国人民大学出版社2014年版,第227页。

〔3〕 参见谭秋桂:《民事执行法学》,北京大学出版社2005年版,第223~224页;肖建国主编:《民事执行法》,中国人民大学出版社2014年版,第227页。

〔4〕 参见最高人民法院修改后民事诉讼法贯彻实施工作领导小组编著:《最高人民法院民事诉讼法司法解释理解与适用》(下),人民法院出版社2015年版,第1294~1302页。

〔5〕 参见陈甦主编:《中国社会科学院民法典分则草案建议稿》,法律出版社2019年版,第72页。

权利的强制执行措施，不做区分，均规定为查封，而无扣押、冻结。[1]

（二）轮候查封效果之分析

在确定《民法典》第412条第1款之扣押亦包含查封后，紧接着面临的问题是，抵押权人轮候查封是否亦产生抵押权及于租金的效果？在裁判实践中，亦存在不同的观点。一种观点认为，轮候查封无法达到抵押权人收取孳息的法律效果，轮候查封在性质上不属于正式查封，并不产生正式查封的效力，故抵押权效力亦不应及于房产的房屋租金。[2]《物权法》第197条第1款的扣押并不包括轮候扣押，否则在同一抵押财产上设有多个抵押权的情况下，有可能导致多个抵押权人同时享有孳息收取权，从而引发权利冲突。[3] 另一种观点认为，轮候查封不影响抵押权效力及于孳息。如在"高某与北京某融资担保有限公司等民事执行案"中，法院认为，从权益占有，制度设计目标以及巩固抵押权信用角度出发，在涉案房屋已被北京市东城区人民法院查封的情形下，北京市海淀区人民法院向涉案房屋承租人送达扣划、提取租金的执行裁定书和协助执行通知书，将扣押抵押物的事实向义务人作出通知后，北京某融资担保有限公司的抵押权效力及于抵押房产的法定孳息。[4] 抵押权的对世效力可以理解为抵押物不论被何人扣押，均不影响抵押权人优先受偿，包括通过收取法定孳息的方式优先受偿。[5]

持轮候查封不产生抵押权人收取孳息之效果观点者，主要依据是轮候查封不是正式查封，不产生查封的效力，[6]故《民法典》第412条的效力不被

---

〔1〕《民事强制执行法（草案）》第56条第1款规定，执行中，人民法院可以根据不同情形采取查封、划拨、变价、强制管理、强制交付、替代履行、限制消费、限制出境、拘传等执行措施。

〔2〕参见山东省济南市中级人民法院民事判决书，(2018)鲁01民终7121号。

〔3〕参见江苏省苏州市中级人民法院执行裁定书，(2015)苏中执复字第00011号。

〔4〕参见北京市第一中级人民法院执行裁定书，(2019)京01执复205号。相同观点参见重庆市第五中级人民法院执行裁定书，(2018)渝05执异92号。

〔5〕参见广东省高级人民法院执行裁定书，(2019)粤执复303号。

〔6〕参见江必新、刘贵祥主编：《最高人民法院执行最新司法解释统一理解与适用》，中国法制出版社2016年版，第52页。

触发。但是本书认为,轮候查封亦产生抵押权人收取孳息的法律后果,在《民法典》第412条的规范范畴之内,理由如下。

首先,《民事诉讼法》第106条第2款明确了禁止重复查封原则,故轮候查封不发生查封的后果系我国法律所定,非抵押权人怠于行使权利,抵押权人已经对其权利有所主动,如果由于其他债权人在先查封抵押物便使抵押权人失去收取孳息的权利,这对抵押权人不公。况且,存在首封,意味着债务人可能存在债务危机,保护抵押权人的法律机制即应被触发,此时的情形已经属于《民法典》第412条规范的情形。轮候查封并非不产生法律效力,其法律效力就在于自动生效。[1] 其次,强令抵押权人必须首封,势必增加抵押权人的交易成本,抵押权人为保证抵押权效力能够及于租金,必先争取首封,徒增诉讼并妨碍抵押物发挥其价值作用。同时,要求抵押权人必须首封,也易引发道德风险,即抵押人可能制造诉讼在先查封抵押物,阻止抵押权人收取孳息,此将使《民法典》第412条的规范目的落空。最后,在司法实践中,有抵押权人不提起诉讼,直接在他人提起诉讼的执行程序中申报债权获得优先受偿,[2]若要求抵押权人首封,则限制了抵押权人实现债权的方式,亦与实践不符。此外,就首封法院、轮候查封法院与优先债权执行法院之间如何处置抵押物,相关法律、司法解释明确在符合法定的情形下,首封法院会将抵押物交由优先债权执行法院,[3]此时的优先债权执行法院便具有了对抵押物的处置权。故要求抵押权人必须首封并无实际意义。

综上所述,无论是其他债权人首先查封抵押物、抵押权人以申报债权参与分配的方式行使优先受偿权,还是在其他债权人查封后,抵押权人在另案中轮候查封,均产生抵押权效力及于孳息之法律效果。即便在抵押物扣押

[1] 参见姚宝华:《轮候查封疏议》,载《法律适用》2022年第8期。

[2] 参见最高人民法院民法典实施工作领导小组主编:《中华人民共和国民法典物权编理解与适用》(下),人民法院出版社2020年版,第1119页。

[3] 如《最高人民法院关于首先查封法院与优先债权执行法院处分查封财产有关问题的批复》。

前,其他债权人已取得禁止抵押人收取法定孳息、禁止义务人向抵押人清偿法定孳息的依据,但只要抵押权人以扣押抵押物之事情,通知应清偿法定孳息义务人,亦有较他债权人优先受清偿之权。[1]

(三)通知的意义

《民法典》第412条第1款有关于“通知”的但书规定,对于抵押权人通知清偿法定孳息的义务人即承租人的意义,理论上存在不同见解,主要存在两种观点。一种观点认为,通知为抵押权人可以收取孳息的法定生效要件,[2]抵押权人不通知清偿义务人,抵押权的效力不及于孳息。[3] 另一种观点认为通知为对抗要件,非生效要件,[4]未通知第三人,不影响抵押权效力及于法定孳息,只是失去了对第三人的对抗效力。[5] 在司法实践中,持属生效要件与对抗要件的裁判均有。[6] 较为典型的是“最高人民法院关于某银行与深圳市某投资有限公司、天津市某公司等金融借款合同纠纷上诉案”。[7] 最高人民法院在该案中认为,通知仅为对抗要件。《广东省高级人民法院执行局关于执行程序法律适用若干问题的解答(五)》(2020年7月23日)也持对抗要件的观点,本书赞同最高人民法院在前述裁判中的观点。

首先,通知系以保护清偿义务人为核心,在清偿义务人未获通知情形下为清偿,可以对抗抵押权人要求清偿义务人再行清偿的请求。即义务人不

---

[1] 参见姚瑞光:《民法物权论》,中国政法大学出版社2011年版,第143页;谢在全:《民法物权论》(中册)(第5版),中国政法大学出版社2011年版,第678页。

[2] 参见王利明主编:《中国民法典评注——物权编》,人民法院出版社2021年版,第465页。

[3] 参见黄薇主编:《中华人民共和国民法典物权编释义》,法律出版社2020年版,第528页。

[4] 参见曹士兵:《中国担保制度与担保方法》(第4版),中国法制出版社2017年版,第260页;最高人民法院民法典实施工作领导小组主编:《中华人民共和国民法典物权编理解与适用》(下),人民法院出版社2020年版,第1119页。

[5] 参见高圣平:《担保法论》,法律出版社2009年版,第342页。

[6] 持属生效要件观点的典型裁判可参见广东省高级人民法院执行裁定书,(2019)粤执复730号;江苏省扬州市中级人民法院执行裁定书,(2018)苏10执复87号。持属对抗要件观点的典型裁判可参见甘肃省高级人民法院民事判决书,(2019)甘民终182号;天津市高级人民法院民事判决书,(2019)津民终323号。

[7] 参见最高人民法院民事判决书,(2016)最高法民终543号。

知抵押物已被扣押之事情,而仍向抵押人清偿时,抵押权人不得主张其清偿无效,从而该义务人不必负责任。[1] 其次,前已论述,《民法典》第 412 条可追溯至《担保法》第 47 条,二者之间存有异同,关于"通知"效力的表述即有不同。《担保法》第 47 条第 1 款明确,未通知时抵押权效力不及于该孳息。但是,《物权法》第 197 条第 1 款并未延续此规定,其表述与《担保法》第 47 条第 1 款不同,对其可以作出通知仅有对抗效力的解释,[2]《民法典》第 412 条第 1 款亦同。再次,前述"最高人民法院关于某银行与深圳市某投资有限公司、天津市某公司等金融借款合同纠纷上诉案"中,最高人民法院将债权让与中通知的意义类推此处,用于论证通知仅为对抗要件。事实上,对于《民法典》第 412 条中抵押权人收取法定孳息的解释,有观点即认为此处为"法定的债权转让"[3],此种解释不无道理。由此,通知自然仅系对抗清偿义务人的要件,而非抵押权人可收取孳息的生效要件。最后,抵押权效力及于租金的条件是扣押、查封,人民法院在查封不动产时,不动产登记机构会在不动产登记簿作相应记载,可理解为抵押权人对租金优先受偿权的公示,换言之,此即为生效要件;若再将通知作为生效要件,则不符合法理逻辑。

综上所述,在《民法典》第 412 条中,抵押权人通知租金清偿义务人仅系其对抗清偿义务人的要件,而非抵押权效力及于租金的法定生效要件。如此,通知的时间对于以下所述的抵押权与租金质权的竞存与顺位判断并无实际意义。

(四)不动产抵押权人收取租金的权利性质

《民法典》第 412 条第 1 款明确抵押权人有收取法定孳息的权利,那么该权利是否为优先受偿权?在抵押权人与一般债权人的权利在租金上竞存

---

[1] 参见吴光明:《物权法新论》,台北,新学林出版股份有限公司 2006 年版,第 386 页。
[2] 参见孙鹏等:《担保物权法原理》,中国人民大学出版社 2009 年版,第 45~46 页。
[3] 李志刚等:《房屋抵押与租金质押并存时的租金权利冲突与顺位》,载《人民司法》2019 年第 7 期。

时，其是否享有优先受偿权？在裁判实践中，有观点认为，该条明确了抵押权人对租金享有优先受偿权，“收取”即意味着有权优先受偿，这从该条第2款“前款规定的孳息应当先充抵收取孳息的费用”中即可以看出，如果抵押权人不能就抵押物孳息优先受偿，充抵无从谈起；[1]抵押权人依法享有的孳息收取权，系属公权力为保障其债权得以实现而通过执行程序对抵押财产的孳息予以固定及保全的表现形式，在无其他优先顺位人主张权利时，孳息应确定由抵押权人取得。[2] 相反观点则认为，该条并非赋予抵押权人就租金的优先受偿权，抵押权人仅为“有权收取”该抵押财产的天然孳息或者法定孳息，而非明确对该抵押财产的天然孳息或者法定孳息享有优先受偿的权利。[3]

本书认为，该条系规定抵押权人对法定孳息的优先受偿权。首先，抵押权人的权利核心就是优先受偿，抵押权人有权收取租金当为优先受偿权；抵押权效力及于孳息，并非指抵押权人取得孳息的所有权，孳息的所有权仍然应归属于抵押人，只是抵押权人可以控制该孳息，并可就孳息的变价款优先受偿。[4] 其次，《民法典》第412条本质是扩大了抵押权效力所及标的物范围，而抵押权效力及于标的物的范围就是指抵押权人于实现抵押权时得依法予以变价的标的物的范围。[5] 最后，《民法典》第412条规定于抵押权一章，优先受偿不言自明，而且结合该条第2款、第561条有关费用、利息和主债务的抵充顺序规则，抵押权人所收取的孳息，应先充抵收取孳息的费用，然后充抵主债权的利息，最后清偿主债权。[6] 孳息应先充抵收取孳息的费

〔1〕 参见甘肃省高级人民法院民事判决书，(2019)甘民终182号。
〔2〕 参见吉林省高级人民法院民事判决书，(2017)吉民终616号。
〔3〕 参见湖北省荆州市中级人民法院执行裁定书，(2018)鄂10执异3号。
〔4〕 参见高圣平：《民法典担保制度及其配套司法解释理解与适用》(下)，中国法制出版社2021年版，第712页。
〔5〕 参见郭明瑞、房绍坤：《担保法》，中国政法大学出版社2023年版，第110页。
〔6〕 参见刘保玉：《物权法学》(第2版)，中国法制出版社2022年版，第475页。

用,再用于清偿抵押权人的债权,[1]只有抵押权人对孳息享有优先受偿权,上述逻辑方可通畅。

二、竞存形态

《民法典》中并无不动产作为质押标的之担保物权类型,此处所谓不动产抵押权与租金质权之竞存,乃系在《民法典》第412条规则之下,与融资方式多元化的制度耦合,形成不动产抵押权与租金质权的竞存局面。此乃不动产抵押权效力及于法定孳息的隐性法律效果,即在不动产抵押权效力及于租金的前后,租金被抵押人用来进行质押或保理,由此,当抵押物被查封、扣押,抵押权人与质权人(保理人)均对租金享有优先受偿权,二者权利发生竞存。

在一般担保物权的竞存中,优先顺位依照担保物权取得对抗效力之时间先后而定,《民法典》第414条即属此理。但是,因《民法典》第412条所导致的不动产抵押权与租金质权竞存中,除了不动产抵押权设立时间、质权设立时间之外,尚有扣押时间,究竟将哪一时间作为判断优先顺位之基准,不无疑问。若将人民法院扣押时间列入抵押权与质权设立时间之中,区分前、中、后三个时间段,抵押权与租金质权的竞存大抵存在三种情形。

情形一:抵押权设立时间在前,扣押时间在中,租金质权设立时间在后。对于此时优先顺位之先后一般不生疑义,当为抵押权优先,司法裁判也多持此观点。[2]

情形二:抵押权设立时间在前,租金质权设立时间在中,扣押时间在后。

---

〔1〕 参见黄薇主编:《中华人民共和国民法典物权编解读》,中国法制出版社2020年版,第703页。

〔2〕 参见最高人民法院民事判决书,(2016)最高法民终543号。相同情形相同观点还可参见天津市高级人民法院民事判决书,(2019)津民终323号;山东省济南市中级人民法院民事判决书,(2018)鲁01民终7121号。

对于此时究竟是抵押权人优先还是租金质权人优先,存在较大分歧。[1] 一种观点认为抵押权人优先,主要理由有三。一则系在先登记的不动产抵押权所具有的公信力,这是判断优先顺位的唯一标准。[2] 二则系基于《担保法解释》第79条第1款,因为该条规定,"同一财产法定登记的抵押权与质权并存时,抵押权人优先于质权人受偿"。三则系因为以将来租金出质,其生效时点为债权实际发生之时,"针对经人民法院依法扣押后开始到期的租金债权,欲受制于质权需经过扣押之关口,但当抵押权在先设立并联立扣押之抵押权实行行为时,将阻却将来租金质权对于租金之效力"[3]。而另一种观点则认为,此时质权优先。前述提及,有观点将《民法典》第412条中抵押权人收取租金理解为法定债权让与,那么不动产抵押权与租金质权的竞存就变为"同一债权的质权人和债权受让人之间的对抗问题。由于租金债权质押设立在前,同一债权法定转让在后,在质押已经登记的情况下,应当认定租金债权质押优先于抵押权人的收取权"[4]。

情形三:租金质权设立在先,抵押权设立时间在中,扣押时间在后。此情形实践中并不多见,因为具有更高担保价值的不动产是更为抢手的融资担保物。依据担保物权竞存一般规则与前述争议,大抵亦有两种观点:一种观点为租金质权优先,因租金质权成立时间在先;另一种观点为不动产抵押权优先,因不动产抵押权经登记具有公示公信的法律效力。

当然,尚需明确的是,在以上三种竞存情形中,各债权人所争夺的,应为在扣押之后租赁合同之上逐渐到期的各期租金。基于租赁合同的特性,各期租金一般分期缴纳,在扣押之后随时间经过,渐次到期;同时,依据《民法

[1] 对于典型观点的阐述,参见李志刚等:《房屋抵押与租金质押并存时的租金权利冲突与顺位》,载《人民司法》2019年第7期。

[2] 参见天津市高级人民法院民事判决书,(2019)津民终319号。

[3] 李志刚等:《房屋抵押与租金质押并存时的租金权利冲突与顺位》,载《人民司法》2019年第7期。

[4] 李志刚等:《房屋抵押与租金质押并存时的租金权利冲突与顺位》,载《人民司法》2019年第7期。

典》第412条,在扣押之前不动产抵押权效力不及于租金,故在扣押之前,已到期租金上不会发生抵押权与租金质权竞存,抵押权的效力不及于孳息。[1]但存有疑问的是,若人民法院扣押之后,依照租赁合同,在扣押前已到期但承租人未向债务人(抵押人、出租人)交纳的租金,抵押权人是否有权收取,或者是否产生竞存的问题?本书认为,此时不能认为抵押权人仍有权收取此时的租金,因为债务人(抵押人、出租人)属于守约方,承租人属于违约方,不能因承租人迟延交纳租金而使其承担不利后果,故已到期但承租人未交纳的租金,即便人民法院将抵押物扣押,其也不在抵押权所及范围内。

综上所述,就不动产抵押权与租金质权的竞存,其核心问题在于,在扣押之后渐次到期之租金,究竟属于抵押权人还是质权人?

三、借助物上代位理论转化为同种类担保物权

如前所述,此时竞存顺位判断难以直接套用《民法典》第414条等担保物权竞存顺位判断规则。本书认为,若要准确判断不动产抵押权与租金质权竞存时的优先顺位,可将二者其中之一进行转换,使二者成为同种类的担保物权。对此,可借助担保物权物上代位中"法定债权质权说"构造,将扣押发生后的不动产抵押权转换为动产担保物权,便可判断二者的竞存顺位。此一路径尚需明确两方面的前提:前提一,《民法典》第412条可否从担保物权物上代位的角度理解;前提二,担保物权物上代位采"法定债权质权说"是否妥当。

(一)关于《民法典》第412条与物上代位的关系

担保物权物上代位,系于其标的物因毁损灭失得受赔偿金时,抵押权人、质权人可对此赔偿金取偿,谓之物上代位,即其效力及于代替标的物之物上之意。[2]《民法典》第390条延续《物权法》第174条的规定,明确物上

---

〔1〕 参见高圣平:《担保法论》,法律出版社2009年版,第341页。
〔2〕 参见史尚宽:《物权法论》,中国政法大学出版社2000年版,第258页。

代位发生的主要情形是担保财产毁损、灭失或者被征收，代位物的主要表现形式是保险金、赔偿金或者补偿金。抵押财产被人民法院扣押是否可以被理解为是物上代位的发生情形之一，此时的租金是否可以被理解为代位物？有观点认为，担保财产出租所获得的租金不是代位物，因为担保物权的本质在于对担保财产交换价值的支配，租金则是基于对担保财产的使用而产生的价值，属于担保物的收益，本质上为担保物产生的孳息，并非担保物的替代价值。[1] 也有观点认为，担保财产毁损、灭失或者被征收以外的其他法律事实，如能够再现担保财产的交换价值的收益，如担保人收取的转让价款、租金，均有可能依照法律的规定而被解释为具有担保物权的物上代位性。[2]

本书认为，物上代位理论可以作为《民法典》第412条的理论基础。其一，担保物权在不动产抵押物扣押后及于法定孳息的理由与担保物权物上代位具有相同之处。有观点指出，当不动产上设定了用益物权时，其交换价值受减损，为了弥补用益权能分离而导致的交换价值的减损，可令抵押权的效力及于用益权能交换价值的另一种形态——租金债权和用益金债权。[3] 其二，比较法方面，《日本民法典》第371条规定："抵押权，就其担保之债权存在不履行时，及于之后所生抵押不动产之孳息。"[4] 同时，《日本民法典》第372条规定，第304条准用于抵押权，而《日本民法典》第304条是担保物权物上代位的一般规定："先取特权，亦得对债务人因变卖、出租、灭失或者毁损其标的物而所受之金钱及其他物行使。但先取特权人应于其支付或交付前扣押之。"也就是说，在日本民法中，抵押权物上代位的代位物包括租金，但是其行使必须以"扣押"为前提。学说多认为，抵押人处于债务不履行

---

〔1〕 参见最高人民法院民法典贯彻实施工作领导小组主编：《中华人民共和国民法典物权编理解与适用》（下），人民法院出版社2020年版，第1010～1011页。

〔2〕 参见孙宪忠、朱广新主编：《民法典评注·物权编》（第4册），中国法制出版社2020年版，第41页。

〔3〕 参见费安玲主编：《比较担保法》，中国政法大学出版社2004年版，第196页。

〔4〕 王融擎编译：《日本民法：条文与判例》（上册），中国法制出版社2018年版，第259页。

状态以后,抵押权人对租金的物上代位(从租金中得到优先受偿)可以被认可。[1] 也就是说,日本民法系以“物上代位及于租金+扣押”的方案达到了与我国《民法典》第412条相同的效果。《日本民法典》的上述规则对抵押权人收取租金这一现象从抵押权物上代位的角度提供了一种解释路径。其三,《民法典》第390条在物上代位的法律事实与代位物方面的规定,均采用了不完全列举的方式,即以“等”字为其他情形提供解释空间。

(二)关于担保物权物上代位的法律构造

理论上一直存在“法定债权质权说”与“担保物权延续说”两种观点。“法定债权质权说”认为,担保物权人的物上代位权是法定债权质权,是以代位物给付请求权这一债权为标的物、依据法律规定直接产生的权利质权,《德国民法典》采此说。“担保物权延续说”认为,担保财产转为代位物后,原担保物权继续存在于代位物请求权之上,《日本民法典》采此说。

我国理论与学说上对此一直有不同观点,[2]《民法典》颁布后仍然存在分歧。有观点仍然认为《民法典》第390条采“法定债权质权说”,因为“担保物权延续说”无法妥当解释给付义务人尚未支付的保险金、赔偿金或补偿金问题,此时在其上的权利只是债权请求权;“担保物权延续说”无法解释担保人和代位物给付义务人的通知、查询及取得同意义务的法理依据;采“担保物权延续说”也与《民法典》其他规定不协调,《民法典》第406条已经承认抵押权追及效力,“现物”赔偿金、保险金属于追及效力问题,而不是物上代位问题。[3] 但是也有观点认为,从《民法典》第390条的规定看,担保物权的效力存在于保险金、赔偿金、补偿金之上,而不是质权存在于保险金、赔偿金、补偿金之上,亦非质权存在于保险金请求权、赔偿金请求权补偿金请求权之

[1] 参见[日]近江幸治:《担保物权法》,祝娅等译,法律出版社2000年版,第123页。

[2] 参见程啸:《担保物权人物上代位权实现程序的建构》,载《比较法研究》2015年第2期。

[3] 参见程啸等:《最高人民法院新担保司法解释理解与适用》,法律出版社2021年版,第253~257页。

上，物上代位的代位物由原担保财产转化而来，担保物权的效力及于代位物，并非因为担保财产状态的变化而产生新的法定债权质权。[1]

本书认为，就担保物权物上代位的法律构造问题的解释，属于对担保物发生毁损、灭失等情形时，担保物权人对赔偿金、补偿金等仍然具有优先受偿权此一现象的理论解释，并不会对相应问题的价值判断产生实质影响。崔建远教授指出，两种方案均有其道理，立法者可以选择其中之一，倘若选择采"法定债权质权说"的方案，则必须由法律设置明文规定。[2] 相较而言，本书认为"法定债权质权说"的解释力更强，能够解释的法律现象也更为多样，具备确保抵押权安定性之优点，不仅可避免采"担保物权延续说"时产生的抵押权以不动产以外之财产权为客体之奇特例外，而且在转换为权利质权后，可直接适用质权的规定。[3]

更为重要的是，以"法定债权质权说"为理论依据，可解决前述所谓"异种"担保物权竞存的问题。此处所述的租金质权与不动产抵押权的竞存，实为两种不同种类的担保物权竞存，二者并不具有可比性。若以物上代位为依据，同时采"法定债权质权说"，则意味着不动产抵押物被人民法院扣押后，先前既存的不动产抵押权人因物上代位对租金债权享有了法定权利质权。如此，不动产抵押权与租金质权的竞存就变为两个权利质权之间的竞存。又由于相应条件一旦得到满足，物上代位自动发生，物上代位具有溯及效力，新物权被视为自原物权成立时就取得，[4]担保物权之间的法定转换不

[1] 参见高圣平：《民法典担保制度及其配套司法解释理解与适用》（上），中国法制出版社 2021 年版，第 342 页；最高人民法院民法典贯彻实施工作领导小组主编：《中华人民共和国民法典物权编理解与适用》（下），人民法院出版社 2020 年版，第1007 页。

[2] 参见崔建远：《中国民法典释评·物权编》（下卷），中国人民大学出版社 2020 年版，第 328～329 页。

[3] 参见谢在全：《民法物权论》（中册）（第 5 版），中国政法大学出版社 2011 年版，第 688～689 页。

[4] 参见张静：《物上代位的体系整合与教义学结构》，载《环球法律评论》2021 年第 4 期。

影响原来担保物权的顺位,[1]各个抵押权的物上代位效力仍然应当按照原有的顺位加以实现,[2]并不因抵押财产的变形而受到影响。[3]《担保制度司法解释》第42条也已明确。[4] 故前述提及的认为不动产抵押权转换成立的债权质权(抑或债权转让)为新设权利的观点有所不当。

(三)不动产抵押权与租金质权竞存顺位的确定

综合前述分析,不动产抵押权与租金质权的竞存顺位即可确定,即扣押之前不动产抵押权与租金质权的设定时间相应延续至扣押之后,二者的优先顺位即可依照登记的时间先后判断。

除此之外,有观点以《担保法解释》第79条第1款以及未来债权质押生效时点来论证不动产抵押权与租金质权的竞存顺位,均不能成立。其一,《担保法解释》第79条第1款被诟病已久,自《物权法》之后已不再有所谓法定登记的抵押权,《九民会纪要》第65条第2款就已明确指出,《担保法解释》第79条第1款不再适用。故以该条为依据系法律适用错误。其二,关于以租金债权为质押标的的生效时点。在租金质权设立时,往往存在租赁合同,但是租金债权尚未实际发生,甚至在个别情形中,租赁合同亦未设立,当事人间即设立了租金质权。此时,即涉及所谓未来债权质押(让与)的问题。在区分原则(《民法典》第215条)之下,无论是否采物权行为理论,未来债权质押(让与)合同当属有效,并无疑义。但是,依照传统民法理论,未来债权质押(让与)是对于一尚未发生之权利所为的处分,其所希冀的效果在权利发生时,始能产生。[5] 然而,就未来债权质押(让与)的生效时点,新近观点

[1] 参见邱国威:《论担保物权法定转换制度之入典——对物上代位规范表达路径的探索》,载《北方法学》2019年第1期。
[2] 参见程啸等:《最高人民法院新担保司法解释理解与适用》,法律出版社2021年版,第259页。
[3] 参见王利明:《物权法》(第2版),中国人民大学出版社2021年版,第351页。
[4] 《担保制度司法解释》第42条第1款规定,抵押权依法设立后,抵押财产毁损、灭失或者被征收等,抵押权人请求按照原抵押权的顺位就保险金、赔偿金或者补偿金等优先受偿的,人民法院应予支持。
[5] 参见黄立:《民法债编总论》,台北,元照出版有限公司2006年版,第641页。

较传统观点有所不同。一种观点为，分为有基础和无基础的（纯粹）将来债权的两种情形，前者法律效果溯及至达成让与合意之时，后者并不具有溯及力，受让人还需要间接取得债权。[1] 对于因租赁合同产生的债权，其属于典型的有基础的将来债权，故于债权质押（让与）合同订立时即生效。另一种观点为，不区分将来债权有无基础关系，一律以登记者优先为原则，此更有利于促进将来债权交易，在尽可能抑制秘密让与的同时保护交易安全。[2] 让与未来债权的，虽在债权发生后受让人始得享有，但取得债权之顺序却可先行登记确定。[3] 上述两种新近观点逐渐成为有力之说。在新近观点之下，不动产抵押权与租金质权的竞存顺位判断原则上无须考虑将来租金的间接取得，二者之间的顺位判断依据登记时间先后而定。

总之，由于融资渠道的多元与基础设施的发展，对于债权、收益的担保逐渐产生并广泛发展，在与《民法典》第 412 条的规则相碰撞后，出现意想不到的问题与争议，这也表明理论与实践中的担保物权制度向着深层次发展。《民法典》第 412 条本身即存在诸多需要澄清之处，前述结合裁判实践中的分歧，对该条中扣押的含义、通知的意义进行了分析；并以担保物权物上代位中的“法定债权质权说”构造为基础，阐述了不动产抵押权与租金质权的竞存顺位规则，即在不动产抵押物被扣押后，可将不动产抵押权转化为法定债权质权，从而使其与租金质权的竞存属于同种类担保物权竞存，二者依照扣押之前的权利设定时间确定优先顺位。

---

〔1〕 参见朱晓喆：《资产证券化中的权利转让与“将来债权”让与——评“平安凯迪资产支持专项计划”执行异议案》，载《财经法学》2019 年第 4 期；孙森焱：《民法债编总论》（下册），法律出版社 2006 年版，第 781～782 页。

〔2〕 参见李宇：《保理合同立法论》，载《法学》2019 年第 12 期。

〔3〕 参见李宇：《保理法的再体系化》，载《法学研究》2022 年第 6 期。

第三节　不动产抵押权与融资租赁出租人所有权的竞存顺位

一、竞存类型

（一）理论类型

基于动产附合于不动产，从而导致不动产抵押权与动产担保物权的竞存，在理论层面大抵可以分为两大类、四小类型。以附合于不动产的动产为标的物开展融资租赁的形式，本书称为“先天型添附”，在此之下，不动产抵押权与动产担保物权的竞存有两种类型。类型一：不动产所有权人就其不动产之上的部分动产为债权人设定动产担保物权（开展融资租赁交易），后不动产所有权人又对其不动产整体设定了不动产抵押权。类型二：不动产所有权人先为债权人设定不动产抵押权，后将其不动产之上的部分动产作为租赁物为另一债权人设定动产担保物权（开展融资租赁交易）。在上述两种类型下，不动产抵押权人与融资租赁出租人都对租赁物这部分动产享有担保物权。

与之相对，在设定动产担保物权、融资租赁交易开展前，动产并未发生附合，之后才发生的，本书称为“后天型添附”，在此之下，不动产抵押权与动产担保物权的竞存亦有两种类型。类型三（接前述类型一与类型二）：租赁物所有人先以租赁物开展融资租赁交易，后租赁物附合于不动产之上，不动产所有人又为其他债权人设立了不动产抵押权。类型四：不动产之上既存抵押权，后附有担保物权的动产附合成为不动产的附合物，如此亦产生担保物权的竞存。

（二）实践类型

上述类型并非臆想，司法实践中已经出现此种交易类型和权利竞存案件。如在“甲房地产公司与乙融资租赁公司、丙银行合同纠纷执行案”中，甲房地产公司先将其所拥有的不动产之上的“消防设备、电梯、综合布线设备、中央空调设备、给排水(污)设施、高低压配电相关设备、二期配电设备、安防设备、煤气管道、锅炉和供热系统等十二项设备、设施”通过售后回租方式向乙融资租赁公司融资,并对上述设备进行了动产抵押登记。后甲房地产公司又将其不动产为丙银行设定不动产抵押权。甲房地产公司未偿还丙银行借款,依照生效裁判强制执行不动产。执行中,乙融资租赁公司提出执行异议,认为其对房地产的前述运行设备享有出租人所有权,请求法院中止对于房地产中前述设备的执行。法院认为,该两标的物不是同一对象,故执行法院对不动产所采取的强制执行措施不涉及乙融资租赁公司所提及的设备,未侵犯其对该设备的权益。[1] 之后,乙融资租赁公司提起诉讼,请求对售后回租项下的设备享有优先受偿权,丙银行作为第三人参加诉讼。法院从建筑物区分所有权的角度,认为涉案争议标的物是不动产组成部分,构成建筑物共有部分,与专有部分具有不可分割性,为全体业主共有,甲房地产公司对争议标的物的转让行为无效,驳回了乙融资租赁公司对前述十二项设备、设施优先受偿的诉讼请求。[2]

在另一案件“甲酒店与乙金融租赁公司、丙信托公司案外人执行异议之诉案”中,甲酒店用其酒店为丙信托公司设定不动产抵押权。之后,甲酒店将其酒店中的“电梯、空调设备、风机、配电箱、冷/热量表、锅炉及辅机、离心泵、电动三通阀、电动二通阀、应急电源、控制柜、预制双层不锈钢烟囱、不锈钢水箱、电梯装潢、低压开关柜、变频节能仪、集中控制系统、两翼自动旋转门、热泵热水工程、变压器、温控器、机柜、服务器机柜、水泵”以售后回租的方式向乙金融租赁公司融资。丙信托公司请求实现不动产抵押权时,乙金融租赁公司提出执行异议之诉认为其对上述租赁物优先受偿。法院对上述租赁物性质进行了分析,有的被认定为从物,有的被认定为附合物,最后也

〔1〕 参见广东省高级人民法院执行裁定书,(2018)粤执复374号。

〔2〕 参见新疆维吾尔自治区高级人民法院民事判决书,(2019)新民初17号。

是从建筑物区分所有权中,不得未经其他共有人同意单独处分共有物的角度,驳回乙金融租赁公司的请求。[1]

前述案件中,法院系从建筑物区分所有权的角度,认为不得未经其他共有人同意单独处分共有物,从而驳回融资租赁公司的请求,否定了融资租赁出租人的优先受偿请求,其隐含的结果就是抵押权优先。不过这一理由有待商榷。首先,若剔除建筑物区分所有权这一因素,建筑物整体为同一所有权人,则上述案件如何处理即成疑问;其次,抵押人(承租人)设定抵押权、开展融资租赁交易,都面临建筑物区分所有权这一因素,若遵循此思路则设定不动产抵押权同样面临这一情况;最后,前述案件中均未考虑担保物权善意取得的问题。由此,从建筑物区分所有权这一角度解决问题具有局限性,抵押权人优先于出租人所有权的结论并不令人信服。

(三)添附于不动产的动产可以续作融资租赁

如前所述,对于将附合于不动产的动产作为标的物开展融资租赁的形式,本书称为"先天型添附"。就附合于不动产的动产能否成为适格租赁物,在《融资租赁司法解释》颁布以后,司法实践裁判意见较为统一,一般认为尽管标的物系添附于不动产,但是不影响融资租赁法律关系的成立。[2] 其裁判理由亦多引用司法解释起草者的观点,即当事人将添附在不动产之上的动产作为租赁物开展融资租赁交易,并订立融资租赁合同,在交易性质上应认定为仍然属于融资租赁交易范畴。不过,由于是以添附在不动产之上的动产为租赁物,租赁物本身具有的担保作用并不强,对于出租人而言具有债权不能实现的风险;承租人违约事件发生后,出租人固然可基于其在融资租赁关系中享有的取回权取回标的物,不过可能会因添附导致难以实

[1] 参见浙江省高级人民法院民事判决书,(2016)浙民终9号。

[2] 相关裁判可参见上海市高级人民法院民事判决书,(2019)沪民终73号;上海市浦东新区人民法院民事判决书,(2018)沪0115民初41610号;浙江省杭州市中级人民法院民事判决书,(2018)浙01民终2301号;北京市第一中级人民法院民事判决书,(2016)京01民初151号。

现，即便可以取回，租赁物的价值也基本大幅下降甚至其可能会失去价值，融资租赁交易中租赁物担保租金债权实现的作用难以发挥，出租人需要承受承租人违约带来的风险，这样的融资租赁交易难以实现出租人的目的，不过，这属于融资租赁公司的经营策略和风险问题，不影响对融资租赁合同性质的认定。[1] 此观点系受到国际统一私法协会通过的《国际融资租赁公约》第 4 条的影响。[2] 由国际统一私法协会起草的《租赁示范法》第 2 条也规定，不能仅仅因为动产成为不动产的附合物而认为其不再是适格租赁物；但是其也指出，就其中涉及的物权规则，应由本国法律进行规定。

不过，有观点认为，我国的司法实践似乎比《国际融资租赁公约》走得更远，因为后者并没有规定如果设备在交易之前就已经添附于不动产，是否仍然适于进行融资租赁交易。未拆除的租赁物属于不动产的"成分"，而非动产，无法适用"交付"这一动产物权变动要件，出租人自始不能获得租赁物所有权。如果将建筑物成分视为动产并成立动产所有权，将违背"一物一权"原则。[3] 本书不完全赞同上述观点，理由如下。

第一，无论"先天型添附"还是"后天型添附"，在出租人可能无法行使取回权或优先受偿的结果上是一致的，二者不存在本质区别，厚此薄彼并无正当理由。同时，司法解释起草者已说明问题的本质，即此问题属于融资租赁公司经营风险的问题；与之类似，诸多量身定制的不可拆除或者拆除转让以后价值将大大贬损的租赁物，均存在拆除成本高、转售价值低、担保功能弱

---

〔1〕 参见最高人民法院民事审判第二庭：《最高人民法院关于融资租赁合同司法解释理解与适用》，人民法院出版社 2014 年版，第 50 页。

〔2〕 《国际融资租赁公约》第 4 条规定："1. 本公约不得仅由于设备已成为土地的附着物或已并入土地之中而终止适用。2. 任何有关设备是否已成为土地的附着物或已并入土地之中的问题以及如果设备已成为土地的附着物或已并入土地之中其对出租人和对土地享有物权的人之间权利的影响，应由土地所在国法律确定"。参见谢修如：《国际统一私法协会国际融资租赁公约》，载《环球法律评论》1988 年第 6 期。

〔3〕 参见韦元进：《添附于不动产的动产是否适于融资租赁：基于国际规则和物权法视角的检视》，载微信公众号"天同诉讼圈"2019 年 10 月 15 日，https://mp.weixin.qq.com/s/KX-ZLFJbWbR8dZVi5beN3NA。

的问题,但不影响融资租赁合同性质的认定。[1] 第二,目前的一些案件所显示的交易中,融资租赁公司均在中国人民银行动产融资统一登记公示系统中进行了登记,或者依照《融资租赁司法解释》的规定进行了动产抵押登记,存在权利公示。第三,与不动产登记以及大陆法系一般意义上的登记不同,融资租赁出租人所有权的"登记"功能并不是创设、确认物的所有权,换言之,登记的作用并不是确认融资租赁出租人享有租赁物的所有权,其最重要的功能在于当出租人所有权与租赁物上其他权利发生冲突时,帮助出租人所有权获得优先顺位。[2] 故与"一物一权"原则并不冲突。因此,无论是将已经成为不动产添附物的动产作为租赁物进行融资租赁,还是先进行融资租赁,而后动产才成为不动产添附物,均不影响融资租赁法律关系的成立,司法实践对此也予以认可。[3]

二、竞存顺位规则的比较法观察

如前所述,不动产抵押权与动产担保物权登记机制、逻辑起点、法律效果存在较大差异,在两个登记理念不同的登记系统中的担保物权竞存,应如何确定其优先顺位即成问题。对此,以下先考察《贸易法委员会担保交易立法指南》与《美国统一商法典》的相关规则,再行进一步分析。

(一)《贸易法委员会担保交易立法指南》[4]

1. 关于"与不动产相关的动产"的法律概念

就《贸易法委员会担保交易立法指南》而言,其系针对动产担保交易,而

---

〔1〕 参见李阿侠:《融资租赁案件裁判精要》,法律出版社 2018 年版,第 70 页。

〔2〕 参见高圣平:《融资租赁登记公示制度的建构——以民法典合同编融资租赁合同章的修改为中心》,载《河南社会科学》2017 年第 6 期。

〔3〕 例如,《上海市高级人民法院关于印发〈融资租赁合同纠纷类案件办案要件指南〉的通知》中认为,"以添附、建设在不动产之上的设备,如污水管网、电力架空线、基站等作为租赁物的,可以认定为融资租赁法律关系"。

〔4〕 See United Nations Commission on International Trade Law, *UNCITRAL Legislative Guide on Secured Transactions*, United Nations, 2010.

非不动产。但是,在涉及不动产附加物时,《贸易法委员会担保交易立法指南》将会影响不动产。《贸易法委员会担保交易立法指南》中的关于与不动产相关的动产是“不动产附加物”(attachment to immovable property),系指与不动产有着实体连接,因而虽然未丧失其单独特性,但根据不动产所在国的法律被当作不动产处理的有形资产。

2. 关于附加物上担保物权的设定或者延续

《贸易法委员会担保交易立法指南》指出,动产可以附着于另一动产或不动产上,同时不失去其个体性并成为附加物。此情形下,须确定将该资产作为附加物对其性质产生的下列影响:担保人在附加物上设定担保的能力;原动产在附着前已存在的抵押权能否得到保留。

《贸易法委员会担保交易立法指南》指出,对这一问题的回答,不同的立法有着不同的观点。有的立法规定,不能在已经附合于动产或不动产的附加物上设定担保物权。若要担保物权有效设立,则需要在附着发生前设定。在此种立法规定下,对于动产上存在的担保物权,若该动产成为另一动产或不动产的附着物,则担保物权可以存续,且无论动产或不动产与附着物分离的成本高低或困难大小,也无论附着物是否已与动产或不动产分离。换言之,一种情况下附着物变成动产的重要组成部分,或在另一种情况下被认为是不可分的且继续附着在不动产上,在此类法律规定下担保物权可在附着后存续。还有的立法规定,无论是动产还是不动产上附着了附加物,不但附着发生后附加物上的担保物权仍然存续,还能在已变成附加物的资产上设立担保物权。在这种立法规定下,分离的成本高低或困难大小也与能否设立担保无关。在以上两种情形中,附着物是否可以在不损害其所附着的资产的情况下轻易分割出来,与确定竞合求偿人之间的优先权相关,但与能否设立担保物权的问题无关。此外,在这些立法规定下,通常担保人以管辖不动产上债权的法律为依据来在不动产的附加物上设立抵押权,或者以管辖动产担保权的法律为依据在附加物上设立担保物权。

基于上述不同观点,由于《贸易法委员会担保交易立法指南》的目标是促进担保物权的成立,因而建议采用上述第二种观点。即附着发生后,之前已设立的担保物权可以存续,并且即使在附着发生之后也可以在附着中创建担保物权。关键问题是,若要使附着发生后担保权存续或在附着物上设定担保物权,是否需要采取额外步骤。由于《贸易法委员会担保交易立法指南》区分了设定(当事人之间的效力)、第三方效力和优先权,它采取的立场是,无须采取额外步骤,附着物上的担保物权可存续或可在其上设立担保物权。

因此,《贸易法委员会担保交易立法指南》在建议21中指出,法律应当规定,可以在设定担保物权时已成为附加物的有形资产上设定担保物权,当该有形资产随后成为附加物时,该有形资产上的担保物权继续存在。不动产附加物上的担保物权可根据《贸易法委员会担保交易立法指南》或管辖不动产的法律设定。

3. 关于附加物担保物权获得对抗效力的方式

当动产附加于不动产之时,动产之上的担保物权是否消灭,不同国家有着不同的做法。《贸易法委员会担保交易立法指南》指出,已取得对抗第三方效力的担保物权所担保的资产可能已经附加在其他动产或不动产上,也可能以后附加在其他动产或不动产上。例如,已经设定了担保物权的发动机可能被安装在车辆上,或者已经设定了担保物权的供暖锅炉后来可能被安装在建筑物上。在许多国家的法律规定中,当担保资产附加到其他不动产或者动产上之时,担保物权消灭。这种做法有两个原因:一是保护之后获得担保资产附加物上权利的买受人和其他第三方,二是防止在强制执行过程中分离不动产附加物对不动产造成不当损害。

不过,采用动产综合登记制度的国家则一般会规定,即便动产成为附加物,其上的担保物权仍然继续有效,最起码会在当事人之间有效。不过,既然如此,也就相应产生担保物权与第三人之间的权利对抗,所以在上述结论之下尚需要规定此时担保物权的对抗效力与优先顺位规则。这是《贸易法委员会担保交易立法指南》的建议方式。

所以,《贸易法委员会担保交易立法指南》中有关不动产附加物担保物权效力的问题涉及三个方面。第一个方面是不动产附加物上是否可以设定担保物权的问题,这已在前述建议 21 中指出。第二个方面是担保物权的对抗效力和优先顺位规则。第三个方面是有关强制执行的问题,因为如前所述,不动产附加物的分离可能会对不动产造成一些损害,所以,还必须有强制执行的配套规则。

《贸易法委员会担保交易立法指南》特别指出,如果动产附加在不动产上,则处理政策会更加复杂。这是因为不动产担保物权登记一般是在不动产登记机关,与动产担保物权不同。所以,《贸易法委员会担保交易立法指南》建议,当事人之间既可以按照《贸易法委员会担保交易立法指南》的规定设定不动产附加物担保物权,也可以按照不动产担保物权的有关法律设定担保物权,相应地,在动产担保登记部门或者不动产担保登记机关登记均无不可。不过,这就会产生权利冲突问题,因为上述两种登记方式择其一即可使权利产生效力,所以需要配套的优先顺位规则。一般而言,基于维护不动产登记机关的可靠性和登记信息的公信力,大部分国家都会选择令在不动产登记机关登记的担保物权更具优先性,即优先于在一般动产登记部门登记的担保物权。所以,《贸易法委员会担保交易立法指南》建议 87 中指出,只有在不动产登记机关进行登记才能获得最大效力。不过,这也有一个前提,就是不动产附加物可以方便、有效地在不动产登记机关登记,不动产登记要求当事人提交的材料更为齐整,当事人需要提交全部有关担保物权设立的文件甚至公证证明书。如果所在国家是这样规定的,则可能需要修订土地(不动产)登记法,明确规定担保物权可以采取“声明登记制”的方式在不动产登记机关登记不动产附加物,如果不这样做,在不动产登记机关登记不动产附加物担保物权,将给担保物权人带来不小的费用和开支,可能会打击当事人利用不动产附加物来进行担保融资的积极性。

基于上述分析,《贸易法委员会担保交易立法指南》提出以下建议。建议34指出,法律应当规定:(a)当事人采取以下方式之一的,均可以设立担保物权:(i)按照建议37的规定,通过担保物权人占有动产的方式,这针对的是可以占有的有形动产;(ii)按照建议38的规定,通过在专门登记处登记或者在产权证上加注的方式,这主要针对动产担保物权;(iii)按照建议42的规定,通过在专门登记处登记或在产权证上加注的方式,这主要针对动产附加物上设立的担保物权;(iv)按照建议43的规定,在不动产登记处进行登记的方式,这针对的是不动产附加物。建议43指出,法律应当规定,不动产附加物上的担保物权可以按照建议41的规定自动取得对抗第三方的效力,也可以通过在不动产登记处登记而取得效力。

4. 关于附加物担保物权发生权利冲突时的优先顺位规则

《贸易法委员会担保交易立法指南》明确论述了权利竞存的问题,因为经常发生某一财产成为另一财产的附加物,无论该附加物是可以移动的还是不可以移动的,前者如轮胎,可能会被附加到车辆上,后者如吊灯或熔炉,可能会被附加在建筑物上。因此,附加物之上的担保物权就会与被附加的物上之担保物权产生冲突。确定有关不动产附加物或者动产附加物等冲突形态下各权利的优先顺位时,需要考虑各类政策因素。

可能的权利冲突有三种具体情况。第一,如果附加物上的担保物权或者其他权利(比如买受人、承租人的权利)是依据不动产法律而设立,而根据动产担保交易法律,附加物上也可以设立担保物权,则此时将产生权利冲突。在多数国家,一般是规定依据不动产法律设立担保物权的权利具有优先顺位,这主要是基于维护不动产登记的可靠性,《贸易法委员会担保交易立法指南》也建议采取此方式。第二,如前所述,动产在成为不动产附加物之前或者之后均可以设立担保物权,有的不动产附加物担保物权还在不动产登记机关进行了登记,因此,这种权利将会与基于不动产法律而设立的担保物权发生权利冲突,大多数国家是按照在不动产登记机关的登记时间先后确定优先顺位,理由还是维护不动产登记制度,《贸易法委员会担保交易立法指南》也建议采此方式。第三,如果前述不动产附加物担保物权为购买价金担保权,则会发生购买价金担保权与不动产担保物权之间的权利冲突。保护购买价金担保权是基于特殊政策考量,也是鼓励融资的体现,所以基于促进当事人使用购买价金担保融资的目的,绝大多数国家赋予购买价金担保权以优先于不动产担保物权的优先顺位,前提是动产在成为附加物后的20日或30日内在不动产登记机关登记。这也是《贸易法委员会担保交易立法指南》建议采取的做法。总之,上述权利冲突情形多考量了维护不动产登记的权威性、可靠性,尽量不对不动产法律基本规则产生干扰。

基于上述情形,《贸易法委员会担保交易立法指南》提出以下建议。建议87指出,法律应当规定,如果不动产附加物担保物权是根据本指南建议21、建议43的规定,通过在不动产登记机关登记,在顺位上优先于根据本指南建议32或建议34提及的公示方式而设立的担保物权。建议88指出,法律应当规定,无论不动产附加物担保物权是在动产成为不动产附加物之前还是之后设立,只要其按照建议43的规定,在不动产登记机关进行了登记,其优先于此后在不动产之上设立的不动产担保物权。

5. 关于不动产附加物担保物权的强制执行

如果动产在附加到不动产之时已经丧失了其个性特征,则该动产上的担保物权就会消灭。不过,如果如前所述,那么动产成为不动产附加物,该担保物权不受影响,而且还可以借助不动产登记获得对抗效力。在担保物权的强制执行方面,也需要根据各自的优先顺位来决定强制执行的顺序。

如果在不动产附加物上享有担保物权的担保物权人可以将不动产附加物分离,则其可以采取此种方式实现担保物权。不过,上述实现措施受到两个方面的限制。其一,劣后于不动产附加物担保物权的担保物权人或者其他利害关系人可以支付不动产附加物的相关价款,以防止不动产附加物的分离,此时不动产附加物上享有担保物权的担保物权人不可以采取分离的方式实现权利。其二,如果不动产附加物上享有担保物权的担保物权人分离不动产附加物将会对不动产造成损害,这种损害不限于减损不动产的价值,比如拆除建筑物中的电梯会对不动产造成损害,此时不动产附加物上享有担保物权的担保物权人应当赔偿不动产上的权利人。

当不动产担保物权人的权利处于优先顺位时,不动产附加物担保物权人已经在不动产登记机关进行登记的,其只能依据不动产法律申请强制执行。

如果担保物权人取得了不动产上的债权和已成为该不动产附加物的动产的担保物权,则此时的强制执行会稍显复杂。大多数国家允许债权人在这种情况下以各种方式强制执行担保。其既可以单独针对不动产附加物行使担保物权,也可以针对不动产申请强制执行。前者中,担保物权人的权利需要有优先于不动产上其他权利的优先顺位,后者中,强制执行需要依据不动产法律。

就此,《贸易法委员会担保交易立法指南》提出以下建议。建议 164 指出,法律应当规定:(a)对于不动产附加物担保物权的强制执行,担保物权人可以按照该章的建议或管辖强制执行不动产上的担保物权的法律提出申请;以及(b)如果债务人同时以其动产和不动产为债权人提供担保,则以下强制执行措施可供担保物权人选择:(i)依据有关动产担保物权强制执行的规定,强制执行动产上的担保物权,根据管辖强制执行不动产上的担保物权的法律强制执行不动产上的担保物权;(ii)根据管辖强制执行不动产上的担保物权的法律强制执行两项权利。建议 165 指出,法律应当规定,只有不动产附加物上的担保物权人优先于不动产担保物权人时,其才具有通过强制执行实现担保物权的权利。处于劣后顺位的不动产担保物权人可以清偿不动产附加物担保物权所担保的债务。不动产附加物担保物权人进行强制执行时,对不动产造成的任何损害,均应赔偿,但仅因拆除附加物而导致不动产价值的减损除外。

6. 关于购买价金担保权的规则适用

《贸易法委员会担保交易立法指南》指出，上述有关不动产附加物担保物权的规则也同样适用于所有权保留交易和融资租赁交易。如果购买价金担保权人在动产成为不动产附加物之后的合理期间内，在不动产登记机关进行了登记，则其担保物权优先于不动产之上的担保物权。其合理性在于，不动产担保物权提供的贷款数额是根据不动产现有价值，并没有期望不动产附加物的价值也用于清偿其债权。不过，如果不动产担保物权的产生是为建设工程提供贷款，则上述假设和结论不成立，购买价金担保权具有优先顺位的理由也不那么令人信服了。基于此，《贸易法委员会担保交易立法指南》提出以下建议。在统一处理法之下，建议 184 指出，法律应当规定，如果购买价金担保权人在动产成为不动产附加物后的合理期限内（20～30 日的短暂期限）在不动产登记机关进行了登记，则其权利优先于不动产之上的担保物权，为建设工程提供贷款的担保物权人除外。非统一处理法与之相同。

（二）《美国统一商法典》[1]

《美国统一商法典》第 9 编在修订中不断扩大受其管辖和约束的个人财产范围，比如增加了无形财产作为担保财产，不过这多与不动产没有直接关系，其中与不动产相关的一类就是“不动产附着物”（fixtures）。《美国统一商法典》第 9 编对与不动产相关的动产使用了“不动产附着物”的概念，即已成为特定不动产一部分的有形动产，其权利由不动产法规范。“不动产附着物登记”（fixture filing）是指已经或将要成为不动产附属物的有形动产有关的担保声明，并符合第 9－502 条（a）款和（b）款的要求。《美国统一商法典》

---

〔1〕 See *The American Law Institute and National Conference of Commissioners on Uniform State Laws*, Revised article 9. Secured Transactions with 2001 Amendments. 翻译参考了美国法学会、美国统一州法委员会：《美国〈统一商法典〉及其正式评述》（第 3 卷），高圣平译，中国人民大学出版社 2006 年版。

第9－334条具体规定了不动产和农作物附加物上担保物权的优先顺位规则。

(a)款规定：本编下的担保物权可以在作为不动产附加物的有形动产上设定，也可以在已成为不动产附加物的有形动产上设定。然而，在已与土地改良物连接的普通建筑材料上，不成立本编下的担保物权。

(b)款规定：本编不排除因不动产法的法律规定从而产生的不动产权利负担。根据官方评论，本条旨在解决不动产附加物和作物上的担保物权相对于主张不动产权利的人的优先权问题。作为动产融资对象的某些动产与不动产相连或与之相关联，从而成为不动产的一部分。这些有形的动产被称为“不动产附着物”。某些不动产附加物保留其动产特性：本部分下的担保物权仍可在不动产附加物上设定，并可在成为不动产附加物的有形动产上继续存在。但是，如果动产是与土地改良物连接的普通建筑材料，则不存在担保物权。相反，建筑材料的权利优先性受不动产权利法的管辖。因此，本条确定了三类有形动产：完全保留其动产性质且不构成不动产一部分的有形动产；已成为不动产必要组成部分且不能为融资目的而保持动产性质的有形动产；为特定目的已成为不动产但在动产融资方面得以维持的中间类别。

(c)款规定了不动产附加物上的担保物权与不动产上的担保物权持有人之间竞争的一般规则，即“除(d)款至(h)款的规定外，不动产的附加物劣后于担保人以外的相关不动产上的担保物权(抵押权人)或所有人的相竞权利”。其规定了在其他规定不适用的情况下竞存顺位的规则，即不动产附加物上的担保物权劣后于不动产所有人的相竞权利。

(d)款规定了不动产附着物购买价金担保权的优先顺位。即“除(h)款另有规定外，如果债务人对不动产已登记或占有该不动产，满足以下条件的，动产附着物之上公示的担保权益对不动产的担保人或所有人的冲突权益具有优先性：担保权益是一种价金担保权益；担保人或所有人的利益在动产成为不动产附着物之前就已产生；并且担保权益在成为不动产附着物之前或之后的20日内通过不动产附着物登记得到公示”。这一款赋予了不动产附着物上的价金担保权益相对于先前登记的不动产权益的优先权，条件是价金担保权益在动产成为不动产附着物之前或之后的20日内在不动产登记簿中提交登记。

(e)款规定了不动产附着物之上担保物权优先于不动产权利的优先顺位。即“不动产附着物上的担保权益相对于不动产权益的优先性，在下列情况下，公示的不动产附着物上的担保权益相对于不动产的担保人或所有人的冲突权益具有优先性：(1)债务人对该不动产已登记或占有该不动产，且该担保权益：(A)在担保人或所有人的权益被登录之前，通过不动产附着物登记得到公示；并且(B)相对于担保人或所有权人的前手的任何冲突利益具有优先性。(2)在动产成为不动产附着物之前，担保权益已通过本条允许的任何方法得到公示，并且不动产附着物是可以随时拆除的：(A)工厂或办公室机器；(B)不是主要用于或租赁用于不动产经营的设备；或(C)属于消费品的家用电器的替代品。(3)冲突的权益是在以本条允许的任何方法公示担保权益后，通过法律或衡平法程序获得的不动产担保物权。(4)该担保权益是(A)在人造房屋(活动房)交易中在人造房屋上设立，并且(B)根据第9-311(a)(2)条所述的法规得到公示”。

(f)款规定了基于同意、免责声明的优先顺位。即“不动产附着物上的担保权益，无论是否公示，在下列情况下，对不动产的担保人或所有人的冲突权益具有优先性：担保人或所有人在经认证的登录中同意该担保权益或放弃对作为不动产附着物的动产的权益；或债务人有权针对担保人或所有人从而移除动产”。

(g)款规定了(f)款优先顺位的延续。如果债务人针对担保人或所有人移除动产的权利终止，则(f)款规定的担保权益的优先顺位将在一段合理时间内延续。

(h)款规定了建筑物抵押权(construction mortgage)的优先性。即“如果登记的抵押权表明,抵押权是为担保建造土地改良物中而产生的债务,包括土地的取得成本,则该抵押权为建筑物抵押权。除(e)款和(f)款另有规定外,如果在动产成为不动产附着物之前有抵押登录,动产在施工完成之前成为不动产附着物,则不动产附着物的担保权益劣后于建筑物抵押权。在为建筑抵押贷款再融资的情况下,抵押贷款的这种优先性与建筑抵押贷款相同”。对建筑物抵押权优先性的赋予,其正当性在于建筑物抵押权人本身也是一种购买价金担保权人。[1] 此外,在《美国统一商法典》第9编之下,认定不动产附着物不是容易的事,如何认定一般取决于法院对既有事实的分析,我们可从美国法相关判例中看出这点。

三、竞存顺位规则的解释论

(一)《贸易法委员会担保交易立法指南》规则简评

《贸易法委员会担保交易立法指南》对于不动产附加物的规定实际上是一整套系统。其首先确定,不动产附加物无论是在成为附加物之前还是之后设立担保物权,该权利均可以存在。这实际上就是解决本书前述关于融资租赁中标的物是否可以是不动产附合物的问题。《贸易法委员会担保交易立法指南》系基于促进交易、融资的立场给予了肯定。

在之后,就涉及不动产附加物担保权如何获得对抗第三人效力的问题。《贸易法委员会担保交易立法指南》的建议是,不动产附加物是可以在不动产登记系统中进行登记的,由此不动产附加物获得对抗第三人的效力方法有两种,一种是不动产登记,另一种是普通的动产登记。之所以会允许其能够在不动产登记体系中登记,是因为一旦发生权利冲突,不动产登记优先的理念将会使动产登记的担保物权劣后,进而阻碍通过将不动产附加物作为

---

[1] See Daniel Fenton Adams, *Security Interests in Fixtures under Mississippi's Uniform Commercial Code*, 47 Miss. L. J. 831 (1976).

担保物进行融资。在处理优先顺位上,《贸易法委员会担保交易立法指南》指出,在不动产登记系统登记的担保物权优先于在动产登记系统登记的担保物权,同时在不动产登记系统登记的担保物权之间依照先后顺序确定优先顺位,例外是购买价金担保权,在非同一处理模式下是所有权保留出卖人所有权和融资租赁出租人所有权。上述优先权规则实际上解决了本书所述的权利冲突情形,尤其是前述类型一、类型二。最后,在执行上,《贸易法委员会担保交易立法指南》提出按照优先顺位的先后决定强制执行的权利,给予后顺位的担保物权人清偿前顺位担保物权人的债权以获得强制执行的权利。

《贸易法委员会担保交易立法指南》的上述规定较为完备,不过,决定这套规则体系有两个重要的制度要件,即不动产附加物可以在不动产登记系统中登记、承认购置价款提供人的"超级优先权"即购买价金担保权。我国《民法典》第416条新增了购买价金担保权,但是目前不动产附加物并不能在不动产登记系统进行登记。

（二）《美国统一商法典》规则简评

其一,根据《美国统一商法典》的前述规则,不动产附着物之上的担保物权可在不动产之上延续,但是部分建筑材料除外。事实上,在我国司法实践中也是如此操作。如前所述,融资租赁的出租人所有权在租赁物成为不动产添附物之后继续存在,但是实践中,有的融资租赁交易将建筑材料作为融资租赁标的物,对此,司法裁判给予了否认:"若按标的物的特性,正常使用情况下,其在期限届满时已无返还之可能性,则客观上无法作为(融资)租赁关系的标的物,相应法律关系亦不得被认定为融资租赁关系。"[1]

其二,在优先顺位上,修订后的《美国统一商法典》规定不动产附着物之上的担保权益劣后于债务人以外的所有冲突的不动产权益,并规定了一般

〔1〕 上海市第一中级人民法院民事判决书,(2016)沪一中民六(商)终字第469号。

规则的例外情况。[1] 虽然条文将之称为一般规则，但是在评注中将其称为“兜底规则”。从该条所规定的例外情形多样化的特点看，称之为“兜底规则”也名副其实。

其三，不动产附着物担保物权优先于不动产担保物权的情形一是不动产附着物担保物权属于购买价金担保权。也就是说，如果担保物权是购买价金担保权，不动产担保物权发生在前，动产成为不动产附着物之前或者成为附着物之后的20日内通过不动产附着物登记而公示。则此时，不动产附着物的购买价金担保权优先。并且，购买价金担保权要受到建筑物抵押权的限制，即在建筑物抵押登记的情况下，即便不动产附着物是购买价金担保权，也要劣后于该不动产担保物权。此规定与《贸易法委员会担保交易立法指南》的规定相一致。相反，如果不是购买价金担保权，则其顺位将劣后。如在“克里夫岭滑雪公司案”中，三个债权人对债务人的滑雪吊椅进行了优先权的争夺。法院首先必须确定滑雪吊椅是否为不动产附着物。法院最终确定，滑雪吊椅是一个不动产附着物，因为它是附着在不动产上的，而且债务人打算将其永久固定在不动产上。接下来，法院必须确定哪些债权人完善了滑雪吊椅的担保权益，法院认为三个债权人都做到了。法院最终驳回了第三个债权人的论点，即他在吊椅上持有购买价金担保权益，因为他借给债务人的钱并没有使债务人获得吊椅。法院最终适用了《美国统一商法典》第9－313条规定的“时间在先、权利在先”规则，因为《美国统一商法典》第9－334条规定的例外情况并不适用。法院认为，第一个债权人通过不动产抵押权获得了其在吊椅上的权益，是第一顺位担保权人。[2]

---

〔1〕 See Daniel Fenton Adams, *Security Interests in Fixtures under Mississippi's Uniform Commercial Code*, 47 Miss. L. J. 831 (1976).

〔2〕 Matter of Cliff's Ridge Skiing Corp., 123 B. R. 753, 755 (Bankr. W. D. Mich. 1991).

其四,不动产附着物担保物权优先于不动产担保物权的情形二是不动产附着物担保物权在不动产登记系统中登记在先,不动产担保物权登记在后。此规定与《贸易法委员会担保交易立法指南》的规定相一致,即在不动产登记系统中登记的担保物权,按照不动产登记的先后顺序确定优先顺位。在登记方面,《美国统一商法典》修订中简化了各州规则,规定几乎所有的融资声明都要在中央登记处登记,例外就包括正在或将要成为不动产附着物的动产的融资声明的登记,这些类型的申请应在指定的登记处进行,用于记录与该担保品有关的不动产的抵押,不动产附着物登记可以获得《美国统一商法典》第9－334条中规定的特殊优先权。但是,如果不动产担保物权为建筑物抵押权,则建筑物抵押权优先。

其五,不动产附着物担保物权优先于不动产担保物权的情形三是工厂或者办公机器、非主要用于或者租来用于不动产作业的设备、属于消费品的家用电器的替代品等这些易于拆除的不动产附着物。其公示方法不限,这主要是因为此时这些易于拆除的动产价值可以单独计算,无须使其顺位劣后。

(三)顺位规则的解释论

通过前述比较法观察可以发现,《贸易法委员会担保交易立法指南》与《美国统一商法典》就不动产担保物权与不动产附着物、附加物担保物权之间的竞存顺位判断自成逻辑,其主要仰仗于不动产附着物与附加物可以在不动产登记系统中进行登记这一制度。借助这一制度,尽管动产担保物权不如不动产担保物权效力强大,但是其也有渠道获得动产和权利担保登记公示系统所不具备的登记公信力,由此可以与不动产担保物权"平起平坐"。有学者指出,如果动产在附合不动产后,原来动产上的担保物权可以自动完善,这就意味着构成了隐性担保,不动产抵押权人对此难以事先预见,所以,此时动产担保物权人在不动产登记机关就有关附合事项作登记后,其才在此种情形下完成了公示，进而获得与不动产抵押权相对抗的效力。[1] 但是，我国不能完全参照《贸易法委员会担保交易立法指南》与《美国统一商法典》的规则，对于不动产抵押权与融资租赁出租人所有权竞存时二者的顺位，应结合我国担保法理论、融资与登记实践等进行具体分析。

其一，若不动产附合物为建筑材料，则客观上无法作为融资租赁关系的标的物，此时并不存在不动产抵押权与融资租赁出租人所有权之间的竞存。若不动产附合物能在执行或者变现中从不动产中分离出来，此时也不存在二者的竞存。

其二，附合到不动产之上的不动产附合物，如果其动产担保物权符合《民法典》第416条的购买价金担保权构成要件，虽然无法在不动产登记系统登记，但是毕竟为不动产增加了价值，可以依据《担保制度司法解释》第41条第2款，认为抵押权的效力不及于增加的价值部分。如果融资租赁交易属于售后回租交易，则此时并没有为不动产增加价值，其融资租赁出租人所有权的顺位当然劣后。

其三，如果不动产抵押权表现为建设工程价款优先受偿权，则即便动产担保物权符合购买价金担保权的要件，此时也是前者优先。对此时的权利竞存，我国亦有学者讨论。一种观点认为，购买价金担保权应优先于建筑工程价款优先受偿权，因购买价金担保权人为承包人施工提供了条件；[2] 另一种观点认为，购买价金担保权优先的观点将使承包人承担查询是否存在动产担保物权的负担，不符常理。[3] 本书采后一种观点，从交易预期来看，购买价金担保权人有理由预见到动产会被用于建造不动产且建设工程价款优先受偿权在我国为法定担保物权；建设工程价款优先受偿权具有类似于留置权的特征，购买价金担保权既然劣后于留置权，其劣后于建筑工程价款优

[1] 参见庄加园：《动产担保物权的默示延伸》，载《法学研究》2021年第2期。
[2] 参见谢鸿飞：《价款债权抵押权的运行机理与规则构造》，载《清华法学》2020年第3期。
[3] 参见李运杨：《〈民法典〉中超级优先顺位规则的法律适用》，载《法学家》2022年第2期。

先受偿权亦具道理。

其四,在先开展融资租赁交易,后动产附合于不动产,不动产又被设定抵押权,或者不动产所有人先单独就其不动产之上的附合物为债权人设定动产担保物权,后设定不动产抵押权的情形,此时由于不动产抵押权人仅需要查阅不动产登记簿而无须受到动产担保公示的约束,进而其顺位优先。当然,此时或不利于融资租赁交易的开展,但是即便是存在不动产附着物的登记,不动产附着物担保物权人也并非高枕无忧。有学者指出,《美国统一商法典》和相关判例法表明,债权人取得可能成为不动产附着物的物品的担保权益是有风险的,担保物权人在担保物上的权益很可能劣后于在基础不动产上拥有权益的债权人,如果债权人获得了可能成为不动产附着物的动产的权益,也应该考虑去获得基础不动产之上的权益。[1] 且如前所述,这多属于经营风险问题,由交易主体自行判断并承受风险亦无不妥。

其五,是否允许不动产附着物在不动产登记系统中登记尚需要进一步论证。有学者就曾指出,有关城市基础设施的管道如供热管道等,其与建筑物、建设用地使用权不同,也不与建筑物、建设用地使用权附合,可以作为一类独立不动产设置在不动产登记簿中,并进行单独登记。[2]

第四节　本章小结

动产担保物权与不动产抵押权虽属于不同种类担保物权,但亦可发生竞存。由于融资渠道的多元与登记基础设施的发展,对于债权、收益的担保逐渐产生并应用,在与《民法典》第 412 条抵押权效力在扣押后及于法定孳息的规则相碰撞后,即产生不动产抵押权与租金质权的竞存。《民法典》第

---

〔1〕 See MJ. LoBiondo, *The Standard for Taking a Security Interest in Fixtures*, 11 St. John's BANKER. RESEARCH LIBR. No. 14(2019).

〔2〕 参见崔建远:《不动产附合规则之于中国民法典》,载《江汉论坛》2017 年第 6 期。

412条本身即存在诸多需要澄清之处,如《民法典》第412条第1款的扣押应作做大解释,系指法院限制债务人对其财产行使处分权的执行措施,包括扣押与查封;无论是其他债权人首先查封抵押物、抵押权人以申报债权参与分配的方式行使优先受偿权,还是在其他债权人查封后,抵押权人在另案中轮候查封,均产生抵押权效力及于孳息之法律效果;抵押权人通知法定孳息清偿义务人仅系其对抗清偿义务人的要件,而非抵押权效力及于法定孳息的生效要件;在不动产抵押权与租金质权竞存时,借助"法定债权质权说"、物上代位时顺位规则的延续等理论,将不动产抵押权及于租金的效力转化为法定债权质权的效力,从而将上述竞存问题变为两种质权(同种类担保物权)的竞存,二者依照扣押之前的设定时间先后确定优先顺位。

不动产融资租赁的动产化实践、融资租赁出租人所有权的担保功能化、动产与不动产分类不周延等导致在动产与不动产附合情形下,融资租赁出租人所有权与不动产抵押权发生冲突,这种权利冲突已经在交易实践与司法实践中出现,但是理论界与实务界鲜有研究。比较法上,联合国贸易法委员会《贸易法委员会担保交易立法指南》与《美国统一商法典》对此有所规定,并构建了系统的规则,尤其是规定动产附合物除了可在动产和权利担保登记公示系统中进行登记之外,还可在不动产登记系统中进行登记,以此获得与不动产抵押权相同的法律效力,进而可依据担保物权的登记先后确定优先顺位。但我国并无此种登记制度,因而,不动产抵押权与融资租赁出租人所有权竞存时,尚需要依照具体情况确定二者的优先顺位。绝大多数情形下,不动产抵押权应优先于动产担保物权,这是出于维护不动产登记的权威性与可靠性的目的。

第五章

担保物权与利用权竞存论

用益物权与担保物权存在本质不同：前者中权利人的目的在于对标的物的使用、收益，后者中权利人注重标的物的交换价值，以此保障债权的实现；前者是权利人对物的现实支配，后者是权利人对物交换价值的支配。这种不同也就导致用益物权与担保物权可以并存于同一物上，也就是说，同一物上可以同时存在担保物权与用益物权，不仅不悖一物一权原则，相反，更有利于贯彻物尽其用。[1] 就不动产抵押权而言，在债务人为他人设定不动产抵押权之后，其仍然可以为他人再行设定利用权。这里的利用权，除了包括用益物权，还包括不属于用益物权类型而属于债权类型的利用权，如债务人以其建设用地使用权为他人设立抵押权之后，另为他人设立地役权（用益物权），债务人还可以将抵押财产出租，从而为他人设立租赁权。[2] 在名称使用上，学者一般将租赁权、用益物权等统称为"利用权"，本书从之。[3]

在不动产抵押权与用益物权的权利竞存方面，在《民法典》之前，不动产抵押权与用益物权的冲突存在事实的"不可能"。本来，用益物权是最典型、最普遍的利用权，但在《民法典》之前，用益物权与抵押权并存的可能性并不是很大。其一，我国法律不允许以土地所有权设立抵押，同时，用益物权又仅限于建设用地使用权、土地承包经营权、地役权、宅基地使用权和采矿权

---

〔1〕 参见叶金强：《担保法原理》，科学出版社2002年版，第143页。

〔2〕 参见陈华彬：《物权法论》，中国政法大学出版社2018年版，第540页。

〔3〕 参见高圣平、范佳慧：《不动产上抵押权与利用权的冲突与协调》，载《山东大学学报（哲学社会科学版）》2020年第6期。

等准物权。除地役权之外,这些用益物权都直接派生于土地所有权,几乎没有机会与抵押权并存。[1] 从理论上说,建设用地使用权人在将该使用权抵押之后,可以再设定地役权,但实践中设定地役权的情形又非常少见。[2] 其二,我国实行土地公有制,禁止土地所有权抵押,所以传统民法中的抵押人设定地上权的情况不会出现。[3]

但是,《民法典》的变化使抵押权与用益物权竞存的可能性增加。《民法典》在用益物权编的用益物权类型方面,增加了居住权这一新类型的权利,同时在土地承包经营权方面,增加了土地经营权这一新的权利类型(当然,土地经营权的性质存在争议)。由此,在不动产抵押权与用益物权的竞存方面,增加了颇多可能性,值得进一步分析。故本章采用类型化的分析方法,从解释论视角,分析不动产抵押权与不动产利用权的竞存顺位。

此外,就动产担保物权与动产租赁权的竞存顺位,在动产"先抵押后出租",且动产抵押权已经办理登记的情形下,此时动产抵押权自然优先于在后设立的动产租赁权。在动产抵押权未登记情形下,主要涉及未登记动产抵押权与动产租赁权的对抗关系,这一问题已在"动产担保物权竞存论"这一章中有关登记对抗主义的范围处进行论述,此处不赘。

---

〔1〕 参见孙鹏等:《担保物权法原理》,中国人民大学出版社2009年版,第206页。

〔2〕 参见程啸:《担保物权研究》,中国人民大学出版社2017年版,第339~340页。

〔3〕 参见叶金强:《担保法原理》,科学出版社2002年版,第143页。

第一节　不动产抵押权与租赁权的竞存顺位

就不动产抵押权与租赁权的竞存而言,大抵存在“先抵押后出租”与“先出租后抵押”两种情形。

一、“先抵押后出租”的竞存顺位

(一)规则的演变

就“先抵押后出租”而言,在我国法中,以法律、司法解释颁布施行的时间为线索观之,存在不同的规范。2000 年《担保法解释》第 66 条规定,先抵押后出租,拍得抵押物的受让人可以不承受租赁权的约束。理由在于:一方面,物权优于债权,抵押权是物权,租赁权是债权;另一方面,即便不动产租赁权存在所谓债权物权化,但是其也是后成立的,因此不得对抗因抵押权的实行而取得抵押物的买受人。[1] 该条系从租赁合同的约束力以及抵押人与承租人之间的损害赔偿角度进行规范。

2004 年《拍卖变卖规定》第 31 条(现为第 28 条)规定,司法拍卖中租赁权并不当然消灭,只有租赁权对在先的担保物权或者其他优先受偿权产生影响时,人民法院才可依据公权力除去租赁权拍卖租赁物。与《担保法解释》的表述并不相同,《拍卖变卖规定》对于拍卖标的物上存在的用益物权和租赁权,采取的是与担保物权消灭不同的处理方式,是一种承受原则。换言之,拍卖标的物即抵押物上的用益物权、租赁权等,不会因为拍卖而消灭,只有租赁权、用益物权的存续影响了拍卖物的实现时才不能允许其继续存在,

[1] 参见李国光等:《最高人民法院〈关于适用《中华人民共和国担保法》若干问题的解释〉理解与适用》,吉林人民出版社 2000 年版,第 255 页。

人民法院应依法除去租赁权，以实现拍卖。[1] 2007 年《物权法》颁布，其第 190 条对抵押权与租赁权的关系表述为“租赁关系不得对抗已登记的抵押权”，对于该条的含义及解释，理论界存在不同观点。[2] 2009 年《房屋租赁合同解释》第 20 条(现为第 14 条)规定，若抵押权设立在先，租赁权设立在后，则不再适用买卖不破租赁，抵押物的受让人可以不再承受租赁权的约束，与 2000 年《担保法解释》第 66 条规定相同。上述法律、司法解释，其中既有效力位阶高的法律，也有属于特殊规定的司法解释，如《房屋租赁合同解释》；同时其也有颁行时间的先后。因此，利用特别法优于一般法、新法优于旧法等形式解释方法，可以得出一定的结论。但是，此种形式解释方法并不能解决实践中的各类问题。

(二)《民法典》第 405 条的变化

《民法典》第 405 条对抵押权与租赁权的关系重新作出了规定。第一个重大变化是将《物权法》第 190 条先抵押后出租时的权利冲突协调规则作了删减。《物权法》第 190 条后一句规定，先抵押后出租的，租赁权不能对抗经过登记的抵押权。对于该删减，有学者指出，《物权法》第 190 条后一句并无不当，但是这是应有之义，先抵押后出租的，无法再适用不破租赁的规则，无论是法律、情理还是逻辑，适用抵押不破租赁均不当，所以《民法典》将之删除。[3] 但是也有观点指出，《民法典》第 405 条将《物权法》第 190 条后一句删除，可能会产生问题，因为这将导致在债务人先将不动产抵押后将不动产出租时，缺少权利冲突协调规则，导致司法实践中裁判与执行的不确定性。[4] 本书认为，《民法典》不再规定先抵押后租赁之情形的处理规则，此

---

〔1〕 参见赵晋山：《〈关于人民法院民事执行中拍卖、变卖财产的规定〉的理解与适用》，载《人民司法》2005 年第 2 期。

〔2〕 参见程啸：《论抵押财产出租时抵押权与租赁权的关系——对〈物权法〉第 190 条第 2 句的理解》，载《法学家》2014 年第 2 期。

〔3〕 参见杨立新：《民法典物权编规定的抵押权新规则解读》，载《法学论坛》2020 年第 4 期。

〔4〕 参见房绍坤、纪力玮：《论抵押权与租赁权冲突之解决——兼评“民法典物权编(草案)”第 196 条》，载《山东社会科学》2020 年第 2 期。

时按照物权效力的一般规则处理即可,无须特别规定。[1] 按照物权优先的基本原则,当事人先设定抵押权,后设定租赁权,先设定的抵押权自然优先于后设立的租赁权,抵押权不受租赁权影响。[2] 无论是不动产抵押还是动产抵押,抵押权业已登记,已经获得对抗第三人的法律效力,当然可以对抗之后的租赁权。[3] 除依据物权优先效力来处理外,也有观点指出,此时可以在《民法典》中寻找其他相关法律依据来处理,“排除妨害和消除危险”的物权请求权(《民法典》第236条)可以成为抵押权排除租赁权的依据。[4]

二、“先出租后抵押”的竞存顺位

(一)《民法典》第405条的变化

就“先出租后抵押”而言,《民法典》第405条相较于《物权法》第190条有着细微而且重要的变化,这种重要的变化体现在两个方面。

第一,“抵押合同订立前”变更为“抵押权设立前”。在处理“先出租后抵押”时,《物权法》第190条的标准或者基点是“抵押合同订立前”,但是在该条后一句有关“先抵押后出租”的处理规则方面,又变为了“抵押权设立后”。在同一个法条内,处理相同的事实,使用了不同的标准,有学者指出,这不可不谓是立法的疏忽。[5] 所以,《民法典》将“抵押合同订立”标准变更为抵押权设立标准。第二,增加了“转移占有”,强调了占有在租赁关系中的地位。不动产租赁权没有公示手段,这也就诱发了道德风险和虚假租赁。所谓的“买卖不破租赁”“抵押不破租赁”所针对的都是真实的不动产租赁关系,是对不动产承租人的特殊保护,如果是虚假的租赁合同关系,或者仅仅

---

[1] 参见房绍坤:《民法典物权编之检视》,载《东方法学》2020年第4期。
[2] 参见郑冠宇:《民法物权》,台北,新学林出版股份有限公司2018年版,第510页。
[3] 参见杨立新、李怡雯:《民法典物权编对物权规则的修改与具体适用》,载《法律适用》2020年第11期。
[4] 参见赵秀梅:《抵押权除去租赁权问题研究——以〈民法典〉第405条的解释论为中心》,载《社会科学》2021年第11期。
[5] 参见曹士兵:《中国担保制度与担保方法》(第4版),中国法制出版社2017年版,第265页。

是订立了租赁合同而没有真实、实际履行，都背离了法律对不动产承租人特殊保护的初衷。而增加移转占有，就是避免实践中的道德风险，防止债务人与他人恶意订立租赁合同、恶意串通修改租赁合同订立时间至抵押权成立时间之前，阻碍抵押权实现。

如此，在《民法典》第405条的规则下，“先出租后抵押”情形下，抵押权的优先效力受到租赁关系的限制，主要表现在承租人可以提出案外人执行异议之诉排除抵押权执行，有权拒绝交付房屋。[1]

（二）不动产租赁权的公示方式

虽然如此，《民法典》第405条规定以占有作为租赁权与抵押权竞存时的顺位判断标准，仍然存在以下缺陷。其一，增加抵押权人交易成本。占有是一种状态、事实，由于占有的意义被强化，所以抵押权人在接受不动产租赁权之前，势必要查询不动产登记簿，并必须实地查看不动产状况，确定是否由他人承租占有，这些调查都会增加抵押权人的交易成本，[2]并最终转嫁到抵押权人上。其二，增加证据认定的难度与复杂性。占有此一事实需要证据加以认定。实践中，法院一般会要求承租人提交占有租赁物的凭证，包括但不限于出租人与承租人在房屋交接时的交接书、承租人在租赁合同存续期间交纳水电费等公共事业费用的纸质或电子凭证、在房屋入住前后进行装修的证据、在所在物业或者社区办理入住的手续等。[3]

既然移转占有具有上述缺陷，那么不动产租赁权是否可以登记？关于不动产权利的登记能力问题，一般认为，纳入登记的不动产权利只是不动产权利中的一部分，由于不动产登记具有相当强的权利推定力，所以，具备对

---

〔1〕对此方面的规定可参见《广东省高级人民法院关于审查处理执行裁决类纠纷案件若干重点问题的解答》第26条、《江西省高级人民法院关于执行异议之诉案件的审理指南》第35条、《江苏省高级人民法院执行异议及执行异议之诉案件审理指南（三）》第2条。

〔2〕参见高圣平：《民法典担保物权制度修正研究——以〈民法典各分编（草案）〉为分析对象》，载《江西社会科学》2018年第10期。

〔3〕参见金殿军：《论案外人对执行标的物主张租赁权的诉讼程序》，载《财经法学》2016年第4期。

抗效力的不动产权利才具有登记能力。法律规定之外的一些物权、债权、债权性约定、公法性法律关系等,往往不具有登记能力。[1] 因此,一般认为租赁权作为一种债权,并不考虑登记的问题。

但是,值得注意的是,我国法上的不动产租赁权具有物权化的特点。其一,《民法典》第725条延续《合同法》第229条的规定,确立了"买卖不破租赁"规则,只要是在租赁关系存续期间,无论是租赁物的所有权变动还是租赁物的抵押,承租人均可主张其租赁权不受影响,继续按照租赁合同对租赁物占有和使用。[2] 其二,《民法典》第405条又规定了所谓"抵押不破租赁"规则,《拍卖变卖规定》第28条还将租赁权与其他用益物权并列。以上规则都表明了不动产租赁权的物权化趋势。因此,有不少观点认为,不动产租赁权具有强大的法律效力,应当通过登记而非简单的占有来加以公示。[3] 在《民法典》编纂过程中,即有学者提出,赋予租赁权登记能力,使第三人通过查询登记簿来了解是否存在租赁权,所以,在对《物权法》第190条的修改方面,其主张放弃增加移转占有要件,直接明确只有经过登记的租赁权,才可以对抗在后设立的不动产抵押权。[4]

虽然《民法典》未规定不动产租赁权的登记,但是未来的不动产登记法可对此予以明确。一方面,不动产租赁权具有登记能力,相比占有等权利公示方法,登记能够更全面地反映权利信息,也有利于各方查询权利信息,所以不少权利都可以进行登记,并不限于物权。[5] 只要登记有助于保护不动产权利,有利于保障不动产交易安全,那么就可以赋予某一不动产权利以登

〔1〕 参见[德]鲍尔、施蒂尔纳:《德国物权法》(上册),张双根译,法律出版社2004年版,第292~295页。

〔2〕 参见崔建远:《合同法学》,法律出版社2015年版,第364页。

〔3〕 参见程啸:《财产权保护与不动产权利的登记》,载《浙江社会科学》2020年第6期。

〔4〕 参见高圣平:《民法典担保物权制度修正研究——以〈民法典各分编(草案)〉为分析对象》,载《江西社会科学》2018年第10期。

〔5〕 参见常鹏翱:《论可登记财产权的多元化》,载《现代法学》2016年第6期。

记能力。[1] 因此,不动产租赁权具有登记能力,自不待言。[2] 另一方面,不动产租赁权应采登记对抗主义。不动产租赁权并非物权,不需要采用效力较强的登记生效主义;登记不动产租赁权的目的不在于创设权利,而在于交易安全的保护,使第三人有查询的渠道,[3] 故登记对抗主义即可达到手段与目的相符。此外,登记对抗主义在比较法上亦有参照,如有学者指出,加拿大魁北克省、奥地利、瑞士等地区,不动产租赁权均采登记对抗主义,登记只是使第三人可以通过查询登记簿获知不动产之上的权利负担,尤其是加拿大魁北克省的法律,借助登记对抗主义,突破了德国民法以客体确定其适用范围的僵化模式,登记对抗效果更佳。[4] 故在赋予不动产租赁权以登记能力后,在"先出租后抵押"的情形下,不动产抵押权不得对抗租赁权,不动产拍卖后的买受人亦应当承受租赁关系。

实践中,由于不动产租赁权的登记并非强制,因此,地方实践采取了变通做法,如若申请不动产抵押权首次登记,申请人应就不动产之上的租赁情况向不动产登记机构一并申报备案,如此,对于抵押权和租赁权设立的先后问题,将以不动产抵押权登记簿中记载的租赁情况为依据。[5] 这也在客观上实现了不动产租赁权登记的法律效果。

值得注意的是,2022 年 10 月自然资源部发布的《不动产登记法》(征求意见稿)中,虽然在第 6 条有关登记的权利类型中,根据《民法典》作出了增

---

[1] 参见程啸:《财产权保护与不动产权利的登记》,载《浙江社会科学》2020 年第 6 期。

[2] 参见程啸:《财产权保护与不动产权利的登记》,载《浙江社会科学》2020 年第 6 期;常鹏翱:《论可登记财产权的多元化》,载《现代法学》2016 年第 6 期;高圣平:《不动产权利的登记能力——评〈不动产登记暂行条例(征求意见稿)〉第 4 条》,载《政治与法律》2014 年第 12 期。

[3] 参见高圣平:《不动产权利的登记能力——评〈不动产登记暂行条例(征求意见稿)〉第 4 条》,载《政治与法律》2014 年第 12 期。

[4] 参见黄文煌:《论租赁权的对抗效力——兼论〈合同法〉第 229 条的缺陷与修改》,载《清华法学》2010 年第 2 期。

[5] 如 2022 年,广东省珠海市中级人民法院与珠海市不动产登记中心共同发布《关于建立不动产抵押权与租赁权冲突处理联动机制的通知》,要求凡在珠海市行政区域内申请不动产抵押权首次登记的,申请人应就不动产之上的租赁情况向不动产登记机构一并申报备案。

加,但是并没有将租赁权作为可登记的权利类型;不过《不动产登记法》(征求意见稿)第111条有关一般民事主体查询的项目中又有了"租赁权登记"这一内容,呈现出前后矛盾。

第二节 不动产抵押权与居住权的竞存顺位

《民法典》物权编的一大亮点就是增加了居住权,物权编第十四章新增了此一用益物权类型,依照第366条的规定,居住权是权利人对他人住宅享有占有、使用的用益物权,居住权设立采登记生效主义。因此,居住权丰富了我国实定法的用益物权体系,如此,便可能发生居住权与不动产抵押权的冲突。虽然《民法典》并未对此进行规定,但可以预见,居住权的设立将对融资性的不动产抵押权产生重大影响,有必要对二者的关系予以明确。此外,依照《民法典》的规定,居住权除了可以通过合同设定之外,也可以通过遗嘱设定,本书将前者称为意定居住权,后者称为遗嘱居住权,故以下将对两种不同情境中的居住权与抵押权的竞存分别讨论。

一、意定居住权与抵押权的竞存顺位

对于意定居住权与抵押权的竞存,也可以分为"先设定居住权后设立抵押权"与"先设立抵押权后设定居住权"两种情形。这与租赁权与抵押权竞存的情境相同,因此,有不少观点指出,无论是从法理角度,还是从立法精神角度,抵押权和居住权的关系,相当于抵押权与租赁权的关系,应本着同样的理念处理。[1]《民法典》虽然规定了居住权,但是有关居住权的权利义务规范还不够充足,还存在一些法律漏洞,需要通过法律漏洞填补的方法寻求最相类似的法律依据,租赁权与居住权在功能、构造上具有高度相似性,在

---

〔1〕 参见刘保玉:《民法典担保物权制度新规释评》,载《法商研究》2020年第5期。

涉及居住权的问题上参照适用租赁合同的法律规则即可。[1] 也有观点指出，地役权与居住权同为用益物权，在类推适用时，可以参照适用地役权的法律规则，因为居住权是权利人对他人住宅居住使用的权利，无论是租赁权还是地役权，都具有类似的效力，而且居住权与地役权都属于役权的范畴，故参照租赁合同或者地役权的规则均无不可。[2]

据此，先设定居住权后设立抵押权时，如果债务人在其住宅上为居住权人设立的居住权符合《民法典》的规定，并且没有《民法典》第 370 条的权利消灭情形，居住权应得到司法的保护。对此，可以参照人民法院在执行实践中总结形成的"带租执行"方法，即对房屋执行处置时，一并带着居住权，如果申请执行人认为当事人设立居住权有恶意规避执行的嫌疑，则可以依法行使《民法典》第 538 条规定的撤销权获得救济。先设立抵押权后设定居住权的，由于不动产抵押权先于居住权设立，所以，居住权人应承受不动产抵押权等权利负担，同时依照物权对内优先效力的一般原则，设立在先的不动产抵押权优先于设立在后的居住权，不动产抵押权实现之时，居住权人不得对抗不动产抵押权人、不动产买受人，居住权或据此而消灭。[3]

本书认为，首先，不动产抵押权与居住权均为物权，且均为他物权，所以根据物权优先效力中的对内优先效力原理，二者之间应根据成立时间先后确定优先顺位，即所谓先成立的物权会压制后设立的物权。[4] 后设立的用益物权不能对抗先设立的不动产抵押权，相应地，在抵押权实行时，不动产之上的用益物权人也不能据此对抗不动产买受人。换言之，在抵押权实现时，于抵押权设立后成立的用益物权即告消灭。[5]

其次，在法律适用上，虽然《民法典》并未规定居住权与抵押权冲突时二

---

〔1〕 参见汪洋：《民法典意定居住权与居住权合同解释论》，载《比较法研究》2020 年第 6 期。
〔2〕 参见房绍坤：《论民法典中的居住权》，载《现代法学》2020 年第 4 期。
〔3〕 参见房绍坤：《论民法典中的居住权》，载《现代法学》2020 年第 4 期。
〔4〕 参见刘家安：《物权法论》(第 2 版)，中国政法大学出版社 2015 年版，第 173 页。
〔5〕 参见郭明瑞等编著：《担保法》(第 5 版)，中国人民大学出版社 2017 年版，第 100 页。

者之间的顺位规则,但是租赁权也是一种利用权,属于“物权化的债权”,故居住权与抵押权的关系可以类推适用租赁权与抵押权之间的关系。有学者指出,可以对《民法典》第405条有关抵押权与租赁权法律关系的规则作目的性扩张解释。该规则一方面是对抵押权排除租赁权的规制,是解决租赁权与抵押权冲突的协调规则;另一方面还可以成为协调抵押权与用益物权权利冲突的法律规则,这里的用益物权包括建设用地使用权、地役权、居住权等,若上述权利对抵押权实现、抵押物拍卖变卖造成实质影响,则不动产抵押权人可依法要求除去用益物权。[1] 《担保制度司法解释》的征求意见稿曾统一规定了居住权与抵押权的关系,即采取此种思路,参照租赁权与抵押权的关系进行处理。但是,最终的司法解释文本并未对此进行规定。可能的原因主要在于,居住权与租赁权亦有所不同,意定居住权系依照登记设立,而租赁权作为债权不需要登记即可设立。在先出租后抵押时,判断租赁权是否能够对抗抵押权的重要因素是承租人是否实际占有了租赁物;[2] 但是在居住权场合,按照物权优先效力,同一不动产之上同时存在居住权与抵押权的,二者的优先顺位根据登记时间的顺序确定,与居住权人是否实际占有、入住等因素并无直接关联,这些不是协调二者冲突应当考量的因素,[3] 居住权人是否入住不能决定其与抵押权人之间的关系。[4] 所以,居住权与抵押权、租赁权与抵押权这两对关系,还是略有不同。

综上所述,意定居住权与抵押权的竞存应依据登记的先后判断优先顺位:先设立抵押权后设立居住权时,抵押权优先;先设立居住权后设立抵押权时,则抵押权不得排除居住权。也就是说,房屋同时设立居住权与抵押

---

〔1〕 参见赵秀梅:《抵押权除去租赁权问题研究——以〈民法典〉第405条的解释论为中心》,载《社会科学》2021年第11期;朱虎、张梓萱:《买卖不破租赁:价值的确立、贯彻与回调》,载《苏州大学学报(法学版)》2022年第3期。

〔2〕 参见尹飞:《物尽其用:〈民法典〉物权编亮点解析》,载《人民论坛》2020年第18期。

〔3〕 参见刘保玉:《民法典担保物权制度新规释评》,载《法商研究》2020年第5期。

〔4〕 参见刘保玉:《物权法学》(第2版),中国法制出版社2022年版,第485页。

权时，依登记的先后顺序解决权利冲突，在后设立的权利人通过查询不动产登记簿，即可获知不动产之上存在的权利负担，是否开展交易、是否愿意作为后顺位权利人，均由权利人自行决定、自担风险。不动产抵押权设立在先，居住权设立在后，实现不动产抵押权时，居住权人不能对抗不动产抵押权人、不动产买受人；而居住权设立在先时，不动产抵押权人不能要求除去居住权后再实现抵押权，仍然在权利存续期的居住权对抵押财产买受人同样具有效力。[1]

二、遗嘱居住权与抵押权的竞存顺位

对于以遗嘱的方式设定居住权，居住权何时设立存在不同观点。一种观点认为，遗嘱居住权与意定居住权不同，无须登记即可设立。因为登记生效主义、登记对抗主义的物权变动模式针对的都是双方法律行为，虽然设立遗嘱也是民事法律行为，不过立遗嘱人的死亡导致遗嘱生效，也就是物权变动的原因是遗嘱人的死亡，因此，参照《民法典》第 230 条的规定，自遗嘱生效即继承开始时，居住权设立，此时并不需要登记这一要件。如果遗嘱居住权与意定居住权一样需要登记设立，则在继承人拒绝办理遗嘱居住权登记时，遗嘱居住权将难以设立，与遗嘱内容和立遗嘱人意愿不符，[2]被继承人死亡后，居住权处于权利真空状态，继承人处分房屋将导致遗嘱居住权的设立目的落空。[3] 所以，《民法典》第 368 条不适用以遗嘱方式设立的居住权，而应该以《民法典》第 230 条为依据，居住权成立于继承开始时。[4] 《民法典》颁行后亦有裁判实践采此观点。[5]

---

〔1〕 参见汪洋：《民法典意定居住权与居住权合同解释论》，载《比较法研究》2020 年第 6 期。

〔2〕 参见房绍坤：《论民法典中的居住权》，载《现代法学》2020 年第 4 期。

〔3〕 参见马强：《民法典居住权规定所涉实务问题之研究》，载《法律适用》2022 年第 5 期。

〔4〕 参见高圣平：《民法典物权编的发展与展望》，载《中国人民大学学报》2020 年第 4 期；最高人民法院民法典贯彻实施工作领导小组主编：《中华人民共和国民法典物权编理解与适用》（下），人民法院出版社 2020 年版，第 897 页。

〔5〕 参见上海市嘉定区人民法院民事判决书，(2021) 沪 0114 民初 16641 号。

另一种观点认为,遗嘱居住权也是自登记时设立。《民法典》第371条是遗嘱居住权参照适用意定居住权规则的基础。即便是以遗嘱设立居住权,居住权人的姓名、住所、住宅位置、居住条件、居住权的期限也是遗嘱中应当明确的内容。就登记而言,立遗嘱人死亡的,遗嘱生效,若通过遗嘱设立居住权,则因遗嘱而获得居住权的民事主体可以单方面向不动产登记机构申请居住权登记,只需持遗嘱即可,所以遗嘱居住权不影响登记。[1] 遗嘱居住权只是他物权,无须承担确定遗产归属的作用,采登记生效主义也有利于交易安全。[2] 在当前的登记实践中,不少登记机构将遗嘱居住权与意定居住权同等对待,不做区分,如《浙江省自然资源厅关于进一步规范不动产登记工作的若干意见》规定,以合同、遗嘱、人民法院或仲裁机构的生效法律文书以及法律法规规定的其他情形设立居住权的,根据当事人申请办理居住权首次登记,对符合居住权登记条件的,核发不动产登记证明;登记簿的"申请理由及内容"增加"居住权"栏,其中"登记原因"栏填写居住权取得方式,"居住条件和要求"栏填写当事人约定的条件和要求,"居住权期限"栏填写当事人约定的具体期限。此外,还有观点认为,应考虑继承物权变动的两个阶段,第一阶段因被继承人死亡引发,因此居住权自被继承人死亡时设立,继承人共有;第二阶段遗产分割时,物权变动发生于继承人之间,因此为登记生效主义。[3]

遗嘱居住权的成立方式是否需要登记对于抵押权与居住权竞存时的顺

---

〔1〕 参见王利明等:《民法学》(第6版),法律出版社2020年版,第446页。认为遗嘱居住权属于登记取得的还有石晨谊:《遗嘱设立的居住权如何登记》,载《中国不动产》2021年第4期;张亚楠:《〈民法典〉背景下居住权的登记问题》,载《中国不动产》2021年第4期;杨立新主编:《中华人民共和国民法典释义与案例评注·物权编》,中国法制出版社2020年版,第591~695页;中国审判理论研究会民事审判理论专业委员会编著:《民法典物权编条文理解与司法适用》,法律出版社2020年版,第386页。

〔2〕 参见冯建生:《民法典居住权规范适用的疑难问题研究》,载《法治研究》2023年第3期。

〔3〕 参见申卫星等:《居住权制度立法供给与司法需求的完美对接——"邱某与董某某居住权执行案"评释》,载《荆楚法学》2022年第3期。

位判断有较大影响。若遗嘱居住权需要登记设立，则此时的规则与前述意定居住权相同；若遗嘱居住权不需要登记设立，则不动产登记簿上或阶段性地无法彰显居住权，此时遗嘱居住权和抵押权竞存时的优先顺位将产生争议。本书认为，遗嘱居住权的设立不应采登记生效主义，主要理由在于，基于继承的物权变动属于非基于法律行为的物权变动，自继承开始时发生物权变动效力，遗嘱居住权即属此种情形，故应依照非基于法律行为物权变动的一般规则而定。《民法典》第371条是遗嘱居住权参照适用意定居住权规则的基础，但是应认为遗嘱居住权在设立方面不需要参照适用意定居住权的相关规则。故而在遗嘱居住权设定后，遗嘱居住权已登记的，后设立的不动产抵押权人自应承受居住权的约束；遗嘱居住权未登记的，后成立抵押权，如果居住权影响抵押权实现，善意的不动产抵押权人可不受居住权的约束，请求涤除居住权。之所以强调善意，系因遗嘱居住权仍有保障功能，故为平衡当事人之间的利益，要求抵押权人的善意，如此，遗嘱居住权未登记，有"未登记不得对抗善意第三人"的法律效果。此时可参照适用《民法典》第232条，认为遗嘱居住权未登记，后设立的抵押权不受约束。如此，不仅能够保障居住权人的利益，也能够消解善意当事人与居住权人之间的权利冲突，因此，遗嘱居住权应适用登记对抗主义，[1]未经登记的以遗嘱继承形式设立的居住权仍然得以设立，登记则是其得以对抗善意第三人的要件，[2]而且这一做法具有相当程度的裁判基础与裁判共识。[3] 有观点认为，由于居住权人自继承开始时就获得了具备完全效力的居住权，所以，居住权与抵押权发生竞存时，二者之间的顺位规则应根据不动产抵押权登记的时间与继承开

〔1〕 参见屈然：《论我国居住权的设立方式与登记效力》，载《法学杂志》2020年第12期。

〔2〕 参见焦富民：《我国〈民法典〉居住权设立规则的解释与适用》，载《政治与法律》2022年第12期。

〔3〕 参见郑倩：《遗嘱设立居住权的体系性阐释》，载《当代法学》2023年第2期。

始的时间确定。[1] 这虽然符合法理,却缺少对后顺位抵押权交易安全的保护,后顺位抵押权人通过不动产登记簿查询,难以知晓其尚存在遗嘱居住权,故上述方式将赋予遗嘱居住权过强的对抗效力,恐危及后设立抵押权的实现,对于遗嘱居住权人保护过重。还有反对观点认为,对遗嘱居住权采登记对抗主义欠缺法律依据,现行法对不动产物权变动采登记对抗主义的类型是明确的,如此操作也增加了物权与债权的区分难度。[2] 本书认为,在《民法典》未明文规定的情形下,登记对抗主义只是一种解释方案,在解释上并无不妥。

三、抵押房屋之上设立居住权是否需要抵押权人同意

除上述顺位关系外,在当前的不动产登记实践中,对于抵押房屋之上设立居住权是否需要抵押权人同意,不动产登记机构存在不同的观点和意见。第一种观点和意见是,抵押房屋之上设立居住权,办理居住权首次登记时,应提交抵押权人同意的材料。主要理由有三:其一,办理居住权的房屋之上已经设立抵押权,属于《不动产登记暂行条例》第 19 条规定的“可能涉及他人利害关系的登记申请”,申请人应提交抵押权人同意办理登记的材料。在裁判实践中,也有观点认为,先设立抵押权后设立居住权即应当取得抵押权人同意,如“朱某某与张某某等居住权纠纷案”。[3] 其二,在不动产之上设立用益物权是对物设定权利负担,将造成物价值的减损,影响抵押物交换价值。其三,在办理地役权登记时,原国土资源部《不动产登记操作规范(试行)》第 13.1.4 条中有类似规定,即不动产登记机构在办理地役权设立登记审查时,应注意“供役地被抵押的,是否已经抵押权人书面同意”

〔1〕 参见高圣平、范佳慧:《不动产上抵押权与利用权的冲突与协调》,载《山东大学学报(哲学社会科学版)》2020 年第 6 期。

〔2〕 参见郭红伟、金俭:《遗嘱方式设立居住权的法律适用冲突及消解路径》,载《南京社会科学》2022 年第 7 期。

〔3〕 参见江苏省苏州市姑苏区人民法院民事判决书,(2022)苏 0508 民初 7994 号。

的登记要点。[1] 第二种观点和意见是，区分《民法典》施行前后，在《民法典》施行之前已经在房屋上设立抵押权的，办理居住权时则需要经过抵押权人同意，理由主要是《物权法》第 191 条抵押物转让需要抵押权人同意。第三种观点和意见是，抵押房屋之上设立居住权，无须抵押权人同意，抵押权人是否同意不影响居住权登记办理。第四种观点和意见是，区分抵押人与抵押权人之间有无禁止设立居住权的约定，若有禁止设立居住权的约定，则不予办理居住权登记。[2]

本书认为，已设立抵押权的房屋再设立居住权，抵押权人是否同意对居住权登记不产生影响，不动产登记机构不应以此作为办理居住权登记的前置要件。理由有五：其一，意定居住权的物权变动采登记生效主义，《民法典》对居住权物权变动的法定要件中并没有抵押权人同意这一要件，不动产登记机构施加此要件欠缺法律明确依据；其二，先设立抵押权后设立居住权，不一定损害抵押权人的利益，是否损害抵押权人利益应由抵押权人自行判断，而非登记机构在办理居住权登记时"越俎代庖"，即便损害了抵押权人的利益，抵押权人也可以依据《民法典》第 408 条规定的抵押物价值恢复请求权[3]对抵押人行使权利，维护自身利益；其三，因抵押权置重于物的交换价值，居住权置重于物的使用价值，所以二者并存并无任何障碍，在发生权利冲突时，依照登记的先后顺序确定优先顺位即可，既有规则已经对先设立抵押权、后设立居住权时的利益状态有所调整，这也不因《民法典》施行前后而有所变化；其四，《不动产登记暂行条例》第 19 条第 2 款仅规定不动产登

---

〔1〕 参见宋德强：《居住权登记要不要提交抵押权人同意的材料》，载《中国不动产》2022 年第 2 期。

〔2〕 参见肖攀：《抵押住房上办理居住权登记的规则探讨》，载《中国不动产》2022 年第 2 期。

〔3〕 关于抵押物价值恢复请求权相关阐述，参见谢鸿飞：《抵押物价值恢复请求权的体系化展开——兼及抵押权保全的立法论》，载《比较法研究》2018 年第 4 期；张平华：《侵害抵押权的民事救济：基于物权编内外的体系考察》，载《法学论坛》2022 年第 2 期。

记机构可以进行调查的情形,[1]与本书所述情形不相关;其五,关于当事人是否有权订立禁止设立居住权的条款并产生物权效力,此点需着重强调。目前,就不动产抵押物的转让,《担保制度司法解释》第43条根据《民法典》第406条抵押物转让新规,将禁止或限制抵押财产转让的约定置于登记之下。2021年4月6日,自然资源部发布《关于做好不动产抵押权登记工作的通知》,针对《担保制度司法解释》上述新规,就不动产抵押登记簿样式作出重要修订,使《担保制度司法解释》确立的裁判规则有了不动产登记簿的支撑。上述制度赋予主观限制等约定以登记能力,而且基于不动产登记的公示公信向社会公众公示,对抵押当事人以及抵押物受让人、不动产登记机构均产生约束。[2] 不过,目前的规范制度仅仅针对禁止或者限制抵押物转让这一债权约定,仅赋予这一情形下的债权约定登记能力,在法律未明确赋予禁止设立居住权约定登记能力前,当事人间禁止或限制设立居住权的约定不应产生对外约束力,对不动产登记机构不产生影响,不应对《担保制度司法解释》第47条作扩大适用,否则将严重限制当事人的权利。

第三节　不动产抵押权与土地经营权的竞存顺位

土地承包经营权抵押权与土地经营权也是伴随土地承包改革、《民法典》的出台而产生的,在具体阐述二者竞存中的相关问题之前,需先行确定土地承包经营权融资担保的相关基础问题,这一方面是理论上所争议的,另一方面也是本节论述展开的基础。

---

[1] 参见国土资源部政策法规司、国土资源部不动产登记中心(国土资源部法律事务中心)编著:《不动产登记暂行条例释义》,中国法制出版社2015年版,第165页。

[2] 参见常鹏翱:《限制抵押财产转让约定的法律效果》,载《中外法学》2021年第3期。

一、土地承包经营权融资担保的担保物

《民法典》物权编延续了《农村土地承包法》对农村土地承包经营权作出的修正,明确了土地承包经营权人向他人流转土地经营权的方式(《民法典》第339条),一方面土地承包经营权人可将土地经营权流转进入市场,另一方面其仍然可以保留土地承包经营权;为农村农业的集约化和大规模的生产经营提供了制度机制保障,明确土地经营权人自主进行农业生产、经营以及收益的基本权利(《民法典》第340条);针对土地经营权的登记问题作出了规定(《民法典》第341条),区分流转期限决定是否可登记,5年以上流转期限的,则土地经营权人可以向不动产登记机构申请登记,登记制度为土地经营权以及与土地经营权相关的交易提供了制度保障。在土地承包经营权的担保方面,《农村土地承包法》第47条第1款也放松了管制,明确承包方向金融机构进行融资、提供担保时,担保的客体是"承包地的土地经营权"。与之相对应,《民法典》也吸收《农村土地承包法》在农村土地上的改革既有成果,删除了过去不允许耕地抵押的规定,为土地经营权进入市场、契合"三权"分置改革奠定了基础。[1]

不过,上述规定也引发了对土地承包经营权融资担保性质的争议,《农村土地承包法》第47条第1款规定中担保的客体"承包地的土地经营权"是指什么?对此,理论界存在不同观点。一种观点认为,承包方担保融资所提供的担保物是土地经营权这一权利;[2]另一种观点则认为,承包方担保融资所提供的担保物仍然为土地承包经营权。[3]

---

〔1〕参见曹明哲:《物尽其用　民尽其力》,载《人民法院报》2020年6月12日,第5版。

〔2〕参见祝之舟:《农村土地承包经营权的功能转向、体系定位与法律保障——以新〈农村土地承包法〉为论证基础》,载《农业经济问题》2020年第3期;许明月:《农村承包地经营权抵押融资改革的立法跟进》,载《比较法研究》2016年第5期;张晓娟:《三权分置背景下农村土地经营权抵押规则之构建》,载《重庆社会科学》2019年第9期。

〔3〕参见高圣平:《民法典视野下农地融资担保规则的解释论》,载《广东社会科学》2020年第4期。

本书认为，首先，根据《农村土地承包法》第9条的规定，承包人自承包土地后，即获得土地承包经营权，对于承包人的土地承包经营权，其既可以自己经营，也可以在保留土地承包权的基础上，向他人流转其承包地的土地经营权，这是土地承包改革后新增的内容。换言之，此时土地由他人经营。这就意味着承包农户自己承包土地时的权利即为土地承包经营权，只有在发生流转，即交由他人经营时，才可能产生新的土地经营权类型。[1] 其次，从权利生成的路径看，土地承包经营权中有经营权能，这些权能并非独立的权利，在流转土地经营权之前承包农户亦不能就该项权能进行登记、享有独立的土地经营权。再次，《农村土地承包法》第47条第3款规定，在农地融资担保中，抵押权人实现担保物权时，法律才强制性地通过分离出土地经营权的方式来保障担保物权实现和债权人的权利。[2] 最后，从登记的便利性、高效性角度来看，以土地承包经营权作为担保客体，在进行融资担保的担保物权登记之时，只需要在土地承包经营权设立登记的基础之上，附加他物权登记即可。而若以土地经营权作为担保客体，则除了进行土地承包经营权的设权登记、土地经营权的设权登记之外，还需要再进行土地经营权担保的他物权登记，操作程序上过于繁杂，必要性不强，[3] 这种繁复的操作恰恰体现了土地经营权作为融资担保客体的错误性。故《农村土地承包法》第47条第1款有关融资担保客体的"承包地的土地经营权"，解释上应确定为土地承包经营权。

二、土地经营权的权利性质

土地经营权究竟为何种性质的权利存在不同观点。一种观点认为，可

---

〔1〕 参见单平基：《土地经营权融资担保的法实现——以〈农村土地承包法〉为中心》，载《江西社会科学》2020年第2期。

〔2〕 参见房绍坤、林广会：《解释论视角下的土地经营权融资担保》，载《吉林大学社会科学学报》2020年第1期。

〔3〕 参见许明月：《农村承包地经营权抵押融资改革的立法跟进》，载《比较法研究》2016年第5期。

以登记的土地经营权为物权，且为用益物权，不能登记的土地经营权为债权。[1] 另一种观点认为，土地经营权为债权，以是否登记来区分土地经营权的性质，既割裂了土地经营权，使同一权利在不同情形下有着不同的性质，与民法理论不符，在民法理论和现行法律规定中也没有先例，[2]也与不动产登记能力基本理论不符，[3]所以不能认为土地经营权同时属于物权和债权。从土地经营权人的权能角度观察，无论是土地经营权人在土地上建设农业生产设施、改良土地，抑或欲再次向他人流转土地经营权，甚至是以土地经营权作为标的物来融资担保，承包人的（书面）同意是前提条件，这更符合债权的性质而不符合物权的性质；从登记能力的角度看，可以登记的权利不一定是物权，不少权利都被赋予登记能力，但这些权利却不是典型意义上的物权，[4]土地经营权（流转期限5年以上）被赋予登记能力，仅仅是借助登记这一技术手段，达到对土地经营权人的保护，稳定预期，不代表其就是物权。[5]

本书认为，实际上从立法选择、政策选择角度而言，将土地经营权定性为物权或者债权均无不可。在"三权"分置的土地承包改革中，政策导向上鼓励以多种方式开展经营，所以以债权关系定性土地经营权更符合土地承包改革的这种价值取向，这是债权关系相较于物权关系的特性与优势，债权关系更具有灵活性。而且，《农村土地承包法》第36条中所提及的流转方式如出租（转包）、入股等，也都指的是承包方通过上述方式派生出债权。在我国法中，租赁合同产生租赁权，租赁权是债权，土地承包经营权租赁合同若

---

〔1〕参见房绍坤、林广会：《解释论视角下的土地经营权融资担保》，载《吉林大学社会科学学报》2020年第1期。

〔2〕参见谭启平：《"三权分置"的中国民法典确认与表达》，载《北方法学》2018年第5期；单平基：《土地经营权债权定性之解释论》，载《法学家》2022年第4期。

〔3〕参见高圣平：《农村土地承包法修改后的承包地法权配置》，载《法学研究》2019年第5期。

〔4〕参见［德］鲍尔、施蒂尔纳：《德国物权法》（上册），张双根译，法律出版社2004年版，第252页。

〔5〕参见温世扬、吴昊：《集体土地"三权分置"的法律意蕴与制度供给》，载《华东政法大学学报》2017年第3期。

产生的是物权,则与民法既有规则相矛盾,至于通过入股等其他方式派生的土地经营权也应与租赁作相同解释。[1] 从实证的角度来看,不具有登记能力的土地经营权实际上具有债权的属性,而具有登记能力的土地经营权具有对抗第三人的对世性,可通过"债权物权化"得以妥当解释,与"移转占有而设立的租赁权"具有类似的效力。此外,《农村土地承包法》第42条、第43条、第46条、第47条中关于流转合同解除,以及土地经营权行使和处分须"经承包方同意"的规定,反映出土地经营权具有明显的债权性,其既无法抵抗合同解除权对土地经营权稳定性的影响,也不具有完全支配标的物,排除他人干涉的支配性和绝对性,故而很难在规范解释上将其界定为物权。[2] 所以,应将土地经营权定性为债权。

三、土地承包经营权抵押权与土地经营权的竞存顺位

循此,一方面,承包农户可以以土地承包经营权设立抵押权;另一方面,其亦可以向他人流转土地经营权。故在抵押权实现时,将产生土地承包经营权抵押权(抵押权)与土地经营权(利用权)的竞存:农户先以土地承包经营权为客体为债权人设立抵押权,后为第三人设立土地经营权;或者农户先为他人设立土地经营权,后为他人设立土地承包经营权抵押权。

此处的竞存顺位判断应考虑两个因素:一是物权变动模式,土地承包经营权的抵押为登记对抗主义,其与房屋、建设用地使用权抵押的物权变动模式不同;二是前述提及的土地经营权在性质上为债权,不过要考虑其登记能力。

故此,就土地承包经营权抵押权与土地经营权的竞存顺位,较前述抵押权与租赁权、抵押权与居住权的顺位判断有所不同。具体而言:先以土地承包经营权为标的设立抵押权且经登记,其优先于在后设立的土地经营权,无

---

[1] 参见朱广新:《土地承包权与经营权分离的政策意蕴与法制完善》,载《法学》2015年第11期。
[2] 参见吴昭军:《土地经营权体系的内部冲突与调适》,载《中国土地科学》2020年第7期。

论后者是否登记，这是基于物权优先效力的一般规则得出的结论；先以土地承包经营权为标的设立抵押权且未登记，优先于没有登记的或者不具有登记能力的土地经营权，因为后者为债权，前者为物权。先设立土地经营权，其不具有登记能力或者未经登记的，后设立的土地承包经营权抵押权优先，因前者为债权，后者为物权；先设立土地经营权经登记，优先于在后设立的土地承包经营权抵押权，这实际上是一种债权的物权化，与租赁权的对抗效力类似。

第四节　比例原则下不动产抵押权与利用权冲突协调

如前所述，无论是设定债权性利用权还是物权性利用权，在债务人为他人设定抵押权后，债务人对抵押财产利用的权利不受影响。不过，如果后续设立的利用权对抵押权实现尤其是抵押物变价产生不当影响，导致抵押物无法拍卖变卖、拍卖受阻或者拍卖所得价金降低等，抵押权人在此时即享有请求涤除利用权的权利，以使抵押物上无权利负担，得以顺利实现拍卖，清偿债权。所以，依照物权对内优先效力一般原则，在先登记设立的不动产抵押权人享有上述权利并无不当。[1] 法理虽如此，但是否在所有情形下均须依照抵押权优先效力而除去利用权，值得探讨。

一、利用权不危及抵押权行使时权利并存

在先成立抵押权后设立利用权时，抵押权优先，但是，是否应除去利用权使利用权消灭？以租赁权为例，理论界和实务界逐渐对先抵押后租赁时如何处置租赁权达成一定的共识，即是否去除租赁权，应视抵押物拍卖中租赁权是否对抵押权产生影响而定。不过，这种“影响”究竟是何含义，学说上

〔1〕 参见刘保玉：《物权法学》，中国法制出版社2007年版，第331～332页。

存在不同的观点。有学者指出,这是指抵押权的追及效力,无论抵押物流转何人之手,抵押权人均可以追及而行使抵押权。还有观点认为,如果后设立的用益物权等权利对抵押权的实现产生影响,则用益物权等权利消灭,如抵押权受影响,法院得除去权利加以拍卖。[1] 先成立抵押权的,不动产所有权人又为他人设定地上权或其他权利,如果该权利设定对抵押权产生影响,则可认为对抵押权人不产生效力,如果上述权利的设定对抵押物价值没有影响,那么所有权可以继续存续,即便是买受人,也不能够取得无上述权利负担的所有权,因上述权利没有因为拍卖而归于消减。[2]

也就是说,在实现抵押权时,租赁关系的最终归途并非只有消灭。其是否消灭,主要应看租赁关系的存在是否真正对抵押权人的利益产生实质影响,如果租赁关系的存在并不影响抵押权人优先受偿,则没有必要除去租赁权。如果在抵押权实现过程中,租赁关系确实对抵押物拍卖产生实质影响,此时再由抵押权人请求除去租赁权即可。[3] 所以,在先抵押后租赁场景下,不能依据物权效力原则而当然认为在后设立的租赁权就消灭了,是否影响抵押权实现是问题的关键,租赁权的存在对抵押权实现没有影响的,没有必要除去租赁权。[4] 但是,也有观点认为,抵押权人在取得抵押权时,抵押物上没有租赁关系,实现抵押权时却要求其承担先尝试带租拍卖的程序成本,这是否妥当值得商榷。[5]

本书认为,在先成立抵押权后设立利用权时,实际上面临抵押权人、抵押人、利用权人以及不动产买受人之间的利益平衡,为最大限度地保护各方的权益,应适用“比例原则”,以对各方影响最小的方式处理。以“是否影响

[1] 参见谢哲胜:《民法物权》,台北,三民书局股份有限公司2010年版,第352页。
[2] 参见姚瑞光:《民法物权论》,中国政法大学出版社2011年版,第147页。
[3] 参见程啸:《论抵押财产出租时抵押权与租赁权的关系——对〈物权法〉第190条第2句的理解》,载《法学家》2014年第2期。
[4] 参见卢正敏:《论强制拍卖抵押物时租赁权的除去》,载《政法学刊》2016年第4期。
[5] 参见杨代雄主编:《袖珍民法典评注》,中国民主法制出版社2022年版,第313页。

抵押权实现”作为除去利用权的标准,具有以下优势。

第一,法律关系之尽量稳固。若抵押物价值较大,即便有利用权在先,强制拍卖的价金仍然可以满足担保的债权,则不需要去除利用权;在不少情形中,租赁权反倒可以增加抵押物价值,有些不动产楼宇本身的功能就在于出租,存在大量租赁关系系不动产价值的体现,带租拍卖反倒是正常之理。第二,生存利益之尽量维护。依照《民法典》第726条,承租人在不动产租赁物上享有相应的优先购买权,承租人亦可能成为买受人。再者,租赁权在很大意义上代表着一种“生存利益”,因此有必要以一定方式保护租赁权所代表的生存利益。第三,执行困难之尽量避免。在执行实践中,去除对特定物的“占有”往往具有较大困难,承租人多对抗强制执行,不配合执行工作。因此,若能够在不去除租赁权、居住权的情况下实现担保物权,对于实现高效、便捷的执行工作也有裨益。事实上,在既有的司法强制执行实践中,法院也多没有直接除去租赁权,而是在实现抵押权时,根据案件和实际状况,选择“带租拍卖”的方式。如果“带租拍卖”比较成功,如拍卖较为顺利、拍卖价金数额亦较为妥当,则一举多得,不仅实现抵押权保障了抵押权人利益,而且对承租人也是一种保护,无论是法律效果还是社会效果,均达致平衡。还有的法院在对抵押物进行评估时,也会选择带租评估的方式,根据评估价格来权衡,看抵押权的实现、拍卖的数额是否受到租赁权的影响以及影响究竟有多大;还有的法院会在带租拍卖之前,征求抵押权人的意见。所以,实际上“承租人不得对抗抵押权人”在实践中有着多种形态,是否除去租赁权也非一言定论,需具体案件具体分析。[1]

与此同时,也应该看到,带租拍卖所带来的弊端尤其是对于抵押物拍卖过程的顺利推进以及抵押物拍卖价金的影响在很多情形下是显而易见的。有实证研究指出,带租拍卖的确影响抵押权实现,司法实务界人士指出,通

〔1〕 参见乔宇:《案外人执行异议之诉中抵押权与租赁权的关系》,载《人民司法(案例)》2018年第17期。

过对某地法院一段时间内司法拍卖的观察可以发现：一方面，司法拍卖案件逐年增加；另一方面，司法拍卖中有关房产、土地等不动产的处置案件也在增加。不过，经过统计，无论是处置的成功率还是拍卖的成功率，均呈现较低态势。尤其是有关不动产租赁物的处置，租赁关系的存在对不动产的顺利处置影响颇大，有的案件因此周期较长，有的案件因租赁关系的存在而执行难度大，甚至难以推进。[1] 因而，此时对于抵押权人的保护应处第一顺位，去除租赁权等利用权成为当然之理。居住权与之同理，先成立的物权优先于后成立的物权——这一物权优先效力的内容反映到强制执行程序中就是，对执行标的享有居住权的案外人作为用益物权人，其权利劣后于在先设立的担保物权，为了不影响担保物权的实现，对该居住权应当适用涂销主义，即作为“中间的用益物权”，居住权因强制变价而消灭。[2]

综上所述，在先成立抵押权后设立利用权时，是否去除利用权应视利用权是否对抵押权实现产生影响而定。也就是说，所谓的已登记抵押权能够对抗租赁权，指的是当抵押权实现受到租赁关系影响而致使抵押物无人竞买或者出价过低而不足以清偿抵押权人债权时，抵押权人可以要求除去租赁权，[3] 此种做法可以更加妥当地协调各方利益，抵押权实现时即使不除去租赁权，一般也不会对抵押财产的买受人造成损害。[4] 一些地方司法裁判意见也持此观点。[5] 还有学者从权能的角度作出新解，即如果在后顺位的

---

〔1〕 参见巩志俊：《司法拍卖击破租赁权对抗效力的路径——基于C市法院235件案件实证分析》，载《人民司法（应用）》2018年第25期。

〔2〕 参见刘颖：《居住权排除强制执行的规则研究》，载《北方法学》2024年第4期。

〔3〕 参见王乐兵：《担保法专论》，对外经济贸易大学出版社2018年版，第142页。

〔4〕 参见张玉涛：《抵押权与租赁权的冲突协调机制——以〈民法典〉第405条为中心展开》，载刘云生主编：《中国不动产法研究》2022年第1辑·总第25辑，社会科学文献出版社2022年版，第291～317页。

〔5〕 《广东省高级人民法院执行局关于执行程序法律适用若干问题的解答（五）》（2020年7月23日经广东省高级人民法院审判委员会行政审判与执行专业委员会第39次会议讨论通过）也持此观点。如在抵押权设定之后，被执行人将抵押财产出租，根据2004年《拍卖变卖规定》第31条第2款（现为第28条第2款）“拍卖财产上原有的租赁权及其他用益物权，不因拍卖而消灭，但该权利继续存在于拍卖财产上，对在先的担保物权或者其他优先受偿权的实现有影响的，人民法院应当依法将其除去后进行拍卖”的规定，该租赁权无论是否真实、有效，均不能阻止交付。

权利权能总和并没有受到在先顺位的权利权能总和的排斥，无论是在先顺位的权利还是在后顺位的权利，可以一并行使，不过基于优先性的原则，即便是后顺位权利可以与先顺位权利同时行使，也不能够对在先顺位的权利产生危害，这是权利行使的界碑。[1] 值得注意的是，2022 年 6 月，十三届全国人大常委会第三十五次会议审议的《民事强制执行法(草案)》第 131 条第 2 款也指出，用益物权与租赁权对在先的担保物权实现有影响的，人民法院应当依法将其除去后进行变价。

二、必要时除去利用权

既然是否去除利用权应视利用权是否对抵押权实现产生影响而定，那么什么情况下可以认为利用权对抵押权的实现产生影响？

以租赁权为例。第一种观点认为，依据《拍卖变卖规定》第 28 条第 2 款，人民法院应当先行判断抵押权实现是否会受到租赁权的影响，如果评估报告等相关证据表明抵押权实现会受到租赁关系的影响，则拍卖前应除去租赁权。也就是说，借助评估材料等进行测算，评估租赁权是否会对抵押权实现有所影响。[2] 这一方面可以限制法院的自由裁量权，另一方面可以节约成本、提高拍卖执行效率。[3] 还有实务界人士建议，如果评估价格的一半数额即可以清偿债权，则应认为抵押权实现不受租赁权的影响。[4] 第二种观点认为，人民法院对抵押物的第一次拍卖结果是衡量抵押权是否受租赁关系影响的标准。人民法院先行带租拍卖，如果无竞买人或者竞买人出价

---

〔1〕 参见苏永钦：《寻找新民法》，台北，元照出版有限公司 2008 年版，第 452 页。

〔2〕 参见范向阳：《不动产执行》，载最高人民法院执行局主编：《法院执行理论与实务讲座》，国家行政学院出版社 2010 年版，第 336 ~ 337 页。

〔3〕 参见程啸：《论抵押财产出租时抵押权与租赁权的关系——对〈物权法〉第 190 条第 2 句的理解》，载《法学家》2014 年第 2 期。

〔4〕 参见刘建发：《论抵押房产强制拍卖“除去”租赁权的法律适用》，载贺荣主编：《公正司法与行政法实施问题研究——全国法院第 25 届学术讨论会获奖论文集》，人民法院出版社 2014 年版，第 900 ~ 901 页。

较低无法覆盖债权数额，则抵押权实现确实受到了租赁关系的影响；相反，如果人民法院带租拍卖后所得价金足够清偿抵押权担保的债权，则证明没有影响。[1] 也就是视第一次带租拍卖的效果而定，[2]带租拍卖导致抵押物的拍卖价值降低或者出现无竞买人竞买的状况即证明租赁关系受其影响。[3] 本书赞同第二种观点，理由如下。

首先，评估只是作为参考，非决定因素。在执行实践中，很多法院均是先根据评估价判断带租拍卖是否影响抵押权，若不足以清偿，则除去租赁权后进行拍卖。但是评估有其缺陷：一方面，主客观等因素对评估均会造成影响，即便是针对同一不动产，不同评估机构所做的估价可能也存在较大差异，所以，抵押物的真实价值未必能够借由评估展示出来。而且，评估需要确定基准日，不动产拍卖变现有周期，评估出的不动产价值有一个基准日，但是拍卖与评估之间有时间差，所以，可能拍卖时的不动产价值已经较评估时发生较大变化，此时再依据评估价作出相应判断，可能有失公允。[4] 另一方面，有学者指出，目前的财产评估尤其是房地产评估制度仍然不健全，若考虑到这样的因素，以评估价来判断租赁权对抵押权的影响或许正当性不强。[5] 其次，就带租拍卖而言，如前所述，尽管很多情形下会影响抵押物拍卖价值，但是亦不排除带租拍卖增加抵押物拍卖价金的情形。因而，直接以评估价作为参考依据略显草率。

因此，本书认为，判断租赁权是否对抵押权产生影响，以人民法院第一次带租拍卖结果为准不失为好的选择。如果抵押权带租拍卖的保留价可以清偿抵押权所担保的债权，并且拍卖顺利推进，即证明抵押权没有受到租赁

---

〔1〕 参见卢正敏：《论强制拍卖抵押物时租赁权的除去》，载《政法学刊》2016 年第 4 期。

〔2〕 参见吴光陆：《强制执行法》，台北，三民书局股份有限公司 2012 年版，第 368 页。

〔3〕 参见刘春堂：《判解民法物权》，台北，三民书局股份有限公司 2010 年版，第 458 页。

〔4〕 参见卢正敏：《论强制拍卖抵押物时租赁权的除去》，载《政法学刊》2016 年第 4 期。

〔5〕 参见常鹏翱：《先抵押后租赁的法律规制——以〈物权法〉第 190 条第 2 句为基点的分析》，载《清华法学》2015 年第 2 期。

权影响；若抵押物带租拍卖的保留价不足以清偿债权，但是拍卖所得价金可以清偿债权，此时也没有影响；如果抵押物带租拍卖流拍，则意味着租赁权对抵押权实现产生影响，只能除去租赁权后再进行拍卖。有学者指出，这大抵与瑞士“双重报价法”相当。在瑞士，抵押权实现过程中，抵押权人具备两次请求人民法院拍卖的权利。第一次拍卖时，抵押物负担租赁权，看拍得价金是否可以覆盖抵押担保债权，可以清偿债权即表示租赁权不产生影响，租赁权继续存续。若抵押权无法实现，则第二次拍卖时不再负担租赁权。若拍卖所得价款比第一次拍卖高，则意味着租赁关系确实对抵押物拍卖产生了影响，除去租赁权具备正当性和条件，若拍卖所得与首次相差无几，就意味着有无租赁权都不会对抵押权产生影响，租赁权继续存续为上策。[1] 此外，也有观点提出可根据具体情形采网络拍卖中的双重同时报价法、书面承诺保价法等方式。[2]

不过，值得注意的是，根据我国强制执行相关规定，[3]拍卖前应当确定保留价。在保留价的确定方法上，如果拍卖前经过评估，那么评估价就作为保留价；没有评估的，人民法院可以在征求当事人意见的基础上，根据市场价格酌定。一旦第一次拍卖流拍，为了提高第二次拍卖的成功率，可以适当降低保留价，不过降低的数额是有限制的，《拍卖变卖规定》第 5 条明确不得超过前次保留价的 20%。事实上，此种程序并不利于抵押权人，因为一旦负担租赁权的抵押物首次拍卖流拍，就应降低保留价再行拍卖，即便拍卖成功，拍卖价款也相对降低了，这将对抵押权人的利益产生影响。故本书建议，在第二次拍卖时可不降低抵押物的拍卖保留价，即不将带租拍卖作为正常的拍

---

〔1〕 参见常鹏翱：《先抵押后租赁的法律规制——以〈物权法〉第 190 条第 2 句为基点的分析》，载《清华法学》2015 年第 2 期。

〔2〕 参见杨红平：《先抵押后租赁情形下带租拍卖执行异议的检视与优化》，载《人民司法》2022 年第 16 期。

〔3〕 如《拍卖变卖规定》第 5 条规定：“拍卖应当确定保留价。拍卖财产经过评估的，评估价即为第一次拍卖的保留价；未作评估的，保留价由人民法院参照市价确定，并应当征询有关当事人的意见。如果出现流拍，再行拍卖时，可以酌情降低保留价，但每次降低的数额不得超过前次保留价的百分之二十。”

卖看待,因为其功能只是为了确定租赁权是否对抵押权实现有影响。[1]

三、除去利用权的标准与正当程序

对于除去利用权是依当事人申请还是依职权,存在不同观点。一种观点认为,除去利用权应依职权,或者依职权、依申请均无不可,因为附有利用权的抵押权实现,不仅关涉抵押人、承租人、抵押权人,还与其他债权人相关,关涉其他债权人利益。此外,虚构租赁权、倒签租赁合同等问题涉及违法行为,有法院职权介入的必要。[2] 如果抵押权实现受到利用权影响,除去利用权无论是依申请还是依职权均无不可,[3]除去权利拍卖之情形,法院既得依申请,亦得依职权为之。[4] 另一种观点认为,除去利用权程序的启动只能依当事人申请,因为抵押权与利用权之间的关系本质上还是私法关系,之所以抵押权人有除去利用权的权利,是因为先成立抵押权具有优先效力,而且抵押权实现受到了租赁权影响,所以,利用权仅是对抵押权人不产生效力,其他并无瑕疵,人民法院对私法关系的干涉应有限度。[5] 还有观点认为,出于对当事人意思自治的尊重,只有当事人主动提出申请,执行法院才可以根据申请除去租赁权,一方面其他人不具备此种申请权利,另一方面执行法院不能依职权越过当事人申请直接除去。[6] 本书认为,此时应依当事人申请而启动。

其一,本身强制执行就是依当事人申请,而拍卖本身也是强制执行程序中的一部分,应贯彻依申请的原则。其二,执行法院在拍卖抵押物时,抵押权人参与其中,执行法院亦会明确向抵押权人告知抵押物上的权利状况,是

---

〔1〕 参见龙俊:《"抵押不破租赁"规则的解释论》,载《南京社会科学》2023年第4期。
〔2〕 参见刘建发:《论抵押房产强制拍卖"除去"租赁权的法律适用》,载贺荣主编:《公正司法与行政法实施问题研究——全国法院第25届学术讨论会获奖论文集》,人民法院出版社2014年版,第901页。
〔3〕 参见杨与龄编著:《强制执行法论》,中国政法大学出版社2002年版,第438页。
〔4〕 参见吴光明:《新物权法论》,台北,三民书局股份有限公司2009年版,第451页。
〔5〕 参见卢正敏:《论强制拍卖抵押物时租赁权的除去》,载《政法学刊》2016年第4期。
〔6〕 参见吴光陆:《强制执行法》,台北,三民书局股份有限公司2012年版,第368页。

否申请除去利用权可由抵押权人自行判断,抵押权人在抵押物“带租拍卖”无法实现抵押权时,基于自身权益往往也会提出申请,需求不同,利用权影响抵押权人的利益程度也会不同,故应征询抵押权人的意见来决定是否涤除租赁权。[1] 其三,即便存在利用权且影响抵押物价值,抵押权人不申请除去利用权的情形亦可能存在,故应将除去的权利赋予抵押权人。不过,《民事强制执行法(草案)》第131条第2款所表述的“人民法院应当依法将其除去后进行变价”似采取了职权说,而不是申请说。

就除去利用权是否需要当事人另诉,有观点认为,除去利用权涉及实体权利的价值判断,执行法官直接除去利用权有违审执分离。但是,本书认为,除去利用权由执行法官直接执行即可,不需要抵押权人另诉,理由如下。其一,此种做法符合执行程序中的高效、快捷要求。执行程序讲求效率,如果还要求抵押权人另行提起诉讼,要求其持有除去租赁权的生效裁判,必将使程序繁复、拖延。而且这对抵押权人保护过于不利,毫无理由地增加了抵押权人的诉讼负担,有违抵押权所具有的优先效力本质。所以执行程序中,执行法院可以自行判断是否除去利用权。[2] 其二,依照我国现在的审判与执行分工,执行机构本身就具有一定的裁判权,传统意义上的执行权目的是实现权利,不过现在的执行权能并不仅限于此,执行权有向审判权扩张的趋势,在一些特定的事项处置方面,执行权实际上可以而且应当承担部分审判权的权能。[3] 就本书所述的利用权与抵押权的竞存问题,实际是在强制执行中延伸出的实体争议,基于主客观原因,不能仅依据理论上的刻板印象认为实体争议必须由裁判解决,不能认为执行机关仅仅是根据执行依据而行使公权力,强制执行不可避免地要对某些实体问题作出裁

---

[1] 参见胡江平:《抵押权和租赁权并存的不动产执行规则探究》,载《人民司法》2022年第16期。
[2] 参见卢正敏:《论强制拍卖抵押物时租赁权的除去》,载《政法学刊》2016年第4期。
[3] 参见欧宏伟:《租赁权不得对抗法院对执行财产的强制处置》,载《人民司法(案例)》2016年第2期。

判。[1] 而且不动产用益物权与抵押权竞存情形,优先顺位判断以登记为标准,清晰明确,不存过多疑义。其三,执行法院除去利用权后,用益物权人或者承租人若认为自身权益受损,其具有相应的执行救济措施来保护自己的权利。

第五节 本章小结

由于动产与不动产的物理属性和交易特性不同,担保物权与利用权的竞存主要体现在不动产抵押权方面。类型化视角下,不动产抵押权与利用权的竞存可以分为两种类型,即不动产抵押权与用益物权、不动产抵押权与债权性利用权的竞存。前者在《民法典》颁行之前较少,主要是后者即不动产抵押权与租赁权的竞存。在不动产抵押权与租赁权的竞存中,"先抵押后出租"之时,抵押权优先;"先出租后抵押"之时,依据《民法典》第405条,占有租赁物的租赁权人可对抗抵押权人。《民法典》第405条增加"移转占有"减少了虚假租赁的可能,但是增加了认定租赁关系的难度和交易成本,故应赋予不动产租赁权登记能力。《民法典》新增居住权,其中意定居住权与抵押权的竞存依登记先后确定顺位;遗嘱居住权不需要登记即可设立,未办理登记的,不得对抗善意的不动产抵押权人。抵押权虽优先于利用权,但利用权不影响抵押权实现的,可不除去利用权,是否影响抵押权的实现宜根据抵押物第一次拍卖的结果来判断,除去利用权应依申请,且不需要抵押权人另诉。

---

〔1〕 参见李延昭:《司法拍卖房屋中租赁关系的审查与处理》,载《人民司法》2020年第5期。

第六章

担保物权与所有权竞存论

担保物权属于他物权，因此无所谓担保物权与所有权竞存问题。此处所谓担保物权与所有权的竞存，是指担保物转让情形下，受让人所有权与担保物权之间的关系，即担保物权人能否向受让人主张实现担保物权，抑或受让人能否获得无物上负担的所有权，涉及担保物权追及效力。因此，更准确地说，这属于担保财产转让过程中发生的权利竞存。首先，本章结合《民法典》第406条担保物转让新规，就不动产抵押物转让、动产和权利担保物转让中担保物权人与受让人的总体关系进行论述。其次，就不动产抵押物转让时产生的权利竞存，较为典型的是商品房消费者物权期待权与抵押权之间的关系，集中体现在执行异议之诉中《执行异议和复议规定》第29条的适用。不过需要说明的是，商品房消费者物权期待权并非所有权，其具有排除不动产抵押权强制执行的效力，构成不动产抵押权追及效力的例外，[1]故本书将之放在此处论述。最后，就动产担保物转让时产生的竞存，主要涉及《民法典》第404条正常经营活动买受人与动产担保物权人之间的关系。

[1] 参见王利明：《论抵押权的追及效力——以〈民法典〉第406条为中心》，载《政法论丛》2023年第1期；高圣平、罗帅：《〈民法典〉不动产抵押权追及效力规则的解释论》，载《社会科学研究》2020年第5期。

第一节　担保物转让中担保物权人与受让人关系概论

一、不动产抵押物转让新规释论

就不动产抵押物转让中转让合同的效力以及相关的法律后果,《物权法》第191条的规定在理论上和实践中产生了较大的分歧。《民法典》第406条明确了抵押财产可自由转让,并且抵押权不受影响,贯彻了意思自治以及抵押权的追及效力。该条同时明确,当事人间另有约定除外。就此处“另有约定”的含义及法律效果,《担保制度司法解释》第43条将“禁止或者限制转让抵押财产”条款置于登记之中,赋予其对抗效力。

其一,该约定登记的,即能产生担保物权人对抗抵押财产受让人的效力,抵押权人有权主张抵押财产的转让不发生物权变动效力,第三人不能取得抵押财产的所有权,其只能请求抵押人承担违约责任。《担保制度司法解释》第43条的法理在于,法律规定(包括司法解释)一经公布就具有公示的效力,人们有义务注意并遵守法律的有关要求,否则就具有过错,抵押权人和抵押人关于不得转让抵押物的约定一经登记,就公示于天下,交易相对人在这方面负有注意义务,违反此项注意义务,在抵押物已经交付(抵押物为动产的场合)或者登记(抵押物为不动产的场合)时,不发生物权变动的效力,但无论何种情形,抵押物转让合同的效力不受影响。[1] 如果当事人已将禁止或限制转让的约定记载于不动产登记簿,由于不动产登记具有公信力,该约定对买受人亦应具有约束力。根据区分原则,虽然抵押人与买受人之间买卖合同的效力不因此受到影响,但相对于抵押权人,抵押物所有权的变动将被认定无效。[2] 不过,有观点指出,《担保制度司法解释》第43条在实质上默许甚至纵容了银行等金融机构在抵押合同中设置限制甚至禁止抵押

---

〔1〕 参见崔建远:《担保制度司法解释的制度创新与难点释疑》,载《财经法学》2021年第4期。

〔2〕 参见麻锦亮编著:《民法典担保注释书》,中国民主法制出版社2023年版,第691页。

物转让的条款,迫使急需资金的借款人就范,接受此类约定,使《民法典》第406条对《物权法》第191条的修改转瞬间便有"南橘北枳"的意味,赋权金融机构借助约定和登记将之在当事人之间变成禁止流通物或限制流通物,有司法权超越了立法权的嫌疑。[1]

其二,若"禁止或者限制转让抵押财产"约定未记载于不动产登记簿,基于合同的相对性,它仅对抵押当事人双方有约束力,即便抵押财产受让人知道该约定,也不受其拘束。因此,未经抵押权人同意,既不会导致抵押财产转让的基础行为出现效力瑕疵,也不会影响抵押财产的转让。准此,《担保制度司法解释》第43条第1款有关受让人知道约定会导致抵押财产转让不发生物权效力的规定是否合理,颇值商榷。[2]

其三,《担保制度司法解释》第43条"禁止或者限制转让抵押财产"这一约定的登记,需要登记实践给予支撑。《民法典》颁行后,2021年4月6日自然资源部发布《关于做好不动产抵押权登记工作的通知》,明确将"是否存在禁止或限制转让抵押不动产的约定"增加至不动产登记簿,与《民法典》第406条、《担保制度司法解释》第43条相照应。登记实践中,当事人可选择是否将上述约定进行登记。根据自然资源部《关于做好不动产抵押权登记工作的通知》的规定:存在禁转约定,抵押期间依法转让的,应当由受让人、抵押人(转让人)和抵押权人共同申请转移登记;无禁转约定,抵押期间抵押人依法转让不动产的,由受让人、抵押人(转让人)共同申请转移登记即可;约定情况发生变化的,不动产登记机构应当根据申请办理变更登记。根据这一规定,禁转约定登记的,则抵押物转让必须经过抵押权人同意,其实际效果在《民法典》第406条与《物权法》第191条之间并无本质区别,这恐怕与《民法典》第406条的修改初衷不符。因此有观点认为:即便禁转约定进行了登记,也应允许抵押人与第三人继续进行抵押财产转让的交易,并为受让

---

〔1〕 参见崔建远:《担保制度司法解释的制度创新与难点释疑》,载《财经法学》2021年第4期。
〔2〕 参见常鹏翱:《限制抵押财产转让约定的法律效果》,载《中外法学》2021年第3期。

人办理抵押财产的所有权变更登记；只有在抵押财产的转让确有可能损害抵押权（或有损抵押权人的顺位利益或有损抵押财产的价值或使抵押权实现困难等）的情形下，抵押权人才有权主张转让行为不发生物权效力；无论是从防止禁转约定登记泛化的角度出发，还是从《担保制度司法解释》第 43 条“不发生物权效力”的解释出发，即使禁转约定已经登记，抵押权人也不能一概主张转让行为不发生物权效力。[1] 这一解释论较好地平衡了各方权益。

二、动产担保物转让中的利益平衡

（一）动产担保中“禁止或限制转让”条款的效力

依据《民法典》第 406 条的规定，抵押权人与抵押人之间可以就抵押物的转让作出禁止或限制的约定，这在“正常经营活动买受人”规则所涉情景中不发生效力，当无疑义，否则将架空正常经营活动买受人规则意在保护的交易信赖。但在非“正常经营活动买受人”情形下，该条款是否发生效力，则有疑问。一种观点认为，在统一的动产和权利担保登记制度中，当事人之间的另外约定并无登记能力，即使是在奉行“物的编成主义”的特殊动产登记簿中，此类约定亦无登记能力，在“物尽其用、货畅其流”的政策目标之下，应坚持当事人之间的另外约定仅发生债法上的相对效力的结论。在解释上可以认为，《民法典》第 406 条第 1 款属特别规则，不应类推适用《民法典》第 545 条第 2 款。[2]

不过，中国人民银行《动产和权利担保统一登记办法》第 9 条第 4 款指出，“担保权人可以与担保人约定将主债权金额、担保范围、禁止或限制转让的担保财产等项目作为登记内容。对担保财产进行概括性描述的，应当能

〔1〕 参见张尧：《抵押财产转让规则的适用》，载《政治与法律》2021 年第 8 期。

〔2〕 参见高圣平、叶冬影：《民法典动产抵押物转让规则的解释论》，载《比较法研究》2020 年第 4 期。

够合理识别担保财产”。2022 年 9 月 20 日，原中国银保监会、中国人民银行发布《关于推动动产和权利融资业务健康发展的指导意见》，其中第 11 条也指出：“……对于有禁止或限制转让担保财产的约定，应对该约定进行登记……支持银行机构在协商一致前提下，采用标签、刻印、数字信息等辅助手段，进一步增强担保公示效用。”可见，动产融资统一登记公示系统中将会增加禁止或限制转让担保财产约定的登记，赋予该条款以登记能力。抵押权人与抵押人之间就抵押物的转让作出禁止或限制的约定，可以对受让人发生法律效力，动产受让人知道已经登记的禁止或限制抵押财产转让的约定的，其取得的动产所有权将附有抵押权。

但是，就动产融资统一登记公示系统中增加禁止或限制转让担保财产约定的登记，也有学者提出反对意见，认为这是错误且与上位法相抵触的，与动产担保登记的定位和功能不符。动产担保登记不同于不动产担保登记，是一种通知登记（notice filing），并不能使登记内容具有推定知情的效力，《关于推动动产和权利融资业务健康发展的指导意见》第 11 条内容的增加，进而结合《担保制度司法解释》第 43 条，将会导向推定知情的结果，即动产受让人会被认为应当知道已经登记的禁止或限制抵押财产转让的约定，从而不能取得完整动产所有权。[1] 这一观点不可不察。

（二）未登记动产抵押权人与受让人的关系

在动产抵押已经登记的情形下，由于《民法典》第 406 条改变了《物权法》第 191 条禁止抵押物转让的规则，因此，动产抵押权亦具有追及效力，不因抵押物转让而消灭。《民法典》第 403 条规定，动产抵押“未经登记，不得对抗善意第三人”，就善意第三人的含义，《担保制度司法解释》第 54 条对此作出规定。

就“善意第三人”的主体范围而言，《担保制度司法解释》第 54 条明确为

---

〔1〕 参见李宇：《修改建议：〈动产和权利担保统一登记办法〉草案》，载微信公众号“包邮区民法饭醉谈”2021 年 5 月 25 日，https://mp.weixin.qq.com/s/tvOAxaFhD9k9XnIFfhPt3Q。

抵押财产受让人、承租人、胜诉(保全)债权人与破产管理人,抵押财产受让人属于物权人,后三者属于特定债权人。在抵押人转让抵押财产的情形之下,学者多认为受让人属于动产抵押权未登记而不得对抗的“第三人”之列。[1] 由于“登记对抗并非意在确认物权的对世效力,而是处理与担保物权的享有与实现有利害关系的不同主体间的利益冲突”[2],因此,登记对抗并不解决抵押财产受让人是否取得物权的问题,受让人是否取得物权尚需从《民法典》第406条抵押财产转让的规则中寻求依据与结论。

如前所述,《民法典》第406条改变了《物权法》第191条禁止抵押物转让的规则,因此,未登记的动产抵押权人与买受人之间的关系应结合《民法典》第406条重新进行体系解释。也就是在买受人依法取得标的物所有权且为善意时,买受人取得无抵押权负担的抵押财产,未登记动产抵押权人不得与之对抗;在买受人为恶意时,其取得附有抵押权负担的所有权,未登记动产抵押权人可依照《民法典》第406条第1款向买受人主张动产抵押权。[3] 这里所谓“善意”,是指不知道标的物上存在动产抵押权负担,且无重大过失,若买受人明知标的物上存在未登记抵押权负担,则属于恶意买受人。[4]

三、权利质押中担保财产转让规则的解释适用

如前所述,在抵押财产转让上,《民法典》第406条放弃了《物权法》中抵押财产不得转让的规定,用担保物权的追及效力对抵押财产转让的一般规则进行了重构。但是,当事人以权利设立质押时,《民法典》第443条第2款、第444条第2款及第445条第2款沿袭了《物权法》中权利出质后出质人

〔1〕 参见龙俊:《动产抵押对抗规则研究》,载《法学家》2016年第3期;庄加园:《动产抵押的登记对抗原理》,载《法学研究》2018年第5期;郭志京:《也论中国物权法上的登记对抗主义》,载《比较法研究》2014年第3期。

〔2〕 张家勇:《体系视角下所有权担保的规范效果》,载《法学》2020年第8期。

〔3〕 参见高圣平、叶冬影:《民法典动产抵押物转让规则的解释论》,载《比较法研究》2020年第4期。

〔4〕 参见庄加园:《动产抵押的登记对抗原理》,载《法学研究》2018年第5期。

不得转让或许可他人使用的规定,与《民法典》第406条截然不同。这一区分系因出质客体较为特殊,导致追及成本较高,实现质权的风险较大,从体系上看,无形财产抵押和无形财产出质在追及方面采取不同的规定,当事人应斟酌担保方式,毕竟出质对担保财产转让的限制比较严格。[1]

不过,有学者指出,这在担保财产的转让问题上造成了前后体系上的矛盾,究其原因,在于立法者未能认识到登记型权利质押与抵押之间的共性,主张在用作担保的权利能否转让问题上亦应同等对待。[2] 也有学者提出,《民法典》第445条第2款虽然规定,应收账款出质后不得转让,但是解释上应认为,违反该规定的,转让并非无效,故质押和让与可能并存,这种禁止转让之规定,仅可解释为出质人负有不得转让之义务(且无妨特约排除),其违反后果为出质人对质权人负违约责任,但不影响转让之效力。如此解释,既能与《民法典》第406条关于抵押财产可自由让与的立场相协调,又不必采目的论限缩方法,徒令法律解释作业迂回化、复杂化。[3]

第二节 商品房消费者物权期待权对不动产抵押权的限制

一、"商品房消费者优先于抵押权人"规则的司法适用困境

如前所述,就不动产抵押物转让,《民法典》第406条明确了抵押财产可自由转让,同时抵押权不受影响。因此原则上,在涉及商品房的案外人执行异议案件中,不动产买受人无法对抗不动产抵押权人行使抵押权,这也被

---

〔1〕参见王利明:《论抵押权的追及效力——以〈民法典〉第406条为中心》,载《政法论丛》2023年第1期。

〔2〕参见李运杨:《〈民法典〉动产担保制度对功能主义的分散式继受》,载《华东政法大学学报》2022年第4期。

〔3〕参见李宇:《保理法的再体系化》,载《法学研究》2022年第6期。

《执行异议和复议规定》第 27 条所明确。[1] 但是,2002 年《建设工程价款优先受偿权批复》明确商品房消费者可优先于抵押权人,进而构成了不动产抵押权追及效力的例外,[2] 此即所谓"商品房消费者优先于抵押权人"规则。不过《民法典》颁布后,这一司法解释被废止,[3] 根据最高人民法院的阐述,司法解释清理时欲保留《建设工程价款优先受偿权批复》中"商品房消费者优先于抵押权人"的规则,但是全国人大常委会法工委认为该规则缺乏法律的明确依据,因此对于商品房消费者与抵押权人之间的关系,留待正在起草的执行异议之诉司法解释来处理。[4] 也有观点指出,对消费者进行特殊保护是长期以来坚持的司法政策,在作为消费者的购房人从房地产开发商处购买商品房的情况下,关于抵押权人能否向购房人主张权利以及购房人能否排除抵押权人申请的强制执行等问题,《担保制度司法解释》未予涉及,仍应待最高人民法院进一步明确。[5]

不过《执行异议和复议规定》第 29 条的"商品房消费者物权期待权保护"规则是从《建设工程价款优先受偿权批复》中推导出来的,[6] 是对"商品房消费者优先于抵押权人"规则的进一步细化与延伸,[7] 该规则仍然在《民法典》颁布之后保留于《执行异议和复议规定》第 29 条,也就是说,商品房消

---

〔1〕《执行异议和复议规定》第 27 条规定,申请执行人对执行标的依法享有对抗案外人的担保物权等优先受偿权,人民法院对案外人提出的排除执行异议不予支持,但法律、司法解释另有规定的除外。

〔2〕《建设工程价款优先受偿权批复》第 2 条规定,消费者交付购买商品房的全部或者大部分款项后,承包人就该商品房享有的工程价款优先受偿权不得对抗买受人。同时,由于建筑工程的承包人的优先受偿权又优先于抵押权。故交付全部或者大部分款项的商品房消费者优先于抵押权人。

〔3〕《最高人民法院关于废止部分司法解释及相关规范性文件的决定》将《建设工程价款优先受偿权批复》废止。

〔4〕参见最高人民法院民事审判第一庭编著:《最高人民法院新建设工程施工合同司法解释(一)理解与适用》,人民法院出版社 2021 年版,第 377 页。

〔5〕参见杜万华主编:《民法典实施精要》(上),法律出版社 2022 年版,第 410 页。

〔6〕参见最高人民法院执行局编著:《最高人民法院关于人民法院办理执行异议和复议案件若干问题规定理解与适用》,人民法院出版社 2015 年版,第 431 页。

〔7〕参见史智军:《抵押权与消费者购房人权利冲突的裁判规则》,载《人民司法》2020 年第 14 期。

费者具有排他性的依据在《民法典》实施前后没有改变。[1] 因此,《执行异议和复议规定》第29条可以发挥与《建设工程价款优先受偿权批复》中"商品房消费者优先于抵押权人"规则相同的作用。

在司法实践中,人民法院也多依据《执行异议和复议规定》第29条的相关规则处理商品房消费者与不动产抵押权人之间的执行异议之诉或许可执行异议之诉,但是司法实践就执行异议之诉中"商品房消费者优先于抵押权人"规则仍然存在以下问题。

第一,规则适用程序不清。"商品房消费者优先于抵押权人"规则位于《执行异议和复议规定》第29条,该规则属于执行异议的规则,与之具有关联性但是更具有差别的执行异议之诉中是否可以适用该规则?

第二,规范之间的关系不清。《执行异议和复议规定》第27条、第28条、第29条均涉及不动产抵押权人与不动产买受人之间的关系,规范之间的关系如何?其中第27条明确,案外人对执行标的物的权利原则上不得对抗担保物权,但是"法律、司法解释另有规定的除外"。第28条、第29条则分别规定了两种不动产买受人可以排除执行的情形,由此产生的问题是:二者是否均构成第27条的例外,第28条、第29条所规范的情形是否都属于"司法解释另有规定的除外"。换言之,在本节讨论的主题中,商品房消费者优先于不动产抵押权人的依据是第27条,还是第28条或者第29条?

第三,规则适用要件不清。《执行异议和复议规定》第29条规定了商品房消费者物权期待权的构成要件,尽管较为具体,但是由于司法实践的案件类型多样,导致各构成要件的适用具有一定分歧,即便是最高人民法

[1] 参见李建星:《〈民法典〉第807条(建工价款的优先受偿权)评注》,载《南京大学学报(哲学·人文科学·社会科学)》2021年第4期。

院公布的有关执行异议之诉的司法解释,对此也有不同方案。[1] 此外,在理论上与实践中,还有观点认为,商品房消费者的主观善意、网签、预售登记等规范外的构成要件也属于商品房消费者优先于抵押权人的构成要件,这是否妥当?

第四,规则适用后果尚不清晰。执行异议之诉仅仅解决商品房消费者是否能够排除抵押权人的强制执行问题,但是无法解决商品房消费者对标的房屋的所有权归属问题,即使确认了买受人的权利能够对抗银行的抵押权,这种对抗也主要是一种消极保护,由于该房屋的抵押负担尚未被涂销,买受人可能仍无法取得房屋所有权,[2] 因此,在适用该规则之后,如何充分保障消费者权利尚存疑问。

第五,理论基础尚存争议。在"商品房消费者优先于抵押权人"的理论基础方面,有观点提出,商品房消费者与抵押权人之间的关系可以参照适用《民法典》第404条动产抵押的正常经营活动买受人规则。[3] 这涉及正常经营活动买受人规则的构成要件与《执行异议和复议规定》第29条构成要件的比较,亦有必要加以辨析。

除上述执行异议之诉中的裁判问题外,商品房消费者与抵押权人之间的关系,在当前"保交楼、保民生、保稳定"的背景下显得更为重要,权利人之间的冲突矛盾更为突出。2022年12月的中央经济工作会议、2023年的全国高级法院院长会议等,都强调确保房地产行业市场稳定的重要性,[4] 尤其是

---

[1] 2019年11月29日,发布《执行异议之诉解释》(征求意见稿),其中第10条"消费者商品房买受人提起的执行异议之诉"就设计了"方案一"与"方案二",两种方案在构成要件方面存在差别。

[2] 参见张燕、仲伟珩:《银行抵押权、预售商品房购房人权利的冲突与解决》,载《人民司法(应用)》2017年第16期。

[3] 参见刘贵祥:《民法典关于担保的几个重大问题》,载《法律适用》2021年第1期。

[4] 2022年12月15日至16日中央经济工作会议指出,要有效防范化解重大经济金融风险,需要确保房地产市场平稳发展,扎实做好"保交楼、保民生、保稳定"各项工作。2023年1月8日,最高人民法院召开全国高级法院院长会议,也指出要服务做好重大经济金融风险防范化解工作,要落实"房子是用来住的、不是用来炒的"定位,配合做好"保交楼、保民生、保稳定"各项工作,加大相关领域矛盾纠纷防范化解力度。

需要处理好不动产之上不同权利人之间的权利冲突问题,确保各方利益得到公平公正的保护。[1] 商品房消费者与抵押权人之间的冲突与利益平衡问题就是其中的焦点,为此,最高人民法院于 2023 年 4 月发布了《商品房消费者权利保护批复》,专门规范不动产抵押权人与商品房消费者之间的权利冲突关系。

故以下拟结合最高人民法院的相关裁判和司法文件,先就执行异议之诉中"商品房消费者优先于抵押权人"规则从解释论角度进行分析,以期实现规则边界的明晰;再就《商品房消费者权利保护批复》相关内容以及如何在破产程序中适用进行分析。

二、"商品房消费者优先于抵押权人"规则适用前提的廓清

(一)商品房消费者物权期待权的理论基础

虽然"商品房消费者优先于抵押权人"规则为司法解释所确认,不过就《执行异议和复议规定》第 29 条所规定的商品房消费者物权期待权是否有存在之必要,仍有质疑之声。如有观点指出,因债的相对性,债权原则上不足以排除强制执行。[2] 最高人民法院赋予商品房买受人超级优先地位的理论基础是"物权期待权",但是有学者指出,缺少直接支配性和排他性等物权特征的买受人,其实名不副实,[3] 理论上,不是所有的"期待"都可以成为期待权。[4] 物权期待权与买受人债权不同,用德国法中的物权期待权概念来

---

[1] 参见刘贵祥:《当前民商事审判中几个方面的法律适用问题》,载王利明主编:《判解研究》2022 年第 2 辑,人民法院出版社 2023 年版,第 49 页。

[2] 参见肖建国、庄诗岳:《论案外人异议之诉中足以排除强制执行的民事权益——以虚假登记财产的执行为中心》,载《法律适用》2018 年第 15 期。

[3] 参见庄加园:《不动产买受人的实体法地位辨析——兼谈〈异议复议规定〉第 28 条》,载《法治研究》2018 年第 5 期。

[4] 参见[德]卡尔·拉伦茨:《德国民法通论》(上册),王晓晔等译,法律出版社 2013 年版,第 294 页。

解释买受人的债权则是扩大了物权期待权的含义。[1] 还有学者通过考察德国法的物权期待权认为,受让人的法律地位稳固是不动产物权期待权的成立前提,但是我国不动产受让人没有这样的特点,不应成立物权期待权,执行异议之诉中规则的正当性不一定非要来自实体法,执行程序中公法对私人利益的适当干涉,也可以为规则提供正当性基础。[2] 不过,也有学者指出,本土化的物权期待权的应用场景与德国物权期待权的有着本质差异,如作细致对照,德国法律中物权期待权的五个要素或多或少适用于房地产购买者的特定场合,并且由于两国房地产登记制度的差异,不能要求对物权期待权有完全一致的设计。[3] 此外,还有批判意见指出,抵押权人已经将抵押权公示,却被买受人债权所"超越",这完全超出了银行抵押权人对风险的预测和控制,以牺牲交易安全为代价实现维持稳定的目标的做法值得商榷。[4]

本书认为,商品房消费者物权期待权有其存在的合理性。第一,我国商品房消费者物权期待权以"物权期待权理论"为基础。这可以认为是借用了比较法上的相似概念,装入了"特定政策考量"的价值判断结论,因此"物权期待权"很大程度上仅具有修饰意义;也可以认为物权期待权在我国具有完全不同于德国法上的含义,上述理解均无不可。给予商品房消费者的特殊保护,其政策考量在于,消费者购房的目的是居住,一些消费者用一辈子甚至两代人的收入购房,其房屋物权期待权应优先于其他债权。[5] 因此,当购房人的债权承载着生存利益时,方可受到倾斜保护,反之则仍需要适用物权

---

[1] 参见金春:《论房地产企业破产中购房消费者的权利保护——消费者保护和债权人可预测性的平衡》,载《法律适用》2016 年第 4 期。

[2] 参见庄诗岳:《中国式不动产物权期待权的批判与反思》,载《河北法学》2021 年第 11 期。

[3] 参见叶名怡:《离婚房产权属约定对强制执行的排除力》,载《法学》2020 年第 4 期。

[4] 参见陆晓燕:《保障生存利益与维护交易安全的平衡——房地产开发企业破产中购房人权利之顺位研究》,载《法律适用》2016 年第 3 期。

[5] 参见最高人民法院执行局编著:《最高人民法院关于人民法院办理执行异议和复议案件若干问题规定理解与适用》,人民法院出版社 2015 年版,第 431 页。

优先于债权的一般原则。[1] 第二,商品房消费者期待权的应用往往是在商品房销售并不规范的场合,对所销售房屋享有抵押权的银行亦往往具有一定过错,而且司法解释已经为其设定了较为严格的条件,故该规则并不具有很强的"副作用"。

(二)"商品房消费者优先于抵押权人"规则的适用程序

执行异议之诉参照适用执行异议的规则。如前所述,《执行异议和复议规定》的相关规则所规范的是执行异议,不包括执行异议之诉。"执行异议"与"执行异议之诉"存在差别,主要表现在执行异议程序仅是对案外人异议的初步审查判断,在价值取向上更侧重于"效率",而执行异议之诉是审判环节,以实体审查为原则,需要通过审判程序查明事实,[2] 价值取向上更侧重"公平",故二者程序目的不同,规则设计也存在不同。

但是,我国目前尚缺乏执行异议之诉的实体审判规则,这就导致执行异议之诉面临裁判规则欠缺的问题。为了防止出现无法可依的情形,一般认为,执行异议之诉的审理中,法官可以将执行异议的规则作为参照规则。[3] 本书赞同此种做法,主要理由有二:其一,审查案外人对执行标的所主张的权利能否排除强制执行是执行异议和执行异议之诉的共通之处,二者均具有这样的意义;[4] 其二,在规则的内容以及标准的明确性方面,《执行异议和复议规定》第 29 条的要件并不简略,相反其标准颇为明确,只不过因为执行异议与执行异议之诉的程序设计不同,人民法院对《执行异议和复议规定》第 29 条中相关构成要件的审查标准和程度存在差别,因此区别不在于《执行异议和复议规定》第 29 条,而在于审查标准与审查程度。就此,在有关执行异议之诉司法解释尚未出台的情形下,法院裁判依据表述应当是"参照"

---

〔1〕 参见司伟:《执行异议之诉:原理与实务》,法律出版社 2022 年版,第 81 页。

〔2〕 参见刘月:《基于债权请求权作出的另案生效判决不能阻却执行》,载《人民司法》2020 年第 14 期。

〔3〕 参见史智军:《抵押权与消费者购房人权利冲突的裁判规则》,载《人民司法》2020 年第 14 期。

〔4〕 参见最高人民法院民事判决书,(2018)最高法民再 450 号。

而非“依照”，[1]此点也在《九民会纪要》第125条得以体现。

此外，执行异议之诉中应对构成要件作实质审查。尽管执行异议之诉中可得参照执行异议的规则，但是执行异议与执行异议之诉程序设计的差异还是会对规则的适用产生影响，基于执行异议之诉属于第一审普通程序的性质，在执行异议之诉中，需要对《执行异议和复议规定》第29条所规定的商品房消费者物权期待权进行“实质审查”。[2] 以《执行异议和复议规定》第29条所规定的“书面买卖合同”要件为例，由于商品房消费者物权期待权是对抵押权的限制、是抵押权追及效力的例外，因此人民法院需要在执行异议之诉程序中核查该买卖合同是否真实、合法、有效，但这些实质审查在目前的执行异议程序中多无法完成。

（三）“商品房消费者优先于抵押权人”规则与其他规范的关系

对于《执行异议和复议规定》第28条、第29条两个条文所规定的不动产买受人是否都可以排除抵押权人对不动产的强制执行，司法实践存在分歧。一种观点认为，只有《执行异议和复议规定》第29条构成第27条的例外，能够优先于抵押权人的不动产买受人只能依据第29条，而不能依据第28条。[3] 另一种观点认为，《执行异议和复议规定》第28条、第29条均构成第27条的例外，房屋买受人符合其一即可优先于抵押权人，因为第28条所指向的是房屋买受人对被执行人名下不动产提出异议的一般规则，对被执行人、不动产等要件未作出限制，而房屋买受人对商品房开发企业名下的不动产提出异议则仅为第29条所规范，所以二者存在重合之处，房屋买受人

〔1〕 参见王毓莹：《不动产买受人提起的执行异议之诉的处理》，载《人民法院报》2019年2月21日，第7版。

〔2〕 参见最高人民法院民事裁定书，(2020)最高法民申605号；最高人民法院民事判决书，(2019)最高法民再49号。

〔3〕 参见最高人民法院民事判决书，(2020)最高法民终1197号。认为第29条属于第27条例外的裁判还有：最高人民法院民事裁定书，(2018)最高法民申4883号；最高人民法院民事裁定书，(2018)最高法民申1986号；最高人民法院民事判决书，(2017)最高法民终699号。

请求排除强制执行只要满足其中之一即可。[1] 就此,第一种观点更为妥当。

其一,从《执行异议和复议规定》第29条的演变看,其源于《建设工程价款优先受偿权批复》,而第28条则脱胎于《查扣冻规定》第17条,通过对这些条文作体系解释,可以发现其中的权利顺位,以不动产抵押权为中心,其劣后于建设工程价款优先受偿权和商品房消费者物权期待权,但优先于一般不动产买受人的物权期待权,前者指向的是《执行异议和复议规定》第29条,后者指向的是《执行异议和复议规定》第28条,[2]故二者不能混同。

其二,《建设工程价款优先受偿权批复》中明确指出的是"消费者",与消费者相对应的概念是经营者,在房地产领域,房地产开发企业与商品房消费者是相互对应的,所以排除了二手房的适用。[3] 《执行异议和复议规定》第29条是为商品房消费者提供的特殊保护,可以对抗抵押权,其源自《建设工程价款优先受偿权批复》,而《执行异议和复议规定》第28条则没有相同的法理和法律依据。[4] 所以,一般民事主体之间的二手房买卖交易不在《执行异议和复议规定》第29条规范范围内,该条所指向的就是从房地产开发企业处购买商品房的买受人。[5]

其三,《执行异议和复议规定》第29条已经突破债权不得对抗物权的一般规则,如果《执行异议和复议规定》第28条也可以构成抵押权优先效力和追及效力的例外,则将对交易安全尤其是抵押权人造成极大威胁,[6]动摇不动产抵押权制度及其所保障的交易安全,损害不动产抵押权人的利益和抵

---

[1] 参见最高人民法院民事判决书,(2018)最高法民终1095号。

[2] 参见王毓莹:《不动产买受人提起的执行异议之诉的处理》,载《人民法院报》2019年2月21日,第7版;王毓莹:《案外人执行异议之诉的裁判要点》,载《人民司法》2020年第14期。

[3] 参见徐晓勇、李锐:《购买有抵押的二手房　买受人能否排除执行?》,载《人民法院报》2020年6月30日,第3版。

[4] 参见叶名怡:《离婚房产权属约定对强制执行的排除力》,载《法学》2020年第4期。

[5] 参见刘贵祥、范向阳:《〈关于人民法院办理执行异议和复议案件若干问题的规定〉的理解与适用》,载《人民司法》2015年第11期。

[6] 参见最高人民法院民事裁定书,(2020)最高法民申3424号。

押权的担保作用。[1]

其四,在商品房买卖中,买受人在开发商能够对房屋进行销售的情形下,有理由相信其购买的是无权利负担的房屋,并且没有义务查询、担忧房屋之上是否存在抵押权,即便商品房消费者明确知晓所购房屋之上存在抵押权,也不影响法律为其提供保护。[2] 如果在一手房买卖中,买受人还必须用各种方式查询不动产之上是否存在抵押权,则既不现实,也影响商品房交易的进度与效率,不符合市场交易规律。[3] 而在二手房买卖中,购房人则有义务对所购买房屋之上是否附有抵押权进行查询。故在一手房和二手房的买卖中,买受人的信赖程度与信赖利益不同。只有在一手房的买卖中,法律才给予特定情形下的买受人对抵押权人的优先性;换言之,虽然不动产买受人可以依据《执行异议和复议规定》第 28 条排除一般金钱债权执行,但是无法排除抵押权的执行。[4]

因此,若认为一般不动产买受人可以排除担保物权人对买受人所购不动产进行的强制执行,既不符合《执行异议和复议规定》的规范意旨,又没有法律、司法解释依据。[5] 《执行异议之诉解释》(征求意见稿)第 10 条的"方案一"在此方面的设计相比"方案二"更为清晰、合理、准确,应予采纳,其明确增加了一款以解决裁判分歧,[6] 这也与《九民会纪要》第 126 条的立场

[1] 参见肖建国、庄诗岳:《指导案例 154、155、156 号释评——以案外人执行异议之诉相关规定的理解适用为中心》,载微信公众号"人民法院报"2021 年 3 月 19 日,https://mp.weixin.qq.com/s/K3V69suojUd9grgnxNDFLw。

[2] 参见张燕、仲伟珩:《银行抵押权、预售商品房购房人权利的冲突与解决》,载《人民司法(应用)》2017 年第 16 期。

[3] 参见冉克平:《〈民法典〉视域中不动产买受人的法律地位——以"执行异议复议"的修改为中心》,载《武汉大学学报(哲学社会科学版)》2021 年第 3 期。

[4] 参见万挺:《执行异议之诉审判新思维——以三大基础关系为中心》,载《法律适用》2022 年第 9 期。

[5] 参见司伟:《执行异议之诉:原理与实务》,法律出版社 2022 年版,第 92 页。

[6] 《执行异议之诉解释》(征求意见稿)第 10 条规定,商品房预售中,抵押权人申请执行登记在被执行的房地产开发建设主体名下但已销售给前款规定的案外人的商品房,案外人提起执行异议之诉,请求排除强制执行的,人民法院应予支持。

一致。

当然,《执行异议和复议规定》第 28 条与第 29 条亦有竞合的情形,即房屋买受人排除普通债权的执行时,其既可以选择适用第 28 条,也可以选择第 29 条。[1] 在"端州区嘉信法律咨询行与招某某、肇庆市东景华府房地产有限公司案外人执行异议之诉申请再审案"中,最高人民法院指出,不动产买受人在排除抵押权强制执行时,必须依据《执行异议和复议规定》第 29 条,若仅仅是意欲排除普通债权的强制执行,则第 28 条、第 29 条均无不可。[2] 在"冯某某与蒋某某、河南德升置业有限公司案外人执行异议之诉上诉案"中,最高人民法院指出,如果案件中被执行人是房地产开发企业,执行标的是其开发且在其名下的商品房,则实际上同时满足了《执行异议和复议规定》第 28 条和第 29 条,此时并非选择了第 29 条就不能够适用第 28 条。[3] 这一点在 2021 年最高人民法院第 156 号指导案例中得以确认。[4]

---

[1] 参见《吉林省高级人民法院关于审理执行异议之诉案件若干疑难问题的解答(一)》问题二十:如果被执行人为房地产开发企业,且执行标的物属于商品房,执行异议之诉中,人民法院应当参照《执行异议和复议规定》第 28 条还是第 29 条进行审理? 执行异议之诉案件中,被执行人是《执行异议和复议规定》第 29 条规定的"房地产开发企业",并且执行标的物是登记在该房地产开发企业名下商品房时,如果案外人享有的实体民事权益参照该规定第 29 条不足以排除执行,但参照该规定第 28 条足以排除执行,人民法院可以参照第 28 条作出裁判。

[2] 参见最高人民法院民事判决书,(2020)最高法民申 4205 号。

[3] 参见最高人民法院民事裁定书,(2018)最高法民申 5923 号。相同观点参见最高人民法院民事判决书,(2016)最高法民申 3284 号。

[4] 第 156 号指导案例裁判要旨指出,"《最高人民法院关于人民法院办理执行异议和复议案件若干问题的规定》第二十八条规定了不动产买受人排除金钱债权执行的权利,第二十九条规定了消费者购房人排除金钱债权执行的权利。案外人对登记在被执行的房地产开发企业名下的商品房请求排除强制执行的,可以选择适用第二十八条或者第二十九条规定;案外人主张适用第二十八条规定的,人民法院应予审查"。相关评论参见肖建国、庄诗岳:《指导案例 154、155、156 号释评——以案外人执行异议之诉相关规定的理解适用为中心》,载微信公众号"人民法院报"2021 年 3 月 19 日,https://mp.weixin.qq.com/s/K3V69suojUd9grgnxNDFLw。

三、“商品房消费者优先于抵押权人”规则构成要件的廓清

商品房消费者物权期待权构成抵押权优先效力或者追及效力的例外，商品房消费者需要依据《执行异议和复议规定》第29条排除抵押权人对执行标的的强制执行。依据该条，商品房消费者对抗抵押权人需要有合同要件、住房要件、价款要件等，但上述要件的内涵在司法实践中多有争议，故以下将结合相关裁判在解释论上阐述各要件的内涵。

（一）查封前合法有效买卖合同要件的廓清

《执行异议和复议规定》第29条规定，在人民法院查封之前，商品房买受人就已签订了合法有效的书面买卖合同，该要件应具有以下四个内涵。

其一，出卖人是否取得预售许可不影响权利行使。《商品房买卖司法解释》第2条规定了预售许可与合同效力的关系。[1] 执行异议之诉中，关于开发商未取得商品房预售许可证明，是否影响商品房买受人的权利主张，裁判实践存在分歧。有观点认为合法有效的合同的前提是该房屋已办理预售许可。[2] 但本书认为，预售许可的强制只是单方禁令，不应影响合同效力，[3] 预售许可的行政规范不属于《民法典》第153条影响合同效力的行政法规强制性规定；开发商无预售许可时，施以相应的行政处罚即可。[4] 故应认为，开发商未取得预售许可不影响商品房消费者的权利主张。

---

〔1〕《商品房买卖司法解释》第2条规定，出卖人未取得商品房预售许可证明，与买受人订立的商品房预售合同，应当认定无效，但是在起诉前取得商品房预售许可证明的，可以认定有效。

〔2〕参见坚会新：《案外人异议所涉权利冲突的实务化解》，载《人民司法》2019年第31期；《吉林省高级人民法院关于审理执行异议之诉案件若干疑难问题的解答》问题十四。

〔3〕《北京市高级人民法院关于审理房屋买卖合同纠纷案件若干疑难问题的会议纪要》第2条第1款规定，当事人以出卖人在签订预购书、购房意向书等预约协议时未取得商品房预售许可证明为由，要求确认预约协议无效的，不予支持，但预约协议被认定为商品房预售合同的除外。《广东省高级人民法院关于审理房屋买卖合同纠纷案件的指引》第3条规定，就预售商品房签订的认购书、订购书等预约合同，出卖人未取得商品房预售许可证明的，不影响预约合同的效力。

〔4〕参见王轶：《论商品房预售许可证明对合同效力的影响》，载《比较法研究》2018年第6期。

其二,预约合同在一定条件下也可符合本条规定的书面买卖合同要件。《商品房买卖司法解释》第 5 条规定了预约可成为本约的条件。[1] 在执行异议之诉方面,若商品房预约合同虽名为预约,但已符合本约的要件,则应认定符合本条的合法有效的商品房买卖合同要件。[2] 相反,如果预约合同内容并不完整,不包含商品房买卖合同应具备的主要要素,则不能认定已齐备买卖合同要件。[3]

其三,买卖合同排除以物抵债。以物抵债或以不动产买卖合同为借贷提供担保,实际上是为了实现买受人的金钱债权,[4]"以房抵债"的,不能列入消费者的范畴。[5] 因为《执行异议和复议规定》第 29 条的规范对象是商品房消费者,而以物抵债则表明商品房开发商与买受人之间存在"旧债",此时的"购房人"已不属于消费者的范畴,不应适用《执行异议和复议规定》第 29 条给予特殊保护。[6]

其四,"查封前"仅为"本案查封前"。如果申请执行人为首封债权人,此时对于"查封前"并不存在疑义,但是,如果申请执行人是其他普通金钱债权人,抵押权人仅为轮候查封,此时"查封前"的时间应以何者为准,尤其是当商品房消费者签订买卖合同时间晚于首封时间但早于轮候查封时,是否仍然符合该要件,实践中存在争议。一种观点认为,所谓"查封前"应为"本案查封前","认定人民法院采取执行措施的时间时均应根据不同的案件而单

---

[1] 《商品房买卖司法解释》第 5 条规定,商品房的认购、订购、预订等协议具备《商品房销售管理办法》第十六条规定的商品房买卖合同的主要内容,并且出卖人已经按照约定收受购房款的,该协议应当认定为商品房买卖合同。

[2] 参见最高人民法院民事裁定书,(2018)最高法民申 1986 号。相同观点参见最高人民法院民事裁定书,(2020)最高法民申 5048 号;最高人民法院民事裁定书,(2015)民申字第 661 号。

[3] 参见最高人民法院民事裁定书,(2021)最高法民申 3575 号。

[4] 参见司伟、王小青:《执行异议之诉中不动产买受人排除强制执行的要件审查》,载《人民司法》2019 年第 23 期。

[5] 参见陆晓燕:《保障生存利益与维护交易安全的平衡——房地产开发企业破产中购房人权利之顺位研究》,载《法律适用》2016 年第 3 期。

[6] 参见最高人民法院民事判决书,(2018)最高法民终 172 号。

独进行认定,人民法院在他案中采取的执行措施仅对当事人就相应的不动产不能办理过户登记手续是否存在过错产生影响,而不能作为认定‘本案’查封时间的事实依据”[1]。另一种观点则认为,应为“首封前”,因查封属于人民法院依法裁定的保全措施,查封措施一旦执行,法律效力客观上及于社会全体。[2] 对此,应认为所谓“查封前”应为“本案查封前”,也就是说,应“就案论案”,只考虑涉案商品房消费者签订买卖合同时间是否在涉案抵押权人申请查封之前,而不考虑案外人的查封情况,这是由商品房消费者的特性决定的,如前所述,在一手房购买中,商品房消费者并没有查询不动产登记簿上是否存在权利负担的义务,令其受案外人查封的影响背离了该规则对商品房消费者保护的初衷,也缺乏相应的实践和规范依据。

(二)用于居住且买受人名下无其他用于居住房屋要件的廓清

《执行异议和复议规定》第29条规定商品房买受人购买房屋,一方面是用于居住,另一方面需要名下无其他居住用房。对于该要件可从购买数量、无房时间、无房主体、买受人名下住房的地域范围等要素分析。

第一,买受人名下房屋的数量要素。裁判实践一般认为,买受人名下有其他房屋、有多套住房的不符合该要件,[3]多套住房情形下的购房行为难以认定为基于生活消费目的。但是也有相反的裁判观点认为,对此不能机械地从套数方面认定,有些买受人名下虽然有住房,却不能够满足基本的生活需求,此时买受人购买房屋是对基本生活条件的改善,仍然可以认定为是为了满足基本生活需要,符合《执行异议和复议规定》第29条的规范要旨。[4]该观点被《九民会纪要》第125条所采纳。与该观点具有相同思路的裁判认为,即便买受人名下有房产,但用途显示为商业的,买受人仍然属于无其他

[1] 最高人民法院民事判决书,(2020)最高法民再101号。
[2] 参见最高人民法院民事判决书,(2018)最高法民再269号。
[3] 参见最高人民法院民事裁定书,(2020)最高法民申4502号。
[4] 参见最高人民法院民事判决书,(2018)最高法民再450号;王毓莹:《案外人执行异议之诉的裁判要点》,载《人民司法》2020年第14期。

用于居住的房屋。[1] 但对于购买投资型、豪华型房屋的,或者购买商铺等经营性房屋的,原则上不在本条保护范围之内。故房屋套数并非绝对标准,对此需要把握的是,一方面要保护人民群众对美好生活的向往,保护刚性和改善性住房需求;另一方面要依法惩治恶意规避执行的行为。对此,本书认为:应以无房屋为原则,不应考虑既有房屋是否满足生活需求,因为何为现有房屋"无法满足基本生活需要"过于主观,难以判断,此其一;商品房消费者物权期待权是对最低限度生存权的保护,买受人名下无房更符合《执行异议和复议规定》第29条的价值取向,买受人名下有商业房产而无居住用房亦不符合《执行异议和复议规定》第29条的要件,此时的买受人无特殊保护的必要,此其二。

第二,买受人名下无其他用于居住房屋的时间要素。《执行异议和复议规定》第29条只是规定买受人名下无其他用于居住的房屋,但是未限定无房时间,裁判实践存在分歧。有裁判认定为起诉时买受人名下无其他用于居住的房屋;[2]还有裁判认为是对房屋采取执行措施时买受人名下无其他用于居住的房屋。[3] 此外,还有观点认为是"执行标的查封时至执行异议之诉案件判决作出时"[4]。对此,可考虑房屋被人民法院查封至法庭辩论终结之日这段时间,买受人名下无其他用于居住的房屋。一方面这与《执行异议和复议规定》第29条内部构成要件相契合,即合法有效的买卖合同应订立于人民法院查封之前;另一方面以采取保全或者执行措施的时间为准,可以防止买受人通过转移名下其他房产、违反诚实信用来满足本条构成要件。因此,如果在执行标的房屋被查封时,买受人有其他可用于居住的房屋,只是后来相继出售,则不符合该条规定的要件,无权排除执行;再者,前述"执

[1] 参见最高人民法院民事裁定书,(2018)最高法民申4266号。
[2] 参见最高人民法院民事判决书,(2020)最高法民终603号。
[3] 参见最高人民法院民事判决书,(2019)最高法民终1616号。
[4] 《江苏省高级人民法院执行异议及执行异议之诉案件审理指南(二)》第9条。

行标的查封时至执行异议之诉案件判决作出时”中的“案件判决作出时”并不利于人民法院裁判,故“买受人名下无其他用于居住的房屋”应指“自执行标的房屋被查封之日起至法庭辩论终结之日”,该时点更便于判断。

第三,名下无房的主体要素。司法实践中,多数裁判认为仅仅是买受人名下无其他住房即可,并不要求买受人配偶及未成年子女名下无房;[1]但也有相反观点认为,不能仅仅看买受人一人,买受人及其未成年子女以及配偶也需要考察,上述主体之一名下有住房,就可以认定不符合《执行异议和复议规定》第29条。[2] 后一种观点更为妥当。

第四,买受人名下住房的地域范围要素。《执行异议和复议规定》第29条要求买受人名下无其他住房,应考察买受人无房的地域范围是否有限制。对此,裁判实践中有采地级市标准的,[3]也有采直辖市标准的,[4]还有采直辖市中的区县标准的,[5]《九民会纪要》第125条指出,无住房是指在案涉房屋同一设区的市或者县级市范围内,商品房消费者名下没有用于居住的房屋。这一规则较为符合生活常理,原则上应以其为准。

(三)价款要件的廓清

一方面,未达到50%亦可符合条件。《执行异议和复议规定》第29条要求买受人所支付的房屋价款应达到一定比例,即合同约定价款的一半以上,但是未达到50%的亦应符合条件,因为有时消费者未付款达50%系开发商所致,只要消费者补足价款即可。[6] 同时,《执行异议和复议规定》第29条要求“已支付”,似表明在提起执行异议之时已经支付,但是司法实践中有裁

---

〔1〕 参见最高人民法院民事判决书,(2019)最高法民终157号。

〔2〕 参见王毓莹:《不动产买受人提起的执行异议之诉的处理》,载《人民法院报》2019年2月21日,第7版。

〔3〕 参见最高人民法院民事裁定书,(2020)最高法民申4883号。

〔4〕 参见最高人民法院民事判决书,(2017)最高法民终699号。

〔5〕 参见最高人民法院民事判决书,(2019)最高法民终157号。

〔6〕 参见最高人民法院民事裁定书,(2018)最高法民申4266号。

判认为，买受人后续补足购房款亦无不可。[1]《九民会纪要》第125条也对此予以明确。[2]

另一方面，款项是否已经支付属于事实认定问题，款项的支付既可以采取现金方式，也可以采取银行转账等其他形式，只不过二者在证明标准和证明责任上有所不同，一般而言，“对大额购房款支付仅有现金收据而无转账记录的，不予认可”[3]。但是裁判实践中不乏认定现金支付成立的案件。[4]

（四）无须商品房消费者主观善意

除上述《执行异议和复议规定》第29条所明确规定的商品房消费者优先于抵押权人的规范内构成要件外，理论与实践还对“买受人善意”“网签”“预售登记”“预告登记”等要件有争议。本书认为，上述要件均不属于商品房消费者优先于抵押权人的构成要件。由于商品房消费者优先于抵押权人只适用《执行异议和复议规定》第29条，不适用第28条，所以不需要买受人主观善意，因为在二手房买卖中，如果买卖标的之上已经设立了抵押权，则买受人应查询登记簿知晓信息规避风险，若因未了解抵押权设立而最终无法移转所有权，则属于可归责于买受人自身的事由，但是《执行异议和复议规定》第29条并没有此种限制，也就是说，直接从商品房开发商处购买房屋的买受人不需要主观善意的要件和限制。[5]

（五）无须预告登记要件

理论上有观点认为，对于商品房买受人的债权，可以借助预告登记来获

[1] 参见最高人民法院民事裁定书，(2018)最高法民申4883号。

[2] 《九民会纪要》第125条规定，如果商品房消费者支付的价款接近于百分之五十，且已按照合同约定将剩余价款支付给申请执行人或者按照人民法院的要求交付执行的，可以理解为符合该规定的精神。

[3] 陆晓燕：《保障生存利益与维护交易安全的平衡——房地产开发企业破产中购房人权利之顺位研究》，载《法律适用》2016年第3期。

[4] 参见最高人民法院民事裁定书，(2020)最高法民申4410号。

[5] 参见最高人民法院民事裁定书，(2018)最高法民申4883号。

得对抗效力,这是现行法所明定的保护机制,相比之下,《执行异议和复议规定》的规则不仅缺陷较多,而且造成制度的“叠床架屋”,应不再适用、将之废除。[1] 但是观预告登记的法律效力、实践操作规范可以发现,商品房消费者物权期待权往往出现在预告登记所不及之处。其一,商品房开发商一般以建设用地使用权、在建工程向银行抵押融资,如果开发商将建造的商品房销售且为购房者办理预告登记,根据当前不动产登记规则,[2]在建工程抵押的抵押财产不含已经办理预告登记的商品房。其二,在建工程抵押登记后,开发商将商品房销售给购房者,购房者办理预告登记时,根据当前不动产登记规则,[3]不动产登记机构应当先办理在建建筑物抵押权注销登记,再办理预告登记。其三,依据《担保制度司法解释》第51条第2款规定,在建工程抵押不及于尚未建造的部分,因此,在建工程抵押后,开发商将后续建造完成的房屋销售,也不发生抵押权与买受人权利的冲突。其四,实践表明,大部分适用《执行异议和复议规定》第29条的购房人并没有此一要件,而且在实践中进行预告登记的商品房消费者并不多,[4]而这恰恰是需要法律提供保护的。

《执行异议和复议规定》第29条所规定的商品房消费者的债权具有绝对优先性,即使消费者未为预告登记,其同样具有对抵押权的优先性,况且在商品房消费者已经进行预告登记的情况下,其已经具备对抗抵押权人的条件。[5] 故商品房消费者物权期待权与不动产抵押权的冲突大部分都发生在商品房销售并不规范的场合,也是预告登记所不及之处。如开发商在预售中不为购房人办理预告登记,商品房建成后再为购房人办理产权登记,导

---

〔1〕 参见庄加园:《不动产买受人的实体法地位辨析——兼谈〈异议复议规定〉第28条》,载《法治研究》2018年第5期。

〔2〕 参见《不动产登记暂行条例实施细则》第75条。

〔3〕 参见《不动产登记暂行条例实施细则》第86条第4款。

〔4〕 参见冉克平:《〈民法典〉视域中不动产买受人的法律地位——以“执行异议复议”的修改为中心》,载《武汉大学学报(哲学社会科学版)》2021年第3期。

〔5〕 参见石一峰:《房地产企业破产中购房者权益的保护》,载《法学》2022年第12期。

致银行抵押权在先,进而效力优先;抑或银行抵押权设立在先,商品房销售在后,形成购房人所购买的是附抵押权的抵押物之表象,银行主张行使抵押权而购房人主张排除执行;此外,还发生在购房人的销售渠道并非正规渠道的私下交易等场合。

(六)无须网签、预售登记要件

有观点指出,买受人与开发商之间的买卖合同应办理网签或者预售登记,欠缺网签、预售登记条件的商品房买受人不能对抗抵押权人。[1] 但《执行异议和复议规定》第 28 条、第 29 条以及《执行异议之诉解释》(征求意见稿)条文中均没有网签、预售登记的要件。有网签和预售登记只是对购房人购房真实性有较强的证明力。尽管网签在一定程度上可以发挥与预告登记相类似的功效,[2]但是如前所述,《执行异议和复议规定》第 29 条中的商品房消费者不需要预告登记也可对抗抵押权人,不具备网签要件时更是如此。

四、"商品房消费者优先于抵押权人"规则法律效果的廓清

执行异议之诉中,《执行异议和复议规定》第 29 条对商品房消费者的保护仅仅是"消极保护",在商品房消费者排除执行后,其面临的问题是能否涤除抵押权并进而提出确权申请。实践中,有观点认为,此时购房人可申请涤除抵押权,如在"梁某与三亚辉弘旅业开发有限公司房屋买卖合同纠纷案"中,法院指出,"在办理过户登记同时,应解除本案在诉讼保全期间对 28 房的查封;本案执行依据认定 28 房上的抵押登记无效,在执行中也应一并解除"[3]。

---

[1] 参见陆晓燕:《保障生存利益与维护交易安全的平衡——房地产开发企业破产中购房人权利之顺位研究》,载《法律适用》2016 年第 3 期。《江苏省高级人民法院执行异议及执行异议之诉案件审理指南(二)》第 9 条、《江西省高级人民法院关于执行异议之诉案件的审理指南》第 23 条等亦有此要件。

[2] 参见常鹏翱:《中国式买房:网签备案的功能分析》,载《法律科学(西北政法大学学报)》2020 年第 4 期。

[3] 海南省三亚市中级人民法院执行裁定书,(2018)琼 02 执 394 号。

就抵押权的消灭原因,《民法典》第 393 条中并无此类情形,但是应认为,商品房消费者可申请涂销抵押权登记。详言之,抵押权人应当在主债权诉讼时效期间行使抵押权(《民法典》第 419 条规定)。如果主债权诉讼时效期间经过,抵押人就可提出阻碍抵押权行使的相应抗辩,对于此时抵押人是否有权提出涂销抵押权登记的申请并获支持,存在一定的争议。基于物尽其用、促进抵押物流通、发挥抵押物价值的考量,抵押人应可以请求申请涂销登记,否则,抵押权人不能行使抵押权,抵押登记又始终存在,就会造成理论解释上的障碍与实践中的诸多问题。[1] 这一观点也得到《九民会纪要》第 59 条第 1 款的确认。虽然《担保制度司法解释》第 44 条删除了《九民会纪要》第 59 条的上述规则,但是司法实践中"此处理思路(《九民会纪要》第 59 条第 1 款)可以继续沿用"[2]。法律依据为《民法典》第 393 条第 4 项"法律规定担保物权消灭的其他情形"。[3]

一方面,与上述情境相同,在商品房消费者排除抵押权强制执行后,抵押权登记虽然继续存在,但抵押权事实上已经被"架空",无法行使;另一方面,商品房消费者却依然受到抵押权登记的不当影响,如此形成多输局面,不仅抵押权无法实现,商品房消费者物权期待权也沦为了单纯的"期待",名不副实,不利于物尽其用和财产流转。[4] 借鉴上述思路,此时商品房消费者可申请涂销抵押权登记,属于《民法典》第 393 条第 4 项"法律规定担保物权消灭的其他情形"。

---

〔1〕 参见刘保玉:《民法典物权编(草案)担保物权部分的修改建议》,载《法学杂志》2019 年第 3 期。

〔2〕 刘贵祥:《民法典关于担保的几个重大问题》,载《法律适用》2021 年第 1 期。

〔3〕 对此方面的分析参见曹明哲:《〈民法典担保制度司法解释〉对担保从属性的贯彻与适用》,载《法律适用》2021 年第 9 期。

〔4〕 参见万强:《执行异议之诉可导致抵押权消灭并涂销》,载《人民法院报》2020 年 12 月 3 日,第 8 版。

五、“商品房消费者优先于抵押权人”规则在破产程序中的廓清

前述主要阐述了商品房消费者优先于抵押权人规则在执行异议之诉中的适用。除此之外，在当前不少房地产开发企业进入破产程序的背景下，商品房消费者与抵押权人的权利竞存与冲突更直接反映于破产程序中，即在破产程序中，当商品房消费者与抵押权人发生权利冲突时，是否仍然延续对商品房消费者予以优先保护的价值判断？2023 年《商品房消费者权利保护批复》就商品房消费者在何种条件下优先于抵押权人作出了规定，为破产程序中相关问题的认定提供了法律依据。

（一）规则要件

《商品房消费者权利保护批复》第 1 条延续《新建工司法解释一》第 36 条的规定。该条最早源于 2002 年《建设工程价款优先受偿权批复》，即建设工程价款优先受偿权恒优先于不动产抵押权，这样规定主要是考虑到平衡建筑产业发展与承包人利益保护。[1] 这一司法解释在《民法典》施行后即被废止，最终移至《新建工司法解释一》第 36 条。

《商品房消费者权利保护批复》第 2 条明确了商品房消费者对楼房的交付请求权可以优先于抵押权人的条件。这一规定解决了在房地产破产企业背景下如何处理商品房消费者和抵押权人关系的难题。在 2002 年《建设工程价款优先受偿权批复》被废除后，实践中如何处理该问题已经无法可依，有观点主张参照适用《执行异议和复议规定》第 29 条中的相关要件，但毕竟程序不同，利益平衡侧重不同，这并非上策。《商品房消费者权利保护批复》意欲解决此问题，并为商品房消费者设置了两个要件，一是以居住为目的，二是交付全部价款。与《执行异议和复议规定》第 29 条相比，没有了“买受人名下无其他住房”的要求，对买受人的保护力度更为宽松，这就意味着即

---

〔1〕 参见汪治平：《建设工程价款优先受偿权的若干问题》，载《人民司法》2002 年第 8 期。

便买受人名下有其他住房,也不影响其优先于抵押权人。就价款要件,买受人必须支付全部价款,而不再是《执行异议和复议规定》第29条的50%价款标准。

就《商品房消费者权利保护批复》中以居住为目的的判断,可以参照前述《执行异议和复议规定》第29条、《九民会纪要》第125条以及执行异议和复议、执行异议之诉中判断何为居住的相关标准。不过破产重整实践中,即便是不符合"居住"目的的消费者也可能会优先于抵押权人,这是因为破产程序中通过债权人自治形成的方案不一定完全符合法律和司法解释所规定的构成要件。比如2022年浙江法院十大典型案例"余姚世模投资有限公司重整案"中,购房人所购房屋性质为工业厂房和商铺,非居住用房,但此案中140余名担保物权人和建设工程价款优先权人全部同意优先向购房人交付房屋。这也充分体现出破产程序在化解企业债务危机方面的独特优势。

《商品房消费者权利保护批复》第3条明确了在房屋无法交付的情形下,商品房消费者的价款返还请求权优先于抵押权。对于在烂尾楼背景下,商品房消费者的价款返还请求权是否优先,司法实践曾经存在不同的做法,有所谓"优先债权"、"共益债权"和"普通债权"等不同观点。[1] 2014年最高人民法院曾经在"彩石案"的批复中明确,即便是破产程序,商品房消费者的购房款返还请求权也优先于抵押权,与《建设工程价款优先受偿权批复》精神相同。[2]《商品房消费者权利保护批复》延续了最高人民法院既有的

---

〔1〕参见最高人民法院民事裁定书,(2021)最高法民申1382号;安徽省芜湖市中级人民法院民事判决书,(2020)皖02民终1018号。

〔2〕《最高人民法院针对山东省高级人民法院就处置济南彩石山庄房屋买卖合同纠纷案请示的答复》第2条规定:"基于《批复》保护处于弱势地位的房屋买受人的精神,对于《批复》第二条'承包人的工程价款优先受偿权不得对抗买受人'的规定,应当理解为既不得对抗买受人在房屋建成情况下的房屋交付请求权,也不得对抗买受人在房屋未建成等情况下的购房款返还请求权。"第4条中规定:"2.与执行程序相比,破产程序能更好地清理债权债务。在破产程序中,《批复》关于优先保护商品房买受人权利的规定也应予以适用,请你院考虑可否引导相关案件通过破产程序处理。"

政策做法，将个案的批复提高到了司法解释这一更高的层次和位阶，实现了对商品房消费者从执行异议、执行异议之诉到破产程序的全链条保护。需要注意的是，《商品房消费者权利保护批复》第 3 条仅限于商品房消费者的购房款返还请求权，基于房地产开发企业延迟交付房屋等违约行为所产生的违约损害赔偿请求权则并不具备这种优先性，只能作为普通债权申报。

（二）弦外之音

《商品房消费者权利保护批复》实施后，购房人可以申请涂销抵押权登记的结论可不再经由解释得出，第 2 条可以为上述问题的解决提供法律依据，因第 2 条关于“主张其房屋交付请求权优先于建设工程价款优先受偿权、抵押权以及其他债权”的表述，并不限于排除执行，内含商品房消费者可以请求办理商品房过户登记，进而获得完全性物权之意，故《商品房消费者权利保护批复》的规定可以为商品房消费者的涤除抵押权并办理过户登记请求提供法律依据。

（三）未解之问

《商品房消费者权利保护批复》与《执行异议和复议规定》第 29 条相比，没有了“买受人名下无其他住房”的要求，不再限定商品房消费者名下无其他住房，同时在价款要件上也不尽相同。因此，有疑问的是，《商品房消费者权利保护批复》与《执行异议和复议规定》第 29 条在法律适用上有何关系。对此，依据不同的解释路径，大致有两种不同观点。

第一种观点为二者泾渭分明，各自独立适用。《执行异议和复议规定》第 29 条仅适用于执行异议和复议程序以及执行异议之诉，因其只可解决是否准许执行抑或排除执行的问题；而《商品房消费者权利保护批复》则适用于商品房消费者起诉房屋过户或者涤除不动产抵押权的诉讼，其不再是“消极保护”，而是“积极保护”；此外，《商品房消费者权利保护批复》系在“保交楼”背景下发布，故仅应适用于“保交楼”项目。因此，二者适用范围和条件各不相同，不存在法律适用方面的矛盾冲突。第二种观点为《商品房消费者权利保护批复》在实质上修改了《执行异议和复议规定》第29条。二者均属相同位阶的司法解释,但《商品房消费者权利保护批复》属新法,故按照新法优于旧法的原则,《商品房消费者权利保护批复》优先适用。

从规则条文以及出台背景看,《商品房消费者权利保护批复》在实质上修改了《执行异议和复议规定》第29条的构成要件。第一,"积极保护"天然囊括"消极保护"。《执行异议和复议规定》第29条系判断商品房消费者能否排除抵押权人强制执行不动产的标准,但《商品房消费者权利保护批复》在文意上并未将其限定于执行程序,其适用于"人民法院在审理房地产开发企业因商品房已售逾期难交付引发的相关纠纷案件中涉及的商品房消费者权利保护问题",是对商品房消费者权利要件与法律效果的规定。商品房消费者的这一权利不仅仅具备"防御"功能,也具备可以要求开发商办理过户登记的功能。一项完备的权利应当然具备防御功能,因此商品房消费者当然可在执行程序中依据《商品房消费者权利保护批复》请求排除抵押权人的执行。在适用范围上,《商品房消费者权利保护批复》适用于包括执行程序在内的其他审判、执行、破产程序,且其作为新法应优先适用。第二,《商品房消费者权利保护批复》的相应修改更符合当前形势。《商品房消费者权利保护批复》对商品房消费者倾斜保护的立场更符合如放松限购、降低首付比例和贷款利率等住房调控政策的变化。此外,现实生活中,商品房消费者将资金用于购买改善型住房时,虽然通常名下并非只有一套房屋,但往往仍需要投入所有积蓄甚至进行举债,大部分情况下改善型住房的买受人在签署合同后已支付了房屋全款,如果直接排除其对房屋享有的权利,对其居住权利的伤害是显而易见的,亦不公平,因此对商品房消费者的保护应当重点关注案涉房屋是否实际用于居住。[1] 鉴于此,建议最高人民法院通过指导性案例、公布法答网相关解答等形式,统一《商

---

〔1〕 参见夏伟、蒋帅:《简述〈商品房消费者权利保护批复〉的适用范围》,载微信公众号"天同诉讼圈"2023年5月25日,https://mp.weixin.qq.com/s/0IypsjtJDcOuE-8oO0Qpag。

品房消费者权利保护批复》与《执行异议和复议规定》第 29 条的适用,厘清二者的法律适用关系。[1]

第三节　正常经营活动买受人规则对动产担保物权的限制

一、正常经营活动买受人规则要件释论

动产抵押权具备追及效力,不过,在正常经营活动买受人背景下,其追及效力会被阻断。就正常经营活动买受人规则,《民法典》第 404 条修改了《物权法》第 189 条第 2 款,将其适用范围从动产浮动抵押扩展至一般动产担保交易,使买受人不必负担查询登记的义务,提升交易效率,保护了市场主体在交易时的合理预期,该规则“也是动产抵押登记对抗规则的一种例外情形”[2]。《担保制度司法解释》重点对《民法典》第 404 条中“正常经营活动”这一构成要件作出解释,采取“定义 + 列举”的方式,从正反两方面分别规定。

(一)正向定义

正向方面,《担保制度司法解释》第 56 条第 2 款指出,正常经营活动指向的是“出卖人”,非买受人。就何为正常经营活动,司法解释提供了两个标准,分别是“营业执照记载”与“持续销售同类商品”。强调营业执照记载是因为目前很多企业的营业执照所记载的经营范围都有一个兜底性的概括描述,凡是纳入概括描述经营范围的,企业不能将其作为纳税事项开具发票,因此不属于出卖人的正常经营活动;之所以强调出卖人必须持续销售同类

[1] 参见重庆破产法庭:《法答网|〈执行异议和复议规定〉第二十九条和〈商品房消费者权利保护批复〉第二条如何协调适用》,载微信公众号“重庆破产法庭”2024 年 5 月 29 日,https://mp.weixin.qq.com/s/yIxBKmysm9EKtweNSKJHOQ。

[2] 杨善长:《民法典编纂背景下动产抵押登记对抗规则的解释和完善》,载《山东社会科学》2020 年第 1 期。

商品,是因为很多企业营业执照记载的经营范围可能很广泛,但企业真正开展持续性经营的经营范围却较为狭窄,如果买受人在企业没有持续性经营的事项方面与出卖人进行交易,就应将其视为异常交易,买受人也就不能被豁免查询登记。[1]

"营业执照记载"标准在判断上较为容易、操作亦较为简单,有学者指出,经营范围是一个相对客观、透明的标准,且互联网时代查询企业登记的经营范围之成本可忽略不计,此标准较为合理,[2]能对买受人起到提示作用,使其从事出卖人经营范围内的交易,对交易的保障性更强。[3] 但是也有学者质疑。首先,在公开市场购买商品的买受人,一般不会查看并判断营业执照与出卖人的出售行为是否相符,[4]让买受人(其中绝大多数是消费者)判断出卖人出卖的是否系与其主业匹配的动产,注意义务要求未免太高。[5]其次,要求出卖人具有相应经营资格与鼓励营业自由的时代背景相悖,更是超出了"正常经营活动"的文义范围;[6]而且,不是所有的出卖人都有营业执照,根据《民法典》第396条,农业生产者可以设定浮动抵押,但其很可能无营业执照,若因此被排除在外,就不甚妥当。比较法上,《贸易法委员会担保交易立法指南》对正常经营活动的阐述为,资产出卖人必须是经营该类资产销售的人,担保资产不能是出卖人通常不出售的物品,不可采用与出卖人通常采用的方式不同的方式进行出售。[7] 《美国统一商法典》在第1－201

---

〔1〕 参见最高人民法院民事审判第二庭:《最高人民法院民法典担保制度司法解释理解与适用》,人民法院出版社2021年版,第485页。

〔2〕 参见张素华、李鸣捷:《〈民法典〉"正常经营买受人规则"的解释论》,载《北方法学》2021年第3期。

〔3〕 参见刘竞元:《民法典动产担保的发展及其法律适用》,载《法学家》2021年第1期。

〔4〕 参见谢鸿飞:《动产担保物权的规则变革与法律适用》,载《国家检察官学院学报》2020年第4期。

〔5〕 参见孟勤国:《回归现代生活的担保物权》,载《法治研究》2021年第4期。

〔6〕 参见高圣平:《民法典动产担保权登记对抗规则的解释论》,载《中外法学》2020年第4期。

〔7〕 See United Nations Commission on International Trade Law, *UNCITRAL Legislative Guide on Secured Transactions*, United Nations, 2010, p. 202.

条对正常经营的定义是"以出卖该类有体动产为业"。[1]

本书认为,营业执照就经营范围的记载一般与出卖人经营范围相同,但即便二者不同,只要客观上使得买受人有理由相信出卖人是从事销售该类动产的,也应认定符合正常经营活动。而"持续销售"标准在比较法上未有相关依据,且何为持续易产生争议,出卖人初次营业或者出卖人在营业中改变商品销售种类的,也仍然属于正常经营活动,但不属于持续销售。故《担保制度司法解释》第 56 条第 2 款对正常经营活动的界定属于典型情形,但无法涵盖所有情形,司法实践中仍然需要具体分析。

(二)反向排除

反向方面,《担保制度司法解释》第 56 条第 1 款规定了五种不属于正常经营活动的情形,分别是"大额交易"、"生产资料交易"、"担保交易"、"关联交易"以及其他情形。

"大额交易",是指购买商品的数量超出一般买受人,但是该标准仍然较为模糊,而且买受人并不限于典型情形的消费者,也包括批发商,且后者的购买数量往往较多。有学者指出,仅以数量多寡作为判断标准,容易诱发阻碍货物流通的不利影响,《美国统一商法典》原第 6 编的"大宗转让"是指转让存货中的主要部分而不通知债权人,由于可能伴随债务人携款潜逃的风险,因而这类出售不符合转让人所从事行业或其自身的通常习惯,不属于正常经营范围,大宗转让的核心在于转让经营中的大部分存货,美国法院通常需要比较出售货物占全部存货和设备的价值比例,如高于 50%。[2] 关于"生产资料交易",在《美国统一商法典》中,"物品"分为消费品、农产品、存货以及设备,正常经营活动买受人规则主要适用于存货担保物,生产设备担

---

[1] 参见美国法学会、美国统一州法委员会:《美国〈统一商法典〉及其正式评述》(第 3 卷),高圣平译,中国人民大学出版社 2006 年版,第 212 页。

[2] 参见庄加园:《探析抵押动产的正常经营买受人规则》,载《法学》2023 年第 1 期。

保不能适用正常经营活动中的买受人不受追及规则。[1] 故某一动产的买卖是否属于正常经营活动具有“相对性”，非一成不变。[2] “担保交易”，系指买卖型担保，该交易实质在于担保，而非正常经营，对此时的“买受人”不应给予《民法典》第404条的特殊保护，在司法实践中，将买卖合同认定为担保交易应结合证据认定。至于“关联交易”，并不必然不属于出卖人层面的正常经营活动，也不当然不具备合理价款而有害公平，故一律排除是否妥当，值得反思。[3]

关于《担保制度司法解释》第56条第1款第5项，该规则将买受人查询登记与正常经营活动买受人规则挂钩，本书认为此规定或令人产生误解。因为按照《担保制度司法解释》第56条第1款第5项之意，如果买受人负有查询义务并进行了查询，那么其就应该获得正常经营活动买受人规则的保护，但事实并非如此，例如出卖人出售了其生产设备，买受人查询了登记，此时买受人仍然无法适用正常经营活动买受人规则。有观点也指出，“从《民法典》第404条的文义上看，立法者并未对买受人的身份作出限定，而正常经营活动亦仅指向出卖人，与买受人无涉。因此，除非存在合目的性的正当理由，否则不宜对买受人的身份进行限制”[4]。第56条第1款第5项作为兜底条款容易被误解为买受人普遍负有查询义务，这可能源于司法解释起草者沿袭了不动产担保物权静态保护的思想，未考虑到担保动产的流通需求，因此在解释上应将第56条第1款第5项限缩为“买受人知道存在侵害担保物权的其他情形”。[5]

---

〔1〕 参见董学立:《浮动抵押的财产变动与效力限制》,载《法学研究》2020年第1期。
〔2〕 参见刘竟元:《民法典动产担保的发展及其法律适用》,载《法学家》2021年第1期。
〔3〕 参见郑永宽:《论“正常经营活动买受人”的善意要求》,载《中国法学》2023年第4期。
〔4〕 张素华、李鸣捷:《〈民法典〉“正常经营买受人规则”的解释论》,载《北方法学》2021年第3期。
〔5〕 参见庄加园:《探析抵押动产的正常经营买受人规则》,载《法学》2023年第1期。

（三）善意要件的辨析

《担保制度司法解释》第 56 条第 1 款第 5 项实际上涉及了正常经营活动买受人规则中的另一构成要件——“善意”，该规则似表明《担保制度司法解释》在《民法典》第 404 条之外，增加了“善意”这一构成要件。不过，一旦要求买受人善意，对买受人的保护逻辑将转换为信赖保护法理，而非对于正常经营活动中买受人免受动产担保交易侵扰的特别政策考量；而且，应当查询登记的情形模糊难断，可能造成司法裁判纠缠于主观情节的疑难与混乱，传递给当事人不确定的预期，增加交易成本，损及交易效率，甚至阻碍交易的进行。[1]

《民法典》第 404 条本身的文义未做善意的要求，在《美国统一商法典》第 9－102 条、第 9－320 条中，正常经营活动买受人被界定为“善意且不知道该买卖侵犯了其他人权利”的买受人。[2]《贸易法委员会担保交易立法指南》也指出，“买受人必须不知道该出售侵犯了担保物权人按照担保协议享有的权利”，例如，买受人不知道担保协议的条款禁止该出售，即属于此种情形。[3] 我国学者亦多认为，如果当事人在担保协议中约定了抵押人不得处分抵押物，第三人知道该条款并且仍然买受该担保物，就侵害了他人基于合同所享有的担保物权，此时不适用正常经营活动买受人规则。[4] 因此，即便《担保制度司法解释》在《民法典》第 404 条之外增加了“善意”这一构成要件，此处的“善意”含义也与《民法典》第 403 条（登记对抗中的善意第三人）不同，后者的“善意”指第三人对标的物上存在抵押权不知情和不应知

---

〔1〕参见郑永宽：《论“正常经营活动买受人”的善意要求》，载《中国法学》2023 年第 4 期。

〔2〕参见美国法学会、美国统一州法委员会：《美国〈统一商法典〉及其正式评述》（第 3 卷），高圣平译，中国人民大学出版社 2006 年版，第 212 页。

〔3〕See United Nations Commission on International Trade Law, *UNCITRAL Legislative Guide on Secured Transactions*, United Nations, 2010, p. 202.

〔4〕参见龙俊：《动产抵押对抗规则研究》，载《法学家》2016 年第 3 期；纪海龙、张玉涛：《〈民法典物权编（草案）〉中的“正常经营买受人规则”》，载《云南社会科学》2019 年第 5 期。

情,[1]但是在正常经营活动买受人规则中,即便买受人知道出卖人所售动产上存在担保物权,买受人仍然构成善意,即“相对人仅知悉受让之目标系担保权之目标,不在此限”[2],《美国统一商法典》第 9 - 320 条明确规定,“即使该担保物权已公示且买受人已知道其存在,也不例外”。[3]

综上所述,《担保制度司法解释》第 56 条对正常经营活动的解释多属于一般情形,在司法实践中仍然需要具体判断。该规则中,即便买受人知道出卖人所售动产上存在担保物权,买受人仍然构成善意。

二、与商品房消费者物权期待权规则之比较

如前所述,有观点指出,对于商品房消费者物权期待权的正当性和适用,可从《民法典》第 404 条正常经营活动买受人规则中寻求依据。正常经营活动买受人规则对债务人持有的待售存货上的担保权益的“完善”的保护性价值设置如此重要的限制,以至于有学者将动产担保物权称为“半担保”,担保权益对债务人本人和各种第三方索赔人仍然有效,包括债务人的破产管理人,但对某些善意的购买者或正常经营过程中的购买者则没有效力。[4]故类似地,若消费者购买开发商预售的房屋,该房屋之上已经设定了抵押权,此种情形与正常经营活动买受人规则中,消费者购买附有担保物权的财产但可以获得无担保物权的所有权的情形相同。因此,可以将《民法典》第 404 条适用于商品房的买卖中,即出卖人是专门从事房地产销售的开发商,

---

〔1〕 参见高圣平:《担保法论》,法律出版社 2009 年版,第 405 页。

〔2〕 谢在全:《浮动资产担保权之建立——以台湾地区“企业资产担保法草案”为中心》,载《交大法学》2017 年第 4 期。

〔3〕 美国法学会、美国统一州法委员会:《美国〈统一商法典〉及其正式评述》(第 3 卷),高圣平译,中国人民大学出版社 2006 年版,第 211 页。

〔4〕 See Robert H. Skilton, *Buyer in Ordinary Course of Business under Article* 9 *of the Uniform Commercial Code* (*and Related Matters*), 1974 Wis. L. Rev. 1 (1974).

而买受人则指购买房屋不动产的消费者。[1]

正常经营活动买受人规则与商品房消费者物权期待权规则的相同点在于：二者均是担保物权追及力的例外，而且无论买受人是否知晓标的物上存在担保物权，均不影响买受人的"善意"，这也是二者能够联系在一起的原因；同时，开发商销售商品房亦基本符合正常经营活动的定义。不过，二者在"支付合理价款"与"取得抵押财产"两个要件方面存在不一致。

从《执行异议和复议规定》第29条的规定看，商品房消费者物权期待权规则中并不要求"取得占有"，商品房消费者更是无法获得标的物所有权。价款方面则要求买受人实际支付并有数额限制（不少于50%）。

正常经营活动买受人规则目前在这两个要件上均存在争议。对于正常经营活动买受人规则中价款是否需要实际支付：一种观点认为，只需要约定的是合理价款即可。[2] 就规则文义而言，合理价款须已支付似乎缺乏合理依据，在比较法上，《美国统一商法典》和《贸易法委员会担保交易立法指南》均未规定正常经营活动买受人规则的适用以买受人已支付合理价款为要件，即使合理价款尚未支付，担保人对价款所享有的债权亦属其责任财产，无论是为确保担保人财产不因交易而不合理减少，还是买受人对交易动产所有权的取得，均不取决于买受人是否已支付合理价款。而且，若要求已支付，是否需要全部支付抑或支付多少，亦属适用之争论问题。[3] 另一种观点认为，其中的价款必须实际支付。[4] 还有观点指出，对"已支付合理价款"这一要件亦应契合商业实践作出灵活解释，"已支付合理价款"不以支付金钱为限，各种替代金钱的方式均在其列。[5]

---

[1] 参见吴光荣：《〈民法典〉对担保制度的新发展及其实践影响——兼论〈民法典担保制度司法解释〉的适用范围》，载《法治研究》2021年第4期。

[2] 参见纪海龙、张玉涛：《〈民法典物权编（草案）〉中的"正常经营买受人规则"》，载《云南社会科学》2019年第5期。

[3] 参见郑永宽：《论"正常经营活动买受人"的善意要求》，载《中国法学》2023年第4期。

[4] 参见龙俊：《民法典中的动产和权利担保体系》，载《法学研究》2020年第6期。

[5] 参见高圣平：《民法典动产担保权登记对抗规则的解释论》，载《中外法学》2020年第4期。

对于该规则是否要求实际取得抵押财产：一种观点认为，买受人必须同时取得所有权和占有，[1]若买受人未取得所有权，其仅享有对出卖人的债权，不能阻断担保物权的追及效力。[2]另一种观点认为，只要所受让的抵押物已经特定或可得确定，就可以认定满足了"取得抵押财产"要件。[3]

因此，比较来看，虽然正常经营活动买受人规则可以作为商品房消费者物权期待权规则的一个理论基础，但是在具体规则方面二者有所区分为宜。首先，商品房消费者物权期待权规则在2015年由《执行异议和复议规定》确认以来，已为司法实践所熟悉和接受，从最高人民法院发布《执行异议之诉解释》(征求意见稿)来看，其中的构成要件亦大概率会在执行异议之诉的司法解释中得以延续。而正常经营活动买受人规则的构成要件则尚存争议。其次，由于一手商品房交易中各类环节更多、事实要件更多，因此不宜与移转占有即可取得所有权的动产买卖相同。最后，尽管商品房消费者物权期待权目前的主要应用是排除担保物权人的强制执行，但是其事实上也应具有帮助商品房消费者取得房屋所有权的功能；但是，正常经营活动买受人规则并非旨在剥夺所有权，而是切断动产担保，所以其不需要买受人取得担保财产的所有权，也不需要支付价款，因为动产担保可以明示或者默示地延伸至作为买受价款的收益。[4]若比照动产担保中正常经营活动买受人规则设计商品房消费者物权期待权规则，则与现有的商品房消费者物权期待权规则完全不同。故二者的制度理念与构成要件存在差异。

---

〔1〕参见谢鸿飞：《动产担保物权的规则变革与法律适用》，载《国家检察官学院学报》2020年第4期。

〔2〕参见王利明：《论正常经营买受人规则》，载《东方法学》2021年第4期。

〔3〕参见董学立：《浮动抵押的财产变动与效力限制》，载《法学研究》2010年第1期。

〔4〕参见庄加园：《探析抵押动产的正常经营买受人规则》，载《法学》2023年第1期。

第四节　本章小结

担保物权与所有权的竞存，系指担保物转让情形下，受让人所有权与担保物权之间的关系，即担保物权人能否向受让人主张实现担保物权，抑或受让人能否获得无物上负担的所有权，涉及担保物权追及效力。因此前述内容属于担保财产转让中发生的权利竞存。

《民法典》第 406 条明确了抵押财产可自由转让，同时明确当事人间另有约定除外，就此处另有约定的含义及法律效果，《担保制度司法解释》第 43 条将“禁止或者限制转让抵押财产”条款置于登记之中，赋予其对抗效力。在不动产抵押权场景下当无疑义，但是就动产而言，动产担保物权登记不同于不动产抵押权登记，是一种通知登记，并不能使登记内容具有推定知情的效力，因此在动产担保物权场景，应坚持当事人之间的另外约定仅发生债法上的相对效力的结论。

就不动产抵押物转让时产生的权利竞存，较为典型的是商品房消费者物权期待权与抵押权之间的竞存关系，集中体现在执行异议之诉和破产程序中。虽然商品房消费者物权期待权并非所有权，但其具有优先于不动产抵押权的效力，构成不动产抵押权追及效力的重要例外。“商品房消费者物权期待权优先于抵押权”规则虽然为《执行异议和复议规定》第 29 条与《商品房消费者权利保护批复》所明定，但其适用要件、适用后果等存在观点分歧，应结合既有司法裁判明晰相关要件的内涵，如此，商品房消费者物权期待权对不动产抵押权优先效力的限制才更为合理与正当。

就动产担保物转让而言，基于对交易效率的提高与交易安全的维护，确保动产担保物流通顺畅，正常经营活动买受人规则必不可少。在这一规则下，动产担保物权人不得对抗买受人。这一规则中，担保物出卖人必须是经营该类资产销售的人，以出卖该类有体动产为业。《民法典》第 404 条文义上未做善意的要求,但正常经营活动买受人应被界定为“善意且不知道该买卖侵犯了其他人权利”的买受人,也就是说,即便买受人知道出卖人所售动产上存在担保物权,买受人仍然构成善意。

第七章

担保物权与法定优先权竞存论

基于特殊政策目标，在我国法律中，有一类权利被称为法定优先权，[1]其也会与担保物权产生权利竞存。典型如税收征管领域，税收优先权对担保物权有一定的优先性；拆迁安置领域，被拆迁人特种债权在一定场合优先于不动产抵押权。此外，在破产重整场合，是否赋予重整融资以优先于担保物权的优先顺位，在比较法和理论上有所争议。因这些法定优先权蕴含特定价值考量，本章专章论述。

[1] 关于优先权概念的辨析与梳理，参见袁野：《优先权之反思与重述》，载《交大法学》2024年第2期。

第一节　税收优先权与担保物权的先后之争

《税收征收管理法》第 45 条规定了所谓的税收优先权,[1]其重要意义在于,将税收债权提升到与担保物权"一较高下"的地位,[2]依《税收征收管理法》第 45 条的规定,如果税收债权先于担保物权产生,则该税收债权在顺位上优先于担保物权。有观点指出,税收债权为普通债权,而担保物权为物权,按照物权对外优先效力一般原则,附担保的债权必然优先于普通债权受偿,但是依《税收征收管理法》第 45 条的规定,结论却恰恰相反,这违背了物权优先效力的一般理论。[3]

对于税收优先权与担保物权之间的顺位关系,立法论、解释论角度多有研讨,但是,既有研究鲜有从司法裁判出发对司法实践中的二者关系进行考察。[4] 由于不动产买卖涉及的税收种类较多、较为典型,故本部分以不动产抵押权与税收优先权的冲突为主题,在梳理相关司法裁判分歧的基础上,从解释论角度对不动产抵押权与税收优先权的顺位关系进行分析,以期实现对《税收征收管理法》第 45 条的妥当适用以及税收优先权对不动产抵押权优先效力限制的正当性论证。

一、司法程序中不动产抵押权与税收优先权竞存的典型场景

在司法实践中,不动产抵押权与税收优先权发生竞存主要有以下两种

---

〔1〕《税收征收管理法》第 45 条规定,税务机关征收税款,税收优先于无担保债权,法律另有规定的除外;纳税人欠缴的税款发生在纳税人以其财产设定抵押、质押或者纳税人的财产被留置之前的,税收应当先于抵押权、质权、留置权执行。纳税人欠缴税款,同时又被行政机关决定处以罚款、没收违法所得的,税收优先于罚款、没收违法所得。税务机关应当对纳税人欠缴税款的情况定期予以公告。

〔2〕参见熊伟、王宗涛:《中国税收优先权制度的存废之辩》,载《法学评论》2013 年第 2 期。

〔3〕参见蒋辉宇:《破产清算程序中税收债权受偿顺位的重构》,载《税务研究》2017 年第 11 期。

〔4〕参见李刚、郑晶晶:《有关税收优先权的司法案例实证分析——兼评〈税收征管法修订草案(征求意见稿)〉相关条文》,载《税务研究》2020 年第 7 期。

情形。

其一,司法拍卖中抵押财产变价产生税款的情形。在民事执行尤其是司法拍卖中,作为抵押财产的不动产在变价中需要缴纳相应税款,常见的税负包括印花税、契税、营业税、土地增值税、个人所得税等。[1] 对于拍卖款的分配,税务机关的税收优先权与不动产抵押权之间产生竞存,税务机关认为基于税收优先权,其应优先在变价款中扣除税款,而抵押权人则认为依《税收征收管理法》第45条的规定,其抵押权的产生时间在先,应优先于司法拍卖中产生的税收优先权。[2]

其二,破产债权申报与破产财产分配中既存的"欠税"情形。破产债务人在经营过程中"欠税",由于超过法定缴纳期限进而产生税款。[3] 对此,税务机关往往要求破产管理人确认其税收债权,并主张其对不动产抵押权的优先地位。对此,有的裁判认为,依《税收征收管理法》第45条的规定,税款产生时间早于不动产抵押权设定时间,应优先受偿;还有的裁判认为,《税收征收管理法》第45条在破产程序中应暂停适用。

二、司法拍卖中税收优先权对抵押权优先效力的限制解释论

(一)司法拍卖公告中关于税款负担约定的效力

司法拍卖中税收优先权与抵押权的竞存顺位关系这一问题,与司法拍

---

〔1〕 如依据《中华人民共和国印花税法》第1条、《中华人民共和国契税法》第1条、《中华人民共和国增值税法》第3条等规定,一般由出卖方缴纳营业税、土地增值税、印花税等,买受方缴纳契税、印花税等。

〔2〕 在民事强制执行立法过程中对此问题的相关争议和不同观点,参见邵长茂、谷佳杰:《民事强制执行立法的重点难点问题——民事强制执行立法专家论证会会议综述》,载最高人民法院执行局编:《执行工作指导》2019年第3辑(总第71辑),人民法院出版社2020年版,第33~46页。

〔3〕 例如,依照《企业所得税法》第54条,采取分月或者分季预缴、年度终了之日起5个月内汇算清缴的企业所得税;又如,依照《房产税暂行条例》第7条,采取按年征收、分期缴纳的房产税等。参见金殿军:《税收优先权在民事执行中的实现路径》,载《人民法院报》2021年9月8日,第7版。

卖实践中税款负担条款的约定有密切关系。

实践中，不少司法拍卖的公告中，存在“不动产过户产生的税款由买受人支付”“标的物按现状整体净价拍卖”等内容，这样的规定实际上是将由被执行人即出卖人承担的税款转由买受人承担，与我国相关税法的法律规定有所不同。对于此种约定情形下税务机关主张在拍卖款中优先分配的请求，或者此类拍卖公告的内容是否有效，司法裁判存在不同观点。一种观点认为，上述司法拍卖公告的约定合法有效，此时税务机关要求从拍卖款中优先分配的请求不能成立：〔1〕其一，成交协议及拍卖过程合法有效，按照拍卖公告以及成交协议，拍卖过程产生的税费不应在拍卖所得款项中扣除，而且净价拍卖作为使执行标的物价值实现最大化的一种拍卖方式，在全国各地法院执行实践中已是一种通行的做法，在拍卖环节经常被采用；〔2〕其二，买受人按照拍卖公告的约定交纳拍卖保证金，拍卖成交后交纳拍卖尾款，上述行为应视为其已知道或应当知道法院拍卖公告中所告知的拍卖标的物成交所产生的相关交易税费均由买受人承担的约定，相应的法律后果亦应由其自己承担；〔3〕其三，司法拍卖中规定起拍价和成交价不含税费且原产权人的税费由买受人承担，相比较起拍价和成交价包含税费且原产权人自行承担税费而言，前者成交价会较低，后者成交价会较高，故最终并未增加司法拍卖中买受人的负担。〔4〕 在此观点之下，由于司法拍卖中的税款由买受人负担，不在变价款中另行支出，故不产生税收优先权与不动产抵押权的竞存。

另一种观点认为，上述拍卖公告中的所谓“一切税费均由买受人承担”违反最高人民法院《网络拍卖规定》，对于税费负担应严格按照法律、司法解释的规定处理，不同税种由相应的纳税主体承担，执行机构在拍卖公告中要

---

〔1〕 参见广东省高级人民法院民事判决书，(2018)粤民终2200号。

〔2〕 参见海南省高级人民法院执行裁定书，(2015)琼执复字第8号、(2015)琼执复字第9号。

〔3〕 参见福建省福州市中级人民法院执行裁定书，(2019)闽01执异125号。

〔4〕 参见浙江省杭州市中级人民法院民事判决书，(2018)浙01民终5253号。

求买受人承担过户所涉及的一切税费，确有不妥，该公告中关于税费承担的内容应予修改完善。[1] 况且，根据相关规定，即便是拍卖过程中的收入，纳税人也要申报缴纳税款，人民法院亦有协助义务，根据《国家税务总局关于人民法院强制执行被执行人财产有关税收问题的复函》，对拍卖财产的全部收入，纳税人均应依法申报缴纳税款，人民法院应当协助税务机关依法优先从拍卖收入中征收税款。[2] 在此观点之下，税收优先权即与不动产抵押权对变价款发生权利竞存。

与前述相对应，有的司法拍卖公告对税款负担没有约定。对此，一种观点认为，依照《税收征收管理法》第 45 条的规定，由于司法拍卖中产生的税收优先权在后，所以其在顺位上劣后于不动产抵押权。税收优先权与担保物权竞存时，依据欠税发生时间和担保物权设定时间的先后判断二者的优先顺位，欠税发生时间应当是司法拍卖成交确认之时，此时间点必然在设定抵押权之后，拍卖所得价款应当先支付给抵押权人。[3] 新生税款的发生时间比前期欠税和担保债权的时间都晚，不应作为执行费用最先受偿。[4] 另一种观点则认为，《税收征收管理法》第 45 条仅仅系就纳税人之前欠缴的税款与担保物权受偿顺序所作的规定，在拍卖过程中产生的税款负担问题，与上述规定无关联性。[5] 该条中"欠缴的税款"应指企业在生产经营活动中所欠缴的税款，即历史"欠税"，并非处置被执行人不动产而产生的一次性的交易税费，执行法院协助税务机关抵扣的税款与《税收征收管理法》第 45 条

---

〔1〕 参见河北省唐山市中级人民法院执行裁定书，(2020)冀 02 执异 1049 号。

〔2〕 参见甘肃省高级人民法院执行裁定书，(2020)甘执复 14 号；广西壮族自治区高级人民法院执行裁定书，(2018)桂执复 72 号。

〔3〕 参见河北省高级人民法院执行裁定书，(2019)冀执监 129 号；江苏省高级人民法院执行裁定书，(2015)苏执复字第 00026 号；河北省唐山市中级人民法院执行裁定书，(2020)冀 02 执异 1049 号。

〔4〕 参见程国琴：《从扩张走向限缩：税收优先权在民事执行程序中的实现路径》，载《税务研究》2021 年第 3 期。

〔5〕 参见福建省高级人民法院执行裁定书，(2020)闽执复 7 号。

规定的税款并非同一税种或税收内容。[1] 司法拍卖中产生的税款是司法拍卖行为的增值，是司法拍卖行为中发生的费用，应从拍卖价款中支出；[2] 拍卖款是对被执行人强制执行所得的款项，该款项应属被执行人财产，其支出首先应当满足拍卖过程中应当履行的税费。[3]

尽管当前司法裁判中主要存在上述两种情形，不过，司法拍卖中"买受人负担一切税款"的约定将日益减少。2020年国家税务总局、最高人民法院明确提出严禁此类拍卖公告约定，国家税务总局2020年9月2日对十三届全国人大三次会议第8471号建议的答复中指出，"我局和最高人民法院赞同您关于税费承担方面的建议，最高人民法院将进一步向各级法院提出工作要求：……要求各级法院严格落实司法解释关于税费依法由相应主体承担的规定，严格禁止在拍卖公告中要求买受人概括承担全部税费，以提升拍卖实效，更好地维护各方当事人合法权益"。也有地方法院作出相关规定，要求人民法院对拍卖公告关于税款的承担原则上依据法律、行政法规确定。[4] 因此，即便拍卖公告存在买受人负担一切税费的条款，也会被司法所否定。在这样的背景下，聚焦的问题是，税务机关可否以税收优先权为由，要求对司法拍卖产生的变价款优先受偿。

（二）司法拍卖中的税收优先权优先于不动产抵押权

本书认为，司法拍卖产生的变价款应优先用于清偿税款，此时税收优先权优先于不动产抵押权。其一，从交易实践看，税款优先扣除更利于推动司法执行、达致各方利益平衡。依据现有规定《国家税务总局关于进一步加强房地产税收管理的通知》，房地产过户时契税管理为先缴纳税款，后办理产权证书，简称"先税后证"，即办理房地产过户前必须缴清所有应征税款。其

---

[1] 参见山东省青岛市中级人民法院执行裁定书，(2020)鲁02执复52号。

[2] 参见辽宁省大连市中级人民法院执行裁定书，(2019)辽02执复320号。

[3] 参见河北省石家庄市中级人民法院执行裁定书，(2018)冀01执复318号。

[4] 参见陶琛、肖锭：《湖南优化不动产司法拍卖涉税事项办理》，载《人民法院报》2021年8月22日，第1版。

他与房地产交易相关的法律规范也基本都有关于“先税后证”的规定。因此,如果未按税务机关的要求清缴司法拍卖中应缴纳的税款,则不动产无法完成过户,作为对价的拍卖款也无法落实,抵押权人的抵押权也无法实现,故税款是完成司法拍卖、实现抵押权人抵押权所必需的费用。因此,有裁判指出,不动产拍卖变现中会产生相应的税款,只有缴纳了这些税款后,不动产的过户、执行程序才能顺利推进,也只有在拍卖款中扣除税费后,剩余的执行款才能够用来清偿债权人的债权,因此这部分税款是一种共益费用。[1]而且,在有多个债权人的情形,缴纳相应税款可以使全体债权人受益,有观点指出此部分税款与执行程序中评估费等必要执行费用相当,应当先予以扣除,之后再将剩余拍卖款进行分配。[2]

其二,从法律依据方面看,优先清偿税款结论的法律依据更为充足。国家税务总局相关文件指出,针对司法拍卖中纳税人所获得的相关收入,人民法院应当协助税务机关征收相应的税款,2005 年 9 月 12 日《国家税务总局关于人民法院强制执行被执行人财产有关税收问题的复函》指出:“鉴于人民法院实际控制纳税人因强制执行活动而被拍卖、变卖财产的收入,根据《中华人民共和国税收征收管理法》第五条的规定,人民法院应当协助税务机关依法优先从该收入中征收税款。”根据相关规定,抵押人因处分抵押房地产所获得的款项,应在扣除抵押房地产应缴纳的税款后,再分配给抵押权人,如《城市房地产抵押管理办法》(2001 年修改)第 47 条第 1 款规定,“处分抵押房地产所得金额,依下列顺序分配:(一)支付处分抵押房地产的费用;(二)扣除抵押房地产应缴纳的税款;(三)偿还抵押权人债权本息及支付违约金;(四)赔偿由债务人违反合同而对抵押权人造成的损害;(五)剩余金额交还抵押人”。在地方司法层面也有类似规定,如山东省地方税务局与山东省高级人民法院印发的《关于完善人民法院不动产强制执行与地税机关

---

〔1〕 参见广东省高级人民法院执行裁定书,(2018)粤执复 254 号。
〔2〕 参见浙江省台州市中级人民法院民事判决书,(2019)浙 10 民终 2035 号。

税费征缴协同联动机制的指导意见》规定:“在执行程序中,拍卖、变卖不动产过程中产生的被执行人(纳税人)的法定税费(不包括买受方应缴纳印花税、契税等税费),依法从拍卖、变卖价款中优先支付。”2021 年 7 月 27 日,国家税务总局深圳市税务局关于市政协七届一次会议第 20210039 号提案答复的函中指出,不动产司法拍卖环节产生的税款类似于拍卖费用,因司法拍卖而产生,属司法拍卖的必要支出,应当从拍卖价款中优先受偿,此时不适用《税收征收管理法》第 45 条。

其三,从第三人物保的角度看,税款从拍卖款中优先清偿更符合担保物权的法理。物的担保分为债务人物保与第三人物保,也即债务人自己提供抵押财产与第三人提供抵押财产,在第三人提供抵押的情形,原则上抵押人负担“物的有限责任”,其只在物的价值范围内承担责任,因此有裁判敏锐地关注了这一点,指出如果抵押物拍卖中产生的税款由抵押人来负担,则增加了抵押人本不应当承担的责任,因在第三人物保情况下,抵押人的责任应以物的价值为限,抵押人多承担的这部分责任没有依据。从抵押权人预期的角度看,在接受抵押时,就应知晓其优先受偿的范围为抵押物的纯粹价值,因抵押物拍卖产生税费的,应在拍卖款中扣除相应部分优先支付给税务机关。[1]

综上所述,司法拍卖抵押财产变价产生税款的情形,司法拍卖公告中“买受人负担一切税款”的条款违背法律、司法解释规定,并将日益减少。基于“先税后证”的交易实践,税款优先扣除更利于推动司法执行、达致各方利益平衡,税款优先从拍卖款中扣除的法律依据更为充足,税款从拍卖款中优先清偿也更符合担保物权法理。故司法拍卖抵押财产变价产生税款的情形中,不能对《税收征收管理法》第 45 条第 1 款作“反面解释”。换言之,《税收征收管理法》第 45 条其实不能适用于司法拍卖产生税款的情形。

---

〔1〕 参见江苏省高级人民法院执行裁定书,(2017)苏执复 45 号。

三、破产程序中税收优先权对抵押权优先效力的限制解释论

(一)优先顺位的争议

对于“欠税”在破产程序中的清偿顺位,司法裁判中主要存在两种观点,即税收优先权优先于不动产抵押权、不动产抵押权优先于税收优先权,多数观点认为,《税收征收管理法》第45条在破产程序中应被限制、排除适用,不动产抵押权的优先效力不受影响,本书将上述观点简称为“限制排除说”。该观点主要理由在于:从发生冲突的权利性质来看,税款属于债权,担保物权属于物权,担保物权理应优先于税收债权;从法律调整的不同领域和特别法、一般法的关系看,《企业破产法》调整的是破产这种非常态状态下各主体的权利义务关系,是在特殊情况下解决债权公平受偿的法律,在《企业破产法》之下,无论是债权人还是破产企业,均因不同原因而受到不同程度的限制,《企业破产法》是调整民商事法律关系的特别法,而《税收征收管理法》第45条调整的是常态下的权利义务关系,按照特别法优于一般法的原则,《企业破产法》优先适用,[1]故无论抵押权成立的时间是早于税收债权还是晚于税收债权,其均处于优先顺位。[2]

也有观点则认为,符合《税收征收管理法》第45条构成要件的,即应适用该条,《税收征收管理法》第45条第1款是担保物权优先受偿的例外规定,而且有关破产债权受偿次序的内容规定在《企业破产法》第113条,对其无论采用何种解释方法,均无法得出排除适用《税收征收管理法》第45条的结论,《税收征收管理法》第45条就是税收债权优先受偿的特别规定,应优先适用。[3]

理论上,第一种观点也为多数学者所采纳,即只要是在破产程序中,税收债权就不具有优先于担保物权受偿的优先地位,只有在非破产程序中,才

---

〔1〕 参见江苏省苏州市中级人民法院民事判决书,(2020)苏05民终3917号。

〔2〕 参见浙江省台州市中级人民法院民事判决书,(2019)浙10民终1071号。

〔3〕 参见浙江省绍兴市中级人民法院民事判决书,(2017)浙06民终1119号。

有《税收征收管理法》第45条适用的余地。[1] 具体而言,有以下理由。其一,《企业破产法》相对于《税收征收管理法》属于特别法,税收制度面向纳税人的正常状态,极少考虑企业破产时的课税问题,但《企业破产法》则是专为陷入财务危机的企业设定的法律制度,是制定时间在后的特别法。[2] 《企业破产法》关于税收债权的清偿顺序仅适用于破产企业这一特殊主体。[3] 《税收征收管理法》规定的行政复议、行政诉讼只能适用于解决常态化非破产企业的税收债权确认问题,属于一般法,无法适用于破产程序中的税收破产债权确认,在破产程序中,《企业破产法》是应当适用的特别法,法院应当适用《企业破产法》规定的债权确认诉讼程序,而不应以行政复议和行政诉讼解决税收破产债权的确认问题。[4] 其二,税务机关税收债权的收缴有诸多手段,在破产程序中寻求优先受偿不应再获得支持,其可以在破产程序之外追缴。[5] 其三,税收优先权并非设定于债务人特定财产之上,与担保物权特性不符,不能在破产程序中先于担保物权受偿。[6] 其四,如果令税收优先权优先,则意味着债权人需要准确了解、调查债务人欠税情况,这对债权人来说成本过高,而且也不现实,实践中债权人难以获得破产企业准确的负税情况,这与税收优先权没有公示方法也有关系。[7]

(二)对"限制排除说"的质疑

不过,本书认为,上述"限制排除说"——《税收征收管理法》第45条在

---

〔1〕 参见周宇、李晖:《破产程序中税收债权与担保物权的冲突与弥合——一个法律解释的方法》,载《税务研究》2021年第3期;王雄飞、李杰:《破产程序中税收优先权与担保物权的冲突和解决》,载《法律适用》2018年第9期;李刚、郑晶晶:《有关税收优先权的司法案例实证分析——兼评〈税收征管法修订草案(征求意见稿)〉相关条文》,载《税务研究》2020年第7期。

〔2〕 参见徐阳光:《破产程序中的税法问题研究》,载《中国法学》2018年第2期。

〔3〕 参见关爱麟、崔晓磊:《税收优先权的法律适用困境及其化解》,载《税务与经济》2022年第2期。

〔4〕 参见王欣新:《税收破产债权确认中破产法与税法的适用选择》,载《人民法院报》2021年6月17日,第7版。

〔5〕 参见徐阳光:《破产程序中的税法问题研究》,载《中国法学》2018年第2期。

〔6〕 参见徐阳光:《破产法视野中的担保物权问题》,载《中国人民大学学报》2017年第2期。

〔7〕 参见范志勇:《论企业破产与税收征管程序的调适》,载《河北法学》2018年第9期。

破产程序中应被限制、排除适用的观点——值得商榷。其一,该观点违背“尊重非破产法规范原则”。《税收征收管理法》所规定的税收债权是公法之债,其优先地位是法律所明确赋予的,有观点甚至认为税收优先权有法定担保物权的特性。[1] 如若据此认定,税收优先权在破产程序中应表现为“别除权”,但是,对于“别除权”而言,其本质是担保物权在破产程序中的表现,破产法不创造别除权这一实体权利,别除权只是破产之外的实体权利在破产程序中得到保护的手段。[2] 基于“尊重非破产法规范原则”,《企业破产法》不能随意限制非破产法所确立的权利。与税收优先权类似的是《民法典》所规定的建设工程价款优先受偿权,其也属于没有任何公示方式的权利,但是依然可以优先于不动产抵押权,这一点在破产程序中不曾改变。在税收优先权方面加以改变则属于区别对待,正当性不足。

其二,该观点将限制税收优先权在破产程序中的适用。在破产程序中,存在不动产变价过程中产生的税款,这部分税款属于拍卖变卖产生的费用,应优先获得清偿。因此,有观点指出,在破产财产变卖中,别除财产在变价过程中产生的税费应优先支付,[3]这是一种费用性税收,不论是否被授予优先地位,都应按照共益债务的一般原则获得优先受偿。[4]

其三,该观点将导致税收优先权形同虚设。实践中,若税务机关对欠税进行了公告,采取了追缴措施,且通过一定方式向抵押权人告知,或者抵押权人通过一定方式知悉了债务人欠税,此时依据《税收征收管理法》第 45 条的规定,税收优先权的优先性具有充分正当的缘由,若只是因破产程序就限制其适用,正当性亦不足。

本书认为,税收优先权在破产程序中受到限制最为关键的原因在于,税

---

〔1〕 参见胡海:《税收优先权与担保物权的冲突与调适》,载《税务研究》2017 年第 12 期。

〔2〕 参见王卫国:《破产法精义》(第 2 版),法律出版社 2020 年版,第 347 页。

〔3〕 参见王长军等:《执行程序中司法拍卖担保物的税款顺位》,载《人民司法》2019 年第 19 期。

〔4〕 参见熊伟、王宗涛:《中国税收优先权制度的存废之辩》,载《法学评论》2013 年第 2 期。

收优先权欠缺公示要件。这一点在持“限制排除说”学者的阐述中也得以体现，持该观点的学者认为，即便是在诉讼、执行等非破产程序中赋予税收优先权优先顺位，也需要完善以欠税公告为基础的公示制度，以此平衡公私法益。这种观点实际也指出，税收优先权无法获得优先地位的本质在于缺乏公示。税收优先权为法定权利，交易当事人并不能在交易时对此种优先权有合理的预判，债权人经过诉讼、保全、执行以至破产程序，终将抵押财产变现之际，税务机关主张税收优先权会对债权人产生较大的打击。

目前，依据《税收征收管理法》第45条的规定，税收优先权产生的时间是“纳税人欠缴的税款发生时”，也就是债务人欠税行为发生之时就自动产生。还有观点认为，对此不能一概而论，税收优先权产生时间在不同税种中存在差别，因为纳税人欠税行为发生时间有差别，他人难以获知和了解纳税人欠税行为发生时间，所以以课税核定之日作为优先权产生之日较为妥当。但是，即便如此也仍然无法避免税收优先权不需要公示对交易安全的危害，因为课税核定之日也是不公开的，除了纳税人和税务机关知晓外，他人无从得知。

（三）《税收征收管理法》第46条的法律意义

《税收征收管理法》第46条规定了纳税人对担保物权人的欠税说明义务、担保物权人对交易对象的欠税核实义务，[1]有观点认为，抵押权人应按照上述规定核实抵押人是否欠税，或者要求税务机关提供相关证明，预防因抵押人欠税而发生的风险。[2] 若没有按照上述规定进行核实，则抵押权人自身对风险的发生有责任。[3] 但本书认为，《税收征收管理法》第46条为抵押权人所设定的义务不能成为税收优先权优先于担保物权的理由。首先，

---

〔1〕《税收征收管理法》第46条规定，纳税人有欠税情形而以其财产设定抵押、质押的，应当向抵押权人、质权人说明其欠税情况。抵押权人、质权人可以请求税务机关提供有关的欠税情况。

〔2〕参见重庆市第二中级人民法院行政判决书，(2020)渝02行终222号。

〔3〕参见浙江省绍兴市中级人民法院民事判决书，(2017)浙06民终1119号。

从常理和交易惯例看，基本不存在纳税人主动向交易相对方披露自己欠税数额的情况，规定纳税人向担保物权人说明欠税情况并不具有现实性和可实施性，因为一方面此信息多与交易无直接关联，另一方面也明显与日常交易惯例不符，《税收征收管理法》第46条至多是倡导性规范。其次，按“抵押权人、质权人”的条文表述，此时担保物权已然成立，再要求担保物权人了解欠税，为时已晚。即便如此，如何平衡税务机关的保密义务与担保物权人要求公开的权利，也是一个问题。最后，即便债权人意欲了解纳税人欠缴情况，也非易事，这不仅成本过高，而且并无高效的途径，在此情形下，还令债权人尤其是担保物权人承受税收优先权对其在优先顺位上的“压制”，将打击担保物权人向债务人提供融资的积极性，破坏既有的交易秩序，正当性不足。

四、司法程序中税收优先权对抵押权优先效力的限制立法论

依据《税收征收管理法》第45条的规定，税收优先权具有如此效力，却没有公示手段，难免危害交易安全。对于税收优先权的公示方法，理论上有着不同的观点。有观点认为，税收优先权与物权不同，公示的对象有所不同，确立税收优先权的公示方法应考虑税收的特征尤其是不同税种的区别，登记、公告等方式均有作为优先权公示方法的可能。[1] 还有观点认为，《税收征收管理法》规定了欠税公告这一方式，能够达到公示的目的，不特定第三人、意与债务人交易的第三人可以通过欠税公告获知相关信息，[2]除了税收的公益性之外，权利的公示以及基于公示产生的公信力是税收优先权的重

[1] 参见张磊：《论税收优先权与担保物权效力冲突的解决路径》，载《北京化工大学学报（社会科学版）》2019年第1期。

[2] 参见陈恒、李若柳：《税务机关在执行程序中不享有税收优先权》，载《人民司法》2020年第26期。

要基础,若税务机关对于欠税没有按照规定进行公示,则不应享有优先权。[1]税收优先权取得的前提应为税务机关依法公告之后,[2]纳税人欠缴税款经税务机关依法公告的,税收债权应当依法优先于公告之日后的担保物权。[3]

以欠税公告作为税收优先权的公示方式是目前现行法下较为合理的选择。首先,就《税收征收管理法》第 45 条而言,在现行《税收征收管理法》框架内,第 45 条第 3 款规定的欠税公告可以帮助不特定第三人了解纳税人欠税情况。[4] 同时,《欠税公告办法(试行)》详细规定了欠税公告的具体事宜,秉着"如无必要勿增实体"的原则,不再另行构建一套新的制度。借由欠税公告,交易当事人即可对交易对象的欠税作出了解并预判,欠税公告作为一种权利公示的方式,其表征的权利状况推定为世人知晓。[5] 《税收征收管理法》赋予税务机关优先权没有问题,不过,需要做到利益平衡,向社会公示纳税人欠缴的税款也是税务机关应承担的义务。[6] 其次,以欠税公告作为公示方式,具有正当性。在救济手段上,较之普通债权人,税务机关可以采取强制执行、税收保全等法定渠道和方式,在此之下,税务机关不进行欠税公告,也不采取强制执行手段,只是在民事执行款到位后要求优先拨付显然有违其法定职责,正当性不足。[7] 虽然从《税收征收管理法》第 45 条中难以直接解读出欠税公告为税收优先权的构成要件,但是,从该法立法者的角度来看,第 45 条第 3 款的欠税公告和第 46 条的欠税说明及欠税查询在内的欠

---

[1] 参见金殿军:《税收优先权在民事执行中的实现路径》,载《人民法院报》2021 年 9 月 8 日,第 7 版。

[2] 参见李刚、郑晶晶:《有关税收优先权的司法案例实证分析——兼评〈税收征管法修订草案(征求意见稿)〉相关条文》,载《税务研究》2020 年第 7 期。

[3] 参见熊伟、李刚主编:《税收征收管理法修订建议稿及立法理由》,法律出版社 2022 年版,第 108 页。

[4] 参见李刚、郑晶晶:《有关税收优先权的司法案例实证分析——兼评〈税收征管法修订草案(征求意见稿)〉相关条文》,载《税务研究》2020 年第 7 期。

[5] 参见高颖佳:《税收优先权与担保物权冲突的解决》,载《人民司法(应用)》2017 年第 34 期。

[6] 参见熊伟、王宗涛:《中国税收优先权制度的存废之辩》,载《法学评论》2013 年第 2 期。

[7] 参见金殿军:《税收优先权在民事执行中的实现路径》,载《人民法院报》2021 年 9 月 8 日,第 7 版。

税公开制度，是从税收优先权制度引申而来，就是为了保护担保物权人的利益和交易安全。[1]

第二节 被拆迁人特种债权对担保物权的限制

一、被拆迁人特种债权优先于不动产抵押权的规则变迁

2003 年《商品房买卖司法解释》第 7 条第 1 款规定了一种特殊的权利，即被拆迁人对特定房屋的债权，此一债权在符合拆迁安置背景、产权调换、房屋用途位置特定等情形下，具有优先于房屋买受人的效力。[2] 司法解释将被拆迁人对房屋的此种债权赋予类似物权的优先效力，也是为了实现被拆迁人的居住、生存目的，是对被拆迁人这一弱势群体的保护，蕴含了公益性质的价值判断，[3] 因此有观点也将之认为是一种物权期待权。[4] 司法实践中，不少法院也指出，之所以此时的债权具有优先性，系因被拆迁人在产权调换背景下，牺牲了自身对房屋的使用权、所有权、经营权，应当获得相应补偿，[5] 所以，其相比普通的商品房买受人享有的民事权益有更优先的保护效力。[6] 就该权利的性质，尽管理论上学说纷纭，但是一般认为其属于债权。[7]

---

〔1〕 参见熊伟、李刚主编：《税收征收管理法修订建议稿及立法理由》，法律出版社 2022 年版，第 110 页。

〔2〕 参见陈业业：《论拆迁补偿安置房屋优先权》，载《亚太经济》2004 年第 6 期。

〔3〕 参见最高人民法院民事审判第一庭编著：《最高人民法院关于审理商品房买卖合同纠纷案件司法解释的理解与适用》，人民法院出版社 2003 年版，第 90～92 页；最高人民法院第六巡回法庭编：《最高人民法院第六巡回法庭裁判规则》，人民法院出版社 2022 年版，第 410 页。

〔4〕 参见最高人民法院民事审判第一庭编著：《最高人民法院关于审理商品房买卖合同纠纷案件司法解释的理解与适用》，人民法院出版社 2003 年版，第 90～92 页。

〔5〕 参见张丽洁：《论物权期待权与抵押权的适用规则——从未经变更登记的房产强制执行的角度》，载《甘肃政法学院学报》2019 年第 2 期。

〔6〕 参见最高人民法院民事判决书，(2018)最高法民终 1049 号。

〔7〕 参见杨巍、李宝军：《论拆迁补偿安置协议相关请求权是否适用诉讼时效——以最高法(2017)民申 691 号为例》，载《西安电子科技大学学报(社会科学版)》2021 年第 2 期。

上述规定以及上述特种债权,也对抵押权优先效力产生影响,并产生与不动产抵押权的权利竞存。一方面,依据举重以明轻的解释规则,被拆迁人对房屋的此种债权既然已经优先于买受人物权,则当然也优先于属于他物权的不动产抵押权;另一方面,从法律依据上推导,如前所述,商品房消费者物权期待权优先于不动产抵押权,故被拆迁人对房屋的此种债权当然更优先于不动产抵押权。[1]

被拆迁人此种特种债权与不动产抵押权的权利竞存,不仅体现在执行异议程序中,也体现在一些房地产企业破产程序中,法院一般根据 2003 年《商品房买卖司法解释》第 7 条的规定判令被拆迁人权利优先。[2]

不过,在《民法典》颁布后的司法解释清理过程中,2003 年《商品房买卖司法解释》第 7 条被删除,主要考虑是,债权原则上并无优先于物权的效力,司法解释第 7 条赋予特定债权以物权化的优先效力,欠缺法律上的明确依据,故将之删除。[3] 这一删减维持了物权优先效力一般原则、保障了法律逻辑的一致性。不过,探究被拆迁人特种债权与不动产抵押权之间的顺位关系仍然具有意义。首先,《民法典》颁布后,虽然该条被废除,但第 7 条的规定仍然会在一段时间内被司法实践所引用以解决此类存量案件,仍然属于法官可用的法律依据。其次,《执行异议之诉解释》(征求意见稿)第 14 条仍然保留了关于被拆迁人特种债权的类似规则,即被拆迁人对房屋的特种债权可以排除金钱债权强制执行,[4]这就意味着,已经被废除的第 7 条可能会

---

〔1〕 参见最高人民法院民事裁定书,(2020)最高法民申 1060 号。

〔2〕 参见湖北省武汉市青山区人民法院民事判决书,(2020)鄂 0107 民初 2539 号;吉林省延边朝鲜族自治州中级人民法院民事判决书,(2020)吉 24 民初 3 号。

〔3〕 参见最高人民法院民法典贯彻实施工作领导小组办公室编著:《最高人民法院实施民法典清理司法解释修改条文(111 件)理解与适用》(上),人民法院出版社 2022 年版,第 281 页。

〔4〕 《执行异议之诉解释》(征求意见稿)第 14 条规定:金钱债权执行中,人民法院对登记在被执行人名下的房屋实施强制执行,案外人在人民法院查封之前已经与房屋征收部门签订补偿协议,明确约定用于所有权调换房屋的地点和面积,案外人以其对相关执行标的享有权利为由,提起执行异议之诉,请求排除强制执行的,人民法院应予支持。

继续在执行异议之诉司法解释中延续。而且,无论是普通民商事诉讼,还是执行异议程序、破产程序,抑或会出现被拆迁人与不动产抵押权人之间的权利冲突,纠纷并不因司法解释的废止而停止出现。

二、被拆迁人特种债权对不动产抵押权的限制解释论与立法论

解释论方面,被拆迁人特种债权与不动产抵押权的顺位关系可以从两个方面观察。首先,当事人间先订立拆迁安置补偿协议,后为债权人设定不动产抵押权情形。由于此时被拆迁人特种债权蕴含特定价值考量,与前述商品房消费者权利具有类似价值,因此,只要符合司法解释所规定的拆迁安置补偿背景和房屋特定的条件,被拆迁人特种债权即具有优先于不动产抵押权的效力,司法实践也多遵从此一判断,对被拆迁人享有的补偿安置房屋的权益赋予对抗第三人物权的优先性。[1]

其次,先为债权人设定不动产抵押权,后才订立拆迁安置补偿协议情形。此时二者权利谁更优先,司法实践存在不同观点。一种观点认为,先为债权人设定不动产抵押权,后才订立拆迁安置补偿协议情形,不动产抵押权优先。[2] 另一种观点认为,虽然不动产抵押权设立在先,但是在商品房销售情形中,若抵押权人允许开发商出卖抵押房屋,此时不动产抵押权不再具有优先性。[3] 就此,本书认为:拆迁安置补偿协议具有私密性,容易滋生恶意串通损害他人利益情形,若在不动产抵押权先行设立的背景下,仍然令被拆迁人的特种债权阻碍不动产抵押权优先效力,似有损交易安全;且从《执行异议之诉解释》(征求意见稿)第14条的表述看,其规定的是"查封前"订立拆迁安置补偿协议,对被拆迁人权利有所限定。故从防止隐性担保扩张危及交易安全、遏制恶意串通角度考量,此时应对被拆迁人此种权

〔1〕 参见最高人民法院民事判决书,(2020)最高法民终1117号。
〔2〕 参见最高人民法院民事裁定书,(2020)最高法民申4657号。
〔3〕 参见最高人民法院民事判决书,(2018)最高法民终1049号。

利的效力有所限制，可赋予不动产抵押权人救济路径，即若不动产抵押权人能够举证证明被拆迁人明知存在不动产抵押权，却仍然签订拆迁安置补偿协议，则不适用2003年《商品房买卖司法解释》第7条的规定，被拆迁人的交付请求权不得优先于不动产抵押权。不过，此种情形在实践中应属少数，拆迁安置一般都处于房地产开发链条的前段，拆迁安置补偿协议的签订时间一般会比开发商进行在建工程抵押融资的时间早，而且银行放贷前的尽职调查也一般会将拆迁安置情况作为重点考察对象，其可以通过一定的措施防范此种优先权对自身权利的影响。[1]

立法论方面，由于被拆迁人特种债权欠缺公示方式，为使其能够在外观上具备一定"公示效果"，或可考虑引入预告登记制度。[2]

第三节　破产重整融资"超级优先权"对担保物权的影响

一、关于破产重整融资债权优先顺位的既有规则

（一）《企业破产法》第75条第2款

《企业破产法》第75条第2款明确了在重整期间，债务人或者管理人可以为继续营业而借款。重整过程中，企业迫切需要资金，不过，已经进入破产重整的企业融资并非易事，所以破产法在重整融资的制度设计上要平衡好破产企业与债权人之间的关系。[3] 尽管《企业破产法》作此规定，但是破产重整中债务人为继续营业而借款的问题仍然存在三个方面的疑问。

第一，进入重整程序的企业基本没有财产可供设定担保，能够被用来担

---

[1] 参见夏正芳、李荐：《房地产开发企业破产债权的清偿顺序》，载《人民司法（应用）》2016年第7期。

[2] 参见韩玥：《破产程序中的回迁安置债权属性及其清偿顺位研究》，载《法律适用》2024年第4期。

[3] 参见王卫国：《破产法精义》，法律出版社2007年版，第224页。

保的财产也基本都设置了两个以上的担保物权,意欲依靠常用的借款担保措施来获得新的融资仍较为困难。[1] 第二,为担保继续营业而产生的借款,其债权性质并不明确,借由《企业破产法》第42条,司法实践多认为,为继续营业而产生的借款属于上述规定中的共益债务。[2] 理论也认为,根据文义解释与体系解释,可以将为继续营业而借款产生的债务涵盖在第42条共益债务的"其他债务"之中。[3] 第三,为继续营业而产生的借款,在标的物上新设定的担保物权与既有担保物权之间的优先顺位并不明确。典型的情形是,债务人所持有的不动产或者动产已经为其他债权人设定了担保物权,债务人或者管理人为了担保新的贷款,在该财产上再次设定了担保物权,新设担保物权与既有担保物权之间的优先顺位未有明确的法律规定。因此,虽然破产重整程序中破产企业新获得的融资可以认定为"共益债务",使其获得对普通债权的优先性,不过,一旦设定了担保物权,那么其与既存担保物权之间仍然会发生竞存。

(二)《企业破产法司法解释三》第2条

世界银行在对我国营商环境进行评估后提供的报告中认为,我国破产法对重整融资中新贷款人的顺位没有明确的规则,其权利在当前的中国破产法中并没有获得充分的保障。[4] 为了在世界银行营商环境评估中取得

---

〔1〕 参见丁燕:《破产重整企业债权融资的异化及其解决》,载《华东政法大学学报》2019年第4期。

〔2〕 参见李震东:《重整中的新融资债务属于破产程序中的共益债务》,载《人民司法》2014年第24期;许胜锋主编:《人民法院审理企业破产案件裁判规则解析》,法律出版社2016年版,第311页。

〔3〕 参见丁燕:《破产重整企业债权融资的异化及其解决》,载《华东政法大学学报》2019年第4期。

〔4〕 参见樊星:《共益债务与破产法司法解释三的法律适用——基于北京京西峪鑫物资有限公司申请北京京西国利信机电设备有限公司破产清算案的分析》,载《法律适用》2019年第12期。

相应的分数,《企业破产法司法解释三》第2条[1]对破产程序中为继续营业而融资的相关问题作出进一步细化。从这一规定的发布时间与发布内容来看,是为了弥补世界银行营商环境评估中针对我国破产法所提出的短板,当然这也为破产重整融资债权人优先于普通债权人提供了明确的法律依据。[2]《企业破产法司法解释三》第2条第2款指出,为获得新融资而设定的担保物权与既有担保物权之间的关系依照《民法典》第414条确定。

尽管《企业破产法司法解释三》第2条第2款对破产重整融资中担保物权竞存顺位作出如上规定,但是,其是否妥当仍然存在理论上的争议。《企业破产法司法解释三》第2条第2款主要是基于"尊重非破产法规范原则",[3]即破产程序中,需要尊重《企业破产法》以外的其他法律制度,以及其他法律制度所确认的权利,认可债权人在破产程序之前所享有的对债务人的权利,这是破产法的一项基本原则。"尊重非破产法规范原则"使正常的交易秩序和权利不受破产程序的影响,有助于交易安全和交易预期的保护,正是基于此,《企业破产法司法解释三》第2条第2款规定,同一抵押物之上的多重抵押,各抵押权优先顺位以登记时间先后确定即可(《民法典》第414条)。[4]

---

[1] 《企业破产法司法解释三》第2条规定,破产申请受理后,经债权人会议决议通过,或者第一次债权人会议召开前经人民法院许可,管理人或者自行管理的债务人可以为债务人继续营业而借款。提供借款的债权人主张参照企业破产法第四十二条第四项的规定优先于普通破产债权清偿的,人民法院应予支持,但其主张优先于此前已就债务人特定财产享有担保的债权清偿的,人民法院不予支持。管理人或者自行管理的债务人可以为前述借款设定抵押担保,抵押物在破产申请受理前已为其他债权人设定抵押的,债权人主张按照民法典第四百一十四条规定的顺序清偿,人民法院应予支持。

[2] 参见张钦昱:《我国破产法的系统性反思与重构——以世界银行〈营商环境报告〉之"办理破产"指标为视角》,载《法商研究》2020年第6期。

[3] 参见许德风:《破产法论——解释与功能比较的视角》,北京大学出版社2015年版,第77~78页。该原则是仅指对非破产之实体法的尊重,还是包括对程序法的尊重,参见何欢:《债务清理上破产法与执行法的关系》,载《法学研究》2022年第3期。

[4] 参见最高人民法院民事审判第二庭编著:《最高人民法院关于企业破产法司法解释(三)理解与适用》,人民法院出版社2019年版,第43页。

但是，有观点指出，应对破产重整融资中的新债权赋予优先性，理由一是鼓励投资人积极向破产企业融资；二是借由新融资，破产企业恢复“元气”，企业经营重回轨道，恢复盈利能力，进而有助于债权人实现债权，当然也有利于破产企业本身以及其股东。[1] 在特殊情况下，还应赋予新融资债权“超级优先权”，即为担保新融资债权而设定的担保物权可以优先于既有担保物权，尤其是破产法应规定，在既有债权人不同意为新融资债权人设定“超级优先权”时，法院可以依职权设立，即便不是优先于既有担保物权的“超级优先权”，也可以是与既有担保物权同顺位的，这是破产企业能够获得融资的重要保障。不过，这时赋予了新融资担保物权过强的优先效力，是法理上“物权优先效力”的例外，所以不是任意情况下都可以适用，需要有一定的实体和程序门槛，具体包括：破产管理人需要向法院举证证明，除此一条路径之外，其很难通过其他方式和途径再获得融资；在设定这种超级优先顺位的同时，既有的担保人的权利得到了充分的保障；在设定这种超级优先顺位的同时，给予既有的担保人陈述、申述的权利。[2] 此外，《企业破产法》未来修订时，还需要作出进一步的规定，明确程序转换后的退出优先权，也就是说，破产重整融资中债权人的优先权，即便在重整转清算的情况下，也不会受到影响。[3]

（三）房地产企业破产与“保交楼”的背景

上述问题的重要性在“保交楼”背景下更为凸显。实现“保交楼、保民生、保稳定”这一目标，就要为房地产企业“输血”，保障房地产项目的续建，除了政策性的“保交楼”专项借款外，筹集市场化的房地产企业融资借款则直接指向了前述所涉问题，对金融机构债权保护、房地产企业债务风险化

---

〔1〕 参见丁燕：《论破产重整融资中债权的优先性》，载《法学论坛》2019 年第 3 期。

〔2〕 参见丁燕：《论破产重整融资中债权的优先性》，载《法学论坛》2019 年第 3 期，。

〔3〕 参见丁燕：《破产重整企业债权融资的异化及其解决》，载《华东政法大学学报》2019 年第 4 期。

解、购房者权益维护至关重要。

因此,有观点指出,《企业破产法司法解释三》第2条第2款规定为担保新借款而设定的担保物权不能优先于对债务人特定财产已享有担保的债权清偿,过于僵硬和绝对,借款用途的不同会导致不同的价值判断结论。如果债务人将获得的新融资用于增加担保物的价值,这样担保物价值的增加就会惠及债务人的所有债权人,此时的新融资债权应当优先于既有担保债权。较为典型的是房地产企业的破产重整中,房地产企业可以将其获得的新融资用于在建工程的持续建设,这些在建工程早已设定抵押担保,而新融资对于房地产项目的完工可能是至关重要的,如果不令此时的债权优先于既有的担保债权,那么可能没有债权人愿意提供借款来助力债务人完成"烂尾楼"建设,破产程序可能也就随之失败,最终使包括担保物权人在内的其他债权人也一并受损。[1]

二、破产重整融资中担保物权竞存顺位规则的比较法观察

就破产程序中为使债务人获得新融资而设立的担保物权,赋予其优先于既有担保物权的地位,比较法中有相关立法例。

(一)《贸易法委员会破产立法指南》

《贸易法委员会破产立法指南》在"破产程序启动后的融资"部分指出,如果新贷款人要求债务人出具担保,可以用未抵押资产作保,或者用已经抵押的资产提供次级或优先顺序较低的担保物权,但抵押资产的价值须足以超过原已存在的附担保债务的数额。在此情况下,一般不需要对原已存在的担保物权人提供特别保护,因为其权利不会受到消极影响,除非后来情况发生了变化(如抵押资产的价值开始贬损),而且他们将保留其对抵押资产

〔1〕 参见王欣新:《营商环境破产评价指标的内容解读与立法完善》,载《法治研究》2021年第3期。

的启动前优先权,除非他们另有约定。可用于担保启动后融资的唯一未抵押资产往往是通过撤销程序追回的资产。然而,有些国家的破产法对于以此类资产提供担保存在争议,不允许这样做。

有些国家的破产法规定,相较于既有担保物权人,新贷款人会获得一定的优先性,但是有的国家的破产法认识到这种优先性对其他担保物权人造成的影响,虽然会规定这类优先权,但是绝大多数情况下并不允许设立,只有在迫不得已时可以设定。准许此种优先权可能附有某种条件,如向受影响的担保物权人发出通知,或使他们有机会向法院提出申诉;债务人证明如果不提供优先权就无法获得必要的融资;以及提供保护,使抵押资产不致减少任何经济价值,其中包括使抵押资产具有足够的剩余价值来实现其权利。

《贸易法委员会破产立法指南》在"破产程序启动后的融资"建议,破产法应规定,破产重整启动后,为担保破产重整债权的偿还而设定的担保物权,债务人、管理人可以在没有设定担保的财产上,为新贷款人设定担保物权,也可以以重整程序启动后取得的财产作为担保物,在已经设定担保的财产上设定劣后顺位的担保物权(建议 65)。法律应当规定,如果债务人、管理人意欲为新贷款人设定的担保物权优先于既有担保物权人,则管理人需要获得既有担保物权人的同意,既有担保物权人不同意的,可以依照程序请求法院设定,即既有担保物权人不同意为新贷款人设定担保物权优先顺位的,在符合以下条件时,法院可以批准管理人为新贷款人设定的担保物权优先于既有担保物权人的担保物权:为既有担保物权人提供向法院陈述的权利;除此方式外,债务人证明无法通过其他渠道获得借款;以及给予既有担保物权人充分的保护(建议 66、建议 67)。[1]

---

〔1〕 See United Nations Commission on International Trade Law, *UNCITRAL Legislative Guide on Insolvency Law*, New York, 2005, p. 119.

(二)《美国联邦破产法》

19世纪美国经济大萧条时,为了防止国家铁路公司破产进入清算程序,破产重整中的融资机制应运而生,其设置初衷就是给债务困境的债务人提供资金,促进其恢复经营。[1] 由于在破产情形下,许多债务人没有足够的现金来继续其业务,停止债务人的业务通常会对企业造成不可挽回的伤害,因此,在实际操作中,债务人必须在重组期间继续经营。因此,向债务人公司提供融资,可能会促进重组,因为它能使债务人企业保持足够长的时间来完成重组过程。事实上,研究表明,接受融资的债务人比没有获得融资的债务人更有可能进行重组。[2]

《美国联邦破产法》第364条根据破产债务人融资难度的不同以及具体情况的差异,区分了不同的情形,[3]在不同情境下,给予新融资债权人的"优惠"和优先性存在不同程度上的差异,只有在债务人融资最为困难的时候,才会赋予新融资担保物权优先于既有担保物权的顺位。第364条不仅允许管理人在无担保的基础上获得融资,也允许其在经过通知和听审后,通过管理费用的优先顺位获取融资,在提供特定证据之后,法院也可以授权债务人通过超级优先顺位的管理费用债权、无负担财产上的担保物权、低位担保物权,或高位担保物权来换取融资,高位担保物权因需要先对申请前的担保债权予以调整,也被称为"黄金优先权",这是最难获得的。[4]

第364条的第一种激励融资的方法为赋予管理费用优先顺位,即第364条(a)(b)。由于第364条(a)(b)明确赋予了贷款人第503条(b)(1)下的管理

---

[1] See Peter Tufano, *Business Failure, Judicial Intervention, and Financial Innovation: Restructuring U. S. Railroads in the Nineteenth Century*, 71 Bus. Hist. Rev. 1 (1997).

[2] See Seth Shich, *Debtors Qua Salvess: Superimposing Salvage Law onto DIP Financing Agreements*, 90 Am. Bankr. L. J. 129 (2016).

[3] 《美国联邦破产法》第364条相关中文译本参见《美国破产法典》,申林平译,法律出版社2021年版,第169页。

[4] 参见韩长印主编:《美国破产法协会美国破产重整制度改革调研报告》,何欢、韩长印译,中国政法大学出版社2016年版,第85页。

费用优先顺位,作为前提性问题,授信与债务还必须满足第 503 条(b)(1)的要件。这意味着债务人授信或债务须属于“破产财团维护”的实际必要费用与开支,依照对该要件的解释,当然包括债务人的继续运营。如果管理费用优先顺位的承诺尚不足以激励债权人或贷款人向债务人提供授信或贷款,潜在的授信方可能会认为,管理费用支付不能的风险很大。如果出现这种情况,同时融资又为债务人的运营所不可或缺,那么法院在经通知和听审后,可能就会批准对授信方提供更大程度的保护[第 364 条(c)]。此时,法院可能批准的保护措施包括:(1)优先顺位,即债权的顺位高于第 503 条(b)与第 507 条(b)所规定的所有管理费用;(2)设立无负担破产财产上的担保物权;(3)对于已经设置担保物权的破产财产,在其剩余权益上设置担保物权。[1] 即便根据第 364 条(c)所批准的优先顺位、无负担财产上或财产剩余权益上的优先权,也可能还不足以激励潜在的债权人向债务人或管理人提供贷款。举例来说,如果在破产财团的多数财产之上都已经设立了有效担保物权,那么新的担保物权就须劣后于之前成立的担保物权,而这不足以保证债权最终获得清偿。[2]

根据第 364 条(d)的规定,“头等”优先权的授予条件是:(1)法院在经通知并听审后予以批准;(2)债务人无法借助于第 364 条(c)获得授信;(3)被降次的优先权人的利益获得了“充分保护”。对于法院来说,为贷款人提供“头等”优先权,只能是万不得已时的最后一招。由于多数潜在贷款人都会要求设立“头等”优先权,因此,在债务人的大部分财产都已经设定担保的情形下,债务人无法获得融资的要件证明(上述第二个要件)往往不是难事。真正棘手的问题在于:如何为那些被降次的债权人提供“充分保护”。实践中,

---

〔1〕 参见[美]查尔斯·J.泰步:《美国破产法新论》,韩长印等译,中国政法大学出版社 2017 年版,第 1172~1174 页。

〔2〕 参见[美]查尔斯·J.泰步:《美国破产法新论》,韩长印等译,中国政法大学出版社 2017 年版,第 1176~1177 页。

在法院授予“头等”优先权的情况中，最常见的有两种：其一，担保财产的剩余价值仍然能够覆盖、满足既有担保物权人债权的清偿；其二，破产管理人或者债务人向法院说明新融资能够增加担保物的价值，进而使新融资债权人与既有债权人的债权都能够得到相应的担保。事实上，法院很少会根据第 364 条(d)设置“头等”优先权，因为这会给原有的优先权带来极大的风险，也可能对其财产权造成不当干涉。[1]

破产中的公司一般不被视为理想的借款人。大多数贷款人不愿意向这样的企业提供信贷，这是可以理解的。这种不情愿的态度加重了债务人的困难。如果没有新的融资，破产公司的现金需求往往会导致企业被关闭或清算，从而排除了任何重组的希望，并破坏了破产法的恢复性目的。《美国联邦破产法》第 364 条鼓励贷款人向破产案件中的借款人提供融资。第 364 条使破产案件中的债务人能够通过给予潜在的贷款人各种不同的激励措施来获得信贷。[2] 总之，第 364 条为重组的公司提供了一种获得信贷的手段，如果没有第 364 条，债权人就不会向重组的债务人提供信贷。第 364 条确实为破产后的贷款人提供了优先权，这种优先权的理由是，它允许债务人可以继续作为一个持续经营的企业运作，而不是不得不立即清算。[3]

除此之外，还有学者指出，韩国也借鉴了美国破产法前述规则，使新融资债权优先于共益债权、管理人报酬，但是优先顺位仅限于此，没有全部借鉴美国破产法前述规则。[4]

---

〔1〕 参见[美]查尔斯 · J. 泰步：《美国破产法新论》，韩长印等译，中国政法大学出版社 2017 年版，第 1177 ~ 1178 页。

〔2〕 See Stephen L. Sepinuck et al., *Problems and Materials on Bankruptcy Law and Practice*, West Academic Publishing, 2013, p. 476.

〔3〕 See Daniel V. Goodsell, *Extending Post-Petition Credit to Reorganizing Debtors: Understanding the Tricks and Traps of Bankruptcy Code Section* 364, 1990 Utah L. Rev. 93 (1990).

〔4〕 参见陈景善：《重整融资之超级优先权模式：功能与构造》，载《政治与法律》2021 年第 9 期。

三、破产重整融资担保物权竞存顺位规则的解释与构建

(一)比较法观察的启示

从《美国联邦破产法》与《贸易法委员会破产立法指南》的规定可以看出,虽然它们赋予为获得新融资而设定的担保物权以超级优先性,但是与此同时,也设置了不少前提条件。首先,赋予其超级优先性是一种迫不得已的选择。换言之,为获得新融资而设定的担保物权劣后于既有担保物权是一般原则,其逆反按照设立时间先后确定顺位的一般规则而获得“超级优先权”是例外,《美国联邦破产法》设立了富有层次的“阶梯式”规则,并非“一步到位”赋予新融资担保物权以超级优先性。其次,赋予其超级优先权必须有程序上的限制,最终的决定权在裁判者。对权利的限制必须有程序的保障。《美国联邦破产法》与《贸易法委员会破产立法指南》在程序设计上大致相同,如程序公正(辩论原则)、债务人没有其他途径获得借款、赋予新融资担保物权超级优先性不会损害既有的担保物权人。最后,赋予其超级优先权必须存在对既有担保物权的保护。由于赋予新融资借款超级优先顺位即意味着对既有担保物权人权利的限制,因此,对其限制必须有足够充分且正当的理由,保护与限制应该达致平衡。

(二)“超级优先权”应否规定的争议

《企业破产法司法解释三》没有赋予新融资借款以“超级优先权”大抵基于我国《企业破产法》在担保物权的保护与限制上未致均衡,而且对担保物权保护存在不足与缺陷。在保护不足的先天背景下,再继续限制既有的担保物权系对担保物权人的“过分压制”,欠缺正当性。重整期间内担保物权人的担保物权应暂停行使,担保物权人不被允许在破产重整中优先受偿,这是基于维护公司经营的资产基础,因此担保物权人必须予以容忍,但现行法律存在异议救济缺乏、协议程序的制度规定不足、当事人博弈的底线安排不

足等问题。[1] 除此之外，正如学者所指出：破产重整新融资担保物权的优先顺位会导致既有担保物权人设定担保的目的落空，对其利益造成重大影响；基于担保物权的特点，既有担保物权人并不能够在重整程序中获得比在清算程序中更好的偿债方案；破产重整新融资担保物权的优先顺位也在一定程度上违反实质公正的原则。[2] 但是，本书认为，法律仍有必要规定此种“超级优先权”，即明确在特定情形下，为担保新融资而设定的担保物权优先于既有担保物权，理由如下。

第一，强制对自治的补充。有观点认为，是否赋予新融资担保物权超级优先性取决于债权人会议的选择。破产程序启动后的融资，本质上还是市场化行为，主要还是应由债权人会议来决定。如果债权人会议能够给予潜在借款人更多的优先权、更为优先的顺位，债务人自然会更有希望以较低的融资成本获得借贷；若债权人会议未明确给予新融资债权人优先顺位，提供新融资的债权人至少也可以根据合同约定和司法解释的规定提出请求。[3]《企业破产法司法解释三》起草者也指出，尽管司法解释是依据登记先后确定多重抵押的优先顺位，不过，司法解释的规则只是备用性规则，并不会影响当事人间通过自治安排给予特定案件、特定情况中的新借款人更为优先的顺位，即通过协议约定赋予新融资借款人在特定财产之上顺位更为优先的担保物权。[4] 司法实践中，也的确有极个别的案件，当事人间通过自治赋予提供新融资的借款人更为优先的顺位，如浙江法院 2022 年十大典型案例之一“余姚世模投资有限公司重整案”中，优先债权人分别出具承诺函，让渡优先权，赋予共益债“超级优先权”，成功引入共益债资金 2 亿元续建房地产

[1] 参见李忠鲜：《担保债权受破产重整限制之法理与限度》，载《法学家》2018 年第 4 期。
[2] 参见陈景善：《重整融资之超级优先权模式：功能与构造》，载《政治与法律》2021 年第 9 期。
[3] 参见樊星：《共益债务与破产法司法解释三的法律适用——基于北京京西峪鑫物资有限公司申请北京京西国利信机电设备有限公司破产清算案的分析》，载《法律适用》2019 年第 12 期。
[4] 参见刘贵祥等：《关于适用〈中华人民共和国企业破产法〉若干问题的规定（三）的理解与适用》，载《人民司法》2019 年第 31 期。

项目。但是,这仅仅是极个别情形,从前述《美国联邦破产法》与《贸易法委员会破产立法指南》的规则看,最终超级优先权的授予人多是裁判者,而非债权人会议,其中的重要原因就是债权人基本不会同意赋予新融资担保物权以超级优先性。故才设置了法院可依职权赋予的规则,借助于司法裁判的强制力代替债权人会议作出选择。

第二,法律须提供制度供给。就制度供给而言,法律确须对此作出规定。如前所述,此种情形在一些开发商“烂尾楼”的破产情形中尤其必要。一些开发商破产时,其开发建设的商品房尚未完工,若此时有新的融资进入,便可推进项目建设进而变价偿债,极大提升破产财产价值。在美国,虽然有研究指出,破产重整融资中,能够给破产企业提供贷款的多是既有贷款人,多数情形下,都是既有贷款人为破产企业提供后续贷款,因为既有债权人是最了解破产企业的人。但是,在一些情形下,债务人最终会寻找其他途径,由于《美国联邦破产法》第 364 条为提供破产后融资的放款人提供了很多保护,所以破产(预)重整融资的市场很活跃,而且还在不断增长。[1]

第三,对于其弊端可通过严格的程序设置加以规制。程序方面,赋予破产程序中新融资担保物权超级优先权地位,可以参照《美国联邦破产法》与《贸易法委员会破产立法指南》的规定,赋予既有担保物权人向法院申辩的权利,而且债务人、管理人需要证明除此之外无其他渠道获得新的借款。对于我国而言,还需要对担保物权人的保护作出妥当的安排作为配套制度,在微观制度上实现利益平衡的同时,也在宏观制度上实现利益均衡。此外,为了防止此项制度在实践中被滥用,可以由各级人民法院在适用时层报最高人民法院,鉴于给新贷款人赋予的担保物权优先于既有担保物权,对当事人权益影响重大,是绝对的例外,而且成立情形更为严苛,所以,不能轻易设立,只有破产管理人、破产债务人穷尽其他努力仍然不能获得除此之外的其

---

〔1〕 See David A. Skeel Jr. , *The Past, Present and Future of Debtor-In-Possession Financing*, 25 Cardozo L. Rev. 1905(2004).

他融资时，该优先顺位才具备授予的可能性与正当性。[1]

（三）“超级优先权”的适用难点

若未来立法规定了破产重整融资中的这种法定“超级优先权”，参酌美国学者的讨论，其适用应注意以下两点。

对于《美国联邦破产法》第364条(d)的适用，学者指出，从实质上讲，最尖锐的冲突是关于第364条(d)有关现有债权人是否得到充分保护的规定。第364条(d)虽然通常被提出异议的债权人所争议，但其重要性大大降低。法院对这一要求的讨论通常很简短，结果总是有利于债务人，除非表面上债务人没有进行任何其他尝试来获得信贷。资格问题也偶尔被提出来，就像使用第364条来改善债权人对其破产前债务的担保状况一样。还有一个主要问题是通知问题。第364条(d)的救济有时是在紧急情况下寻求的：债务人必须立即获得资金以继续经营，而不能等待法院以其惯常的缓慢速度进行审理。在过去，这种紧急申请往往会在是否有必要举行听证会以及债权人是否收到足够的通知上产生冲突，这种冲突涉及听证会以及法院给予的临时救济。[2]

对于“充分保护的问题”，美国法中的典型案例为“雪鞋公司案”(Snowshoe Co. Inc.)。[3] 雪鞋公司依据《美国联邦破产法》第364条(d)申请融资是其第四次破产程序的一部分。破产受托人告知地区法院，债务人经营的滑雪场需要150万美元至200万美元来继续经营，如果被迫停止经营，将损失其价值的50%至90%。债务人欠其1350多万美元的谢南多厄联邦储蓄和贷款协会反对该申请，声称其没有得到充分的保护。上诉法院在确认地

---

〔1〕 参见高思敏：《破产法的指标化进路及其检讨——以世界银行“办理破产”指标为例》，载《法学研究》2021年第2期。

〔2〕 See Ralph C. Ⅱ McCullough, *Analysis of Bankruptcy Code Section* 364(*d*): *When Will a Court Allow a Trustee to Obtain Post-Petition Financing by Granting a Superpriority Lien*?, 93 Com. L. J. 186 (1988).

〔3〕 789 F.2d 1085 (4th Cir. 1986).

区法院的判决时指出,“记录清楚地表明,受托人与其他金融机构进行了联系……但未获成功……”地区法院认为,受托人已经通过真诚的努力证明,如果没有优先担保物权,就无法获得信贷。

对于通知的问题,学者指出,适当的通知是根据《美国联邦破产法》第364条(d)给予救济的关键因素。如果债务人的财务预测不准确,超级优先权可以破坏现有债权人对债务人偿还所欠债务的前景。在“中心批发公司案”(Center Wholesale Inc.)中,[1]通知问题成为焦点,法院认为,应根据破产法的法定要求、保障措施和补救措施来审查通知的充分性,根据美国法典的规定,充分的通知是指在需要通知的特定情况下的适当通知。法院的结论是,“在如此短的时间内,即一天内发出现金抵押命令作为最终命令,在这种情况下是不合适的,违反了正当程序条款的要求”,现金抵押令确实给予了联合银行在债权人欧文斯公司的抵押物上的优先担保物权,但未能为欧文斯公司的利益提供足够的保护,给欧文斯公司的一天通知时间并没有让它知道其担保物权地位会受到听证会结果的影响。

第四节　担保物权与劳动债权、环境债权的竞存顺位

世界银行“商事破产”调查问卷第32题与第33题分别考察了担保物权与劳动债权、环境债权的竞存顺位问题。第32题:“劳动债权是否优先于以下各项债权?(是/否)32a.担保债权;32b.普通无担保债权;32c.未规定该优先权。”第33题:“环境债权是否享有相对于以下债权人的优先权?(是/否)33a.担保物权人;33b.普通无担保债权人;33c.没有这样的优先权。”

理论上,如果劳动债权、环境债权具有一定的优先性,此种特种债权可

[1] 759 F.2d 1440 (9th Cir. 1985).

谓"一般优先权",非特别优先权。如同本书前述关于法国法中优先权的分类,一般优先权是在债务人财产之上的概括优先权,非针对特定财产的优先权。本书先前阐述了税收优先权、被拆迁人特种债权、重整融资债权、建设工程价款优先受偿权、商品房消费者物权期待权与担保物权的竞存顺位关系,这些债权与担保物权的竞存集中在特定物之上,针对特定物的归属或者变价款存在竞争关系。但是,劳动债权、环境债权则不会在担保物之上与担保物权产生竞存,而是直接概括性地优先于担保物权,进而使其优先效力覆盖于担保物之上。因而,根据现代担保交易制度对公示原则的强调以及法律对隐性担保的规避,这类大而化之的优先权,原则上不能具备优先于担保物权的地位。以下,本节结合我国实定法规定,简要分析在破产程序中上述两种特种债权与担保物权之间的竞存顺位。

一、担保物权与劳动债权的竞存顺位

劳动债权与担保物权之间的竞存顺位在《企业破产法》的立法之初曾经存在争议,经历过一次影响范围极广的讨论。[1] 最终《企业破产法》第132条采用"新老划断"的方式,意在妥善解决职工利益保护的同时,也从长远考虑担保物权对经济运行的基础性的支柱作用,切实保障交易上的信赖利益。[2] 根据《企业破产法》第132条规定,只有在其生效之前发生的劳动债权,才能优先于担保物权,在此之后都依照第109条的规定,担保物权优先于劳动债权受偿。[3] 这一法条的规定是为了解决当时政策性破产的遗留问

---

〔1〕 参见王利明:《关于劳动债权与担保物权的关系》,载《法学家》2005年第2期;陈夏红:《破产企业职工权益保护:模式、情境与程序》,法律出版社2021年版,第104页。

〔2〕 参见李忠鲜:《论担保权在破产中的别除机制》,载《河北法学》2019年第6期。

〔3〕 《企业破产法》第132条规定,本法施行后,破产人在本法公布之日前所欠职工的工资和医疗、伤残补助、抚恤费用,所欠的应当划入职工个人账户的基本养老保险、基本医疗保险费用,以及法律、行政法规规定应当支付给职工的补偿金,依照本法第一百一十三条的规定清偿后不足以清偿的部分,以本法第一百零九条规定的特定财产优先于对该特定财产享有担保权的权利人受偿。

题,随着政策性破产企业的减少,符合该条规定的破产人在破产法公布之日前所欠的劳动债务的比重将逐步减少,这一法条的适用也将逐步减少。〔1〕

对这一问题,无论是上述实定法,还是司法实务界与学术界的讨论,劳动债权不能优先于担保物权的结论是明确且正确的,不因世界银行的调查问卷而发生动摇。比较法上,如德国在1999年的新破产法中,取消了1877年破产法中劳动债权的优先权,这主要是因为其他法律制度能够更好地保护劳动债权,《破产法》第60条所规定的劳动债权优先权已形同虚设,在英国、比利时和荷兰等国目前的破产法中,劳动债权也仅被作为普通债权来看待。〔2〕采这一路径的根本目的是解决破产企业的劳动债权保障问题,根本出路不是赋予劳动债权以"超级优先权",而是在于完善社会保险制度、建立工资保障基金。〔3〕

二、担保物权与环境债权的竞存顺位

所谓环境债权,是一个权利束的统称,其下包括不同的权利子类别。一般而言,环境债权是指破产程序中,由债务人环境侵权或环境合同违约等行为所引起的,债权人要求债务人给付一定金钱的请求权,具体包括生态环境损害赔偿债权、环境侵权人身损害赔偿债权、环境侵权财产损害赔偿债权、环境合同违约债权、环境侵权惩罚性赔偿债权、环境行政罚款和刑事罚金债权等。

故环境债权在破产程序中的优先顺位,应根据具体情形判断。例如,惩罚性赔偿或罚金债权属于惩罚性债权,与担保物权之间不存在顺位争夺;环境侵权财产损害赔偿债权、环境侵权人身损害赔偿债权、环境侵权合同违约债权均属于私益债权,除人身损害赔偿债权存在被优先保护的可能以外,其他债

〔1〕 参见贺丹:《破产重整优先规则:实践突破与规则重构》,载《政法论丛》2022年第2期。
〔2〕 参见许德风:《论破产债权的顺序》,载《当代法学》2013年第2期。
〔3〕 参见徐阳光:《破产法视野中的担保物权问题》,载《中国人民大学学报》2017年第2期。

权均系普通债权,因而与担保物权之间亦不构成清偿顺位冲突;[1] 特定情形下,可能污染清理、防止损害发生或进一步扩大而采取紧急行动发生的费用和支出被归为破产费用或共益债务,但也享有次于有担保物权的优先受偿权。[2]

虽然从实质公平的角度出发,环境债权的优先清偿是为了维护债权人的利益,如果不尽早停止环境污染行为并修复环境,很可能造成更多损害,因此赋予环境债权以优先顺位可以减少潜在的更多损失,保护债权人的利益。[3] 但是这一目标的实现不必一定借助于突破担保物权公示一般原则,令环境债权优先于担保物权。若将环境债权列于有担保物权前受偿,则本该由企业及社会公众承担的污染整治成本便转嫁给无过错的有担保物权人,在有担保物权人通常为银行的现实情况下,银行利益的减损不可避免地导致众多中小储户风险的加大,于社会公共利益毫无益处。[4]

因此,若要提高环境债权的实际清偿率,并非一定要将环境债权的受偿顺序提前,加强事前环境监管,建立破产企业环境保护基金,规定董事、高级管理人员与企业承担连带赔偿责任,以及提高破产程序本身的效率,或许是更为有效的选择。[5] 除了破产法律规则之外,还应当倡导建立预防性的救济措施、适当扩大环境责任主体、建立多元化环境救济机制,拓宽环境侵权受害者的救济渠道,从营商环境的质量和效果上看,只有结合上述配套设施,才是落实环境保护政策的长久之计。[6] 破产企业环境保护基金制度应替代争议较大的环境债权超级优先权设想,在代表人参与申报制度的程序

---

〔1〕 参见司伟:《世界银行营商环境成熟度指标视野下破产程序中的担保权保护再审思》,载《法学杂志》2024年第4期。

〔2〕 参见李传轩:《绿色破产法理念下环境债权的优先受偿及其顺位重构》,载《法学论坛》2023年第5期。

〔3〕 参见宋宜恬:《破产程序对于企业承担环境责任的回应与调适研究——基于世界银行宜商环境评估视角》,载《西部法学评论》2023年第5期。

〔4〕 参见张钦昱:《企业破产中环境债权之保护》,载《政治与法律》2016年第2期。

〔5〕 参见谢肇煌:《世界银行"商事破产"新指标与我国的法治应对》,载《西南政法大学学报》2024年第2期。

〔6〕 参见郁琳、李忠鲜:《我国提升营商环境的破产法应对》,载《中国应用法学》2024年第1期。

保障下,最大限度地实现环境债权人权益。[1]

从上述分析可以看出,本节所述劳动债权、环境债权与其他法定优先权的不同,即此类债权至多属于一般优先权,不针对特定财产,不能认为其具有优先于担保物权的强大效力。担保物、担保物权人没有与此类债权建立无论是事实还是法律上的联系,对于这类债权的保护,完全不应借助于优先于担保物权这一方式,而应着眼于他处。正如《贸易法委员会破产立法指南》所指出,"某些优先权基于社会关切的问题,这些问题也许更适合通过破产法以外其他法律来解决,例如社会福利法规,而不是设计一部破产法来实现与债务和破产问题只有间接关系的社会目标"。[2] 这是一种务实的放弃"幻像"而另谋"出路"的正确选择。[3]

第五节 本章小结

基于物权优先效力理论,担保物权原则上优先于债权,但是,并非所有的债权都劣后于担保物权。基于特定政策考量,有一些权利优先于担保物权,这类权利以债权性质居多,理论层面多被归为"优先权"。这些权利优先于担保物权是否具备足够充分且正当的理由,是解释论与立法论均需关注的重点。

"税收优先权优先于抵押权"体现在司法拍卖和破产债权确认中。司法拍卖中,抵押财产变价产生税款时,司法拍卖公告中"买受人负担一切税款"的条款将日益减少,基于"先税后证"的交易实践,税款优先扣除更能够推动司法执行、达致各方利益平衡,且法律依据更为充足,更符合担保物权法理,

---

〔1〕 参见张钦昱:《企业破产中环境债权之保护》,载《政治与法律》2016 年第 2 期。

〔2〕 See United Nations Commission on International Trade Law, *UNCITRAL Legislative Guide on Insolvency Law*, New York, 2005, p. 240.

〔3〕 参见许德凤:《论破产债权的顺序》,载《当代法学》2013 年第 2 期。

故这一情形下,不能对《税收征收管理法》第45条第1款作"反面解释"。对于"欠税"在破产程序中的清偿顺位,司法裁判多数观点认为,《税收征收管理法》第45条在破产程序中应被限制或排除适用,但是这样的观点违背"尊重非破产法规范原则",限制了税收优先权的适用。税收优先权应当受到一定限制的根本原因在于其缺乏公示,危及交易安全,以欠税公告作为税收优先权的公示方式是当下较为合理的选择。

2003年《商品房买卖司法解释》第7条赋予了被拆迁人对房屋的债权优先于不动产抵押权,虽然该规定在《民法典》生效后的司法解释清理中被删除,不过裁判实践在一定时间内仍然有相关案件,且《执行异议之诉解释》(征求意见稿)中亦保留相应规则,故被拆迁人对房屋的债权在何种程度上可以限制不动产抵押权,仍然至关重要。在当事人间先订立拆迁安置补偿协议,后为债权人设定不动产抵押权情形,由于此时被拆迁人特种债权蕴含特定价值考量,只要符合拆迁安置补偿背景和房屋特定的条件,被拆迁人特种债权即具有优先于不动产抵押权的效力;先为债权人设定不动产抵押权,后才订立拆迁安置补偿协议情形,则应对被拆迁人特种债权予以限制,即若不动产抵押权人能够举证证明被拆迁人明知存在不动产抵押权,却仍然签订拆迁安置补偿协议,不适用《商品房买卖司法解释》第7条的规定。

破产重整融资债权及其担保物权的"超级优先性"在《美国联邦破产法》《贸易法委员会破产立法指南》中有所规定,我国是否应予以承认存在争议。基于法定制度补充意思自治缺陷的考量,在一些开发商"烂尾楼"的破产情形中有适用的可能与必要,但应严格其适用要件,赋予既有担保物权人向法院申辩的权利,而且债务人、管理人需要证明除此之外无其他渠道获得新的融资。如若认可此一制度,对于我国而言,还需要对担保物权人的保护作出妥当的安排作为配套制度,防止此项制度在实践中被滥用。

与前述债权不同,诸如环境债权、劳动债权等,其并未指向特定担保物,若赋予其优先于担保物权的效力,这类权利则属于理论上的"一般优先权"。

根据现代担保交易制度对公示原则的强调以及法律对隐性担保的规避，环境债权、劳动债权在破产程序中原则上不能具备优先于担保物权的地位。

在未来的立法和司法实践中，还可能会新生类似的上述权利类型，一定程度上突破担保物权优先效力。正是由于此时突破了一般原则，也就意味着这些权利对担保物权优先效力的限制需具备严格的要件，而且这些要件应为法律或司法解释所明定，只有如此，才能确保例外情形的正当性，这一点，在相关司法解释的清理中已经得以体现。

第八章

竞存顺位变动论

担保物权竞存时的顺位确定后，并非一成不变，其顺位状态呈现变动，既有因约定变动，也有因法定变动，这在抵押权顺位中体现得较为明显，以下以抵押权顺位变动为例详细阐述，同一财产上设立的数个质权类推适用，[1]在担保功能主义之下，其他担保物权亦同。

〔1〕 参见杨代雄主编：《袖珍民法典评注》，中国民主法制出版社2022年版，第318页。

第一节　抵押权竞存顺位的升进与固定主义

抵押权竞存情形下，当顺位在先的抵押权因抵押权实现以外的原因消灭时，后顺位的抵押权是否升进，有顺位升进主义与顺位固定主义两种观点。需要说明的是，顺位升进主义与固定主义是在次序在先的抵押权因抵押权实行以外的原因消灭时才出现的情况，若先次序抵押权所担保的债权获得清偿、抵押权人抛弃抵押权等，抵押物灭失且没有代位物，原抵押物上的所有抵押权均归于消灭，不涉及后次序抵押权是否升进的问题，[1]即"先顺位抵押权消灭"，不包括因实行而消灭的情况，因为在先顺位抵押权被实行之后，抵押物中由其所支配的交换价值已经被取走了，在这种情况下，对于后顺位的抵押权人而言，已不可能通过升进顺位获取更多的利益，讨论升进主义和固定主义的区别没有意义。[2]

一、比较法观察

(一)顺位固定主义的立法例

《德国民法典》并没有规定"不动产担保物权"这个概念，它是对民法典中的抵押权、土地债务、定期金土地债务等成熟法律制度概括的和简约化的总称。这些限制物权的共性在于：在金钱债权不能履行的情况下，权利人可以通过对设定负担的土地进行强制执行的方式来实现其金钱债权。[3]

在德国法上，有所谓"所有人抵押"制度，根据学者考察，广义的所有人抵押权(包括土地债务)的成立，主要分为两种情形：第一种情形为"设定"，

---

〔1〕 参见程啸：《担保物权研究》，中国人民大学出版社2017年版，第186页。

〔2〕 参见王全弟、盛宏观：《抵押权顺位升进主义与固定主义之选择》，载《法学》2008年第4期。

〔3〕 参见[德]鲍尔、施蒂尔纳：《德国物权法》(下册)，申卫星、王洪亮译，法律出版社2006年版，第5页。

即所有人为自己而于自己的所有物上设定抵押权,其抵押权自始即为所有人自己所有,是原始的所有人抵押权。例如,设定所有人土地债务,即所有人为自己设定了所有人土地债务(《德国民法典》第1196条),这种土地债务是一项基于法律行为而产生的原始的、公开的所有人土地债务;其目的是通过所有人土地债务赋予债权人一个优先的顺位,从而满足所有人在设定土地债务后产生的信贷需要。[1] 第二种情形为"法定",即为他人所设定的抵押权,基于法定的原因,而后归于所有人自己取得,是后发的所有人抵押权。至于"法定的原因",则主要包括:被担保债权的消灭(《德国民法典》第1163条第1项)[2]、抵押权的抛弃(《德国民法典》第1168条第1项)、债权人不明(《德国民法典》第1170条)及抵押权与所有权的混同(《德国民法典》第889条)等。[3] 所有人抵押权一经成立,即剥夺了后顺位抵押权人的顺位升进(递升)的可能。此即所有人抵押权的成立,采取顺位固定规则。[4]

顺位固定原则和所有人不动产担保物权制度,都建立在"不同顺位、价值不同"(verschiedene Bewertung der Rangstellen)的思想上:第一顺位的抵押权要比第二顺位、第三顺位抵押权安全,但是利率相对较低。如果所有权人清偿了第一顺位抵押权,贯彻顺位移动原则,就意味着第二顺位、第三顺位抵押权将自动晋升;也就是说,抵押权人在获得安全顺位好处的同时,还享受被视为风险激励的较高的利率。按照《德国民法典》最早起草者的观点,这不是一个公平的解决办法;所以,在法典中写道,在所有权人清偿了第

---

〔1〕 参见[德]鲍尔、施蒂尔纳:《德国物权法》(下册),申卫星、王洪亮译,法律出版社2006年版,第48页。

〔2〕 《德国民法典》第1163条规定,已经为其设定抵押权的债权未产生的,抵押权为所有权人享有。债权消灭的,所有权取得抵押权。不排除给予抵押书状的抵押权,在书状交付于债权人之前,为所有权人享有。参见杜景林、卢谌:《德国民法典——全条文注释》(下册),中国政法大学出版社2015年版,第833页。

〔3〕 参见陈华彬:《论所有人抵押权——基于对德国法和瑞士法的分析》,载《现代法学》2014年第5期。

〔4〕 参见陈华彬:《论所有人抵押权——基于对德国法和瑞士法的分析》,载《现代法学》2014年第5期。

一顺位抵押权情况下,“所有权人取得抵押权”(《德国民法典》第 1163 条第 1 款第 2 句)。由于在实践中经常运用涂销预告登记,鉴于此,法律改革创制了法定涂销请求权(《德国民法典》第 1179a 条),但是,法定涂销请求权又使这种“不公平”的解决办法成为可能了。[1]

《瑞士民法典》创设了所谓的“空白担保制度”,第 813 条规定:(1)不动产担保物权,限定于登记时所载明的担保顺位。(2)为前顺位不动产担保物权保留其所登记的金额后,得设定第二顺位或更后顺位的不动产担保物权。第 814 条规定:(1)同一不动产设定有不同顺位的数个不动产担保物权者,某一顺位的不动产担保物权被涂销时,后顺位的不动产担保物权人不因此享有请求晋升其顺位的权利。(2)前顺位的不动产担保物权受清偿后,得在该顺位上,设定另一个不动产担保物权。(3)关于不动产担保物权人间顺位晋升的约定,仅在其登记于土地登记簿时,始具有物权的效力。第 815 条规定:无前顺位的不动产担保物权而设定后顺位的不动产担保物权,后者债务人尚未使用现存的前顺位权利设定担保物权,或者前顺位不动产担保物权所担保的债权额小于所登记的债权额时,变价担保物所取得的卖得价金,得不考虑空缺的担保顺位,而在实际的担保物权人中,依其顺位分配。[2]

《德国民法典》与《瑞士民法典》两者的相同点在于,当抵押权所担保的债权消灭时,该抵押权依然可存在,后顺位的抵押权不能递进。所有人均可为自己设立原始的抵押权;所有权人均有权对该抵押权作出处分,可将其作为其他债权的担保。[3] 但是不同点在于,就德国法而言,因其坚持物权行为的无因性理论,因此,纵使抵押权归所有权人,抵押权也不被所有权吸收,而是独立于所有权而存在,所有权人既可以保有该抵押权,在实现抵押权时就

---

[1] 参见[德]鲍尔、施蒂尔纳:《德国物权法》(下册),申卫星、王洪亮译,法律出版社 2006 年版,第 45 页。

[2] 参见《瑞士民法典》,戴永盛译,中国政法大学出版社 2016 年版,第 288 页。

[3] 参见费安玲主编:《比较担保法》,中国政法大学出版社 2004 年版,第 186~187 页。

不动产变价获得该顺序的价金,归入其一般财产,作为所有普通债权的担保,也可以用该抵押权进行融资,将其转让于他人。而瑞士法中却设计为所有权人对该抵押权获得的是一种不完全的权利,体现为当最终实现不动产上的抵押权时,如果所有权人未处分该担保债权,则不动产变价后的价金顺序的利益,所有权人不能取得,而是归该不动产上的其他担保物权人,由这些担保物权人按实际的顺序分配,可以说,瑞士法中的顺位确定是一种不绝对的确定,在最后实现时,第二顺位的抵押权有可能实际获得第一顺位的地位。[1]

(二)顺位升进主义的立法例

日本民法虽未明文规定抵押权之次序是否采升进原则,然因日本民法抵押权之规定均受法国民法之影响,且基于抵押权消减上之从属性,抵押权次序之设定及登记并非绝对和确定不变,而为相对且具有一时性的特点,因此学说及实务对抵押权之次序,均采升进原则。“基于抵押权消减上之从属性以及抵押权次序并非设定时绝对与确定之次序,而系依抵押权登记先后次序所定之相对与一时之次序,故先次序抵押权消减时,后次序抵押权升进乃当然之理”[2]。在日本,首先担保物权必须严格遵循从属性原则,其次担保制度在构造上也不适用所有人抵押制度,因此采用顺位升进原则便成为必然归结。[3]

我妻荣指出,“一旦给予了一定顺位,就算排序在前的抵押权消失了,之后的抵押权顺位也不会上移的”,这项原则在日本民法中尚未被采用。[4] 在日本民法中,如果第一顺位抵押权的被担保债权因为被偿还或者其他事由

---

〔1〕 参见费安玲主编:《比较担保法》,中国政法大学出版社 2004 年版,第 187 页。

〔2〕 谢在全:《抵押权次序升进原则与次序固定原则》,载《台湾法学杂志》第 7 期(2000 年)。

〔3〕 参见[日]近江幸治:《民法讲义Ⅲ:担保物权》(第 3 版),徐肖天译,上海社会科学院出版社 2023 年版,第 130 页。

〔4〕 参见[日]我妻荣:《我妻荣民法讲义Ⅲ:新订担保物权法》,申政武等译,中国法制出版社 2008 年版,第 202 页。

失效,抵押权也失效,第二顺位抵押权顺位上升,成为第一顺位抵押权。这样,从第二顺位抵押权来看,本来掌握第二顺位担保价值(第二顺位抵押的利息比第一顺位的要高),由于和抵押权人无关联的偶然情况,使其受惠于担保价值的增大,这是绝对不合理的。与此同时,从第一顺位抵押权来看,一旦掌握担保价值,随着被担保债权的消失,此项任务终止,并不承认抵押权独立于特定债权担保。作为价值权的抵押权并没有独立性。[1] 为了承认这一原则,对以前的抵押权理论必须作两点修改。一是不受被担保债权有无的限制,而承认抵押权的存在。二是承认所有人自身对所有物抵押权的占有(所有人抵押权)。这两个新理论,不仅成为顺位原则的基础,也成为贯穿现代抵押权性质的理论基础。[2]

从采用升进主义的国家或地区的立法来看,鲜有法条明文规定该制度,由于法律制度中没有像瑞士或德国那样的明确规定,所以实务界和学术界就以一种自然而然的态度接受了顺位升进主义的做法。有学者指出,这恐怕很难以具有严密逻辑性的法学理论加以解释,只能说是人们长期以来基于对同一物上数个抵押权之间关系的朴素认识,把先顺位抵押权消灭时后顺位抵押权得以升进作为一种先验的、不证自明的事情,所以才会产生我们现在所看到的情况,即顺位固定主义须以明文规定之,而法无明文规定的即为升进主义。[3]

二、我国法之理论争议

我国目前的法律、司法解释均未规定抵押权顺位变动究竟是升进主义还是固定主义,学理以顺位升进主义为通说,司法实践也以顺位升进主义为

---

〔1〕 参见[日]我妻荣:《我妻荣民法讲义Ⅲ:新订担保物权法》,申政武等译,中国法制出版社2008年版,第203页。

〔2〕 参见[日]我妻荣:《我妻荣民法讲义Ⅲ:新订担保物权法》,申政武等译,中国法制出版社2008年版,第203页。

〔3〕 参见王全弟、盛宏观:《抵押权顺位升进主义与固定主义之选择》,载《法学》2008年第4期。

其立场,[1]法律未作规定,大概认为这是不言自明的问题。[2]

学者认为,我国采顺位升进主义的实证法依据主要有二。第一,顺位升进主义产生于保全型的抵押权体系中,抵押权顺序固定主义产生在投资型的抵押权体系中,这两种制度在各自的制度体系中都是合理的,不存在谁比谁更优的问题。从《物权法》第 177 条、《民法典》第 393 条关于主债权消灭则抵押权消灭的规定可以看出,我国系采顺位升进主义。前次序抵押权担保的债权消灭的,抵押权消灭,除此之外并未规定抵押权人取得消灭的抵押权(所有人抵押),也未将消灭的抵押权次序作为空位,故可认为我国事实上采纳了次序升进主义。[3] 第二,如果不是采顺位升进主义,就不会在《物权法》第 194 条第 2 款、《民法典》第 409 条第 2 款规定,抵押权人放弃债务人提供的抵押权的顺位时,其他担保人在抵押权人丧失优先受偿权益范围内免除担保责任,但其他担保人承诺仍然提供担保的除外。[4]

但与此同时,《担保法解释》第 77 条曾经规定,"同一财产向两个以上债权人抵押的,顺序在先的抵押权与该财产的所有权归属一人时,该财产的所有权人可以以其抵押权对抗顺序在后的抵押权"。有观点指出,在抵押权与所有权发生混同时,我国也例外承认顺位固定主义,[5]认为该条是为了在所有权与抵押权发生混同时,阻止后次序抵押权人升进其次序,而例外采取固定主义,承认了后发的所有人抵押权。[6] 也有观点将《担保法解释》第 77 条解释为,除此种情形外,前顺位抵押权消灭的,后顺位抵押权升进为前顺位。[7]

---

[1] 参见刘家安:《物权法论》(第 2 版),中国政法大学出版社 2015 年版,第 171 页。

[2] 参见王利明:《物权法研究》(第 4 版)(下卷),中国人民大学出版社 2016 年版,第 1201 页。

[3] 参见孙鹏等:《担保物权法原理》,中国人民大学出版社 2009 年版,第 187 页。

[4] 参见程啸:《担保物权研究》,中国人民大学出版社 2017 年版,第 365 页;崔建远:《物权:规范与学说——以中国物权法的解释论为中心》(下册),清华大学出版社 2011 年版,第 808 页。

[5] 参见高圣平:《担保法论》,法律出版社 2009 年版,第 348 页。

[6] 参见李国光等:《最高人民法院〈关于适用《中华人民共和国担保法》若干问题的解释〉理解与适用》,吉林人民出版社 2000 年版,第 280～282 页。

[7] 参见郭明瑞等编著:《担保法》(第 5 版),中国人民大学出版社 2017 年版,第 104 页。

尽管顺位升进主义是通说，但是仍然有不少观点认为我国应采顺位固定主义。在采顺位升进主义的日本等，新近以来有人主张变更现行观点，而改采德国、瑞士的顺位固定主义，理由是现代民法以固定主义为发展趋势，应积极主张改变次序升进主义而采纳次序固定主义。[1]

由于我国理论与实践通说采顺位升进主义，因此反对观点多对顺位升进主义有所批评，认为顺位升进主义存在不足。第一，后顺位抵押权会有不当得利的嫌疑。在顺位升进主义之下，原居第二顺位的抵押权人，本仅有就第一顺位抵押权人受清偿后的余额受偿的机会，今因偶然情事，跃居第一顺位而受优先清偿，无异于获意外的利益，故而有取得不当利益之嫌。[2] 第二，剥夺了所有人以此获取融资的机会，对其利益造成损害。"后次序抵押权人升进，占用先次序之结果，使所有权人无法利用该先次序抵押权，获取必要与有利之融资，对于所有人而言，是非适当。"[3]"是以后次序抵押权人于设定抵押权时，对于次序在后，优先受偿之机会并非十足保障之不利状况，实已充分认知，因此一般而言，后次序抵押权人均以提高利率或约定其他较先次序抵押权人优厚之条件，弥补其不利"[4]。一个典型的例子是：如果一块正在建造房屋的土地，现在能卖 50 万马克，由第一顺位抵押权担保物权人提供 20 万马克信贷，即使经济关系恶化，强制执行抵押物时交换价值已经大大降低了，债权人也可以期待其债权能够全额实现。但对于第二顺位抵押权和第三顺位抵押权，就没有这样的安全了，将来强制拍卖时，他们会有全部或部分不能被清偿的风险。而债务人必须对这种风险付出代价，即支付更高的利率，一定程度上，利率中包含了风险金。[5] 第三，抵押权顺位

---

〔1〕 参见许明月：《抵押权制度研究》，法律出版社 1998 年版，第 274 页。

〔2〕 参见陈华彬：《物权法论》，中国政法大学出版社 2018 年版，第 534 页。

〔3〕 谢在全：《抵押权次序升进原则与次序固定原则》，载《台湾法学杂志》第 7 期(2000 年)。

〔4〕 谢在全：《抵押权次序升进原则与次序固定原则》，载《台湾法学杂志》第 7 期(2000 年)。

〔5〕 参见[德]鲍尔、施蒂尔纳：《德国物权法》(下册)，申卫星、王洪亮译，法律出版社 2006 年版，第 9 页。

升进主义使一般债权人遭受损失。如采次序升进主义,肯定后次序抵押权之次序因而升进者,将有损于其他一般债权人之利益,且后次序抵押权人因之获得本不应取得之利益,实非公允。[1]

持抵押权顺位固定主义者认为固定主义有以下优点。第一,凸显了抵押权的价值权性,使抵押人的融资更为灵活。当先顺位抵押权所担保的债权因清偿而消灭后,该顺位利益并不消灭而归属于抵押人,抵押人可以利用该顺位利益再行获得成本低廉的融资。第二,顺位固定主义对于抵押人的保护也较为有利,因为顺位在后的抵押权人融资的成本常常较顺位在先的抵押权人更高。第三,抵押权顺位固定主义对物上保证人也有利,当物上保证人代替债务人清偿债务后,担保该债权的先顺位抵押权并不消灭,此时因物上保证人成为债务人的债权人,发生债权的法定移转,基于抵押权的从属性,该先顺位的抵押权就可以用来确保物上保证人的债权得以顺利实现。[2] 第四,顺位固定主义有利于一般债权人,先次序抵押权消灭后,只要后次序抵押权人维持其原有的次序,在实行抵押权时,抵押人仍可保有先次序抵押权担保的债权部分的价值,并将这一部分价值纳入一般财产,担保抵押人一般债权之实现。[3]

顺位升进主义者对顺位固定主义的批评主要有以下几点。第一,不利于担保功能与融资功能的发挥。如果依照顺位固定模式,无论前顺位抵押权是否需要实现,后顺位抵押权绝对只能对抵押物的剩余价款优先受偿,无异于将抵押物的价值在多个抵押权之间进行了分割,此举不仅限制了重复抵押的实行,影响了抵押物担保功能最大限度地发挥,而且与抵押权的本质和担保物权的宗旨有所背离。[4] 若实行抵押权的顺位固定,后顺位抵押权

---

[1] 参见陈荣隆:《新普通抵押权法之评析(下)》,载《月旦法学杂志》第146期(2007年)。

[2] 参见程啸:《担保物权研究》,中国人民大学出版社2017年版,第363~364页。

[3] 参见孙鹏等:《担保物权法原理》,中国人民大学出版社2009年版,第87~188页。

[4] 参见尹田:《物权法》(第2版),北京大学出版社2017年版,第541页。

人因为先顺位抵押权的顺位永久固定,自会降低利用抵押担保的信心而不愿接受后顺位抵押担保,以致影响抵押人利用抵押物的交换价值融通资金的能力。[1] 使后次序抵押权人难以和抵押人发生交易关系,抵押人在融资借款方面反而会遇到障碍,固定主义忽略了抵押物价值在市场经济条件下会随着市场的变化而发生变化的可能。[2] 第二,一般债权人构成"不当得利"。次序固定主义有利于抵押人的一般债权人,但是一般债权人的这些利益将构成"不当得利"。在次序固定主义中,后次序抵押权人不能享受前次序抵押权消灭之利益,而使抵押人的一般债权人成为前次序抵押权消灭的唯一受益人,如此不能不说已经严重地本末倒置了。第三,抵押权的价值权性不一定要通过次序固定主义来体现。第四,彻底否定抵押权与债权之间从属关系的抽象抵押权理论,只是在德国、瑞士等少数国家得以立法化,其合理性与可行性一直备受质疑,而在只承认保全抵押的我国,以抵押权抽象性证明次序固定主义的合理性,尤其显得不合时宜。[3]

顺位升进主义者同时对顺位升进主义进行辩护。第一,后次序抵押权人升进不构成不当得利。后次序抵押权人在设立抵押权时对先次序抵押权已有认识,但这不足以说明其只期待通过抵押物的剩余价值受偿,后次序抵押权人设立抵押权时,完全可能期待抵押权人抛弃其抵押权,或其担保债权因受清偿而消灭,很难说后次序抵押权人的这些期待不具有合理性。此外,期待再合理也只是期待,是期待就未必能够实现,后次序抵押权因先次序抵押权消灭而升进其次序,并非"望外"之利益,而本系合理期待的风险利益。[4] 第二,后次序抵押权人仍然享有抵押权,具有优先于普通债权人的地位,因而其优先于普通债权人以抵押物的价值受偿,是完全合理、合法的。

〔1〕 参见邹海林、常敏:《债权担保的理论与实务》,社会科学文献出版社2005年版,第185页。
〔2〕 参见王利明:《物权法研究》(第4版)(下卷),中国人民大学出版社2016年版,第1204页。
〔3〕 参见孙鹏等:《担保物权法原理》,中国人民大学出版社2009年版,第188~189页。
〔4〕 参见孙鹏等:《担保物权法原理》,中国人民大学出版社2009年版,第188~189页。

顺序升进主义是否损害一般债权人的利益,应当在一般债权人的合理预见和实际结果的对比中体现,一般债权人完全可以通过查阅登记材料而知晓,因此一般债权人的合理预期是明确的。[1] 第三,主张次序固定主义者,根据抵押权本质明显采取价值权之见解而认为抵押权之性质已非从属保全抵押,并已走向投资抵押,因此应使之脱离绝对从属性,予以独立以便于流通。且为使抵押权便于流通,其次序应采固定主义,除避免后顺位抵押权人之不当获得超额担保外,还为不动产证券化以及积极承认所有人抵押权铺路。[2] 但抵押权是否可以证券化并不直接取决于是否采纳了顺序固定主义,在顺序升进的情况下,同样可以实行抵押权的证券化。因此每一个抵押权人所能够支配的抵押物的交换价值总是要随着市场行情的变化而发生变化,只要有独立存在的抵押权,就可以较为容易地实现证券化,并进入流通。[3] 法国与日本也有抵押权证券化,而作为顺位升进主义的典型代表,法国和日本所能够采用的证券化显然并非顺位固定主义支持者所说的证券化。[4]

三、《民法典》顺位升进主义解释论

《民法典》编纂过程中,对于上述争议究竟采何种立场,亦主要存在两种观点。一种观点认为,《民法典》物权编不应采取抵押权顺位固定主义,而应采取抵押权顺位升进主义,但应尽量克服顺位升进主义所滋生的弊端。主张《物权法》第 194 条第 1 款“抵押权人可以放弃抵押权或者抵押权的顺位”之规定应修改为“抵押权人放弃抵押权顺位的,后顺位的抵押权自动升进”。[5] 另一种观点则认为,现代民法以固定主义为发展趋势,应积极主张

---

〔1〕 参见王利明:《物权法研究》(第 4 版)(下卷),中国人民大学出版社 2016 年版,第 1203 页。

〔2〕 参见陈荣隆:《新普通抵押权法之评析(下)》,载《月旦法学杂志》第 146 期(2007 年)。

〔3〕 参见王利明:《物权法研究》(第 4 版)(下卷),中国人民大学出版社 2016 年版,第 1205 页。

〔4〕 参见王全弟、盛宏观:《抵押权顺位升进主义与固定主义之选择》,载《法学》2008 年第 4 期。

〔5〕 参见赵秀梅:《〈物权法〉第 194 条的裁判分歧及立法完善》,载《法学》2019 年第 10 期。

改变次序升进主义而采纳次序固定主义;[1]应对我国仅例外地认可所有人抵押权的现行法制予以变更,建立较大范围的、完善的所有人抵押权制度体系,并摒弃抵押权的不可分性规则,改采顺位固定规则。这样既对我国不动产信用关系有利,也有助于我国金融资本信用关系的发展。[2] 学者起草的民法典草案中即有采此方案,如规定,“不动产物权人,可以为自己将来设定一项类型肯定、范围明确的物权,保留一个确定的顺位。顺位的保留,自登记时生效”;“同一物上设定的抵押权与该物的所有权归属于一人,且在该抵押物上另有其他担保物权时,抵押权不因混同而消灭”。[3] 最终,《民法典》未对此问题作出规定,据此在解释上应认为,《民法典》对抵押权顺位变动采顺位升进主义立场,理由如下。

第一,《民法典》对担保物权从属性的强化。《民法典》延续《物权法》关于担保物权从属性的相关规定,甚至更加强调担保物权从属性,如果采取顺位固定主义,就不应过分强调,《民法典》强调担保物权从属性,就不具备奉行抵押权的顺位固定主义的基础。[4] 所有人抵押权制度,在相当程度上打破了抵押权的附随性规则的严格贯彻,它是打破抵押权的附随性规则而作为例外认可的制度,[5]在《民法典》未作出明确规定的情况下,仍应当采纳我国理论上与实践中关于顺位升进主义的通说,不宜轻易改变。

第二,采顺位固定主义缺乏制度基础。一方面,《民法典》并未规定像德国法那样的所有人抵押制度、瑞士法那样的空白担保制度,使顺位固定主义难以在实践中落实;另一方面,在《民法典》生效后,《担保法》废止,《担保法

---

〔1〕 参见许明月:《抵押权制度研究》,法律出版社1998年版,第274页。

〔2〕 参见陈华彬:《论所有人抵押权——基于对德国法和瑞士法的分析》,载《现代法学》2014年第5期。

〔3〕 梁慧星主编:《中国民法典草案建议稿附理由·物权编》,法律出版社2013年版,第550~551页。

〔4〕 参见崔建远:《物权编如何设计抵押权顺位规则》,载《法学杂志》2017年第10期。

〔5〕 参见陈华彬:《论所有人抵押权——基于对德国法和瑞士法的分析》,载《现代法学》2014年第5期。

解释》亦被新的《担保制度司法解释》取代，而《担保制度司法解释》已经没有《担保法解释》第77条的规定，顺位固定主义更缺乏解释基础。

第三，无论是顺位固定主义还是顺位升进主义，在实践效果上都大致相当。二者各具优缺点，在制度设计时选择其中之一，在实践效果上相差不多。

即便采顺位固定主义，在实践中亦有方式向顺位升进主义靠拢。如在德国，所有人抵押权的实际运作也产生了一些问题，主要是所有人抵押制度造成不动产所有人获取融资之阻碍。故德国民法亦配合登记实务上之需要，修正相关规定，肯定后次序抵押权人对先次序或同次序抵押权发生所有人抵押权时，后次序抵押权人对该抵押权即得请求涂销之，并得通过预告登记之办理，使该请求权具有保全之效力（《德国民法典》第1179a条），以避免对于后次序抵押权升进之阻止，造成不动产所有人融资之阻碍。因此即使是采取固定主义之立法例，亦配合实务之需要，事实上造成次序升进主义之效果。[1] 因所有人抵押权之成立，后次序或同次序抵押权人于法律上当然发生涂销登记请求权，此项请求权经预告登记获得保全效力，从而达到次序升进之效果。足见德国金融界对于后次序抵押权得以升进次序之要求十分强烈，欲以所有人抵押制度阻止抵押权次序升进之功能，实际上殆已无从实现。[2] 在瑞士，空白担保也有阻碍不动产所有人融资之途，为解决此项困境，后次序抵押权人在设定契约时常与抵押权人约定，先次序抵押权消灭时，其抵押权得升进其次序，此项约定经预告登记，具有物权效力。此种做法于瑞士金融交易实务中非常盛行，故对次序确定原则实际上能否完全贯彻，仍存疑问。

即便采顺位升进主义，亦需设计若干例外，以达到交易当事人之间的利

〔1〕 参见陈荣隆：《新普通抵押权法之评析（下）》，载《月旦法学杂志》第146期（2007年）。
〔2〕 参见谢在全：《抵押权次序升进原则与次序固定原则》，载《台湾法学杂志》第7期（2000年）。

益平衡，这虽不属于顺位固定主义，但是具备顺位固定主义相似之功能。比如，就《担保法解释》第77条而言，无论是否认为其属于所有人抵押，其都有存在之必要。在抵押权与抵押物所有权发生混同时，抵押权担保的债权未必得到了清偿且债权人未必放弃了抵押权。无论是抵押权人取得抵押物所有权，还是抵押人取得抵押权（连同被担保的债权），只要抵押权所担保的债权并未消灭，抵押权之存续就对抵押物所有权人具有法律上之利益，混同消灭抵押权的规则就例外地被排除适用。相反，若不仅发生了抵押权与所有权的混同，而且被担保债权本身也因混同而消灭，则该抵押权应绝对消灭，后次序抵押权人可相应地升进其次序。[1] 在顺位升进主义之下，《担保法解释》第77条在某些情形下有利于维护抵押人的利益。[2] 例如，债权人甲对债务人乙享有价值100万元的债权，抵押人丙以其价值150万元的房屋为债务人乙提供抵押，后丙又以该房屋为债权人丁对债务人乙的90万元债权设定抵押，甲为第一顺位抵押权人，丁为第二顺位抵押权人。后甲购买丙的房屋成为所有权人，此时如认为抵押权与所有权混同，并采顺位升进主义，丁即成为第一顺位抵押权人，这意味着甲因购买丙的房屋而使原本位于第一顺位的抵押权沦为第二顺位，不甚公平，故《担保法解释》第77条仍有适用之必要。[3] 所有权与抵押权混同之场合，基于保护所有人与第三人之利益，应当例外地排除混同原则之适用，允许抵押权不消减，因此发生所有人抵押权。此项抵押权固具有阻止后次序抵押权升进之作用，但非抵押权从属性之例外，担保债权一旦消减，抵押权似应消减，与所有人抵押制度下之抵押权，具有价值权之独立性，同时排除混同与抵押权从属性不可相提并论。易言之，混同例外下所生之所有人抵押权尚无从实现德国法上所有人

---

〔1〕 参见孙鹏等：《担保物权法原理》，中国人民大学出版社2009年版，第189页。

〔2〕 参见程啸：《担保物权研究》，中国人民大学出版社2017年版，第365页。

〔3〕 参见麻锦亮编著：《民法典担保注释书》，中国民主法制出版社2023年版，第721页。

抵押权之功能。[1]

在抵押物变价款价值充足之情形中,二者实践效果一致。在抵押物的变价款足以覆盖多个债权额之时,无论后顺位抵押权是否升进,其受偿效果在升进主义与固定主义之下并无差别。而在抵押物价值不足以清偿所有债权时,如前所述,在顺位固定主义之下,通过当事人协议与意思自治或者预告登记等制度,亦可达到顺位升进主义之效果;在顺位升进主义之下,法律亦设置相关例外,以保护抵押物所有人的利益。

第四,采顺位升进主义与抵押权竞存依照登记时间确定顺位的规则相一致。固定排序打破了"先后定序"的原则,因此若法无明文,解释上只要有先后定序原则,即应该朝浮动排序解释。[2]

第二节 抵押权竞存顺位的意定变动

抵押权人依其次序所能支配者,系抵押物之交换价值,即抵押权人依其次序所得优先受偿之分配额。为使抵押权人对于此交换价值之利用更具弹性,使其投下的金额资本在多数债权人间有灵活周转余地,并有相互调整复杂利害关系的手段,抵押权次序(顺位)让与、次序抛弃即有设定的必要。[3]

一、顺位的让与

次序让与的理论颇为丰富。所谓次序的让与,指抵押权人为特定抵押权人(特定的后次序或同次序抵押权人)之利益,将次序(优先受偿之分配额)让与特定后次序或同次序之抵押权人。让与、受让双方的原抵押权及次

〔1〕 参见谢在全:《抵押权次序升进原则与次序固定原则》,载《台湾法学杂志》第7期(2000年)。

〔2〕 参见苏永钦:《寻找新民法》,台北,元照出版有限公司2008年版,第440页。

〔3〕 参见吴光明:《物权法新论》,台北,新学林出版股份有限公司2006年版,第392页。

序仍旧，按原次序受分配，所得之分配金合计，由受让人优先受偿，如有剩余，始由让与人受偿。[1] 例如，债务人甲在其抵押物上，分别为A、B、C三位债权人设定第一、第二、第三次序抵押权，依次担保300万元、200万元、100万元债权。A将第一顺位让与C。若甲的抵押物拍卖价金为400万元，让与前，A的第一顺位可受偿300万元，B的第二顺位可得100万元，C无受偿额。让与后，则将A与C可得分配额合计后为300万元，再由C就此合计金额优先分配100万元，剩余200万元由A分得。至于B受分配的100万元，则不因A与C的次序让与有所改变。原因在于次序让与仅调整让与人与受让人间可得分配之分配额，而非就设定的次序重新变更。

（一）顺位让与的要件

第一，让与的主体为同一抵押物的抵押权人。就让与的主体存在两种观点，一种观点认为，让与的主体均需要为同一债务人的抵押权人，另一种观点认为，让与的主体不限于同一债务人，但限于同一抵押物的抵押权人。因之，如属相同抵押物之抵押权人，债务人纵有不同，各该抵押权人间仍得为次序之让与。[2] 日本学者也认为，无论是理论通说还是登记实务，都将同一债务人进行扩充解释，使其包括物上保证人和第三取得人，最终的结果是只要为同一抵押物上的抵押权人，就可以进行抵押权次序之让与。[3] 本书认为，第二种观点有其道理，因抵押权顺位的让与仅系优先受偿分配额的让与，无限制为同一债务人之必要。此外，有疑问的是，同一顺位的抵押权人间是否可以转让顺位。例如，第一顺位抵押权的400万元为甲的200万元和丙的200万元的同顺位抵押权时，从甲到丙的顺位转让抽象来说没有意义；但是，甲、丙的两个抵押权为同顺位的意思是指在请求拍卖价格不能够满足总额时要按比例进行分配。如果能根据甲、丙之间的协议让丙优先受偿，有

---

〔1〕 参见姚瑞光：《民法物权论》，中国政法大学出版社2011年版，第145页。
〔2〕 参见谢在全：《民法物权论》（中册）（第5版），中国政法大学出版社2011年版，第708页。
〔3〕 参见孙鹏等：《担保物权法原理》，中国人民大学出版社2009年版，第190页。

其意义。而且对其他顺位抵押权人没有任何的影响。这对债务人来说是不利的,但是和其他顺位转让相比影响并不是特别大。故将其称为顺位转让也许是不恰当的,但是从实质来看也没有否定的理由。[1]

第二,须有让与的合意。让与人与受让人须有次序让与之合意,学理认为须以契为之,无须得债务人、抵押人或其他抵押权人同意,因次序之让与仅具有相对之效力,对于当事人地位不产生影响。[2] 至于是全部或者部分让与自身抵押权次序,或者是为受让人全部或者部分债权让与其抵押权次序,在所不问。[3]

第三,须为让与的登记。抵押权次序之让与已涉及抵押权内容变更,办理登记始生效力。[4] 此时登记的地位和作用,应当与物权变动模式相一致,不动产抵押权等以登记为生效要件的抵押权,其顺位的让与,若发生法律效力,不但需要让与人和受让人成立让与合同,且已经生效,而且需要在不动产登记簿的抵押登记页上办理附记登记。[5]

此外,关于次序让与中是否应对债务人或抵押人进行通知。学说上有见解认为此通知并非次序让与之成立或生效要件,而系对抗要件;如未为通知而为让与之登记者,登记仍发生次序让与之效力。[6] 换言之,抵押权之债务人或抵押人,于提供抵押物担保之情形,债务人仍得为债务之任意清偿;抵押人为有利害关系之人,亦得向抵押权人为清偿。于抵押权人调整可优先受偿分配额时,如债务人或抵押人不知有调整情形仍向原次序在先之抵押权人清偿,自足影响其权益,亦即明定前项可优先分配额之调整,非经登

---

〔1〕 参见[日]我妻荣:《我妻荣民法讲义Ⅲ:新订担保物权法》,申政武等译,中国法制出版社2008年版,第369页。

〔2〕 参见谢在全:《民法物权论》(中册)(第5版),中国政法大学出版社2011年版,第710页。

〔3〕 参见孙鹏等:《担保物权法原理》,中国人民大学出版社2009年版,第190页。

〔4〕 参见吴光明:《物权法新论》,台北,新学林出版股份有限公司2006年版,第392页。

〔5〕 参见崔建远:《物权:规范与学说——以中国物权法的解释论为中心》(下册),清华大学出版社2011年版,第809页。

〔6〕 参见郑冠宇:《抵押权次序之变动》,载《台湾法学杂志》第63期(2004年)。

记,不生效力,并以通知债务人、抵押人及共同抵押人为其登记要件,以期周延。至于登记时,应检具已为通知之证明文件,乃属当然。[1]

(二)顺位让与的效力

关于次序让与的效力,理论上有相对效力与绝对效力二说。相对效力说认为次序权之让与,并未改变让与人与受让人受偿顺序,而是使受让人得于让与人与受让人原本得受偿之总金额内,使自己之债权额优先受偿,如有剩余,再由让与人受偿。绝对效力说则认为,次序一经让与,让与人即取得受让人之次序,依此,当受让人之债权额显逾让与人之债权额时,对于受偿顺序介于让与人及受让人间之抵押权人而言,其权利受到影响。[2]

理论上以相对效力为通说。相对效力的具体表现包括:第一,让与人与受让人仍依其原次序受分配,但依其次序所能获得分配之合计金额,由受让人优先受偿,如有余额始由让与人受偿。抵押权顺位的转让实际上只是在让与人与受让人之间进行利益再分配,各抵押权人的抵押权归属与次序均无变动,债务人、其他抵押权人的利益不会因抵押权顺位的转让而受到影响。[3] 抵押权次序让与仅在让与人与受让人之间发生相对的效力,并不导致双方抵押权次序的交换和受偿数额的变更,本质上不过为让与人将依其次序所能获得优先分配利益让与受让人而已,受让人受让的次序利益必须以让与人的抵押权为基础,在受偿数额或实行条件等方面都依托于让与人的抵押权。[4]

第二,次序的受让人固得实行第一次序抵押权,申请拍卖抵押物,但须于让与人及受让人抵押权均已具备实行要件后始得为之。其相互间之抵押权均须具备实行要件,始得实行抵押权。[5] 换言之,顺位的受让人,只有在

---

〔1〕 参见吴光明:《物权法新论》,台北,新学林出版股份有限公司2006年版,第394~395页。

〔2〕 参见陈荣隆:《新普通抵押权法之评析(下)》,载《月旦法学杂志》第146期(2007年)。

〔3〕 参见高圣平:《担保法论》,法律出版社2009年版,第349页。

〔4〕 参见孙鹏等:《担保物权法原理》,中国人民大学出版社2009年版,第190~191页。

〔5〕 参见吴光明:《物权法新论》,台北,新学林出版股份有限公司2006年版,第395页。

其被担保债权和让与人的被担保债权均已届清偿期时，才可以实行抵押权，使其被担保债权按照受让的抵押权顺位优先受偿。之所以强调届期才可以实行抵押权，是因为受让人仅仅受让了顺位，未改变被担保债权的清偿期，所以被担保的债权未届清偿期时，当然不得实行抵押权。如果允许在让与人的被担保债权的清偿期届至前就实行抵押权，并依受让的抵押权顺位使被担保债权优先获得清偿，就侵害了抵押物所有权人的合法权益。[1]

但是，也有观点认为，可借助提存制度而不需要让与人及受让人抵押权均已具备实行要件。若让与人债权先到期，让与人可行使抵押权，但须将受让人应获得优先受偿的部分提存；若受让人债权先到期，受让人可实行自身的(后次序)抵押权，但应首先从抵押物拍卖款中提存让与人应当受偿的金额，待让与人的债权清偿期届满时，为让与人提存的部分应首先满足受让人未受清偿的债权，余额清偿让与人的债权；若在扣除前次序抵押权担保额后，受让人本不能(基于自身原有的抵押权次序)受偿，则其非但不能行使让与人的抵押权，甚至也不能主张自己固有的抵押权，而只能静待让与人债权到期，并通过让与人的分配额优先受偿。[2]

第三，让与人抵押权之担保债权消灭时，依抵押权从属性，抵押权自归于消灭。不过，让与人既让与其次序，负有不变更其债权或使其消灭之义务，但次序之让与仅有相对效力，债务人不受拘束，且受让人能否获受让次序之利益，以让与人抵押权存在为前提，故债务人倘若向让与人清偿，仍产生清偿之效力，但债务人就次序之让与已为同意者除外，此际如未得受让人之同意而向让与人清偿，其受让之次序效力不受影响。[3] 因此，为了使抵押权次序之让与具有实际意义，让与人应确保其抵押权的存在，而不应以接受

---

〔1〕 参见崔建远：《物权：规范与学说——以中国物权法的解释论为中心》(下册)，清华大学出版社2011年版，第811页。

〔2〕 参见孙鹏等：《担保物权法原理》，中国人民大学出版社2009年版，第191页。

〔3〕 参见谢在全：《民法物权论》(中册)(第5版)，中国政法大学出版社2011年版，第712~713页。

清偿、免除债务等方式消灭抵押权。而要确保让与人抵押权不因接受清偿等原因而消灭，有必要控制债务人的行为，建立使债务人知悉抵押权次序转让事实的机制。[1]《日本民法典》第377条规定，“前条之情形，非按第四百六十七条之规定，通知主债务人抵押权之处分，或主债务人承诺之者，不得以之对抗主债务人、保证人、抵押权设定人及此等人之承继人。主债务人依前款规定受通知或作出承诺时，未得受抵押权处分利益者之承诺而所做之清偿，不得对抗其受益人”。[2]

第四，受让人的债权因抵押权实现以外的原因而消灭时，出让人之抵押权是否回复。一种观点是让与人地位回复说，让与人的抵押权应回复到次序让与之前的状态，因为抵押权次序让与本只在当事人间产生相对效力，若受让人抵押权消灭后让与人仍不能回复到原来的抵押权次序，则将使中间的抵押权人因次序升进而获得望外之利益，并使抵押人遭遇不测之损害。[3]另一种观点为回复否定说，受让人债权消灭后，其受让次序的抵押权也因从属性而消灭，故让与人的抵押权不可能回复到让与前的次序。[4]有学者认为，让与人地位回复说更贴近抵押权次序让与之本质，无论在理论上或实务中都更加具有可采性。[5]

第五，抵押权所担保之债权还存在保证担保，保证人清偿债务后，债权人对于债务人或抵押人之债权，当然移转于保证人，该债权之抵押权亦随同转移，足见该抵押权关乎保证人利益。基于诚信原则，债权人不应依自己之意思，使保证人权益受影响。又先次序抵押权人有较后次序抵押权人优先受偿之机会，则次序在先抵押权所担保债权之保证人代负履行债务之机会较少。如因调整可优先受偿分配额而使先次序或同次序之抵押权丧失优先

---

〔1〕参见孙鹏等：《担保物权法原理》，中国人民大学出版社2009年版，第192页。
〔2〕参见王融擎编译：《日本民法：条文与判例》（上册），中国法制出版社2018年版，第266页。
〔3〕参见孙鹏等：《担保物权法原理》，中国人民大学出版社2009年版，第191页。
〔4〕参见孙鹏等：《担保物权法原理》，中国人民大学出版社2009年版，第192页。
〔5〕参见孙鹏等：《担保物权法原理》，中国人民大学出版社2009年版，第192页。

受偿利益，将使该保证人代负履行债务之机会大增，对保证人有失公平。故于先次序或同次序之抵押权因调整可优先受偿分配额而丧失优先受偿之利益时，除经该保证人同意调整外，保证人应于丧失优先受偿之利益限度内，免其责任，始为公允。[1]

（三）《民法典》顺位让与解释论

值得注意的是，《民法典》并未规定竞存抵押权之间次序（顺位）的让与，有观点指出，因抵押权及其顺位权为非专属性的财产权，故法律应承认抵押权顺位的让与。[2] 虽然《民法典》未对抵押权顺位的转让作出规定，但如果相关当事人作出了约定，既不影响其他抵押权人的利益，也不影响抵押人及一般债权人的利益，应当认定抵押权顺位的转让的效力。[3] 尽管法律没有对抵押权顺位的转让作出规定，但是因为《民法典》规定了抵押权顺位协议变更，这可以解释为，我国《民法典》也承认抵押权顺位的转让。从法律上看，只要转让人和受让人达成合意，应当允许双方转让抵押权顺位。顺位的转让也应当属于变更的内容，如果当事人通过合意转让抵押权的顺位且不损害其他人的利益，就应当承认此种转让的效力。[4]

还有观点指出，前述次序让与的理论忽略了当事人意思对于抵押权顺位改变所起的决定性作用，其实，无论是顺位的变更或者顺位的转让，其实质都是抵押权顺位的互换，其结果都是导致抵押权顺位的变更，有所区别的仅仅是变更的条件和变更的法律效果。而这些条件和效果，均应由当事人在符合法定原则的情况下进行任意设置，法律需要规定的，仅仅是抵押权顺位变更的基本规则，而不是用含混的概念如顺位转让和复杂的解释去代替

---

〔1〕 参见王泽鉴：《民法物权》（第2版），北京大学出版社2010年版，第379页。

〔2〕 参见崔建远：《物权：规范与学说——以中国物权法的解释论为中心》（下册），清华大学出版社2011年版，第809页。

〔3〕 参见高圣平：《担保法论》，法律出版社2009年版，第349页。

〔4〕 参见王利明：《物权法研究》（第4版）（下卷），中国人民大学出版社2016年版，第1209页。

当事人的自由安排。[1]

尽管次序让与的内容与效力更多依赖当事人意思自治,但是法律亦应提供相应的备用性规范以在意思自治不足时提供补充;此外,顺位的让与涉及物权变动,此内容并非仅靠意思自治所能解决。《民法典》未规定次序让与,但是规定了抵押权顺位的放弃,有学者提出顺位让与和顺位放弃的相通性:所谓顺位让与的绝对效力,其效果等同于顺位变更(顺位交换);而顺位让与的相对效力,其效果则等同于顺位的相对放弃。故此,所谓抵押权顺位的让与问题在理论上并无多少讨论价值,法律上则更没有必要对其单独规定。[2] 日本学者也指出,顺位的放弃也是特殊形态的抵押权顺位转让。[3] 故在次序让与的问题上可类推适用次序放弃。

二、顺位的放弃

顺位的放弃有相对放弃与绝对放弃之分。[4] 所谓相对放弃,指抵押权人为特定后次序抵押权人之利益,放弃其次序(优先受偿之利益)。彼此之次序不变,放弃者与受利益者成为同一次序,将所受分配之金额合计,按各债权额比例分配之。[5] 相对放弃,放弃人在原次序上应得之分配额,由受抛弃人与之依原债权额比例受偿。[6] 其结果是,两者成为同顺序,按相应的债权额比例进行偿还,所以其对中间的抵押权人没有任何影响。[7] 次序的相对放弃和让与一样,实际上未改变次序,仅使特定后次序权利人取得前次序

---

〔1〕 参见尹田:《物权法》(第2版),北京大学出版社2017年版,第543页。

〔2〕 参见刘保玉:《物权法学》,中国法制出版社2007年版,第330页。

〔3〕 参见[日]我妻荣:《我妻荣民法讲义Ⅲ:新订担保物权法》,申政武等译,中国法制出版社2008年版,第374页。

〔4〕 参见尹田:《物权法》(第2版),北京大学出版社2017年版,第546页。

〔5〕 参见姚瑞光:《民法物权论》,中国政法大学出版社2011年版,第145页。

〔6〕 参见吴光明:《物权法新论》,台北,新学林出版股份有限公司2006年版,第392页。

〔7〕 参见[日]近江幸治:《担保物权法》,祝娅等译,法律出版社2000年版,第184页。

的利益，性质上也是一种债权式的让与，仅因登记而使其发生某种绝对的效力，[1]让与和所谓相对放弃，真正交易的标的都是担保利益，并没有改变次序，因此严格而言，不能称为次序的变更。[2] 举例来说，若债务人甲在其抵押物上，分别为A、B、C三位债权人设定第一、第二、第三顺位抵押权，依次担保300万元、200万元、100万元债权。甲的抵押物拍卖价金为400万元。原本A的第一顺位可得300万元，B的第二顺位可得100万元，C的第三顺位无受偿额，A与C的可得分配额合计300万元。A将第一顺位放弃予C，A与C则依其债权比例，以列于同一顺位计算受偿额，即A可得225万元［300万元×300万元/(300万元+100万元)］，C可得75万元［300万元×100万元/(300万元+100万元)］，B仍然可得100万元，不受影响。

绝对放弃，指抵押权人，为全体后次序抵押权人之利益，放弃其抵押权之次序(优先受偿利益)。为此放弃后，放弃者转居最后次序(优先受偿利益)。其他抵押权之次序，则依次升进，[3]即并非专为同一债务人之某一特定后次序抵押权人之利益而放弃次序权，此时其他抵押权人可依次进行其次序，而放弃次序之抵押权人，则退于最后之地位。[4] 就其效力而言，仅具有相对效力，亦即先次序抵押权人放弃次序后，各抵押权之归属与次序并无变动，仅系放弃抵押权次序之人，因放弃次序之结果，退于最后次序，受放弃利益之全体抵押权人之次序各依次序升进，但于放弃后新成立之抵押权，其次序仍列于放弃者之后。[5] 举例来说，若债务人甲在其抵押物上，分别为A、B、C三位债权人设定第一、第二、第三顺位抵押权，依次担保300万元、200万元、100万元债权。甲的抵押物拍卖价金为400万元。原本A的第一顺位可得300万元，B的第二顺位可得100万元，C的第三顺位无受偿额。A

---

〔1〕 参见苏永钦：《寻找新民法》，台北，元照出版有限公司2008年版，第445页。

〔2〕 参见苏永钦：《寻找新民法》，台北，元照出版有限公司2008年版，第445～446页。

〔3〕 参见姚瑞光：《民法物权论》，中国政法大学出版社2011年版，第145页。

〔4〕 参见吴光明：《物权法新论》，台北，新学林出版股份有限公司2006年版，第392页。

〔5〕 参见谢在全：《民法物权论》(中册)(第5版)，中国政法大学出版社2011年版，第714页。

绝对放弃其抵押权第一顺位,则B可得200万元,C可得100万元,A仅可得100万元。若甲的抵押物拍卖价金为650万元,D的抵押权成立于A绝对放弃其抵押权顺位之后,则B可得200万元,C可得100万元,A可得300万元,D可得50万元。

不过,对于上述分类,有学者指出,相对放弃纯属理论上毫无意义的假设,原因是,如果前顺位抵押权人欲将其顺位利益让与特定后顺位抵押权人,应当采取顺位互换(顺位变更)的方法,如其想要在顺位变更后仍然分享前顺位的利益,可以在顺位变更合同中予以约定,而不必将其先顺位与特定后顺位予以"合并",更不必将其先顺位降格为特定后顺位的相同顺位,以至于向无关的第三人奉送其顺位利益。据此,抵押权顺位的放弃应仅指抵押权顺位的绝对放弃。

我国《民法典》第409条规定了抵押权顺位的放弃,即抵押权人可以放弃抵押权或者抵押权的顺位。但对何为放弃抵押权顺序缺乏更进一步的说明,在解释上不妨认为包括为全体后次序的抵押权人或特定后次序抵押权人而放弃其次序利益这两种情形。[1] 尽管《民法典》将放弃抵押权与放弃抵押权顺位规定在一起,但抵押权顺位的放弃和抵押权的放弃是不同的。抵押权的放弃意味着原来的抵押权人不再享有抵押权而变成普通债权人;而抵押权顺位的放弃,则只是意味着其抵押权受偿顺序的变更,抵押权仍然存在,抵押权人并没有转变为普通债权人。[2] 《民法典》第409条第2款所规定的"承诺",既包括其他担保人与债权人之间达成的协议,也包括其他担保人单方的允诺。例如,数个担保人之间达成合意,即使抵押权人抛弃债务人自己财产上的抵押权,他们仍然要对全部债务承担担保责任。[3] 此外,抵押权顺位绝对放弃完全是抵押权人对其利益的一种处分,不损害其他人的

〔1〕 参见孙鹏等:《担保物权法原理》,中国人民大学出版社2009年版,第193页。
〔2〕 参见王利明:《物权法研究》(第4版)(下卷),中国人民大学出版社2016年版,第1207页。
〔3〕 参见王利明:《物权法研究》(第4版)(下卷),中国人民大学出版社2016年版,第1208页。

利益，抵押权顺位放弃人有意思表示即可，而不必放弃人与受放弃人达成合意，但需要为抵押权顺位的放弃进行登记公示。[1]

三、顺位的变更

次序之变更系指同一抵押人之数抵押权人，将其抵押权之次序互为交换。例如，债务人甲在其抵押物上，分别为A、B、C三位债权人设定第一、第二、第三顺位抵押权，依次担保100万元、200万元、300万元债权，若甲的抵押物拍卖价金为400万元，A可得受偿100万元，B可得受偿200万元，C可得受偿100万元。A与C为抵押权顺位变更后，即由A、C相互交换顺位，C成为第一顺位，A成为第三顺位，则此时C优先受偿300万元，B仅可得100万元，A无受偿额。

比较法方面，《日本民法典》第374条规定，抵押权之顺位，得依各抵押权人之合意而变更。但有利害关系人时，应得其承诺。前款规定之顺位变更，未经登记，不产生其效力。[2]《德国民法典》第880条规定：(1)顺位关系可以嗣后变更。(2)变更顺位，需要顺位后移的和顺位前移的权利人成立合意，以及将变更登入土地登记簿；适用第873条第2款和第878条的规定。抵押权、土地债务或定期土地债务应当后移的，另外需要得到所有权人的同意，同意应当向土地登记处或者向当事人中的一人表示；此项同意不得撤回。(3)顺位后移的权利设定有第三人的权利的，相应地适用第876条的规定。(4)顺位后移的权利因法律行为而被废止的，给予顺位前移的权利的顺位，不因此而丧失。(5)顺位介于后移的权利与前移的权利之间的权利，不因顺位变更而受影响。[3]

---

[1] 参见孙宪忠、朱广新主编：《民法典评注·物权编》(第4册)，中国法制出版社2020年版，第189页。

[2] 参见王融擎编译：《日本民法：条文与判例》(上册)，中国法制出版社2018年版，第264页。

[3] 参见杜景林、卢谌：《德国民法典——全条文注释》(下册)，中国政法大学出版社2015年版，第710页。

我国《民法典》第 409 条对顺位的变更作出明确规定。首先，如前所述，只要是同一抵押物上的抵押权人达成合意即可。值得注意的是，所谓协议变更，指的是同一物上享有抵押权的数个抵押权人将其抵押权顺位相互交换，《民法典》第 409 条在对抵押权顺位变更作出规定时，将变更协议的主体设置为"抵押权人与抵押人"，实际上，顺位变更安排应在数个抵押权人之间进行，该条规定表述上存在问题。[1] 有观点更是指出，上述规定不是立法漏洞，而是立法错误，抵押权顺位的变更应该是抵押权人之间的协议，而非抵押权人与抵押人之间的协议。抵押权的顺位在性质上是一种利益，也称为"顺位权"，只有抵押权人才能享有，并在此基础上交换彼此的利益。因此，《民法典》应将《物权法》第 194 条第 1 款"抵押权人与抵押人可以协议变更抵押权顺位以及被担保的债权数额等内容"之规定修改为"抵押权人之间可以协议变更抵押权顺位以及被担保的债权数额等内容"。[2] 为了凸显抵押权人对其次序的处分权，没必要使抵押人的意志介入次序变更中，应以传统次序变更的法理、方法和原则改造《物权法》第 194 条有关抵押权顺位变更的规定。[3] 《民法典》最终未作变动，在解释上，宜按照抵押权顺位变更的规范意旨，对该条款予以目的性扩张，补充数个抵押权人之间成立顺位变更的合同这个条件，[4] 或将其解释为数个抵押权人与抵押人之间协议变更。[5]

其次，须经利害关系人之同意。抵押权顺位的变更是抵押权人意思自治的结果，但是如果有其他利害关系人存在，则必须经过其同意，否则不能发生抵押权顺位变更的效力。因为抵押权顺位的变更与抵押权顺位的放弃

---

〔1〕 参见刘家安：《物权法论》（第 2 版），中国政法大学出版社 2015 年版，第 175 页。

〔2〕 参见赵秀梅：《〈物权法〉第 194 条的裁判分歧及立法完善》，载《法学》2019 年第 10 期。

〔3〕 参见孙鹏等：《担保物权法原理》，中国人民大学出版社 2009 年版，第 194 页。

〔4〕 参见崔建远：《物权：规范与学说——以中国物权法的解释论为中心》（下册），清华大学出版社 2011 年版，第 813 页。

〔5〕 参见杨代雄主编：《袖珍民法典评注》，中国民主法制出版社 2022 年版，第 318 页。

所产生的法律后果并不相同,抵押权顺位的放弃和让与,无论是特定后顺位的抵押权人还是全体后顺位的抵押权人,都无须经过其他抵押权人同意。但是,抵押权顺位的变更必须经所有受影响的抵押权人同意。[1]《民法典》第409条第1款“未经其他抵押权人书面同意的,不得对其他抵押权人产生不利影响”的意思是指,如果抵押权顺位的变更没有得到其他抵押权人的同意,那么该变更不会发生绝对效力,仅在变更的当事人内部发生效力。[2] 之所以强调要取得其他抵押权人的书面同意,主要是为了防止发生争议,也是为了提醒这些抵押权人慎重考虑。[3] 此外,还应对该条“其他抵押权人”作扩张解释,因为受到抵押权次序之变更影响的不只有其他抵押权人,次序变更抵押权所担保债权之质权人、扣押该担保债权之债权人、次序变更抵押权之次序受让人或其次序抛弃利益人等利害关系人之权利也会受到影响,故次序之变更须经此等利害关系人之同意。[4] 因债务人、抵押人等非利害关系人之权利不受影响,故不得以其同意为必要。[5]《民法典》第409条第2款的其他担保人,应包括为该抵押债权的实现而成立的保证、连带责任或设立的质权(限抵押物为动产场合),或另外的抵押权等场合的担保人,如保证人、连带责任人、出质人或抵押人等。[6]

最后,须经登记。次序变更使抵押权次序改变,性质上乃抵押权之处分,为当事人间经由合意所为不动产物权之变动,应以书面为之,且非经登记,不生效力。[7] 非经利害关系人同意所为之次序变更登记,应对利害关系人不发生效力,然若因信赖登记所为行为之人属善意第三人,包括受让因变

---

〔1〕 参见赵秀梅:《〈物权法〉第194条的裁判分歧及立法完善》,载《法学》2019年第10期。
〔2〕 参见程啸:《担保物权研究》,中国人民大学出版社2017年版,第369页。
〔3〕 参见王利明:《物权法研究》(第4版)(下卷),中国人民大学出版社2016年版,第1206页。
〔4〕 参见谢在全:《民法物权论》(中册)(第5版),中国政法大学出版社2011年版,第715页。
〔5〕 参见谢在全:《民法物权论》(中册)(第5版),中国政法大学出版社2011年版,第716页。
〔6〕 参见崔建远:《物权:规范与学说——以中国物权法的解释论为中心》(下册),清华大学出版社2011年版,第814页。
〔7〕 参见郑冠宇:《民法物权》,台北,新学林出版股份有限公司2011年版,第486页。

更登记而受利益之抵押权人之债权人,或因而向抵押权次序之受让人为清偿之人,应得主张善意信赖而受法律之保护。例如,甲、乙、丙依序为第一、第二、第三次序抵押权人,甲与丙为次序变更虽未经乙之同意,但已完成登记者,丙之债权受让人得主张该次序变更之效力,以第一次序优先受偿,或保证人向丙为清偿者,得主张其承受丙之债权及其抵押权。[1]

抵押权顺位变更产生绝对之效力。抵押权顺位变更使抵押权完全从被担保债权中割裂开来,对其顺序进行变更,与顺序的转让不同,其产生绝对的效力,[2]与抵押次序之放弃与让与仅产生相对之效力不同。值得注意的是,相较《不动产登记暂行条例实施细则》第 68 条、第 72 条,《不动产登记法》(征求意见稿)第 75 条【一般抵押权的变更登记】、第 80 条【最高额抵押权的变更登记】中,不再将“抵押权顺位变更”作为变更一般抵押权、最高额抵押权登记的事由,是否意味着抵押权人之间顺位发生变更,不再办理登记?如前所述,理论上,抵押权顺位的变更会发生绝对效力,它不仅使变更的当事人之间优先受偿的利益发生改变,而且将极大地影响同一抵押物上其他抵押权人以及第三人的法律地位,[3]因此,建议对《不动产登记法》(征求意见稿)第 75 条、第 80 条进行完善,抵押权顺位变更仍然需要办理不动产登记。

第三节 本章小结

担保物权竞存顺位确定后,并非一成不变,其顺位状态呈现变动,既有因约定变动,也有因法定变动,这在抵押权竞存顺位中体现得较为明显。

---

[1] 参见郑冠宇:《民法物权》,台北,新学林出版股份有限公司 2011 年版,第 486 页。

[2] 参见[日]近江幸治:《担保物权法》,祝娅等译,法律出版社 2000 年版,第 185 页。

[3] 参见程啸等:《不动产登记暂行条例及其实施细则的理解与适用》(第 2 版),法律出版社 2017 年版,第 380 页。

抵押权竞存情形下,后顺位的抵押权是否可得升进,有顺位升进主义与顺位固定主义两种观点。《民法典》对担保物权从属性予以强化,并未规定像德国法那样的所有人抵押制度、瑞士法那样的空白担保制度等,且两种模式各有千秋,故解释上应采顺位升进主义。

抵押权竞存情形下,各抵押权人之间可以进行顺位让与、放弃、变更。《民法典》并未规定竞存抵押权之间次序(顺位)的让与,但若当事人作出了约定,既不影响其他抵押权人的利益,也不影响抵押人及一般债权人的利益,应当认定抵押权顺位转让的效力。《民法典》第409条规定了抵押权顺位的放弃,在解释上包括为全体后次序抵押权人或特定后次序抵押权人而放弃其次序利益两种情形。《民法典》第409条对顺位的变更作出规定,在解释上宜按照抵押权顺位变更的规范意旨,对该条款予以目的性扩张,补充数个抵押权人之间成立顺位变更合同这一条件,或将其解释为数个抵押权人与抵押人之间协议变更。抵押权顺位变更不应影响其他利害关系人利益且应作变更登记。

第九章

竞存关联论

担保责任的范围，又称担保的范围、担保债务的范围，是指担保人在主债务人不履行债务时，向债权人承担的履行义务的限度。[1]《民法典》第389条是对担保物权的担保范围的一般规定。在担保物权竞存情形下，担保范围的大小直接关系不同顺位担保物权人、其他债权人的受偿范围，因此，担保范围的认定就格外关键，其与担保物权竞存密切相关，关系着竞存的担保物权之间的各自"边界"，具有"牵一发而动全身"的效果。本章"竞存关联论"中，主要阐述与担保物权竞存关系紧密的担保范围的有关问题。

---

〔1〕 参见高圣平：《担保法论》，法律出版社2009年版，第164页。

第一节　担保合同中担保人违约责任条款的效力

一、担保人违约责任条款效力的实定法分析

（一）裁判分析

传统民法理论一般认为，担保债务成立之目的，在于确保主债务之效力，故而，担保债务具有从属性。[1] 担保债务的从属性又可进一步被分解为发生（成立）的从属性、范围及强度的从属性、处分（移转）之从属性及消灭之从属性等。其中，所谓范围上的从属性，是指担保责任的范围取决于主合同债务，并应当从属于主债务的范围。[2] 担保人承担的债务范围超过了主合同债务的范围，应当将担保责任的范围缩减至主合同债务的范围。[3]

但是，在交易和司法实践中，债权人与担保人签订担保合同时，出现了并不符合前述理论的交易模式，即双方在担保人符合约定条件时承担的担保责任之外，又约定了特定的违约责任条款，如担保人为债务人的债务提供连带担保，担保人不承担担保责任或违反合同约定的其他义务的，担保人应按主合同项下主债务本金（或按照逾期代偿额、未清偿数额）的15%（或特定的数额）向债权人支付违约金。[4] 担保合同为担保人的担保责任设置了违约责任条款，间接达到的效果是担保人承担的责任范围（仅指债务数额）超出了主债务的范围。由此导致的问题是，上述担保合同中的违约责任条款是否有效，对此，既有的司法裁判存在两种裁判观点。

第一种观点认为，此条款有效。担保责任的范围属于债权人与担保人

---

〔1〕 参见邱聪智：《新订债法各论》（下），中国人民大学出版社2006年版，第362页。
〔2〕 参见田土城、宁金成主编：《担保制度法律研究》，河南大学出版社2001年版，第84页。
〔3〕 参见王利明：《合同法分则研究》（下卷），中国人民大学出版社2013年版，第258页。
〔4〕 参见浙江省绍兴市中级人民法院民事判决书，(2015)浙绍商终字第1453号。

意思自治的范畴,只要不违反法律的禁止性规定,则合法有效。[1] 第二种观点认为,此条款违反担保从属性,为无效条款。[2] 担保合同对担保责任范围的约定,虽实行意思自治,但因担保合同是主合同的从合同,担保责任是主债务的从债务,基于从属性原则,担保责任的范围及强度不能超过主债务的范围及强度;如果允许担保责任超过主债务的范围,将违反担保责任的从属性规则,可能产生滥用权利的后果;担保责任超过主债务的部分,使债权人获得从主债务人处不能获得的利益,担保人对该部分承担后无法对主债务人追偿,会对担保人产生不公平的结果。[3]

(二)现行司法态度

2019年《九民会纪要》第55条规定,当事人约定的担保责任的范围大于主债务,均应当认定大于主债务部分的约定无效,从而使担保责任缩减至主债务的范围。即采取了前述第二种观点。《担保制度司法解释》第3条延续《九民会纪要》第55条的精神,这主要基于"担保责任本质上系担保人替债务人承担责任"[4]。同时,《担保制度司法解释》第3条在《九民会纪要》第55条的基础上予以细化。一方面,明确当担保人承担的担保责任范围大于主债务范围,担保人向主债务人追偿时,主债务人享有抗辩权;另一方面,明确担保人在此时可以向主债权人主张不当得利返还请求权。

上述规定的主要理由在于:第一,就担保责任而言,虽然《民法典》规定了担保人"履行债务或者承担责任"两种形式,但如果主债务属于金钱债务,担保人的担保责任仅为代主债务人履行债务。在此前提之下,只要担保人

---

[1] 参见北京市朝阳区人民法院民事判决书,(2016)京0105民初65061号;北京市第三中级人民法院民事判决书,(2017)京03民终11141号。

[2] 参见重庆市第一中级人民法院民事判决书,(2015)渝一中法民初字第01073号。

[3] 参见胡建萍、王长军:《保证人承担保证责任的范围应以主债务为限》,载《人民司法》2015年第24期。

[4] 林文学等:《〈关于适用民法典有关担保制度的解释〉的理解和适用》,载《人民司法》2021年第4期。

没有代为履行主债务,主债务不履行的违约责任就一直在计算和累积之中,且属于担保范围。如承认担保合同中单独约定的违约责任条款的效力,担保人就将承担主债务和担保债务不履行的双重违约责任。[1] 第二,基于保护担保人的法政策考量,担保人的责任不宜过重。从《担保法》到《九民会纪要》,从《民法典》再到《担保制度司法解释》,能够明显看出其中有关担保问题价值判断的变化,即《担保法》致重于保护债权人利益,而从《九民会纪要》开始,《民法典》以及《担保制度司法解释》则更注重保护担保人利益。对于担保人利益保护的一个方式就是贯彻担保从属性,在这一政策目标导向下,在担保人不及时应债权人的请求代为履行主债务的情形之下,主债权债务合同的违约责任条款已经达到了惩罚担保人的目的,不应再使其承担单独的违约责任。第三,就担保人追偿权的限制应有明确的法律规定。担保人代为履行债务之后,可向主债务人行使追偿权。如果承认担保合同中单独的违约责任条款的效力,担保人不能就此部分责任向主债务人追偿,将加重担保人的责任。对追偿权的放弃或剥夺,应以当事人明确约定和法律直接规定为前提。

还需要注意的是,《担保制度司法解释》第 3 条与《九民会纪要》第 55 条在措辞上有所不同,后者明确规定,超出主债务部分的约定"无效",对于无效条款人民法院可依职权主动审查。因此,《担保制度司法解释》第 3 条实施后,人民法院是否可以主动审查该类条款的效力或产生疑问。本书倾向认为,人民法院对此类条款可以依职权审查。一方面,《九民会纪要》并未废除,且与《担保制度司法解释》第 3 条总体并不矛盾,可以作为人民法院裁判说理的理由与内容;另一方面,根据《担保制度司法解释》第 3 条第 2 款规定,担保人可以向主债权人主张返还,这意味着债权人无权获得该部分利益,隐含着该类条款无效的价值判断。

---

[1] 参见高圣平:《民法典担保从属性规则的适用及其限度》,载《法学》2020 年第 7 期。

二、担保人违约责任条款效力的再检验

上述关于担保合同中担保人违约责任条款的效力分歧主要集中在担保合同的从属性是否是判定该条款无效的依据。但是本书认为,根据合同效力判断的规则体系,应在格式条款与非格式条款之下对此类条款进行效力评价。在格式条款之下,进一步判断其是否存在格式条款内容控制规则(《合同法》第40条、《民法典》第497条)的适用;在非格式条款之下,判断其是否存在合同无效规则(《民法典》第153条和《合同法》第52条)的适用;此外,亦存在可撤销、效力待定的效力判断与考察。因此,在考察担保合同中违约责任条款的效力时,除了考察担保从属性对该条款的效力影响外,亦应按照上述的效力判断规则体系进行效力检索。

(一)担保从属性与担保人违约责任条款的效力

依照民法价值判断的实体性论证规则,对于当事人意思自治的限制,必须提出足够充分且正当的理由,[1]担保合同中的违约责任条款作为当事人意思自治的产物,否定其效力必须提出足够充分且正当的理由,故在此之下,持无效说的观点提出的理由主要就是担保从属性。

一般认为,担保债务不得依约定而加重,但得依约定而减轻。[2] 基于此,担保合同中担保人违约责任条款的存在使担保人基于担保合同承担的债务与责任数额超过了主合同的债务数额,在一定程度上突破了从属性;由于该项违约责任的承担,担保人无法向主债务人追偿,追偿权的丧失也在一定程度上突破了从属性的一般规则。

但本书认为,担保合同的从属性可以由当事人的另有约定而得以排除,担保合同从属性并非阻却担保合同中担保人违约责任条款产生效力的事

---

〔1〕 参见王轶:《民法价值判断问题的实体性论证规则——以中国民法学的学术实践为背景》,载《中国社会科学》2004年第6期。

〔2〕 参见邱聪智:《新订债法各论》(下),中国人民大学出版社2006年版,第363页。

由。现行法上,担保合同从属于主债权债务合同,担保合同亦因此被称为从属担保。但基于契约自由原则,担保合同的从属性可因当事人之间的例外安排而破除,形成所谓的独立担保。[1] 在我国理论界与实务界就独立担保的讨论中,主要是基于《民法典》第 388 条、《物权法》第 192 条展开。《独立保函司法解释》指出独立保函的特征,即由于"开立人付款义务的独立性和单据性特点,使得独立保函在效力、履行、付款金额、有效期、转让等方面均排除了对基础交易的从属性,具有依文本自足自治的特点"[2]。由此,担保从属性得到突破,形成独立保函。

而前述提及,担保的从属性可被解读为多个从属性侧面,如成立(效力)从属性、范围从属性、移转上的从属性等。突破其中某一个或者某几个从属性侧面的担保,均可以被认为是一种独立担保。独立担保合同的当事人对从属性通过特别意思表示进行排除,其结果就形成了不同情形的独立担保。比如排除担保合同效力从属于主合同的独立担保、约定担保人抗辩权不从属于主合同的独立担保等。[3] 独立保函即通过突破从属性中的效力从属性等侧面而形成。从这样的逻辑出发,既然司法解释突破了效力从属性和抗辩从属性,为何在担保合同的范围从属性上不可突破?《民法典》有关担保范围的规定属于补充性任意性规定,基于此性质,当事人可以自由约定担保责任的范围。只有在没有特别约定的情况下,才能依据法律规定来确定担保责任的范围;[4]"确定担保责任的范围,原则上应依据当事人意思自治予以确定"[5]。

除此之外,基于担保合同从属性构建的相关规则,主要是保护担保人利

---

[1] 参见高圣平:《论独立保证的典型化与类型化》,载《武汉大学学报(哲学社会科学版)》2016 年第 1 期。

[2] 张勇健、沈红雨:《〈关于审理独立保函纠纷案件若干问题的规定〉的理解和适用》,载《人民司法(应用)》2017 年第 1 期。

[3] 参见曹士兵:《中国担保制度与担保方法》,中国法制出版社 2008 年版,第 37 页。

[4] 参见王利明:《合同法分则研究》(下卷),中国人民大学出版社 2013 年版,第 277 页。

[5] 王利明:《合同法分则研究》(下卷),中国人民大学出版社 2013 年版,第 276 页。

益,其本身并不涉及国家、集体、不特定第三人利益,无涉社会公共利益。担保人基于自身情势考量,放弃从属性对其的保护,并无不当。担保合同中担保人违约责任条款在私主体之间订立,不违公共利益,亦不损害特定第三人利益。担保从属性仅仅是一种学理或者法理上的逻辑归纳,同时可得由约定突破,故也无从谈及其违反法律、行政法规的强制性规定。因此该条款无法适用《民法典》第 153 条。

（二）担保人违约责任条款与格式条款规制的检验

在相关裁判实践中,债权人多涉及担保公司、融资租赁公司、银行等金融机构,因此基于风险控制和节约成本的考量,确实有可能存在订立格式合同的情形,进而担保人一方面可主张,在债权人未尽提示与说明义务之前,依据《民法典》第 496 条该条款未订入合同;另一方面亦可主张该条款即便订入合同亦属于《民法典》第 497 条的规范范畴,属无效条款。但综合考察,该条款原则上不应受到格式条款规范体系的约束。

第一,依据《民法典》第 496 条第 2 款的规定,格式条款提供方应采取合理的方式提示对方注意免除或者限制其责任等与对方有重大利害关系的条款,并按照对方的要求,对该条款予以说明。在担保合同为无偿订立时,债权人仅享有权利,基本没有义务和责任,故无所谓免除或者限制债权人责任,也就没有该条适用的可能。第二,依据《民法典》第 497 条第 2 项的规定,格式条款提供方不合理地免除或减轻其责任、加重对方责任、限制对方主要权利的条款无效。一方面,前述提及担保合同中担保人违约责任条款并不涉及免除债权人责任;另一方面,订立担保合同后,在符合应承担担保责任的条件时,立即承担担保责任本来乃担保人的义务,若担保人履行该项义务,则不会有该违约责任的出现,违约责任条款规范担保人履行担保责任,亦难谓增加担保人责任,况且依照前述《民法典》第 389 条的规定,担保的范围可由当事人自由约定,此为法律所准许。第三,通过对司法实践的考察,该条款与一般担保合同中的条款不同,即该条款在担保合同中并不常见，作为特约条款的可能性更大，因而从根本上就排除格式条款规则体系的适用。

(三)担保范围条款与担保人违约责任条款的区分

前述关于担保从属性的相关分析，系因主张担保合同中担保人违约责任条款无效的主要理由是担保范围具有从属性，但是担保的范围条款与担保人违约责任条款应是不同的概念。

依据《民法典》第389条规定，担保范围包括主债权及利息、违约金、损害赔偿金、保管担保财产和实现担保物权的费用。例如，主债务100万元，年利率6%，一年利息6万元，实现担保物权的费用5000元，则担保人应债权人请求应清偿上述项目，此为担保范围。但是，担保人在符合约定条件时未承担担保责任而应支付债权人的违约金，则是担保人自己基于与债权人订立的担保合同单独承担的违约责任，主合同债务中没有与之相对应的债务项目。换言之，该笔债务不担保主合同之中的任何一项债务。既然该笔债务的支付并非担保主合同中的债务项目，其也就不属于担保的范围。所以，担保人承担的担保责任没有超出主合同债务的范围，该条款亦并没有违反担保合同的从属性。

(四)显失公平与公平原则的排除适用

另须检验的是该条款是否有可撤销、效力待定之情形。就担保合同中担保人违约责任条款而言，基本不存在效力待定之情形；在可撤销方面，有疑义的是是否有显失公平的适用余地。

在《民法典》颁布之前，对于显失公平采单一要件说还是双重要件说存在争议。[1]《民法典》第151条规定："一方利用对方处于危困状态、缺乏判断能力等情形，致使民事法律行为成立时显失公平的，受损害方有权请求人民法院或者仲裁机构予以撤销。"《民法典》第151条将《民通意见》(现已失

---

〔1〕 参见贺剑：《〈合同法〉第54条第1款第2项(显失公平制度)评注》，载《法学家》2017年第1期。

效)第70条的乘人之危和第72条的显失公平合并,[1]也即显失公平的成立应当具备主观要件和客观要件,不能仅“唯(交易)结果论”。而设显失公平法律行为撤销制度,并非旨在管制交易内容的公平性,而是以维护表意人的意思自由为目的,即针对意思表示瑕疵行为向当事人提供救济。[2] 因此,在这样的前提下,仅以担保人在结果上承担较重的责任而忽略意思自治在其中的作用,在并无一方利用对方处于危困、缺乏判断能力等情形时而适用显失公平,并不妥当。

此外,否定该条款效力的观点认为,该条款对担保人产生不公平的后果。《民法典》第6条规定,“民事主体从事民事活动,应当遵循公平原则,合理确定各方的权利和义务”,但公平原则无法作为否定该条款效力的依据。一方面,前述显失公平已经是公平原则在具体制度上的表现,在否定显失公平的适用后,应无基本原则的适用余地;另一方面,与显失公平相同,法律行为的公平,原则上是指主观公平,即当事人依其自由意思表示所定内容就是公平的(法彦“自愿即公平”),[3]应将“等价”理解为“主观等价”,[4]因此即便担保人另外承担了违约责任,基于意思自治,该条款也应当是符合公平原则的。

(五)担保人违约责任条款的产生机理

担保人违约责任条款除了在理论上可得证成,其产生亦有合理性。担保人自愿承担违约责任很大程度上是担保人自身、债权人、债务人基于订立合同之时情势的考虑而做出的理性选择。对于债权人而言,该条款使债权的担保得以加强,其债权清偿的可能性提高,“违约金和定金对于督促履行、

---

[1] 参见石佳友:《我国〈民法总则〉的颁行与民法典合同编的编订——从民事法律行为制度看我国〈合同法〉相关规则的完善》,载《政治与法律》2017年第7期。

[2] 参见李宇:《民法总则要义——规范释论与判解集注》,法律出版社2017年版,第613页。

[3] 参见李宇:《民法总则要义——规范释论与判解集注》,法律出版社2017年版,第39页。

[4] 参见易军:《民法公平原则新诠》,载《法学家》2012年第4期。

确保债权实现具有独特作用,不能轻易予以否定"[1];对于担保人而言,该违约责任对担保人形成压迫,使其在符合清偿条件时立即清偿主合同债务,以免违约责任条款的生效致其不利,因为该项违约责任的支付并没有担保人追偿权的保障;对于债务人而言,由于担保人违约责任的承诺与增信,提高了债务人融资的能力,融资交易达成概率更高。此一市场需求与订约情势是担保合同中担保人违约责任条款产生的内在机理。据此,应尊重个案中当事人之间的利益判断,以容易造成权利滥用和担保人无法行使追偿权为由否定其效力,与应尊重当事人意思自治的理念不符,破坏了民商事主体交易之间的诚实信用。

综上所述,担保人违约责任条款无其他效力瑕疵,其存在具有正当性,据此,有观点指出,《担保制度司法解释》第 3 条第 1 款的规定存在瑕疵。[2]

三、担保人违约责任条款与违约金酌减规则

担保合同中担保人违约责任条款的效力应属有效,同时,由于该条款为违约责任的条款,则自然有《民法典》合同编关于违约责任相关规定的适用,尤其是违约金酌减规则,担保人可根据《民法典》第 585 条第 2 款在诉讼中要求人民法院酌减违约金。以违约金酌减规则来规制担保合同中担保人违约责任条款,在尊重意思自治的前提下,能够兼顾保护担保人利益;不破坏当事人在交易实践中达成的约定,不对意思自治造成冲击;同时,结合事实情况,将平衡当事人利益的价值判断以及前述无法直接作为裁判依据的公平原则,把违约金酌减规则的酌减因素注入裁判之中,此种裁判路径是较直接否定条款效力更优的选择。而至于具体的酌减标准与酌减数额,应依具体案情而定。

---

[1] 韩强:《违约金担保功能的异化与回归——以对违约金类型的考察为中心》,载《法学研究》2015 年第 3 期。

[2] 参见崔建远:《担保制度司法解释的制度创新与难点释疑》,载《财经法学》2021 年第 4 期。

此外,除违约金酌减规则的适用外,为防止债权人滥用权利,恶意阻止担保人履行担保责任,进而主张担保合同中的违约责任条款,担保人可以提出不承担担保责任的抗辩,主张适用《民法典》第132条禁止权利人滥用权利,或适用《民法典》第159条“不正当地促成条件成就的,视为条件不成就”的规定。

担保责任违约责任条款适用违约金酌减的思路也曾经在相关裁判中得到认可,如“中国建设银行股份有限公司广州荔湾支行与广东蓝粤能源发展有限公司、惠来粤东电力燃料有限公司等信用证开证纠纷案”[1]。不过,《九民会纪要》与《担保制度司法解释》放弃了该条路径,认为担保范围从属性是指担保责任与主债务相比是否过高,而违约金是否过高是相对于损失来说的,因此二者不能等同视之。[2]

第二节　不动产抵押权优先受偿范围的认定

一、利息等附属债权是否属于优先受偿范围的争议

(一)争议缘起

关于担保物权担保范围,《物权法》第173条规定,“担保物权的担保范围包括主债权及其利息、违约金、损害赔偿金、保管担保财产和实现担保物权的费用。当事人另有约定的,按照约定”。《民法典》第389条予以延续。在具体的登记实践中,以房屋抵押登记为例,不动产统一登记制度实施之前,根据2008年5月住房和城乡建设部发布的《房屋登记簿管理试行办法》(现已失效)第9条规定,房屋他项权利的内容,应当记载被担保主债权的数额、担保范围等内容。但是,根据住房和城乡建设部办公厅发布

[1] 最高人民法院民事判决书,(2015)民提字第126号。

[2] 参见最高人民法院民事审判第二庭:《最高人民法院民法典担保制度司法解释理解与适用》,人民法院出版社2021年版,第102页。

的《关于印发房屋权属证书、登记证明填写说明的通知》，申请人办理抵押登记时须记载的八项内容中，[1]只有“债权数额”，而没有前述《房屋登记簿管理试行办法》中的被担保主债权的数额、担保范围。根据该填写说明，所谓“债权数额”，属于一般抵押权的，填写房屋登记簿上记载的“被担保主债权的数额”。也就是说，在房屋他项权证中没有关于担保范围的内容。

2015 年 3 月 1 日起，《不动产登记暂行条例》施行，根据原国土资源部发布的《关于启用不动产登记簿证样式（试行）的通知》附件Ⅰ“不动产登记簿样式及使用填写说明”，不动产抵押应在不动产登记簿中的“抵押权登记信息”中记载“被担保主债权数额（最高债权数额）（万元）”。与前述《关于印发房屋权属证书、登记证明填写说明的通知》一样，该通知附随的《不动产登记簿使用和填写说明》中指出：“［被担保主债权数额（最高债权数额）］填写被担保的主债权金额。”

由此可以发现，无论是在不动产统一登记制度实施之前还是之后，不动产登记簿和他项权利证书中的登记和记载信息都只有“被担保主债权的数额”，担保范围无从记载。由此便导致了登记的实际状况与当事人之间就不动产抵押权约定担保范围的不一致，并进而引发不动产抵押权担保范围在司法实践中的争议。不动产抵押权担保范围的登记具有明确抵押权人优先受偿之债权范围的作用，在存在后顺位抵押权人和无担保债权人的情形下意义更加重大。如果担保范围仅登记主债权，则主债权之外的附属债权上的抵押权没有经过公示，其是否可以优先于后顺位抵押权和无担保债权受偿即存疑问；相反，如果登记的担保范围过于笼统，则可能不适当地扩张先顺位抵押权人

---

〔1〕 该八项内容分别为：房屋他项权利人、房屋他项权证号、房屋所有权证号、房屋坐落、他项权利种类、债权数额、附记、其余事项。

的受偿范围，损害后顺位抵押权人和无担保债权人的利益。[1]

（二）审判与执行阶段的争议

担保范围未经登记，对于其中的利息、违约金等附属债权，是否还属于不动产抵押权优先受偿范围，就此无论是司法审判还是执行财产分配阶段，曾经有两种不同观点。

审判阶段，第一种观点认为，担保范围中利息、违约金必须经过登记才能在抵押物变价款内优先受偿，未经登记，不动产抵押权优先受偿的范围即应限于不动产登记簿记载的主债权金额。持该主张的主要理由有二：其一，实定法上以《担保法解释》第61条作为依据，该条明确规定"抵押物登记记载的内容与抵押合同约定的内容不一致的，以登记记载的内容为准"，故应以登记为准。[2] 其二，应维护交易安全、贯彻不动产登记簿的公示公信原则，保障后顺位担保物权人利益和不特定第三人利益；抵押登记的目的在于抵押权设定的公示，以防止第三人因不知抵押权的存在而遭受不利的后果。[3] 第二种观点则认为，担保范围中的利息、违约金等附属债权不需要登记，抵押权人便可在抵押合同约定的担保范围内就抵押物变价款优先受偿，不动产抵押权优先受偿范围不限于登记簿记载的主债权金额。持此主张的理由亦有二：其一，应遵循当事人意思自治，以合同约定的担保范围为准；[4] 其二，《担保法解释》第61条的规范内涵并非担保范围，[5] 登记机关登记记

---

〔1〕 参见高圣平、申晨：《不动产抵押登记若干问题探讨——从不动产统一登记条例出发》，载《社会科学》2014年第5期。

〔2〕 参见宁夏回族自治区银川市中级人民法院民事判决书，(2015)银民商终字第163号；江苏省高级人民法院民事判决书，(2014)苏商终字第00530号。

〔3〕 参见上海市第一中级人民法院民事判决书，(2010)沪一中民四(商)终字第1594号；江苏省南京市中级人民法院民事判决书，(2016)苏01民再3号。

〔4〕 参见2013年浙江省高级人民法院发布的《关于审理实现担保物权案件若干问题的解答》第11条；2016年北京市第四中级人民法院发布的《金融借款合同纠纷审判白皮书》。

〔5〕 参见最高人民法院执行裁定书，(2015)执复字第38号。

载的是被担保的主债权数额，而非抵押担保范围。[1] 上述审判阶段的司法歧见，进一步反映到执行分配中，即数个债权人对同一担保物变价款进行争夺时，人民法院是否应依照审判阶段的法律文书确定的优先受偿范围制定执行财产分配方案。第一种观点认为，担保范围只有经过登记方能为不动产抵押权优先受偿效力所及，故债权人在执行分配方案中可得的分配款仅为登记簿记载的债权金额。第二种观点则认为，利息、违约金等附属债权即便未登记仍在优先受偿范围之内。

（三）意思自治与交易安全的平衡

上述两种观点，本质上是两种价值取向之争，即究竟应遵从意思自治，还是应侧重交易安全和不动产登记簿公信力。就审判阶段而言，尊重当事人意思自治更为妥当。

第一，若认为不动产抵押权优先受偿范围仅限于登记的主债权，对当事人产生的效应是，其将来在设定抵押权之时，不再设定普通抵押权，转而设定最高额抵押权，使一般抵押权的设定实际上沦为最高额抵押方式，[2] 银行等债权人将只发放一次贷款的交易也设计成最高额抵押担保交易，将主债权数额确定为包括原定主债权及其附属债权，多数比这更高，同时将主合同也作出修改。这样一来，无论裁判中最终如何认定，对专业银行没有什么损失，但却对整个交易秩序、诚信环境无益，由于制度设计的原因造成大量的"虚假"。[3] 第二，从事过抵押登记的交易主体作为后顺位的抵押权人，自应知晓，在先顺位的抵押权登记中除了主债权外，很大程度上还包括利息、

〔1〕 参见广西壮族自治区高级人民法院民事判决书，(2015)桂民四终字第61号；持相同观点的还有上海市高级人民法院2014年度金融商事审判十大案例中的"郑某与甲银行金融借款合同纠纷案"。

〔2〕 参见何小勇、余蓉：《不动产抵押担保范围登记及其法律效力问题探讨——以银行房地产抵押担保债权的实现为例》，载《南方金融》2015年第3期。

〔3〕 参见高圣平：《破产清算程序中的动产抵押权：基于裁判的梳理与评议（西南破产法论坛速记稿）》，载微信公众号"中国破产法论坛"2016年12月19日，https://mp.weixin.qq.com/s/B4njwvoeS9kZnM29aFF2vQ。

违约金等其他费用,其对此有合理预期。而保护交易安全意在避免善意第三人受到不测损害,如果债权人于交易时并未就此有合理期待,即不影响交易安全。而且一般交易中,债权都以有约定利息和违约金为原则,迟延则有迟延利息,后次序的抵押权人应有此预期,对于合理预期内的事,就无不可测可言。[1] 第三,诉讼中仅有担保物权人与担保人时,若双方对抵押物已经办理登记,在担保合同中对担保债权的范围作出了明确约定,此时,应尊重当事人意思自治。此时并未有第三人再对担保物主张权利,交易安全在此阶段并非最重要的价值考量。至少,在此种情形下,人民法院在判决的判项中应明确债权人可得优先受偿的债权范围包括利息等附属债权。对此,重庆市高级人民法院发布的《关于办理实现担保物权案件若干问题的解答》(2015 年)第 13 条中即贯彻了此理念,尊重当事人约定的债法效力,即行政行为不规范造成登记的担保范围与约定担保范围不一致的,在合同内容合法有效,双方对担保范围均无异议之时,登记效力应及于符合法律规定及合同约定的利息、违约金等其他费用。

反观执行财产分配阶段,其与仅仅有债权人和债务人诉讼的审判阶段并不相同,此时存在数个债权人就担保财产或其变价款进行争夺的情形。审判阶段应贯彻意思自治,尊重当事人对于担保范围的约定;但是在执行财产分配阶段,在担保物价值有限且存在后顺位债权人的信赖利益时,则更应倾向做出维护交易安全和信赖保护的价值判断。在登记生效主义下,登记簿的记载具有公示作用和公信力,允许当事人之间对担保范围作出例外安排,担保物权所担保的债权范围对于第三人而言就显得尤为重要,"如有利息之约定,必须加以公示,始不致对第三人造成不测之损害。抵押权之公示之道无他,惟登记而已"[2]。特别是在执行财产分配和破产清算阶段,存在数个债权人对标的物变价款争夺的情况。因此,此时应贯彻不动产登记簿

---

[1] 参见谢哲胜:《抵押权所担保债权的范围》,载《月旦法学教室》第 109 期(2011 年)。

[2] 谢在全:《民法物权论》(中册)(第 5 版),中国政法大学出版社 2011 年版,第 661 ~662 页。

的公示公信原则,以保障交易安全,连同其利息或迟延利息均应办理登记,始产生物权效力。[1] 在此基础上,有观点指出,在执行分配阶段,涉及数个抵押权人之间的利益平衡问题,后顺位抵押权人作为第三人,不受先顺位抵押权所涉抵押合同的约束。[2]

但是,这也将造成审判与执行分配的矛盾与冲突,因为执行分配阶段制定执行分配方案的一个重要依据是抵押权人所获得的生效裁判文书,因此,在执行分配阶段,人民法院应当依照生效裁判所确定的内容制定财产分配方案。在债权人与债务人因债权债务争议而产生的生效判决中,应尊重当事人意思自治;而在执行财产分配阶段则应尊重交易安全,改变债权人优先受偿的范围并将其限制在登记的主债权数额之内,这相当于认定上述判决的判项为错误,产生审判与执行财产分配之间的矛盾。

(四)担保范围的登记对抗主义方案

为了避免上述审判与执行分配的无法衔接,一种可能的方案是担保范围采登记对抗主义,即担保范围未经登记不得对抗第三人。如此一来,尊重当事人意思自治的同时,既能保护交易安全,又能够做到审判与执行分配的有效衔接,避免审判与执行之间的矛盾。

除此之外,还有观点认为,当事人可在"备注""附记""其他"等栏目中将担保范围进行记载,由此便可减少此类纠纷的发生。[3] 但是,在登记实践中,登记部门一般不会允许当事人在登记簿上记载其他事项,如"江苏省南京市使用的房屋他项权证,银行在办理抵押权登记时,不动产登记机关即要求银行必须向登记机关明确一个固定的抵押担保'权利价值',并且规定不动产登记簿或他项权证上的'权利价值(元)'栏目只能填写固定数字,不得

〔1〕 参见陈荣隆:《新普通抵押权法之评析(上)》,载《月旦法学杂志》第145期(2007年)。

〔2〕 参见朱志红、沈洁:《未登记担保范围情形下不动产抵押权优先受偿范围以登记为准》,载《人民司法(案例)》2017年第2期。

〔3〕 参见朱志红、沈洁:《未登记担保范围情形下不动产抵押权优先受偿范围以登记为准》,载《人民司法(案例)》2017年第2期。

加载相关文字表述"[1]。况且常用的房屋他项权利证中"附记"的记载内容有明确规定,即需要填写记载的其他事项:设定最高额抵押的,应在附记栏中注明;地役权登记的,需役地房屋坐落应在附记栏中注明。注意事项中则明确规定:除房屋登记机构外,其他单位或者个人不得在该证书上标记事项或加盖印章。

二、不动产登记簿与司法态度的变化

正因上述争议,理论界与实务界多次呼吁不动产登记簿的变更,增加"担保范围"这一项目,省去理论与司法的各类争执。在不动产登记簿未作修改前,2019年《九民会纪要》第58条区分不同地区的登记实践作出规定:如果该地区登记系统及登记规则未设置担保范围,人民法院应以合同约定认定担保物权的担保范围;如果一些省区市不动产登记系统设置与登记规则比较规范,担保物权登记范围与合同约定一致在该地区是常态或者普遍现象,人民法院应当以登记的担保范围为准。

与《民法典》配套实施的《担保制度司法解释》第47条则改变了前述《九民会纪要》第58条的规则,不再区分不同地区的登记实践做裁判结果上的区分,明确规定"不动产登记簿就抵押财产、被担保的债权范围等所作的记载与抵押合同约定不一致的,人民法院应当根据登记簿的记载确定抵押财产、被担保的债权范围等事项",即以登记簿记载为准。不过,由于《九民会纪要》第58条未被废除,在法律适用上仍然存在疑义。2021年4月6日,自然资源部发布《关于做好不动产抵押权登记工作的通知》,其中第2条、第4条明确规定,对原先《关于启用不动产登记簿证样式(试行)的通知》中规定的不动产登记簿样式进行修改,增加"担保范围"一栏。如此一来,前述争议将消减,《担保制度司法解释》第47条在裁判实践中应

---

[1] 何小勇、余蓉:《不动产抵押担保范围登记及其法律效力问题探讨——以银行房地产抵押担保债权的实现为例》,载《南方金融》2015年第3期。

当然适用，裁判尺度亦趋向统一。有观点指出，该两条回归登记的公示公信原则均作出了以登记、登记簿作为认定依据的规定，对长期以来的争议最终画上句号。[1]《不动产登记法》(征求意见稿)第74条也将“担保的范围”明确作为登记簿的记载内容，吸收司法实践和不动产登记实践的既有成果。

第三节　特殊抵押与特殊场景中的担保范围

一、最高额担保中最高债权额的认定

在多个担保物权竞存情形下，最高额担保中最高债权额的认定，对后顺位担保物权人的影响也较大。《担保制度司法解释》第15条系最高额担保中最高债权额的确定规则，针对《民法典》第420条、第690条最高额抵押、最高额保证作出解释。最高额担保系从属于特定之基础法律关系，而非特定之债权，而最高限额仅为所担保债权之“量”的限制，最高限额担保并非从属于此最高限额，所担保之债权额仍应以确定时结算之数额为准(未逾最高限额者)，因此在从属性上有所缓和。最高额担保除有一般担保方式的担保债权范围问题，还有担保债权最高额的限度问题。

关于最高额担保中最高限额之约定额度，有“债权最高限额说”与“本金最高限额说”两种观点。“债权最高限额说”认为，所谓最高额是指主债权(原本)以及利息、违约金等合并计算所得的债权最高限额，其超过部分，无优先受偿权；“本金最高限额说”认为，最高额仅仅指主债权(原本)，至于这之外的利息、违约金等，当然属于担保范围，不受最高限额的限制，其超过部分，仍得优先受偿。[2] 理论界一般认为，最高额抵押权所担保债权的范围，

---

〔1〕 参见杜万华主编：《民法典实施精要》(上)，法律出版社2022年版，第381～382页。

〔2〕 参见谢在全：《民法物权论》(中册)(第5版)，中国政法大学出版社2011年版，第391页。

应当包括主债权(原本)及其利息、违约金、损害赔偿金,[1]有地方司法意见直接规定采"债权最高限额说",如《吉林省高级人民法院民事审判第二庭关于商事审判若干疑难问题的解答(一)》问题二十九指出:"债权最高限额说为理论界之通说、域外立法的统一模式,因此,人民法院应当采取债权最高限额说进行裁判。"《德国民法典》第1190条、《日本民法典》第398条之三均采"债权最高限额说",前者规定,"债权定有利息者,其利息算入最高金额以内",后者规定,"最高额抵押权人,就确定之本金以及利息及其他定期金及因债务不履行所生损害赔偿之全部,得以最高额为限度,行使其最高额抵押权"。

我国商业银行信贷实践所使用的最高额担保合同中大抵也体现上述两种观点并有两种文本类型,但是,即便当事人就最高额的含义明确作出约定,裁判实践也存在分歧,如当事人约定采本金最高限额,裁判结论却为债权最高限额。因此,有争议的问题是,当事人能否就最高额的含义作出特约,在没有约定或者约定不明时,最高额担保中最高额的含义为何,以及最高额保证与最高额抵押中的最高债权额认定是否有所区别。

《担保制度司法解释》第15条第1款明确规定以"债权最高限额"为原则,并允许当事人约定"本金最高限额"。比较而言,"债权最高限额说"更能体现对担保人的保护,因为在"本金最高限额说"之下,担保人的责任范围更大,"本金最高限额比债权最高限额对抵押权人的权益保护范畴更大"[2],而"债权最高限额说"对担保人更为有利。同时,在最高额抵押、最高额质押中,"债权最高限额说"有助于受让担保物的第三人或者后顺位的担保物权人得以预见担保物权所担保的债权数额之限,有益交易安全,"本金最高限

---

〔1〕 参见崔建远:《最高额抵押权的争议问题及其解决》,载《国家检察官学院学报》2017年第4期;孙鹏等:《担保物权法原理》,中国人民大学出版社2009年版,第220页。

〔2〕 魏星、丁晓雨:《最高额抵押担保中"最高额"的司法认定——基于136份案例的实证分析》,载《天津法学》2018年第3期。

额说”则有违公示、公信原则，危害交易安全和秩序。[1]

需要注意的是，最高额抵押与最高额保证在最高债权额的认定方面有所不同。对于最高额保证而言，应依照当事人之间的合同约定确定“最高额”的含义，有约定的从约定，未约定应采“债权最高限额”。对于涉及登记的最高额抵押，依据原国土资源部发布的《关于启用不动产登记簿证样式（试行）的通知》中的《不动产登记簿样式及使用填写说明》，最高额抵押中最高债权数额的登记系在“被担保主债权数额（最高债权数额）”一栏，如果当事人勾选了“最高债权数额”并填写了相应数字，登记簿无法明确体现当事人究竟采“债权最高限额”还是“本金最高限额”，此时只能依据推定规则采“债权最高限额”，但当事人实际上在合同中约定的是“本金最高限额”，所填数额只是本金的最高限额，由此产生抵押合同的约定与登记内容的不一致。《担保制度司法解释》第 15 条第 2 款明确规定，登记的最高债权额与当事人约定的最高债权额不一致的，应当依据登记的最高债权额确定债权人优先受偿的范围，遵循了登记簿的公示公信原则。

因此，为了能够准确反映当事人间就最高额抵押中最高额的约定，不动产登记簿必然要作相应修改。《关于做好不动产抵押权登记工作的通知》在登记簿方面作出相应修改，明确将“最高债权数额”修改为“最高债权额”并将之从“被担保主债权数额”中独立出来，填写内容为“最高额抵押担保范围所对应的最高债权数额”，与此同时，增加了“担保范围”一栏作为登记内容。这一变动导致在解释论上最高债权额的含义只能是“债权最高限额”，当事人之间关于“本金最高限额”的约定无法在登记簿中得以体现。本书倾向认为，上述修改虽然在一定程度上有助于减少争议，但是登记簿的设计应尽量将当事人之间的约定体现出来，增加担保范围以及增加“禁止或者限制转让抵押财产的约定”均体现这样的思路；但是在最高额抵押的最高债权额方

[1] 参见柯澄川：《最高额抵押债权优先受偿的范围》，载《人民司法》2019 年第 29 期。

面，目前的登记簿设置并不能准确反映出当事人间关于“本金最高限额”的约定。本书建议，就最高额抵押的最高债权额登记，登记簿中就此可分设“本金”“债权总额”两栏，由当事人勾选，当事人选择“本金”且就担保范围进行登记的情形，即属于“本金最高限额”。

二、破产程序中担保物权的担保范围

由于破产程序的特殊性，担保范围在破产程序中会发生一定的变化。《担保制度司法解释》专门针对破产程序中的担保范围作出规定。

首先，担保债务同时停止计息规则。《企业破产法》第46条规定，“未到期的债权，在破产申请受理时视为到期。附利息的债权自破产申请受理时起停止计息”。对于担保债务是否同时停止计息，《担保制度司法解释》第22条明确规定，人民法院受理债务人破产案件后，担保债务同时停止计息。对于这一问题，理论与实践存在较大分歧：“肯定说”认为，根据担保的从属性原则，担保责任范围应以主债务人实际承担的责任范围为限，故应停止计息；“否定说”则认为，破产止息规则是破产法作出的特殊安排，调整对象为破产债务人与其债权人之间的法律关系，担保人不得援引《担保制度司法解释》第22条。[1] 破产法学界主流意见亦采“否定说”。[2]《担保制度司法解释》对“肯定说”立场的选择是对担保范围从属性的贯彻，将担保人承担责任的范围限定在主债务，防止因债务人破产程序的久拖不决而再将担保人拖垮。不过上述立场是否妥当仍有疑问。担保的设立就是为了防范债务人将来清偿不能的风险，债务人进入破产程序不仅未改变这一风险预期，反而是这一风险的体现，由担保人承担破产程序开始后的债务利息恰恰展示了担

---

〔1〕 案例与学说梳理参见沈伟、吕启民：《破产止息规则下保证责任从属性之惑及疑解——兼议独立保证入典》，载《上海财经大学学报》2020年第1期。

〔2〕 参见王欣新：《论债务人进入破产程序后其保证债权应否停止计息》，载《人民法院报》2018年12月12日，第7版。

保的作用,也符合担保人缔约时的预期。[1] 故依此法理,原则上担保人不得主张破产程序开始后利息债权未发生的抗辩或已消灭的抗辩,主债务停止计息的后果不应及于担保人。比较法上,上述类型被归纳为"债务人的破产与其他类似事件"中保证债务不得大于主债务的例外,如《欧洲示范民法典草案》第4.7-2:102条即规定,保证债务不得超过债务人的债务,不过以下情形除外:债务人的债务在破产程序中被减轻或免除;因债务人无力履行债务导致的以其他方式减轻或免除债务人的债务(主要是特别法因战争、经济危机而减轻或免除陷入困境的债务人的债务情形);因影响债务人个人的意外事件的发生而依法减少或免除其债务。[2]

此外,前述破产停止计息规则中,关联企业合并破产情形下,所谓的"破产申请受理时"应以何为准?司法实践中多以关联企业成员最先进入破产程序之时作为合并程序中债权申报的确定时点,[3] 以最先进入破产程序的关联企业成员破产申请受理之时作为申报债权止息时点,其采用同一标准审核申报债权,能够公平清偿不同关联企业成员的债权人,而且能够及时止息,避免关联企业债务规模扩大,提高债权人清偿率,鼓励关联企业尽早进入破产程序,有利于破产保护功能发挥。[4]

其次,对于债权人向破产管理人申报债权后还能否在破产程序终结前向担保人起诉,司法实践曾存在不同做法,《担保制度司法解释》第23条第1款明确规定,债权人申报债权并不影响其向担保人起诉。2018年《破产会议纪要》第31条规定:"破产程序终结前,已向债权人承担了保证责任的保证人,可以要求债务人向其转付已申报债权的债权人在破产程序中应得清偿

---

〔1〕 参见刘骏:《破产法上停止计息的规范构造和适用》,载《月旦法学杂志》第323期(2022年)。

〔2〕 参见欧洲民法典研究组、欧盟现行私法研究组编著:《欧洲示范民法典草案:欧洲私法的原则、定义和示范规则》,高圣平译,中国人民大学出版社2012年版,第294页。

〔3〕 参见浙江省高级人民法院民事判决书,(2017)浙民终808号;浙江省衢州市中级人民法院民事判决书,(2019)浙08民终110号。

〔4〕 参见王静、蒋伟:《实质合并破产制度适用实证研究——以企业破产法实施以来76件案例为样本》,载《法律适用》2019年第12期。

部分。”《担保制度司法解释》第23条第2款前半句延续上述规定精神，也明确此时的担保人可代替债权人在破产程序中受偿，但债权人未获全部清偿的除外。值得注意的是，此时但书的法律依据是《民法典》第700条，即“保证人承担保证责任后，除当事人另有约定外，有权在其承担保证责任的范围内向债务人追偿，享有债权人对债务人的权利，但是不得损害债权人的利益”。所谓“不得有损于债权人”主要是指在担保债权部分清偿时，担保人不能先于债权人优先受偿。[1] 故此时担保人不能在破产程序中优先于债权人受偿。此外，依据担保范围从属性，担保人承担的责任范围不能大于主债务，故《担保制度司法解释》第23条第2款后半句规定，担保人可就债权人超额受偿的部分，在担保人承担担保责任的范围内请求债权人返还。

最后，担保人承担的担保范围可能例外大于主债务人。依据《企业破产法》第124条规定，债权人依照破产清算程序未受清偿的债权，可要求保证人继续承担清偿责任；依据《企业破产法》第92条第3款、第101条规定，债权人对保证人享有的权利也不受重整计划或和解协议的影响。上述规则在《担保制度司法解释》第23条第3款前半句得以体现，即债权人在破产程序中未获全部清偿的，可以请求担保人继续承担担保责任。同时，依据《企业破产法》第94条和第106条，按照重整计划、和解协议减免的债务，自重整计划、和解协议执行完毕时起，债务人不再承担清偿责任。故为了防止出现对同一笔破产债权进行重复清偿，[2]避免发生担保人担保的破产债权比其他破产债权获得更多比例的清偿，进而违反破产法同类债权平等清偿的原则，[3]《破产会议纪要》第31条明确规定：“保证人承担保证责任后，不得再向和解或

---

[1] 参见谢鸿飞：《共同担保一般规则的建构及其限度》，载《四川大学学报（哲学社会科学版）》2019年第4期。

[2] 参见王欣新：《〈全国法院破产审判工作会议纪要〉要点解读》，载《法治研究》2019年第5期。

[3] 参见贺小荣等：《破产清算、关联企业破产以及执行与破产衔接的规范与完善——〈全国法院破产审判工作会议纪要〉的理解与适用（下）》，载《人民司法（应用）》2018年第16期。

重整后的债务人行使求偿权。”《担保制度司法解释》第 23 条第 3 款后半句亦延续上述规定，故此时担保人承担的担保责任范围例外地大于主债务。

第四节 本章小结

“竞存关联论”系指与担保物权竞存关系较为紧密的部分，该部分内容具有一定开放性，本书将其限缩为担保范围。因为在担保物权竞存情形下，担保范围的大小直接关系不同顺位担保物权人、其他债权人的受偿范围，因此，担保范围的认定就格外关键，其与担保物权竞存密切相关，关系着竞存的担保物权之间的各自“边界”。担保范围既有可能因约定而发生争议，也可能因登记制度以及不同交易类型产生争议。

当事人约定方面，债权人与担保人签订担保合同时，往往约定了特定的违约责任条款。既有司法规则不承认此类条款的效力，但担保人违约责任条款无其他效力瑕疵的，其存在具有正当性，故担保合同中担保人违约责任条款应属有效，并适用违约金酌减规则予以调整。

登记制度变化方面，由于过去不动产登记簿和他项权利证书中的登记和记载信息都只有“被担保主债权数额”，担保范围无从记载。由此导致了登记的实际状况与当事人之间就不动产抵押权约定担保范围的不一致，并进而引发不动产抵押权担保范围在司法实践中的争议。《担保制度司法解释》明确以登记簿记载为准；同时自然资源部发布的《关于做好不动产抵押权登记工作的通知》对原有不动产登记簿样式进行了修改，增加“担保范围”一栏。如此，此类争议将消减，《担保制度司法解释》第 47 条在裁判实践中应当然适用，裁判尺度亦趋向统一。

不同交易类型和交易背景下，担保范围亦产生不同类别的争议。就最高额抵押中“最高额”的含义，《担保制度司法解释》第 15 条第 1 款明确规定以“债权最高限额”为原则，并允许当事人约定“本金最高限额”。这一规则需要不动产登记簿的配合，就最高额抵押的最高债权额登记，登记簿中就此可分设“本金”“债权总额”两栏，由当事人勾选，当事人选择“本金”且就担保范围进行登记的情形下，即属于“本金最高限额”。破产程序中，对担保范围的观察视角有所变化，转变为担保人实际承担的担保范围与主债务之间的比较，破产程序中担保人实际承担的担保范围有可能大于主债务人。

第十章

结　　语

担保物权竞存在含义上有狭义与广义之分，狭义担保物权竞存仅指担保物权之间的竞存，广义担保物权竞存指同一担保物上担保物权与其他担保物权、利用权、准物权、优先权等权利之间的竞存。广义担保物权竞存的视角能够更为全面、系统、立体地观察担保物权优先效力的具体侧面。本书采担保物权竞存广义含义，以类型化方式对担保物权竞存诸类型进行了详细分析。通观前述担保物权竞存类型，大抵可从两个角度总结：一是担保标的物角度，即以不动产抵押权为核心的竞存、以动产担保物权为核心的竞存；二是规则类别角度，即一般规则与例外规则。

就不动产而言，我国法中的不动产担保物权仅指不动产抵押权。不动产的物理特性和高价值性，导致其上能够产生更多类型的权利，既包括意定权利也包括法定权利，包括但不限于抵押权、租赁权、居住权以及税收优先权、商品房消费者物权期待权、建设工程价款优先受偿权等。不动产抵押权无须移转标的物占有即可设定的特点，使不动产抵押权多能与不同类型的权利产生竞存。不动产抵押权采登记生效主义，故而不动产之上，不动产抵押权与其他权利发生竞存时，权利顺位围绕不动产抵押权登记时间而展开，即“先登记者优先”。竞存顺位的判定并不困难，如何在具体的权利竞存类型中应用则非易事，有时需要判断是权利竞存还是不同标的物的单独抵押（如“房地分离”抵押），有时需要框定不动产抵押权优先性的边界（如不动产抵押权与利用权的竞存）。

就动产（和权利）而言，《民法典》延续形式主义立法模式，至少从种类看，动产担保物权比不动产担保物权更为丰富。因而，理论上，动产担保物权竞存的类型定然比不动产抵押权竞存类型丰富。不过，《民法典》动产担保功能主义的变革，会消解动产担保物权类型丰富的多样性及其带来的竞存顺位规则的混乱。在功能主义之下，动产担保物权竞存统一以获得对抗效力时间的先后确定优先顺位，动产担保物权获得对抗效力方式各有不同，或登记，或交付，或控制等，即“先公示者优先”。尽管如此，将这一规则应用于诸类型的动产担保物权竞存中，尚需作进一步解释，前述关于动产浮动抵押与固定抵押竞存、债权多重担保等问题的论述即属此类；同时，《民法典》关于动产担保物权的变革确立了现代动产担保制度的基本框架和内在逻辑，但仍有留白之处，动产担保物权竞存顺位规则仍需完善，如动产担保收益延伸背景下的竞存顺位、购买价金担保权的构成要件等。此外，采登记为公示方式的动产担保物权，物权变动模式为登记对抗主义，以动产担保物权为核心的竞存，自然离不开对登记对抗主义的解释。登记对抗主义的主观范围与客观范围，为动产担保物权人与承租人、买受人以及一般债权人、破产债权人等之间的竞存顺位提供了基本规则。

就一般规则与例外规则而言，如前所述，担保物权竞存顺位一般规则可以统称为"先公示者优先"，但是实定法中多存在"先公示者优先"顺位规则的例外。在这些例外中，或担保物权人被迫处于劣后顺位，或担保物权追及效力受限。突破"先公示者优先"一般顺位规则，需要足够充分且正当的理由，如对创造行为的激励、对弱势主体的保护等，且需要法律、司法解释提供充足完备的构成要件，否则，即需要在适用条件、正当性等方面进行解释论作业或立法论完善。例如，实定法中存在"不公示者优先"的例外情况，这主要是一些法定担保物权以及法定优先权与担保物权产生竞存，前者如建设工程价款优先受偿权对不动产抵押权的优先性、留置权对动产担保物权的优先性等，后者如税收优先权、被拆迁人特种债权、商品房消费者物权期待权等对担保物权优先效力的限制。实定法中还存在"后公示者优先"的例外情况，如购买价金担保权只要在宽限期内登记即可处于优先顺位，以及在一些立法例中存在破产重整融资债权对在先担保物权的优先性等。

动产担保物权与不动产抵押权的区分、一般规则与例外规则的区分，为担保物权竞存相关问题的分析确立了基本论证框架与思维进路。当然，上述分析框架以及前述诸问题的分析结论具有一定开放性和变动性。随着融资方式的日渐多样、司法实践案件的层出不穷、登记基础设施的不断完善以及理论研究的精细深入，担保物权竞存中的有关问题会不断冲击现有体系与既有共识，值得持续关注。

后　　记

2013年9月，我进入中国人民大学法学院，开始跟随高圣平老师研习担保法，并选定“担保物权竞存”作为研究对象。自此，对这一课题的研究伴随我后续学习与工作的不同阶段，成为我思考担保法相关问题的一条主线，经过不断积累、打磨与修正，最终形成此书。

本书的完成，要特别感谢中国人民大学高圣平老师十余年以来的指导和栽培。学业上，高老师始终为我指引着正确的研究方向，给予我悉心指导。每当我在学习和工作中遇到困惑和困难时，高老师都给予我点拨，使我于迷津之处豁然开朗，更在生活上给我家人般的关心和支持。

特别感谢中国人民公安大学王铁老师的支持和鼓励。王老师时常勉励我认真做好民商事审判与研究，更是在我申报法律出版社“青年法学学术著作出版基金”时作倾力推荐。王老师的法学方法论常常令我在分析问题时得到启迪，本书中对不少问题的论证都是在这一方法论体系下展开的。

特别感谢法律出版社“青年法学学术著作出版基金”项目，

使本书有机会面世。特别感谢本书编辑徐菲女士为本书出版所付出的辛劳,徐菲女士对本书的内容细节给予了具体且有价值的完善建议,其专业的态度令人钦佩。

特别感谢我的父母,给予我无私且深厚的爱。特别感谢我的爱人黄妍女士,对我一路支持与陪伴。

本书完成过程中,还有许多师长、亲友给予了无私帮助,点滴在心,时刻铭记。

担保物权竞存是一个极富理论性和实践性的课题,囿于学力,本书中失当之处定然不少,尚祈专家和读者不吝赐教。

曹明哲

2024 年 8 月 28 日于建国门南大街 10 号